Dieter A. Binder
Heinrich Schuschnigg

# »Sofort vernichten«

Die vertraulichen Briefe
Kurt und Vera von Schuschniggs
1938–1945

Mit einem Vorwort von
Herbert Rosendorfer

Amalthea

Gedruckt mit Unterstützung des Bundesministeriums
für Wissenschaft und Verkehr in Wien.


Umschlaggestaltung: Atelier Hartkopf, München
Herstellung und Satz: VerlagsService Dr. Helmut Neuberger
& Karl Schaumann GmbH, Heimstetten
Gesetzt aus der 10,4/13 Punkt Times
auf Apple Macintosh in QuarkXPress
Druck und Binden: Wiener Verlag, Himberg
Printed in Austria
ISBN 3-85002-393-1

# Inhalt

# Briefe als Überlebenshilfe

## Vorwort von Herbert Rosendorfer

Die historische Person Kurt von Schuschnigg wird umstritten bleiben, und so gesehen (und nicht nur so) ist er eine unglückliche Figur. Deutlicher zwischen allen Stühlen zu sitzen, als er es getan hat, konnte niemand, und Schuschnigg sitzt sozusagen auch im historischen Nachleben zwischen den Stühlen. Die Geschichte schreiben die Sieger, das waren im Falle Schuschniggs zunächst die Nazis, in deren Augen er – und das mit einem gewissen Recht – derjenige war, der nach der Ermordung Dollfuß' dessen konsequente antinazistische Politik und die Politik der Erhaltung der Eigenstaatlichkeit Österreichs fortsetzte. In der offiziellen Darstellung der Nazis, sofern sie Schuschnigg nicht überhaupt totschwieg, war er ein Verräter am Willen des deutschen Volkes. Inoffiziell war es anders, das beweist die ganz erstaunlich bevorzugte Behandlung, die Schuschnigg als Häftling erfuhr (er blieb in Sachsenhausen innerhalb des KZ-Lagers konfisziert, es war ihm aber gestattet, dort mit seiner Frau und seiner kleinen Tochter zusammenzuleben, hatte sogar ein – russisches – Dienstmädchen, hatte seine Bücher, durfte schreiben – allerdings nicht veröffentlichen –, seine Frau durfte sich relativ frei bewegen, er hatte genug zu essen; es ging ihm besser als 99% der Bevölkerung im Hitlerreich, selbst noch Anfang 1945). Inoffiziell also, so scheint mir, war man in den höchsten Nazikreisen der Meinung, daß man ihm, Schuschnigg, die Möglichkeit zur unblutigen Annexion Österreichs verdanke.
Das aber wiederum brachte Schuschnigg bei den Siegern und vor allem in der mehr oder minder offiziellen Historiographie des Nachkriegs-Österreich in Mißkredit: Man hat Schuschnigg nachgetragen, daß ihn die Nazis nicht umgebracht haben.
Ob die Frage zu beantworten ist, was Schuschnigg im Februar

und März 1938 (oder überhaupt in der Zeit seiner Kanzlerschaft) Richtiges oder Richtigeres tun hätte sollen, ob es überhaupt etwas Richtiges gegeben hätte, müßte, wenn es überhaupt zu klären ist, eine gründliche, wirklich sachliche Untersuchung der Vorgänge von 1934 bis 1938 klären. Eine solche Untersuchung steht, soweit ich sehe, noch aus. Ich kann mich des Verdachts nicht erwehren, daß diese Klärung auch gar nicht erwünscht ist, denn das »Heldenplatz«-Syndrom oder, besser gesagt, die Angst, daran erinnert zu werden, ist zu groß.

So wird Schuschnigg zwischen den Stühlen bleiben, so gesehen eine tragische Figur.

Der vorliegende Briefband wird die politischen Hintergründe nicht klären helfen. Die Briefe sind unpolitisch. Nur ganz selten geht Schuschnigg auf die dramatischen Ereignisse ein; Stalingrad, zum Beispiel, wird überhaupt nicht erwähnt. Dabei wußte Schuschnigg über die Ereignisse Bescheid: Er hatte ein Radio und konnte Zeitungen lesen. An einer Zensur lag es nicht, denn die Briefe – den Hauptteil machen die an Schuschniggs Bruder Artur aus, der, sozusagen unbeanstandet, deutscher Luftwaffenangehöriger war – konnten von Schuschniggs Frau, die bei ihren Fahrten nach Berlin nicht kontrolliert wurde, unbesehen nach draußen geschmuggelt werden. Freilich war da auch immer noch die Gefahr, daß die Post abgefangen wurde. Aber darauf hat Schuschnigg offensichtlich keine Rücksicht genommen, denn da hätte schon *das* für enorme Schwierigkeiten genügt, was Schuschnigg Abschätziges über die Nazis geschrieben hat.

Die Briefe sind voll Groll, voll Verbitterung, aber ohne Zorn. Der Ärger ist privater Natur. Wüßte man nicht, daß Schuschnigg, als er die Briefe schrieb, keine fünfundvierzig Jahre alt war, möchte man meinen, es schreibe ein abgeklärter Greis, der nur noch resignierend die Schlechtigkeit der Welt registriert. Oft ist von alten Zeiten die Rede, viel von Musik, von Opernereignissen, in die Tiefe der Jahre versunken, so als ob alles schon Jahrzehnte zurückläge. Dabei lag es nur einige

Jahre zurück. (Die Musik spielte, das geht aus den Briefen ganz deutlich hervor, eine große Rolle in Schuschniggs Leben. Er mokiert sich in den Briefen auch weit giftiger über Herms Niel als über die Gestapo.)
Die Briefe sind lang, auffallend lang (manchmal entschuldigt sich Schuschnigg dafür), fast geschwätzig. Das ist wohl erstens darauf zurückzuführen, daß Schuschnigg in seiner (kaum Haft zu nennenden) Isolation übermäßig viel Zeit hatte, zweitens aber auch darauf, daß er sich innerlich ins Private zurückzog.
Der zeitliche Einschnitt, der auch aus der Briefsammlung hervorgeht, ist das Jahr 1941. Hier setzen Schuschniggs eigene Briefe ein, in diesem Jahr wurde Schuschnigg aus der drückenden, wirklichen Haft in die Vorzugs-Internierung nach Sachsenhausen verlegt; vom Mai 1941 an konnte er sozusagen ungehindert schreiben, und es ergießt sich förmlich ein Schwall ungesiebter, unsortierter Mitteilungen nach außen, der, meine ich, nur dadurch zu erklären ist, daß Schuschnigg diese Art des gesellschaftlichen, familiären Kontaktes brauchte, um nicht in Depressionen zu verfallen.
Briefeschreiben als Lebenshilfe und als Überlebenshilfe, daumendicke Flaschenpostnachrichten von einer Insel, von einem Schiffbrüchigen der Weltgeschichte, der nicht weiß, wie lang die Insel, auf der er seine verzweifelten Runden dreht, noch hält.

# EINLEITUNG

## Die Briefschreiber

### Kurt und Vera von Schuschnigg[1]

Als Kurt von Schuschnigg[2] in der Nacht vom 11. zum 12. März 1938 erschöpft und resigniert, von Arthur Seyß-Inquart eskor-

---

[1] Zwei Briefe stammen vom Sohn Kurt von Schuschniggs, Kurt (II).

[2] Bewußt beschränkt sich die biographische Notiz auf den Briefschreiber und seine Zeit, also auf die Jahre der Haft. Kurt von Schuschnigg (geb. am 14. Dezember 1897 in Riva del Garda) absolvierte das Jesuitenkolleg Stella Matutina in Feldkirch, rückte nach seiner Matura 1915 zum Militär ein und geriet 1918 als dekorierter Leutnant in italienische Kriegsgefangenschaft, die er teilweise mit seinem Vater erlebte.
Nach dem Studium der Rechtswissenschaften in Innsbruck wurde er Rechtsanwalt in dieser Stadt und heiratete 1924 Hermine Masera (geb. am 25. Juni 1906 in Bozen), die am 13. Juli 1935 bei einem Autounfall ums Leben kam. (Foto 16) Am 22. Mai 1926 wurde das gemeinsame Kind Kurt (II) von Schuschnigg geboren. Seit 1927 christlichsozialer Abgeordneter zum Nationalrat, gründete Schuschnigg 1930 die Ostmärkischen Sturmscharen. 1932 wurde er Justizminister, 1933/34 auch Unterrichtsminister. Als Justizminister war er für die Standgerichtsurteile im Februar und Juli 1934 hauptverantwortlich.
Als Nachfolger von Engelbert Dollfuß wurde er am 29. Juli 1934 Bundeskanzler. Als solcher schloß er 1936 das Juliabkommen mit dem Deutschen Reich ab, das der verstärkten Penetration Österreichs durch das Deutsche Reich den Weg ebnete. Als am 12. Februar 1938 die direkte Begegnung Schuschniggs mit Hitler im Berchtesgadener Diktat endete, suchte Schuschnigg nochmals die Initiative zurückzuerhalten, indem er am 9. März 1938 eine Volksbefragung für den 13. März ankündigte. Am 11. März 1938 trat er unter dem Druck der österreichischen Nazis und der Deutschen Reichsregierung zurück. Nach 1945 lebte er zunächst in Rom, unternahm Vortragsreisen und entschloß sich im Jahre 1947, gemeinsam mit seiner zweiten Frau Vera und der gemeinsamen Tochter Maria Dolores Elisabeth »Sissy« »Puppi« (geb. am 23. März 1941 in München – gest. am 18. Oktober 1989 in Paris) in die USA zu übersiedeln. Dort lehrte Schuschnigg an der Katholischen Universität in St. Louis Internationales Recht und Europäische Geschichte bis zu seiner Emeritierung 1967. Den Lebensabend verbrachte Schuschnigg in

tiert,[3] in seine Wohnung im Gelände des Belvedere zurückkehrte, entschied er sich trotz des Drängens seiner Familie und eines Mitarbeiters, Oberstleutnant Georg Bartl,[4] gegen die noch offenstehenden Fluchtmöglichkeiten.[5]
Kurt von Schuschnigg war, so Walter Goldinger, »die einzige Potenz, die nach der Ermordung seines Vorgängers« Engelbert Dollfuß »der herrschenden Schicht in Österreich zur Verfügung stand. Ohne sein Zutun ist er in den Mittelpunkt der Politik gerückt. In seinen Grundsätzen fühlte er sich dem politischen Katholizismus verpflichtet und hat dies stets als Leitlinie betrachtet. Darum hat er auch in den fünf Kabinetten, die von ihm gebildet wurden, der Gruppe des CV weitgehend Raum gegeben. Gegenüber der massiven Bedrohung durch Hitler blieb ihm nur eine defensive Verzögerungspolitik, die ihn zum

---

Mutters bei Innsbruck, wo er am 18. November 1977 starb. Walter Goldinger, Kurt Schuschnigg, in: Franz Weissensteiner und Erika Weinzierl (Ed.), Die österreichischen Bundeskanzler, Wien 1983, R18–236; Walter Goldinger, Dieter A. Binder, Geschichte der Republik Österreich 1918–1938, Wien-München 1992; Anton Hopfgartner, Kurt Schuschnigg. Ein Mann gegen Hitler, Graz-Wien-Köln 1989.

[3] Kurt von Schuschnigg, Ein Requiem in Rot-Weiß-Rot, Zürich 1946, 118.

[4] Oberstleutnant Georg Bartl war Adjutant des Bundeskanzlers. Marianne von Schuschnigg berichtet. »Georg Bartl, genannt Bastel, gehörte zur Familie. Ihm antwortete der Bundeskanzler auf den Vorschlag, in eine ausländische Gesandtschaft zu flüchten: ›Ich habe ja keine silbernen Löffel gestohlen.‹« Bartl, ein aufrechter Patriot, war zwei Jahre in den Konzentrationslagern Dachau und Mauthausen, weigerte sich, in der deutschen Armee zu dienen, und wurde schließlich mit gekürzten Bezügen pensioniert. 1945 begrüßte er die sowjetischen Soldaten mit »Freudentränen in den Augen«, zeigte ihnen seine Entlassungspapiere aus der KZ-Haft. Nachdem er mit ansehen mußte, wie seine Frau und vier weitere Frauen aus seiner engsten Umgebung von den Befreiern mehrfach vergewaltigt und die Männer ausgeraubt wurden, erschoß er auf deren Bitte seine Frau und die Mitbewohner und beging Selbstmord. Abschiedsbrief vom 9. April 1945, Abschrift im Familienarchiv Schuschnigg.

[5] Gespräch Maximilian Liebmanns mit Artur (II) und Marianne von Schuschnigg am 2. Februar 1986 in Wien, Protokoll im Familienarchiv Schuschnigg, 15f.

Lavieren zwang. Als Staatsmann war Schuschnigg, trotz seines Scheiterns, nicht ohne Geschick, blieb aber ein Gefangener seiner universalistischen gesamtdeutschen Ideologie, die weit davon entfernt war, eine österreichische Nation zu postulieren. Zu spät dachte er an die Öffnung nach links, was auch zur Folge hatte, daß später keine österreichische Exilregierung zustande kam. Immer wieder stand er als Politiker vor einem Dilemma. So stark er die Eigenständigkeit Österreichs zu vertreten und zu behaupten suchte, blieb er doch gehemmt durch den Gedanken, daß Österreich, von der Welt verlassen, nicht zu retten war.«[6]

Am Morgen des 12. März 1938 begann de facto die Internierung, da das Haus von einer großen Zahl nichtuniformierter Nazis belagert wurde, während Seyß-Inquart noch wiederholt am Telefon Schuschnigg uneingeschränkte Bewegungsfreiheit bestätigte. Mit Schuschnigg wurden seine Braut, Vera Gräfin Fugger-Czernin[7], sein Vater Feldmarschalleutnant Artur von Schuschnigg, sein bisheriger Adjutant Bartl und zwei Hausangestellte festgehalten. Am 14. März erfolgte die Abberufung Bartls, während die SA die Überwachung des Gebäudes übernahm. Telefon und Post wurden gesperrt, ohne daß Schuschnigg Näheres mitgeteilt wurde. Die Bewacher leuchteten Tag und Nacht das Gelände mit starken Scheinwerfern aus; die anlaufenden Kosten wurden schließlich Schuschnigg in Rechnung gestellt. Erst am 26. März führte die Gestapo eine erste Einvernahme Schuschniggs in seiner Wohnung und eine Hausdurchsuchung durch, ohne ihn jedoch über die konkreten, gegen ihn erhobenen Anschuldigungen zu informieren. Die Bewachung des Areals wurde schließlich von SS-Leuten und Kriminalbeamten durchgeführt, wobei es laufend zu kleinen

---

[6] Goldinger, 235f.

[7] Vera Gräfin Czernin von und zu Chudenitz (geb. am 4. Juni 1904 in München – gest. am 18. September 1959 in Kirkwood, Mo.) war in erster Ehe mit Leopold Graf Fugger verheiratet; der Ehe entstammen vier Kinder. 1936 wurde die Ehe zunächst staatlich geschieden, 1937 erfolgte die kirchliche Annulierung.

Übergriffen kam, die wohl primär auf eine Zermürbung der Festgehaltenen hinauslaufen sollten. Ein Kontakt mit der Außenwelt war unmöglich, lediglich ein kurzes, überwachtes Telefonat mit dem Sohn, Kurt von Schuschnigg jun.,[8] wurde dem ehemaligen Bundeskanzler gewährt.

Am 28. Mai 1938 wurde schließlich der Hausarrest aufgehoben, Vera Czernin und Artur (I) Schuschnigg waren damit frei, mußten aber die Wohnung innerhalb weniger Stunden räumen. Kurt von Schuschnigg wurde in die Gestapo-Zentrale, das Hotel Metropol, überstellt, wo er im fünften Stock in einem ehemaligen Bügelzimmer inhaftiert wurde. Das Licht mußte auch in der Nacht brennen, während ständig ein Posten im Zimmer und einer im Vorraum auf den Häftling zu achten hatten. Die Verpflegung Schuschniggs erfolgte auf seine Kosten über die Kantine des Metropol bis in den Februar 1939,

---

[8] Kurt (II) von Schuschnigg (geb. am 22. Mai 1926) mußte im März das Jesuitengymnasium Kalksburg verlassen. Zunächst erhielt er Privatunterricht in Wien, wo er, von Vera von Schuschnigg betreut, bei seinem ehemaligen Kinderfräulein Alice Ottenreiter, verehelichte Lillie (geb. am 2. April 1911 in Wien – gest. am 31. März 1995 in Wien) lebte. Um ihm eine geordnete Schulbildung zu ermöglichen, übersiedelte er 1939 nach München, wo er zunächst bei Paula und Karlheinz Niedermayr wohnte. Schließlich in einem Internat untergebracht, maturierte er 1944, während er bereits die erste militärische Ausbildung erhielt. Zur Marine eingezogen, konnte er sich noch vor Kriegsende 1945 absetzen und über Tirol und Südtirol in die Schweiz fliehen. Ende Februar 1945 wurde er im Reservelazarett II in Schwabing von einem Oberstarzt gewarnt, daß er nach seiner Genesung als Sippenhäftling an die GESTAPO zu überstellen wäre. Mit viel Glück gelangte er bis nach Bozen, wo er mit Hilfe seines Onkels und eines Geistlichen bei Bauern Unterschlupf fand. Nach einer Zwischenstation bei katholischen Schwestern verhalf ihm die Südtiroler Widerstandsbewegung zusammen mit einem Kanadier in der Uniform eines SS-Offiziers zur Flucht in die Schweiz am 13. März 1945. Zunächst unter falschem Namen lebend, um seinen Vater nicht zu gefährden, fand er rasch Anschluß an österreichische Emigranten in Genf. Anfang Juni 1945 gelangte er schließlich nach Italien, wo er im Herbst 1945 seinen Vater traf. (Brief Kurt [II] von Schuschniggs am 23. Dezember 1994 an das Amt der Wiener Landesregierung.) Kurt (II) von Schuschnigg ist mit Janet Mary Constance Cook (geb. am 29. November 1947 in Jackson, Mi.) verheiratet und lebt in New York.

Illustrierte mit Aufnahmen vom Opernball (15. 1.) 1938, dem letzten »offiziellen« Staatsfest kurz vor dem Ende der Ersten Republik

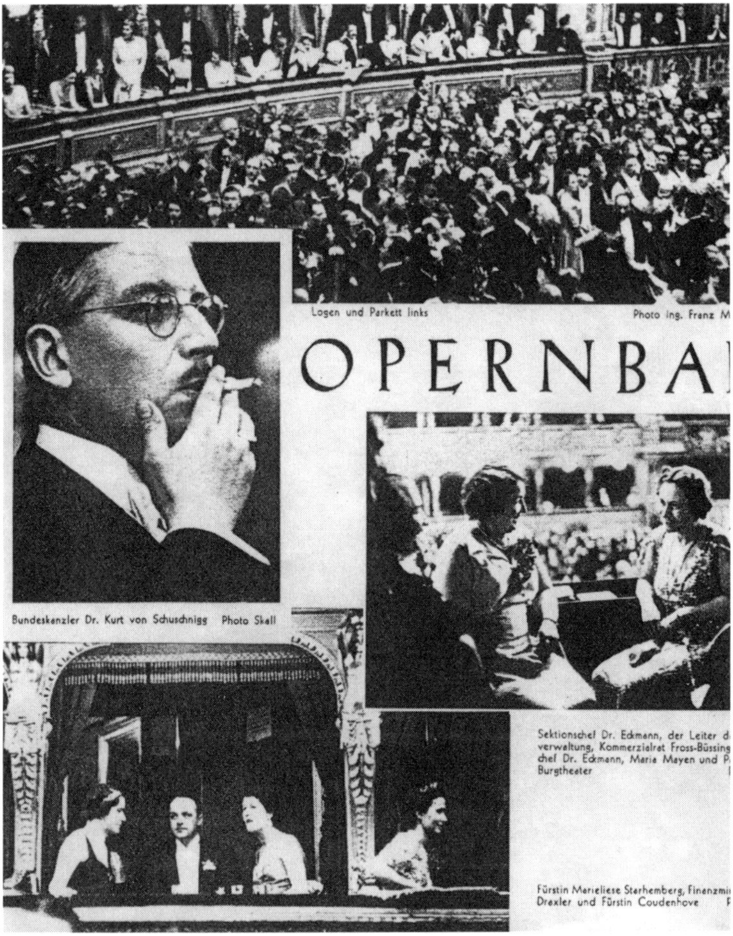


Mitte: Bundeskanzler Kurt von Schuschnigg, unten: Fürstin Marilies Starhemberg (recte Marie Elisabeth Altgräfin zu Salm-Reifferscheidt, die erste Frau des vormaligen Vizekanzlers Fürst Ernst Rüdiger von Starhemberg, deren Ehe allerdings bereits ein Jahr vorher für nichtig erklärt worden war; Starhemberg war seit 2. Dezember 1937 in zweiter Ehe mit der Burgschauspielerin Nora Gregor verheiratet), Finanzminister Draxler und Gräfin Coudenhove

Oben: in einer Loge Artur (I und II) von Schuschnigg

Oben rechts: Gräfin Vera von Czernin, hier noch als Gräfin Fugger bezeichnet

Hausarrest Kurt von Schuschniggs (12. bis 28. März 1938) in seiner Wohnung in einem Nebengebäude des oberen Belvedere (spätere Wohnung des Unterrichtsministers Heinrich Drimmel). Hinter Schuschnigg an der Wand neben dem Beethovenbild ein Notenblatt aus einer Schubertmesse, die Schuschnigg bis zum Ende seiner KZ-Haft mit sich führte. Das Notenblatt ging in den Wirren Anfang 1945 bei den Verlegungen von KZ zu KZ verloren, sollte aber wieder in den Besitz Schuschniggs gelangen. Ein amerikanischer Offizier hatte die Blätter, ohne ihre Bedeutung zu erkennen, geborgen und war Jahre später, als er die Blätter veräußern wollte, von einem Musikantiquar in London über die Eignerschaft Schuschniggs aufgeklärt worden. (Foto aus K. Gutkas, Die Hitlerwelle: keine Dauerwelle/Der Anschluß in Österreichs Schulbüchern aus »morgen 3«, St. Pölten 1978, 37)

ehe Josef Bürckel eine Kostenübernahme durch den Staat verfügte. Neben kleinlichen Schikanen, die eher als Privatinitiativen der unterschiedlichen Wachhabenden der SS interpretiert werden müssen, wählte man amtlicherseits sichtlich die Isolationshaft.[9] Schuschniggs einziger Kontakt zur Außenwelt war seit dem 1. Juli 1938 einmal wöchentlich der Besuch seiner Frau Vera, nachdem die beiden per procuratorem getraut worden waren.[10] Schuschnigg lebte nun von Freitag zu Freitag, auf die zehnminutigen Besuche seiner Frau, die selbstverständlich unter Aufsicht stattfanden, konzentriert. Angesichts der Isolation und der Ungewißheit über sein weiteres Schicksal, wohl auch aufgrund des schlagartigen Wechsels vom permanenten Einsatz zur absoluten Ruhe, verfiel Schuschnigg physisch und psychisch bis hin zu einer lavierten Suizidgefährdung.[11] Am 20. Oktober 1938 verstarb sein Vater in Wien, seine Gesuche, am Begräbnis teilnehmen oder wenigstens den aufgebahrten Toten noch einmal sehen zu dürfen, wurden abgelehnt. Der dramatische körperliche Verfall wurde auch nicht durch kleine Verbesserungen der Haftbedingungen, die Erlaubnis, für sich Aufzeichnungen zu machen, Bücher und Zeitungen zu lesen, die zurückhaltendere Reglementierung der Wache, die ab September 1938 von der Wiener Polizei gestellt

---

[9] Hopfgartner, 232. Die einzelnen Abschnitte der Haft sind im Opferfürsorgeakt Kurt von Schuschniggs ausführlich dokumentiert. MA 12 – Sch 406/54 Schuschnigg Dr. Kurt Opferfürsorge, Amt der Wiener Landesregierung, Magistratsabteilung 12.

[10] Die Stellvertretung hatte bei der Trauung am 1. Juni 1938 in der Wiener Dominikanerkirche der jüngere Bruder Artur von Schuschnigg übernommen, während der Vater Feldmarschalleutnant Artur von Schuschnigg (geb. am 14. Jänner 1865 in Kufstein – gest. am 20. Oktober 1938 in Wien) und der Mesner als Trauzeugen bei dieser Nottrauung fungierten. Die Gestapo registrierte einen exakten Bericht über die Hochzeit im britischen Daily Express (4. Juni 1938, 1), der mit einem Bild Vera von Schuschniggs illustriert war. Bundesarchiv Potsdam (= BAP) R 58/369473827. (Foto 31–33)

[11] Aktennotiz Geheime Staatspolizei, Staatspolizeileitstelle Wien, vom 20. August 1938, BAP R 58/403, 473743.

wurde,[12] oder durch kontinuierliche ärztliche Untersuchungen gebremst. In der Wiener Gestapo-Zentrale rechnete man zu diesem Zeitpunkt sogar mit einer notwendigen Überführung in ein Spital.[13] Nach einem Besuch Heinrich Himmlers am 12. Dezember 1938 wurde überdies die Ausstattung des Haftraumes verbessert, Schuschnigg konnte nunmehr auch Radio hören[14] und verfügte über eine Schreibmaschine.[15] Am Jahrestag seines Rücktrittes wurde ein Gewichtsverlust von 26 Kilo konstatiert. Seit dem Sommer 1939 erwartete Schuschnigg einen Volksgerichtshofprozeß,[16] wobei er angesichts seiner Isolation zunehmend mit einer lebenslänglichen Haft zu rechnen begann.

Ab August 1939 wurden alle Schuschnigg betreffenden Vorgänge unter dem Decknamen Dr. Auster geführt.[17] Ohne Vorwarnung wurde er am 29. Oktober 1939 nach München überstellt, wo er im Wittelsbacher Palais, dem Münchner Gegenstück zum Wiener Hotel Metropol, inhaftiert wurde.[18] Die Haftbedingungen waren in München von Beginn an besser, seine Frau, die ihm nach München gefolgt war,[19] durfte ihn

---

[12] Aktennotiz an die SS-Verfügungstruppe I SS 3 vom 7. September 1938, BAP R 58/403, 473761. In der Wachvorschrift, die mit 8. September datiert ist, wird ein »höfliches, aber militärisch knappes Verhalten« gegenüber dem Häftling vorgeschrieben und überdies verboten, ihn »zu Ordnungsarbeiten heranzuziehen«, wie dies in den ersten Monaten der Haft der Fall war. Erneut wurde auf größte Aufmerksamkeit während der Rasur Schuschniggs gedrungen. BAP R 58/403, 473765.

[13] Stapoleitstelle Wien an Geheimes Staatspolizeiamt Berlin, Wien, am 1. September 1938, BAP R 58/403, 473746.

[14] Aktennotiz über Ergebnisse des Besuches, Wien, am 12. Dezember 1938, BAP R 58/403, 473772.

[15] Inventar vom 5. Februar 1939, BAP R 58/403, 4737786.

[16] Hopfgartner, 235.

[17] Staatspolizeiamt Berlin, Schnellbrief an Stapoleitstelle Wien vom 14. August 1939, BAP R 58/403.

[18] Die Anregung ging sichtlich von Wien aus, wo man aus sicherheitstechnischen Gründen die Verlegung des »Dr. Auster« betrieb. Wien R 58/403, 473814.

[19] Vera von Schuschnigg wurde auf ihren Reisen und in Wien stets von der Gestapo überwacht, in Wien aber kam hinzu, daß sich auch Parteidienststellen und Hausmeister mit ihr beschäftigten. So heißt es in

nun auch für mehrere Stunden ohne Kontrolle besuchen, ihn ausgiebig mit Literatur versorgen und ihm ab Mai 1941 eine bescheidene Korrespondenz mit seinem Bruder Artur ermöglichen. Ebenso erhielt sein Sohn Kurt, der in Wien keine öffentliche Schule mehr besuchen konnte und daher 1939 nach München übersiedelt war, die Erlaubnis, ihn wiederholt zu besuchen. Die drückende Bewegungsarmut der Wiener Monate wurde in München durch einen halbstündigen täglichen Spaziergang etwas gemildert.[20] Die Zeit in der Münchner Haft wurde zunehmend mit Lektüre verbracht, während die Wiener Haftzeit eher mit Schreiben angefüllt war. Die Resignation der Wiener Zeit scheint jedoch gemildert worden zu sein. Möglicherweise hatte Kurt von Schuschnigg erkannt, daß er vom Regime zwar nicht freigelassen werden würde, daß aber das Regime angesichts des Krieges von beschränkter Dauer sein dürfte.[21] Am 23. März 1941 wurde Schuschniggs Tochter, Maria Dolores Elisabeth, in München geboren. Damit verstärkte sich der Wunsch des Ehepaares, einen gemeinsamen Wohnsitz zugewiesen zu bekommen. Schuschnigg hatte derartige Vorstellungen bereits 1938 geäußert, während seine Frau im Dezember 1940 an die Münchner Gestapo Dienststelle schrieb: »Nach reiflicher Überlegung stelle ich die Bitte und das Ansuchen(,) mir die Erlaubnis zu erteilen(,) mit meinem Gatten

---

ihrem Akt bei der Staatspolizeileitstelle Wien in einem Schreiben der Kreisleitung I der NSDAP an die Gestapo vom 24. September 1939: »Frau Schuschnigg« ist »vom Franziskanerplatz in die Seilergasse 16 umgezogen«. »Der Hauswart macht nun die Beobachtung, daß bei Nacht ein stetes Kommen und Gehen zu bemerken ist, kann aber nicht direkt behaupten, zu welcher Partei im Hause diese Besuche kommen, da dort sehr viele Juden auch wohnen.« BAP R58/369.

[20] In Wien durfte Schuschnigg seit dem September 1938 am Abend jeweils zwanzig Minuten im Gang vor seinem Zimmer auf- und abgehen, wobei er jedoch niemand Unbefugtem begegnen durfte. Ergänzung zur Wachvorschrift vom 8. September 1938, BAP R 58/403, 473806.

[21] Die dramatische Isolierung Schuschniggs sieht man auch an den brieflichen Versuchen, in die Erziehung seines Sohnes Kurt einzugreifen. BAP R 58/402, 473690.

an seinem jetzigen Aufenthaltsort – bis zu einer endgültigen Regelung – zusammenleben zu dürfen. Ich erkläre mich bereit(,) jede Beschränkung meiner persönlichen Freiheit, so weit dies notwendig sein würde, auf mich zu nehmen u(nd) alle Konsequenzen zu tragen.«[22]

Ein Jahr später ging dieser Vorschlag in Erfüllung: Schuschnigg wurde am 8./9. Dezember verlegt. Nach entsprechender Vorbereitungszeit – Vera mußte zu diesem Zwecke nach Berlin reisen – wurde dem Häftling Dr. Auster im Bereich des Konzentrationslagers Sachsenhausen bei Berlin in einem Sondergeviert ein kleines Holzhaus mit etwas Grund zugewiesen, in dem er zusammen mit seiner Frau und seiner Tochter leben konnte. Seinem Sohn Kurt wurde Besuchsrecht zugestanden. Vera von Schuschnigg und die Tochter konnten sich frei bewegen, mußten aber ihre Ausgänge melden. Schuschnigg selbst blieb im Lager aber weiterhin isoliert, wenngleich in einer äußerst privilegierten Situation, die ihm nach den langen Monaten der Einzelhaft wie eine Erlösung erschien. Nunmehr konnte er auch mit seinem Onkel Hermann Wopfner korrespondieren, zu dem bis dahin Vera von Schuschnigg den Kontakt aufrechterhalten hatte. Sie transportierte auch häufig die Briefe ihres Mannes aus dem Lager und umging so die Zensur. Schuschnigg war sich aber der Gefahr bewußt, der er die Empfänger aussetzte, wenn seine Briefe bei ihnen gefunden wurden. Schon aus diesem Grunde sind sie zurückhaltend formuliert. Hopfgartner merkt an, daß Schuschniggs Beobachtungen der Realität des KZs sich in seinen Tagebuchnotizen spiegeln.[23] Die Tagebuchnotizen, die, in das »Requiem in Rot-Weiß-Rot« eingearbeitet, 1946 publiziert wurden, ergeben so eine notwendige Ergänzung zu den vorliegenden Briefen. Ähnlich wie Kurt von Schuschnigg hatte auch Martin Niemöller die Überstellung in den Sonderlagerbereich des KZs Sach-

[22] Vera von Schuschnigg an Geheime Staatspolizei München, München, 5. Dezember 1940, Abschrift, BAP R 58/402, 473689.
[23] Hopfgartner, 240.

senhausen als Erlösung von der unerträglichen Isolierhaft empfunden.[24]

Die nun erleichterte Kommunikationsmöglichkeit mit der Außenwelt – Vera und sein Sohn Kurt waren hier die Mittelspersonen – ließ ihn erkennen, daß er nicht vergessen worden war. Kontakte von Widerstandsgruppen[25] liefen über seinen Bruder Artur, ihn erreichten in der Hauptsache Liebesgaben. Aus Amerika trafen über das Internationale Rote Kreuz gelegentlich Pakete ein, die wohl aus jenen Kreisen der Emigration stammten, die nach 1945 Schuschniggs Aktivitäten im angelsächsischen Raum unterstützten und förderten. In London erschien 1942 überdies eine Biographie des Inhaftierten.[26] Letztlich zeugt auch die Planung der deutschen Widerstandsbewegung davon, daß man Schuschnigg als potentielle Kraft innerhalb eines großdeutschen Widerstands weiterhin im Gedächtnis bewahrt hatte.[27]

Am 5. Februar 1945 endete für die Schuschniggs der Aufenthalt in Sachsenhausen. Zurück blieben Schuschniggs Bibliothek und Möbel, die er sich aus Wien hatte kommen lassen,[28] lediglich etwas Wäsche, das Manuskript des Requiems und der Schmuck seiner Frau, der jedoch in den letzten Tagen der Ge-

---

[24] Martin Niemöller, Brief aus der Gefangenschaft. Konzentrationslager Sachsenhausen (Oranienburg), hg. v. Wilhelm Niemöller, Bielefeld 1979.

[25] Maximilian Liebmann dokumentiert in diesem Kontext die Aktivitäten der »Antifaschistischen Freiheitsbewegung Österreichs«. Maximilian Liebmann, »Die antifaschistische Freiheitsbewegung Österreichs«. Ein Beitrag zur Erforschung ihrer Motivstruktur, personellen Zusammensetzung und des Engagements der drei hingerichteten Theologen, in: Geschichte und Gegenwart 4 (1985), 255–281; ders., Planungen und Aktionen der »Antifaschistischen Freiheitsbewegung Österreichs« sowie die von einzelnen ihrer Anhänger, in: Geschichte und Gegenwart 5 (1986), 108–138.

[26] R. K. Sheridon, Kurt von Schuschnigg, London 1942.

[27] So war Schuschnigg als Kultusminister der deutschen Regierung unmittelbar nach einer geglückten Beseitigung Hitlers vorgesehen. Peter Hoffmann, Widerstand, Staatsstreich, Attentat, Frankfurt 1974, 436 f.

[28] Der in Wien bei einer Spedition verbliebene Rest war durch einen Bombentreffer zerstört worden.

fangenschaft ebenso wie ein Autograph einer Schubertmesse verlorenging, konnten mitgenommen werden. Die Schubertmesse sollte wieder in deren Besitz gelangen. Ein amerikanischer Offizier hatte die Blätter, ohne ihre Bedeutung zu erkennen, geborgen und war, als er sie Jahre später veräußern wollte, von einem Musikantiquar in London über die Eignerschaft Schuschniggs aufgeklärt worden. Nach einer Nacht in der Gestapo-Zentrale (Prinz-Albrecht-Straße 8) wurden die Schuschniggs zusammen mit anderen Sonderhäftlingen ins KZ Flossenbürg überstellt, wo er das alltägliche Grauen der Lager intensiv beobachten konnte.[29] »Es grenzt an ein Wunder, daß Schuschniggs sich retten konnten«.[30] Am 8. April 1945 wurde die Familie Schuschnigg zusammen mit Hjalmar Schacht, Franz Halder, Bogislav von Bonin, Alexander von Falkenhausen, Werner Best und anderen nach Dachau verlegt. Die Sonderhäftlinge, zu denen noch Leon Blum mit Frau und Fritz Thyssen stießen, blieben in Dachau zusammen. Am 27. April brachten die Nazis die Schuschniggs und weitere Sonderhäftlinge nach Tirol, wo Schuschnigg einen Tag lang in der Nähe von Innsbruck wartete.[31] Der Transport umfaßte zu diesem Zeitpunkt rund 120 Menschen aus 16 verschiedenen Nationen.[32] Am 29. April setzte sich der Transport erneut in Bewegung und landete schließlich am 1. Mai im Berghotel Pragser Wildsee. Insgesamt waren es 136 Sonderhäftlinge aus 17 Nationen, deren Bewachung die Wehrmacht übernahm, die aber eher als Schutzmannschaft nach Abzug der Gestapo und SS verstanden werden muß.[33] Mit dem Eintreffen der Amerika-

---

[29] Kurt von Schuschnigg wird ab dem 7. Februar 1945 im KZ Flossenbürg als Häftling der Kategorie »Prominente und führende Persönlichkeiten« geführt. Schreiben des Internationalen Suchdienstes des Roten Kreuzes, Arolsen, vom 27. Oktober 1977.

[30] Fey von Hassell, Niemals sich beugen. Erinnerungen einer Sondergefangenen der SS, München - Zürich 1990, 185.

[31] Fey von Hassell (186) spricht von Reichenau, dem KZ-Außenlager bei Innsbruck.

[32] Hassell (Anm. 30), 187.

[33] Hassell (Anm. 30), 188–192.

ner am 4. Mai 1945 endete die Gefangenschaft der Sonderhäftlinge, die sich allerdings bereits seit dem 1. Mai nahezu frei bewegen konnten. Die Amerikaner evakuierten die Sonderhäftlinge am 10. Mai 1945[34] über Cortina nach Verona und am 11. Mai weiter nach Neapel, von wo ein Teil nach Capri übergesetzt wurde. Nach mehreren Wochen der »Zwangserholung«[35] und ersten Kontakten bei zwei kurzen Romaufenthalten[36] wurden die Schuschniggs im September endgültig frei und standen in Rom auf der Straße.

---

[34] Hassell (Anm. 30), 195.

[35] In dieser Zeit sprach Schuschnigg sowohl mit amerikanischen als auch britischen Offizieren über seine Gefangenschaft während der Nazi-Zeit. Vgl. Kurt von Schuschnigg, Statement, 10th June 1945, War Office 328/34, London; Office of U. S. Chief of Counsel for the Prosecution of Axis Criminality, Interrogation Division Summary, Kurt von Schuschnigg vom 21. September 1945, Kopie im Familienarchiv.

[36] Dies geschah über Vermittlung Viktor von Froelichsthals, der zwischen 1934 und 1938 Sekretär des Bundeskanzlers war, 1938 emigrierte und schließlich in Rom ein »Ufficio Austriaco« in Kooperation mit dem italienischen Außenministerium führte. Zwischen 31. Mai und 3. Juni traf Schuschnigg während einer seiner kurzen Rom-Aufenthalte Froelichsthal, Egon Baron Berger-Waldenegg (geb. am 14. Februar 1880 in Wien – gest. am 12. September 1960 in Graz), den Außenminister von 1934 bis 1936, und Bischof Alois Hudal (geb. am 31. Mai 1885 in Graz – gest. am 13. Mai 1963 in Rom), der mit Berger zusammen seit 1944 das Ufficio Austriaco führte. Bericht: Arrivée de l'ex-chancellier autrichien Schuschnigg à Rome et l'activité du Groupe Berger-Waldenegg, Dokumentationsarchiv des Österreichischen Widerstands, Wien, Nr. 1999. Diesem Bericht ist auch zu entnehmen, daß Franz Theodor Csokor(geb. am 6. September 1885 in Wien – gest. am 5. Jänner 1969 in Wien), der ab 1944 in Rom lebte, ebenfalls Kontakt mit Schuschnigg aufgenommen hatte.Vgl. Johann Rainer, Bischof Hudal und das Wiedererwachen Österreichs 1944 in Rom, in: Kirche in bewegter Zeit. Beiträge zur Geschichte der Kirche in der Zeit der Reformation und des 20. Jahrhunderts. FS f. Maximilian Liebmann, hg. v. Rudolf Zinnhobler, Dieter A. Binder, Graz 1994, 305–316. Am 1. Juni 1945 traf Schuschnigg mit dem ehemaligen Wiener Bürgermeister Richard Schmitz Vertreter des Papstes bei einem Besuch im vatikanischen Staatssekretariat. Roma, ASMAE, Austria, Busta 60 (1945) 2, Rapporti politici.

[37] Charakteristisch dafür ist sein Verfahren um eine Haftentschädigung, das 1954 von Rechtsanwalt Dr. Fritz Straßmann, dem langjährigen Prä-

Rasch mußte Kurt von Schuschnigg erkennen, daß er in Österreich eine Unperson war.[37] Für die Sozialisten war er der Totengräber Österreichs und der höchste Repräsentant des Austrofaschismus, für die Volkspartei wurde er zum willkommenen Anlaß, in der Öffentlichkeit zu demonstrieren, daß diese »Neugründung« nichts mit den alten Christlichsozialen und nichts mit dem Ständestaat zu tun hatte. Man unternahm nichts, was als Hilfe für den ehemaligen Bundeskanzler angesehen werden konnte.[38] So war der Weg in die USA letztlich eine Emigration, die Schuschnigg in den ersten Stunden des 12. März 1938 abgelehnt hatte.[39]

---

sidenten der Grazer Israelitischen Kultusgermeinde, als Rechtsvertreter im Auftrag Kurt von Schuschniggs bei der Steiermärkischen Landesregierung eingeleitet und schließlich, betreut von der Rechtsanwaltskanzlei Dr. Gottfried Tschurtschenthaler, Klagenfurt, 1963 bei der Magistratsabteilung 12 der Wiener Stadtverwaltung zu einem Abschluß kam.

[38] In einem Brief aus Rapallo am 3. Dezember 1946 heißt es lakonisch: »Ich bin jedenfalls von meiner Passion gründlich geheilt und habe keine persönlichen österreichischen Interessen mehr. Den Sozis nehme ich eigentlich nicht sehr viel übel, wohl aber den anderen. Nun, jedenfalls – jeder wie er kann!« (Archiv Schuschnigg).

[39] An seinen Bruder schrieb er am 20. April 1948 aus New York: »Wenn ich jemals nach Europa zurückmöchte – außer natürlich zu Besuchszwecken –, dann würde es mich nur nach Italien ziehen.« Und schon am 16. Jänner 1947 hieß es angesichts andauernder Angriffe auf ihn in einem Brief aus Rapallo: »Nun, ich werde … alles daran setzen, was nur irgend in meiner Macht steht, um drüben eine neue Existenzgrundlage zu finden, nicht ohne testamentarisch festzulegen, daß ich die Brücken endgültig abgebrochen wünsche und auch auf gnädige Nekrologe nicht scharf bin.« (Foto 52)

# Die Briefempfänger

## Artur und Marianne von Schuschnigg[1]

Der als »Tiroler in Wien«[2] am 21. Juni 1904 geborene Artur von Schuschnigg verlebte die ersten Jahre in Hütteldorf, ehe die Familie nach der Transferierung des Vaters Artur von Schuschnigg als Major der Landwehr 1908 nach Cilli (Celje) in die Untersteiermark übersiedelte. Hier lebte die Familie zusammen mit der Großmutter, Amalie Wopfner, geb. Neuhauser. Artur besuchte in Cilli und Marburg (Maribor) die Volksschule und das Gymnasium bis 1919, während der Vater bei Ausbruch des Krieges an die Front ging. Zusammen mit seiner Mutter, Anna von Schuschnigg, geb. Wopfner, erlebte Artur in Marburg das Kriegsende, die Nachricht von der Gefangenschaft des Vaters, der in der Zwischenzeit zum Generalmajor befördert worden war, und des Bruders, Leutnant Kurt von Schuschnigg, in Italien; in Marburg erlebte er auch seine »Feuertaufe«, als slowenisches Militär unter dem Kommando von Rudolf Majster am 27. Jänner 1919, dem »Marburger Blutsonntag«, in eine Demonstration der deutschsprachigen Bevölkerung schoß, die eine amerikanische Studienkommission auf ihre Probleme aufmerksam machen wollte. Kurz danach folgte Artur mit seiner Mutter dem Ausweisungsbefehl der neuen Landesverwaltung und übersiedelte in die Innsbrucker Heimat seiner Mutter, wohin auch sein Vater und Bruder im Laufe des Sommers 1919 kamen. In Innsbruck blieb Artur weiterhin im Familienverband, schloß das Gymnasium ab und begann mit seinem Studium der Kunstgeschichte, Germanistik und Musik, das ihn 1926/27 auch nach Wien führte. Im Gegensatz zu seinem Bru-

---

1 Neben Bruder und Schwägerin schrieb Kurt von Schuschnigg vereinzelt auch an deren ältere Kinder Artur (III) »Spatz« und Anna »Nanni«.
2 Entwurf einer autobiographischen Skizze von Prof. Dr. Artur Schuschnigg, ohne Datum, 1, Familienarchiv Schuschnigg.

der wurde er nicht im CV aktiv.[3] Gleichsam an die Stelle des politischen Engagements trat bei dem jungen Studenten die Auseinandersetzung mit der Musik und der Literatur. So trat er bereits als Gymnasiast mit Selma Lagerlöf[4] in eine regelmäßige Korrespondenz ein, während er nach der Rückkehr von Wien nach Innsbruck literarische und musikalische Ereignisse rezensierte bzw. auch selbst Dichterlesungen organisierte. 1928 promovierte er in Innsbruck bei Professor Heinrich Hammer mit einer Dissertation über »Die Barockbildhauerfamilie Moll«.

Zunächst als wissenschaftliche Hilfskraft am Museum Ferdinandeum, als Vortragender in der Volksbildung und sporadisch als Mitarbeiter des 1927 eröffneten Rundfunksenders Innsbruck tätig, suchte Artur von Schuschnigg langsam beruflich Fuß zu fassen. Doch erst 1933 fand er beim österreichischen Rundfunk, der RAVAG, eine feste Anstellung, nachdem er eine Live-Übertragung vom Begräbnis eines jungen Heimwehrmannes, der von den Nazis ermordet worden war, zur Zufriedenheit der Wiener Zentralstelle geleitet hatte. Seit Herbst 1933 in Wien, diente er zunächst bei Rudolf Henz in der Wissenschaftsabteilung, wechselte zur Programmzeitschrift »Radio Wien«, war Herausgeber der Monatszeitschrift »Mikrophon« und betreute bei der RAVAG das langsam aufzubauende Schallplattenarchiv. Schließlich übernahm er zunehmend die musikalische Programmgestaltung, da er zum Abteilungsleiter der Tonträgerabteilung ernannt worden war, die gezielt Konzert-, Opern- und musikalisches Kabarett aufzunehmen hatte bzw. auch entsprechende Aufnahmen mit Künstlern anderer Fachrichtungen durchführte. Damit wurde er zu einem direkten Gesprächspartner der damaligen Musikszene, wobei seine Kontakte nicht nur zu Sängern und Dirigenten reichten, sondern zunehmend auch zu zeitgenössi-

[3] Artur von Schuschnigg war nur kurz Fuchs bei der CV-Verbindung Austria-Innsbruck.

[4] Artur Schuschnigg, Sehnsucht nach Värmland, in: Seefeld – Tirol, Nr. 22 (Sommer 1972).

schen Komponisten und Literaten. Dazu zählten so unterschiedliche Charaktere wie Edmund Eysler, bei dessen Rundfunkoperette »Der Geiger von Nußdorf« Artur von Schuschnigg Regie führte (Foto 25), Alban Berg, von dem einige Poststücke im Familienarchiv erhalten sind, Egon Wellesz, der als zweiter österreichischer Komponist nach Joseph Haydn in Oxford ein Ehrendoktorat erhalten hatte und dort wissenschaftlich tätig war, bis 1938 aber den größten Teil seiner Zeit in Österreich verbracht hatte, und Wilhelm Kienzl, in dessen Wohnung regelmäßig »Schubertiaden« stattfanden und der sich als guter Freund mit ein paar Noten in das Schuschnigg'-sche Gästebuch eintrug. Bei den Literaten handelte es sich hauptsächlich um die Autoren des bis zu seinem Tode mit dem Ehepaar Schuschnigg befreundeten Verlegers Paul von Zsolnay, wie zum Beispiel Franz Werfel (Foto 26), der bei einem Abendessen ein Gedicht für die neben ihm sitzende junge Dame, Marianne von Schuschnigg, auf die Serviette schrieb, die leider in der »Wäsche« landete, im Gegensatz zu einem im Familienbesitz erhaltenen Blatt Werfels, worin er auf das Wesen des neuen Mediums »Radio« zu Ehren Artur von Schuschniggs eingeht. Zu den Autoren, mit denen dieser verkehrte und die er, soweit sie noch lebten, auch nach dem Ende der Nazizeit in Innsbruck und Wien wieder zu Gast hatte, zählten Carl Zuckmayer, Frank Thieß, Stefan Zweig, Kasimir Edschmid, Franz Karl Ginzkey, dessen Widmungsexemplar des Hatschi Bratschi Luftballon für Artur jun. über sämtliche Wohnungsverluste hinweg erhalten geblieben ist, und die bis zu ihrem Tod innigen Freunde der Familie, Rudolf Henz und Alexander von Lernet-Holenia.[5]

---

[5] In diesem Kreise trafen die Schuschniggs auch Alma Mahler, schon mit Werfel verheiratet, und Almas und Gustav Mahlers Tochter Anna, die in erster Ehe mit Paul von Zsolnay verheiratet war. Anna (1904–1988) war Bildhauerin (u. a. Schülerin von Fritz Wotruba) und porträtierte in ihrem Atelier in der Operngasse hauptsächlich Künstler und Intellektuelle, u. a. Karl Moll, Frank Thiess, Hermann Broch, Wilhelm Furtwängler, Carl Zuckmayer, Victor de Sabata und Alban Berg. Diese Büsten sind durch einen Bombentreffer im Krieg verlorengegangen,

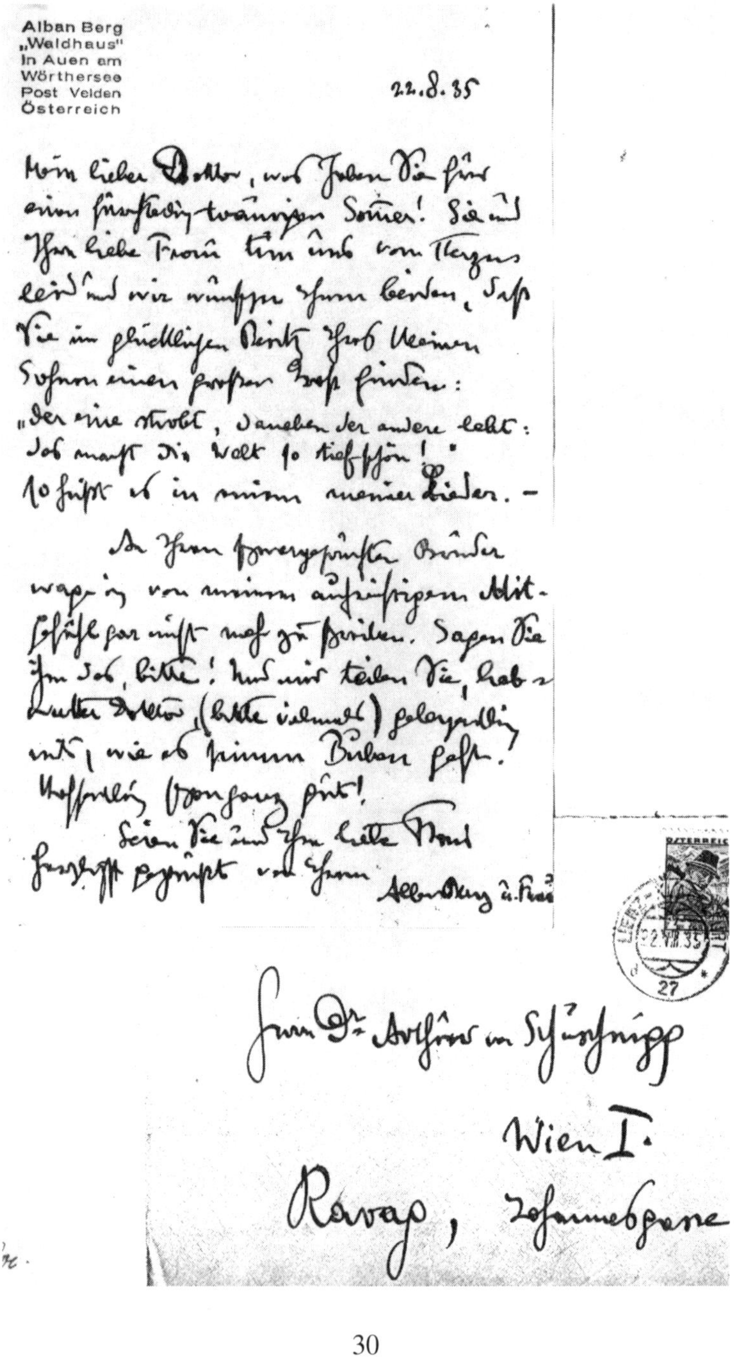
Alban Berg
„Waldhaus"
In Auen am
Wörthersee
Post Velden
Österreich
22.8.35
Mein lieber Doktor, was haben Sie für einen fürchterlich traurigen Sommer! Sie und Ihre liebe Frau tun uns von Herzen leid und wir wünschen Ihnen beiden, daß Sie im glücklichen Besitz Ihres kleinen Sohnes einen großen Trost finden: „der eine strebt, daneben der andere lebt: das macht die Welt so tiefschön!" so heißt es in einem meiner Lieder. –
An Ihren schwergeprüften Bruder wage ich von meinem aufrichtigen Mitgefühl gar nicht noch zu sprechen. Sagen Sie ihm das, bitte! Und mir teilen Sie, lieber Doktor, (bitte einmal) gelegentlich mit, wie es seinem Buben geht. Hoffentlich schon ganz gut!
Seien Sie und Ihre liebe Frau herzlichst gegrüßt von Ihrem Alban Berg u. Frau
ÖSTERREICH
22.VIII.35
27
Herrn Dr. Arthur von Schuschnigg
Wien I.
Ravag, Johannesgasse

Alban Berg
»Waldhaus«
in Auen am
Wörthersee
Post Velden
Österreich

22. 8. 35

Mein lieber Doktor, was haben Sie für einen fürchterlich traurigen Sommer! Sie und Ihre liebe Frau tun uns von Herzen leid und wir wünschen Ihnen beiden, daß Sie im glücklichen Besitz Ihres kleinen Sohnes einen großen Trost finden: »Der eine stirbt, daneben der andere lebt: Das macht die Welt so tief schön!« So heißt es in einem meiner Lieder.« –
An Ihren schmerzgeprüften Bruder wage ich von meinem aufrichtigen Mitgefühl gar nicht noch zu schreiben. Sagen Sie ihm das bitte! Und teilen Sie, liebenswerter Doktor, (bitte vielmals) gelegentlich mit, wie es seinem Buben geht. Hoffentlich schon ganz gut!
Seien Sie und Ihre liebe Frau herzlichst gegrüßt von Ihrem

Alban Berg u. Frau

Brief (und Transkription) Alban Bergs vom 22. August 1935 an Artur von Schuschnigg anläßlich des Todes von dessen Mutter, Anna von Schuschnigg, am 20. August. Bergs Anspielung gilt dem erst im Juni geborenen Sohn Artur (III), aber auch dem Autounfall vom 13. Juli, bei dem Herma von Schuschnigg gestorben und Kurt jun. leicht verletzt worden war. Nur vier Monate später, am 24. Dezember desselben Jahres, stirbt Alban Berg. Das Liedzitat ist seinem Opus 2 entnommen.

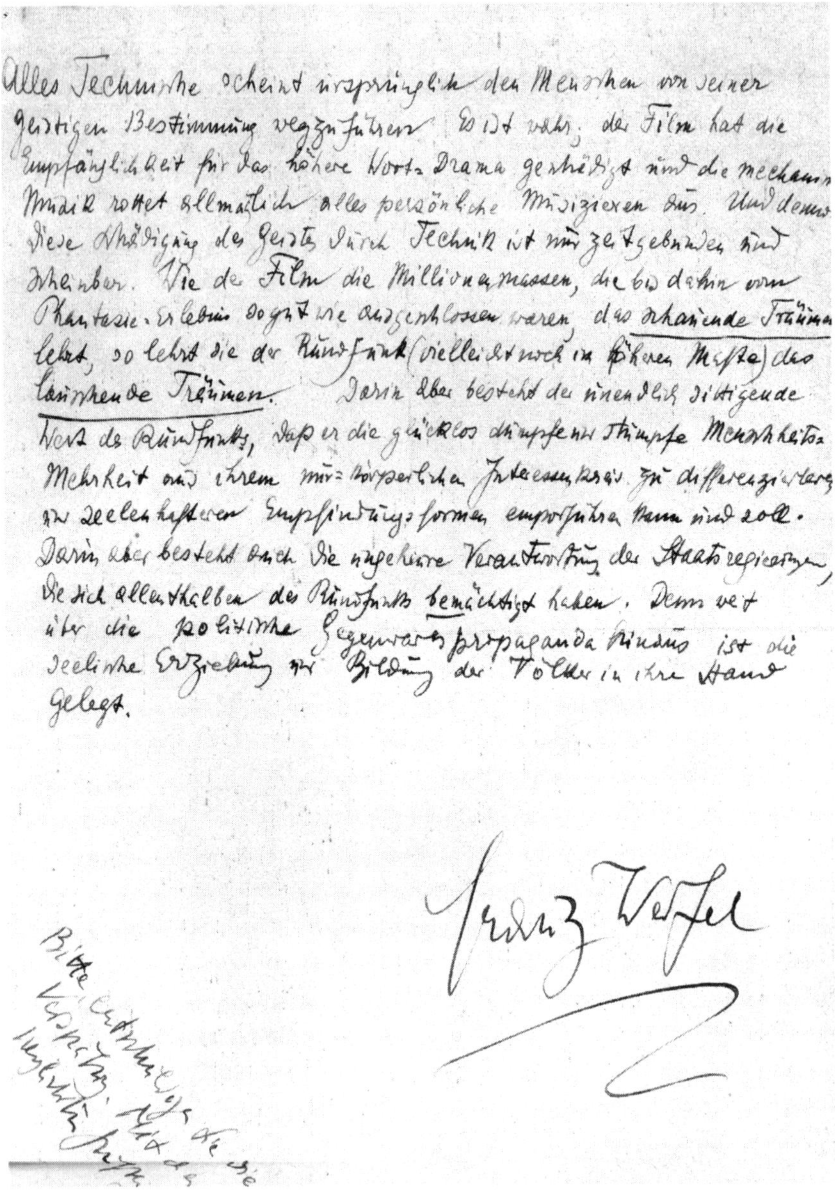
Alles Technische scheint ursprünglich den Menschen von seiner geistigen Bestimmung wegzuführen. Es ist wahr, der Film hat die Empfänglichkeit für das höhere Wort-Drama geschädigt und die mechanische Musik rottet allmählich alles persönliche Musizieren aus. Und dennoch diese Schädigung des Geistes durch Technik ist nur zeitgebunden und scheinbar. Wie der Film die Millionenmassen, die bis dahin vom Phantasie-Erlebnis so gut wie ausgeschlossen waren, das schauende Träumen lehrt, so lehrt sie der Rundfunk (vielleicht noch im höheren Maße) das lauschende Träumen. Darin aber besteht der unendlich dichtigende Wert des Rundfunks, daß er die glücklos dumpfen stumpfe Menschheits-Mehrheit aus ihrem nur-körperlichen Interessenkreis zu differenzierteren, zu seelenhafteren Empfindungsformen emporführen kann und soll. Darin aber besteht auch die ungeheure Verantwortung der Staatsregierungen, die sich allenthalben des Rundfunks bemächtigt haben. Denn weit über die politische Gegenwartspropaganda hinaus ist die seelische Erziehung zur Bildung der Völker in ihre Hand gelegt.

Franz Werfel

Text (und Transkription) Franz Werfels vom 25.9.1934 über das Wesen des Rundfunks an Dr. Artur (II) von Schuschnigg (Original: Dr. Christian von Schuschnigg, Salzburg)

Alles Technische scheint ursprünglich den Menschen von seiner geistigen Bestimmung wegzuführen. Es ist wahr; der Film hat die Empfänglichkeit für das höhere Wort-Drama geschädigt und die mechanische Musik rottet allmählich alles persönliche Musizieren aus. Und dennoch. Diese Schädigung des Geistes durch Technik ist nur zeitgebunden und scheinbar. Wie der Film die Millionenmassen, die bis dahin vom Phantasie-Erlebnis so gut wie ausgeschlossen waren, das schauende Träumen lehrt, so lehrt sie der Rundfunk (vielleicht noch in höherem Maße) das lauschende Träumen. Darin aber besteht der unendliche sittigende Wert des Rundfunks, daß er die glücklos dumpfe und stumpfe Menschheits-Mehrheit aus ihrem nur körperlichen Interessenkreis zu differenzierenden und seelenhafteren Empfindungsformen emporführen kann und soll. Darin aber besteht auch die ungeheure Verantwortung der Staatsregierungen, die sich allenthalben des Rundfunks bemächtigt haben. Denn weit über die politische Gegenwartspropaganda hinaus ist die seelische Erziehung und Bildung der Völker in ihre Hand gelegt.

Franz Werfel

dzt. Prag 25/9 1934

Bitte entschuldigen Sie die Verspätung. Mit den herzlichsten Grüßen der Ihrige

Werfel.

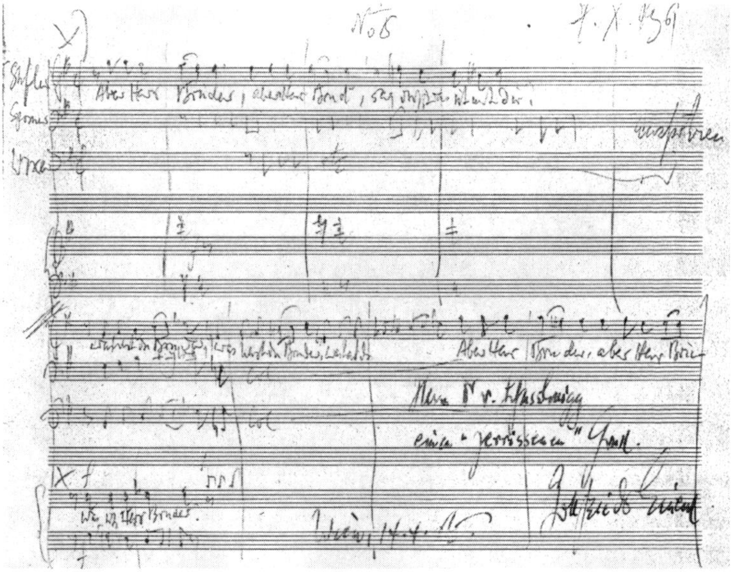

Skizzenblatt Gottfried von Einems aus dem »Zerrissenen« mit einer Widmung: Herrn Dr. Schuschnigg einen »zerrissenen« Gruß. Gottfried Einem. Wien 14.4.63(?)

Am 11. März 1938 trat Artur von Schuschnigg »wie täglich« an, »mehr oder weniger ahnungslos«, daß es für ihn »der letzte« Arbeitstag bei der RAVAG »sein sollte«.[6] Angesichts der ständigen Verlautbarungen, daß die von seinem Bruder angekündigte Volksbefragung in zwei Tagen stattfinden sollte, war er beauftragt, für ein »entsprechendes Füllprogramm«[7] zu sorgen. »Angekündigte Durchsagen verspäteten sich und mußten oft unvermittelt eingeblendet werden. Es herrschte eine

---

mit einer Ausnahme: Ein Porträt Kurt von Schuschniggs aus dem Jahr 1934 wurde nach dem »Anschluß« im Sommer 1938 mit einem zweiten anonymen Gesicht übergipst und nach London geschmuggelt. 1994 verkaufte die Tochter Anna Mahlers, Marina Mahler, die Büste an Kurt von Schuschnigg jun. Zum Atelier in der Operngasse vgl. Elias Canetti, Das Augenspiel, München-Wien 1985.

6 Entwurf, 9.

7 Entwurf, 10.

merklich nervöse bis hektische Atmosphäre. Was nur wenige im Hause wußten: zwischen RAVAG und Ballhausplatz bestand eine Sprechleitung. Über diese kamen überraschend und ohne Vorankündigung gegen Abend die Abschiedsworte des Bundeskanzlers, so plötzlich, daß in der Eile die ersten Sätze nicht mehr aufgenommen werden konnten. Sie teilten seinen erzwungenen Rücktritt mit und gipfelten in dem bekannten Wort ›Gott schütze Österreich‹.« Artur Schuschnigg »setzte im Anschluß daran die Platte mit den Haydnvariationen über die alte Hymne auf den Plattenteller und während sie noch lief, packte« er »seine Sachen zusammen«. Für Rudolf Henz war diese Musik letztlich »ein Zeichen dafür, daß die gute alte RAVAG damals in Ehren gefallen ist«.[8]

Artur Schuschnigg eilte gemeinsam mit seiner Frau Marianne,[9] in die Wohnung seines Bruders. Zusammen mit Vera von Czernin und dem Vater, Feldmarschalleutnant Artur von Schuschnigg, erwarteten sie den abgetretenen Bundeskanzler, der spät abends eintraf. Dem Ansinnen der Anwesenden, angebotene Fluchthilfen zu akzeptieren, widersetzte sich Kurt von Schuschnigg. Schließlich entschied der Vater, daß der jüngere Sohn die Wohnung zu verlassen habe, damit wenigstens ein Teil der Familie sich um die Kinder kümmern könne.[10] Artur und Kurt von Schuschnigg sollten einander erst nach dem Krieg in Italien wiedersehen.

Artur und Marianne von Schuschnigg, seit 1934 verheiratet, hatten zu diesem Zeitpunkt den 1935 geborenen Sohn Artur,[11] Patenkind des Bundeskanzlers, und die 1937 geborene Toch-

---

[8] Rudolf Henz, Der März 1938. Die letzten Tage der RAVAG. Ein Dokument, in: morgen. Kulturzeitschrift aus Niederösterreich, Nr. 3 (1978), 32.

[9] Marianne von Schuschnigg, geborene Urlichs (geb. am 24. Oktober 1911 in Stollberg bei Aachen – gest. am 14. März 1994 in Wien).

[10] Gespräch Maximilian Liebmanns mit Artur und Marianne von Schuschnigg am 2. Februar 1986, Protokoll, 14–16.

[11] Artur Kurt Maria von Schuschnigg (geb. am 2. Juni 1935 in Wien), Mag. jur., Diplomat, verheiratet mit Maria Magdalena Margit Gräfin von Wengersky (geb. am 9. April 1938 in Budapest).

ter Anna.[12] Dazu galt die Sorge des Großvaters dem 1926 geborenen Sohn des Bundeskanzlers, Kurt von Schuschnigg jun., der zu diesem Zeitpunkt auch außer Haus war. Artur von Schuschnigg konnte nicht an seinen Arbeitsplatz zurückkehren, wobei zunächst seine Stellung ungeklärt blieb. Ohne Aussicht, im ehemaligen Österreich eine entsprechende Anstellung zu finden, übersiedelte die Familie zu den Schwiegereltern ins Rheinland.[13] Über Interventionen aus dem Freundeskreis seiner Schwiegereltern gelang es Artur von Schuschnigg, seinen Fall der Sippenhaftung in beruflicher Hinsicht an Hermann Göring heranzutragen, der als preußischer Ministerpräsident schließlich im Frühjahr 1939 die Anstellung am Kaiser Friedrich Museum in Berlin verfügte.[14] In Berlin fand Artur von Schuschnigg schnell Zugang zu einem Künstlerkreis um den expressionistischen Maler Ewald Vetter und dessen Familie, die er durch die Witwe des Schriftstellers Robert Seitz, Erna Seitz, kennengelernt hatte. Dort verkehrten auch Reinhold Schneider und Käthe Kollwitz. In der Schuschnigg'schen Wohnung in der Burggrafenstraße 14[15] gingen bald viele »österreichische Emigranten« ein und aus, darunter der aus der Ge-

---

[12] Anna Gabriele Maria von Schuschnigg (geb. am 25. März 1936 in Wien), verheiratet mit Prof. Dipl. Ing. Hans Oberhauser (geb. 4. August 1933 – gest. 4. April 1996).

[13] Im Sommer 1945 intervenierte Artur von Schuschnigg bei Karl Gruber für seine Schwiegereltern, die als Deutsche von der Abschiebung aus Tirol bedroht waren. Adolf und Maria Urlichs waren 1943 in Köln ausgebombt worden. 1945 wurden sie in Dresden erneut Opfer des Bombenkrieges. Beruflich – so Artur Schuschnigg – wurde sein Schwiegervater wegen der Verwandtschaft zur Familie Schuschnigg erheblich behindert. Seit Ostern 1945 in Tirol lebend, benötigten die Urlichs nun dringend eine Aufenthaltsbewilligung, da zu den materiellen Problemen auch gesundheitliche traten. Schreiben Artur von Schuschniggs an Karl Gruber vom 11. Juli 1945, Familienarchiv Schuschnigg. Nach der Erteilung der Aufenthaltsbewilligung konnte Adolf Urlichs auch beruflich in Innsbruck Fuß fassen.

[14] Briefwechsel Artur von Schuschniggs mit der Kanzlei Hermann Görings, Jänner bis Februar 1939, Familienarchiv Schuschnigg.

[15] Meldenachweis im Familienarchiv Schuschnigg, Wien.

stapo-Haft entlassene (später wieder eingesperrte) Dichter Hans von Hammerstein-Equord (vor 1938 zeitweise Mitglied der Regierung Schuschnigg), ferner der aus Wien stammende ehemalige Leiter des aktuellen Dienstes der RAVAG, Hans Nüchtern, ebenso wie Annine von Einem, die Mutter des Komponisten Gottfried von Einem, der damals bei Boris Blacher in Berlin studierte. Zu diesen gesellten sich der RAVAG-Gründer Oskar Czeija, der Rundfunkmitarbeiter und spätere Programmdirektor Rudolf Übelhör, das Ehepaar Röbbeling (er war ehemaliger Burgtheater-Direktor) oder der Publizist Friedrich Funder. Berlin war für das Ehepaar Schuschnigg eine Erleichterung gegenüber Wien. In der erheblich größeren Stadt blieben sie unerkannt, vor allem aber hatten sich in Berlin, das bereits sechs Jahre nationalsozialistischer Herrschaft hinter sich gebracht hatte, die Fronten inzwischen geklärt, und es gab oppositionelle oder zumindest gegenüber dem Regime immune Kreise unter den Künstlern und Intellektuellen. Außerdem hatten die Besucher nicht im gleichen Maße Angst, sich zu kompromittieren. Als dann Anfang 1941 Kurt von Schuschnigg nach Sachsenhausen verlegt wurde, begannen die regelmäßigen Besuche von Vera und immer wieder Kurt jun., zumeist in den Ferien oder an Feiertagen.[16] So wurde die Wohnung Artur von Schuschniggs, ohne daß er selbst viel dazu beitrug, zu einer Informationsaustauschstelle zwischen dem Kanzler im KZ und Widerstandsgruppen in Österreich. Die Familie war sehr vorsichtig, was etwa die Abhörmöglichkeiten betraf. Es wurde kein Radio angeschafft, das Telefon war – im Vorzimmer – immer unter einer Teehaube, und für heikle Gespräche ging man spazieren. Nach dem Krieg stellte sich heraus, daß jeder Schritt und jeder Besuch von der Gestapo registriert worden war.[17] Bereits im August 1939 forderte das Wehrmeldeamt Berlin-Charlottenburg den nunmehrigen Ku-

---

16 Gästebuch, Familienarchiv Schuschnigg, Wien.

17 Schlußbericht, Geheime Staatspolizei – Staatspolizeistelle Wien IV A 3 – B. Nr. 1721/43g – 3. Kopie, Familienarchiv Schuschnigg, Wien.

stos zur Musterung auf,[18] die Einberufung ereilte ihn 1940, kurz nach der Geburt seiner Tochter Verena.[19] Mit der Begründung photographischer Kenntnisse war er ab 1940 als Gefreiter bei der Hauptbildstelle des Reichsluftfahrtsministeriums, und als Flaksoldat erlebte er die Ausbombung seiner Wohnung in Berlin.[20] Die Familie war wenige Monate zuvor in die Steiermark nach Schwanberg übersiedelt, wo das vierte Kind, Heinrich,[21] 1944 zur Welt kam. Der Obergefreite Artur von Schuschnigg wurde am 28. April 1945 in Salzburg aus dem Militärdienst entlassen.[22]
Vereint mit seiner Familie – seine Frau war mit den Kindern vor den anrückenden sowjetischen Truppen aus der Steiermark nach Pfunds geflohen –, wurde Artur von Schuschnigg im Mai 1945 von Landeshauptmann Karl Gruber[23] zum Programmleiter von Radio Innsbruck, später Radio Tirol, ernannt. 1946 kam das fünfte Kind, Christian, zur Welt.[24] Engstens und bestens mit der französischen Besatzungsmacht kooperierend, wurde er 1949 nach der endgültigen Übergabe

[18] Musterungsaufforderung vom 17. August 1939, Familienarchiv Schuschnigg, Wien.

[19] Verena Vera Maria von Schuschnigg (geb. am 19. April 1940 in Berlin), verheiratet mit Dipl.-Ing. Hubertus von Posern (geb. am 5. Februar 1924 in Dresden).

[20] Meldezettel vom 29. November 1943 als Ausgebombter, Familienarchiv Schuschnigg, Wien.

[21] Heinrich Richard Maria Schuschnigg (geb. am 25. Oktober 1944 in Schwanberg), Dipl.-Ing., verheiratet mit Elisabeth Salm-Reifferscheidt (geb. am 11. Oktober 1948 in Steyregg).

[22] Militärärztliche Bescheinigung über die Entlassungsuntersuchung vom 28. April 1945, Familienarchiv Schuschnigg. Artur von Schuschnigg, der alles eher als ein ehrgeiziger Soldat war, betonte stets, daß es für ihn als Akademiker nicht leicht war, im Laufe der Kriegsjahre ein militärisches Avancement zu vermeiden, legte aber Wert darauf – im Gegensatz zum »Größten Feldherrn aller Zeiten« – zumindest Obergefreiter geworden zu sein. (Anm. H.Sch.)

[23] Ing. Dr. Karl Gruber (geb. am 3. Mai 1909 – gest. am 29. November 1995) kam aus dem Widerstand, war zunächst Landeshauptmann von Tirol und schließlich österreichischer Außenminister.

[24] Christian Walter Maria Schuschnigg (geb. am 3. Dezember 1946 in Innsbruck), Dr. med., Radiologe.

Österreichische demokratische Freiheitsbewegung
Mouvement Démocratique pour la liberté Autrichienne Tyrol
Mitgliedausweis
Membership Card Nr. 549
Herr Mr. Dr.Artheur v.S c h u s c h n i gg
Frau Mrs. --------
aus from Jbk.
ist aktives Mitglied der Österreichischen Widerstandsbewegung in Tirol.
is an Active member of the Austrian Movement of Liberation in Tyrol.
Vollzugsausschuß der Österreichischen Widerstandsbewegung in Tirol
Executive Committee of the Austrian Movement of Liberation in Tyrol
Innsbruck, 30.5.45
Österreichische demokratische Freiheitsbewegung
Mouvement Démocratique pour la liberté Autrichienne Tyrol
gez.: signed:

Mitgliedsausweis der »Österreichischen demokratischen Freiheitsbewegung«, einer von Dr. Karl Gruber gegründeten Tiroler Widerstandsgruppe

des Senders in österreichische Hände zum Direktor des Unternehmens bestellt. In dieserAufbauzeit in Innsbruck verstand er es, seine alten Kontakte für den kleinen Sender auszunützen. Zunächst wurden arbeitslose Künstler, die bei Kriegsende in Tirol lebten, im Rundfunk eingesetzt. Werner Bergengruen las zum ersten Mal im Februar 1946 im Studio Tirol. Eigenproduktionen konnten damals in Innsbruck mit ersten Kräften des Burgtheaters besetzt werden. Zu den Höhepunkten gehörten die österreichischen Erstaufführungen von Zuckmayers »Des Teufels General«,[25] Werfels »Jacobowsky und der Oberst«[26], und Sartres »Die schmutzigen

[25] Carl Zuckmayer, Des Teufels General, Typoskript 1942/45, Uraufführung 14. Dezember 1946, Erstausgabe Stockholm 1947.

[26] Franz Werfel, Jacobowsky und der Oberst, Stockholm 1944. Im Familienarchiv Schuschnigg befindet sich ein Exemplar der Erstausgabe mit der Widmung Paul von Zsolnays: »Meinem lieben Freund Artur ein erster Gruß nach der Sintflut, die uns beide gnädig verschonte. Bern Nov. 1945.«

Hände«,[27] Anouilhs »Antigone«[28] und Giraudoux' »Die Irre von Chaillot«.[29] 1954 holte ihn sein früherer Chef Rudolf Henz nach Wien, wo er zunächst neben seiner Tiroler Verpflichtung ab 1956 hauptberuflich für die Planung und Koordination des Musikprogrammes zuständig war.
Artur von Schuschnigg starb am 3. September 1990 in Natters, seine Frau Marianne am 14. März 1994 in Wien.

## Hermann Wopfner[30]

Hermannn Wopfner erblickte als Sproß einer bis in das 15. Jahrhundert zurückzuverfolgenden, von Bergbauern aus dem Wattental abstammenden Familie am 21. Mai 1876 in Innsbruck das Licht der Welt. Sein Vater Josef hätte es zwar wie die meisten Väter gerne gesehen, daß Hermann als Kaufmann in seine Fußstapfen getreten wäre und sich auch mit dem Tuchwarenhandel beschäftigt hätte. Auf Drängen der Mutter Amalia, geb. Neuhauser, durfte der Sohn statt einer Realschule das Gymnasium besuchen.
Nach seiner Matura 1894 und seiner Militärzeit begann er im Wintersemester 1896/97 Geschichte an der Universität Innsbruck bei Emil von Ottenthal, Josef Hirn und Ludwig von Pastor zu studieren. Das Wintersemester 1897/98, das er als außerordentliches Mitglied des Instituts für Österreichische Geschichtsforschung in Wien mit Besuchen der Vorlesungen von Oswald Redlich und Alfons Dopsch verbrachte, wurde wegen anhaltender politischer Unruhen vorzeitig beendet, das Sommersemester 1898 studierte er in Leipzig, wo er sich dem von ihm »so heiß ersehnten Lehrbetrieb Karl Lamprechts ein-

27 Jean-Paul Sartre, Die schmutzigen Hände, Zürich 1949.
28 Jean Anouilh, Antigone, Freiburg-München-Innsbruck 1949.
29 Jean Giraudoux, Die Irre von Chaillot, Zürich 1946.
30 Die Biographie Hermann Wopfners verfaßte Artur (IV) von Schuschnigg. (Foto 1, 2)

fügte«.[31] Seine Dissertation über den Tiroler Bauernaufstand 1525/26 wurde angenommen, und es folgte im Mai 1900 die Promotion zum Doktor der Philosophie der Leopold-Franzens-Universität. Während seines Dienstes im Innsbrucker Statthaltereiarchiv (1900–1908), dessen Leiter Prof. Michael Mayr seinen Beamten in großzügiger Weise eine Betätigung wissenschaftlicher Arbeit ermöglichte, unterzog Wopfner sich auf Anraten Hans von Voltelinis dem Jusstudium,[32] das er 1909 bei Siegfried Rietschel an der Universität von Tübingen mit der Promotion zum Doktor Iuris abschloß.

Wopfners Leben und sein wissenschaftliches Werk sind durch wenige Motive strukturiert, die in seiner Familiengeschichte und Kindheit begründet liegen. Es sind dies die wesentlichen Stationen des »Tiroler Mythos«: die Liebe zum und die Verwurzelung im Bauernstand, dessen Wehrhaftigkeit, demokratische Verfassung, Religiosität und schließlich dessen Bedrohung durch Technik, Tourismus und Verkehr. Er war damit wesentlich an der wissenschaftlichen Fundierung des Tiroler Landesbewußtseins beteiligt.[33] Als herausragendes Beispiel sei seine Habilitationsschrift im Fach Wirtschaftsgeschichte »Beiträge zur Geschichte der freien bäuerlichen Erbleihe Deutschtirols« (1903) erwähnt. Es folgte eine Reihe von Veröffentlichungen, die das hohe Ansehen des jungen Innsbrucker Archivars und Privatdozenten begründeten:[34] Die

---

31 Hermann Wopfner, in: Österreichische Geschichtswissenschaft der Gegenwart in Selbstdarstellungen, hg. v. Nikolaus Grass, Innsbruck 1950, (= Schlern-Schriften, 68), 170.

32 Franz Hutter, Hermann Wopfner. Nachruf, in: Almanach der Österreichischen Akademie der Wissenschaften 113 (1963), 451.

33 Wolfgang Jacobeit, Hannsjost Lixfeld, Olaf Bochkorn (Hrsg.), Völkische Wissenschaft, Gestalten und Tendenzen der deutschen und österreichischen Volkskunde in der ersten Hälfte des 20. Jahrhunderts, Wien-Köln-Weimar 1994, 410.

34 Dazu und zu den weiteren Veröffentlichungen siehe das Verzeichnis der Veröffentlichungen Hermann Wopfners in: Volkskundliches aus Österreich und Südtirol, dargebracht Hermann Wopfner zum Abschluß seines 70. Lebensjahres, hg. v. Anton Dörrer und Leopold Schmidt, Wien 1947, 317–332; Verzeichnis der Veröffentlichungen Hermann

Lage Tirols zu Ausgang des Mittelalters (Berlin 1908); Quellen zur Geschichte der Bauernkriege in Deutschtirol 1525 (I. Band, Innsbruck 1908); Das Tiroler Freistiftrecht (Innsbruck 1906), Freie und unfreie Leihen im späteren Mittelalter (Innsbruck 1906). Das Buch »Das Almendregal des Tiroler Landesfürsten« (Innsbruck 1906) führte zur Erweiterung der Venia auf das Fach »Österreichische Geschichte«.
Nach Abgang seines Lehrers Voltelini nach Wien wurde er im Jänner 1909 zum außerordentlichen, 1914 zum ordentlichen Professor für Österreichische Geschichte der Universität Innsbruck ernannt. Im Studienjahr 1918/19 bekleidete er das Amt des Dekans der Philosophischen Fakultät, zehn Jahre später wurde er zum Rektor seiner Universität gewählt. Bereits 1910 begann er, zunächst im Rahmen von Ferialkursen für Mittelschullehrer (nach dem Krieg auch für Jungbauern), später auch im Rahmen des normalen Lehrbetriebes, Vorlesungen über Gegenstände der Volkskunde zu halten. Die Vorbereitungen dieser Lesungen führten ihn auch tiefer in die Probleme der Siedlungskunde hinein.
Aufgrund seiner freiwilligen Meldung zum Kriegsdienst versah er im I. Weltkrieg zunächst als Offizier Dienst zur Bahnsicherung im Pustertal auf der Strecke Innichen-Silian. Im Herbst 1916 wurde er zum Alpinen Referat des 11. Armeekommandos in Trient versetzt. Wegen seiner einschlägigen Kenntnisse sandte man ihn als alpinen Referenten zur Berichterstattung hinsichtlich der Unterkünfte und Verbindungswege zu verschiedenen Frontabschnitten; er verfaßte Memoranden über seine Dienstreisen, in die er detaillierte Beschreibungen und Vorschläge aufnahm.[35]

---

Wopfners aus der Zeit von Ende 1946 bis Ende 1955 (mit Nachträgen für die Zeit vorher) in: Tiroler Heimat 19 (1955), 169–171; Veröffentlichungen Hermann Wopfners 1956 bis 1960, in: Tiroler Heimat 26 (1963), 6-8.

[35] Z. B. Bericht über den Dienstgang des Gefertigten in das Pasubiogebiet. 29.–31. Dezember 1916 vom 2. Jänner 1917, Dr. Wopfner Oblt., Manuskript Wopfnerarchiv, Natters, und: Bericht über Besichtigung der Eisarbeiten am Marmolata Gletscher (19. bis 21. März 1917) vom 24. März 1917, ebenda.

Seine erste Tätigkeit nach dem Kriegsende galt zusammen mit anderen Lehrenden der Universität dem Versuch, wissenschaftlich Südtirol »zu retten«, indem die alte organische Einheit Tirols dargestellt wurde. Diese sachlichen Überlegungen konnten die alliierten Politiker von ihren aus kriegspolitischen Zwecksetzungen gefaßten Beschlüssen jedoch nicht abbringen.

Mit dem vermehrten Eifer hinsichtlich seiner Lehrtätigkeit auf dem Gebiete der Volks- und Heimatkunde nahm Wopfner seine bereits vor dem Krieg durchgeführten planmäßigen Wanderungen durch ganz Tirol wieder auf. Durch diese und wiederholte längere Aufenthalte in entlegenen Tälern (u. a. eine Wanderung durch das Hochtal Villgraten/Osttirol, zusammen mit Prof. Heinrich von Srbik), in denen sich trotz der Umwälzungen des 19. und 20. Jahrhunderts Reste der alten geistigen und wirtschaftlichen Kultur erhalten hatten, gelangte er zu einem tiefen Verständnis der Lebens- und Wirtschaftsformen des bäuerlichen Volkes. Es entstanden kleinere Arbeiten und Beobachtungen sowie zahlreiche Aufnahmen. Der Photoapparat und eine größere Anzahl der schweren Platten bildeten einen festen Bestandteil seiner Wanderausrüstung.[36]

Seit 1920 gab er zur Förderung auf dem Gebiet tirolischer Geschichte, Volks- und Heimatkunde im Verlag Tyrolia, Innsbruck, die Zeitschrift »Tiroler Heimat, Beiträge zu ihrer Kenntnis und Wertung« heraus. Am 26. November 1923 genehmigte das Ministerium für Unterricht das beantragte »Institut für geschichtliche Siedlungs- und Heimatkunde der Alpenländer« als »Annex der Lehrkanzel Prof. Dr. Wopfners und in organischer Verbindung mit derselben«.[37] Eine Zusammenfassung seiner Darstellungen der tirolischen Volkskunde erschien in »Tirol, Land und Natur, Volk und Geschichte« (Mün-

---

[36] Im Wopfnerarchiv in Natters befinden sich ca. 4500 Glasplatten-Negative und Positive, davon etwa ein Drittel Farbaufnahmen, die er für seine wissenschaftlichen Publikationen und für seinen Lehrbetrieb verwendet hat. Die Aufnahmen beginnen etwa um 1904.

[37] Jacobeit, 453.

chen 1933). Besondere Unterstützung seiner wissenschaftlichen Arbeit erhielt er seitens der in Geschichte und Volkskunde vorzüglich bewanderten Geistlichkeit Tirols.
Auch auf dem Gebiet des Alpinismus wartete Wopfner mit beachtlichen Leistungen auf. Schon als Jugendlicher schulte er sich im »Schnellwandern« und berichtet von einem Sonntagnachmittag, an dem er mit der Bahn auf den Brenner fuhr, von dort den 2800 m hohen Wolfendorn bestieg und es beim Abstieg nicht versäumte, ein »doch recht abkühlendes Bad« in einem Gletscherbach zu nehmen. Ab 1904 Mitglied des Akademischen Alpinen Vereins, unternahm er umfangreiche Schiwanderungen und Überquerungen des Alpenhauptkammes, wie im »März 1911 von der Zufallspitze in der Ortlergruppe durch das Martelltal, den Untervinschgau überquerend, sodann durch das Schnalstal, über Hoch- und Hauslabjoch in den Ötztaler Alpen ins Ötztal«.[38] Diese alpinen Wanderungen fanden stets Niederschlag in wissenschaftlichen Veröffentlichungen in Zeitungen und Zeitschriften.[39]
Wopfner war wie seine Schwester Anna von Schuschnigg musisch begabt. Er nahm bei dem Bruckner-Schüler Josef Pembaur, dem damaligen Direktor des Innsbrucker Musikvereins, Klavier- und Orgelunterricht und studierte Harmonielehre. Als seine Vorlieben bezeichnete er vor allem Bach und Wagner und berichtet, daß er in einem Prüfungskonzert des Musikvereins den Liebestod aus Wagners Tristan in der Liszt'schen Transkription spielen durfte. In seiner Wiener Studienzeit besuchte er begeistert Konzerte der Wiener Philharmoniker und die Hofoper, an der noch Richter und Mahler dirigierten. Er verkehrte regelmäßig in Künstlerkreisen, wo er sich u. a. mit dem Maler Wilhelm Wörndle anfreundete.[40] 1930 übersiedelte er von der Stadt Innsbruck auf den bereits 1305

[38] Hermann Wopfner, Schriftenverzeichnis, in: MIÖG 33/34 (1950), 320.
[39] Vgl. ebda., 319–320, 325; Bericht des akademischen alpinen Vereines Innsbruck über die Vereinsjahre 1900–1905, Innsbruck 1905, 35.
[40] Ebenda.

im Wiltener Urbar erwähnten »Unteren Plumeshof« auf der Hochfläche südlich von Innsbruck, etwa 250 m oberhalb der Stadt im Gemeindegebiet von Natters.[41]

1934 wurde Wopfner zum korrespondierenden, 1953 zum Ehrenmitglied der Österreichischen Akademie der Wissenschaften gewählt. 1949 verlieh ihm der Tiroler Landtag die höchste Auszeichnung, den Ehrenring des Landes Tirol.

Politisch trat Wopfner insbesonders für die tirolerische Landesfreiheit im Sinne der Überlieferung und der Wahrung der demokratischen Freiheiten ein. In »Von der Freiheit des Landes Tirol« (Innsbruck 1934) veranschaulichte er das Wesen tirolerischer Landesfreiheit, ihren Werdegang und ihre Handhabung im Lauf der Jahrhunderte. Betont wies er auf das Verhalten des Volkes von Tirol in Notzeiten hin, in denen die normale Regierungsgewalt versagte, und sich die Tiroler aufgrund dieser alten Freiheit selbst eine Regierung schufen. Damit geriet er in Gegensatz zur autoritären, zentralistischen Regierungsform des Ständestaates und seiner Kanzler Dollfuß und Schuschnigg. Letzter war ein Sohn seiner älteren Schwester Anna, die 1896 den Offizier Artur Viktor von Schuschnigg geheiratet hatte. Trotz dieser politischen Meinungsdifferenzen wurde Wopfner eine wichtige Hilfe für Kurt von Schuschnigg während dessen Inhaftierung. Den Nationalsozialismus lehnte Wopfner vollständig ab, denn dieser war antidemokratisch, zentralistisch und freiheitsfeindlich. Zusätzlich kreidete er ihm den »Verrat« an Südtirol an, vor allem aber die kirchenfeindliche Haltung. Stets beklagte er auch das rechtswidrige Verhalten gegenüber seinem Neffen, »der doch – mag man über seine Politik denken wie man will – ein Ehrenmann war und allzeit geblieben ist«.[42] Entgegen der allgemein bekannten Ablehnung wurde nach dem »Anschluß« nichts gegen den Wissenschaftler, der eine »der Paradewissenschaften« der Na-

---

[41] Wiltener Urbar 1305: Item predium in Plumbes et predium in Sönburch, quod … und Wiltener urbar 1357: Item Plumes.

[42] Wopfner, Geschichtswissenschaft, 197.

zis vertrat, unternommen. Trotzdem ersuchte Wopfner 1941 – fünf Jahre vor Erreichung der Altersgrenze – um Versetzung in den Ruhestand.[43] Am 13. September 1941 wurde Hermann Wopfner frühzeitig emeritiert.

Die Kriegszeit, die er mit Ausnahme einiger kleinerer Beschädigungen seines Wohnhauses unbeschadet überstand, und die Nachkriegszeit, in der er zwischen 1945 und 1949 die Lehrkanzel für Volkskunde der Universität Innsbruck übernahm, widmete er seinem Lebenswerk, dem »Bergbauernbuch«. Nach einigen Bearbeitungen erschienen die ersten drei Lieferungen zwischen 1951 und 1960.[44] Unermüdlich an den weiteren Ausgaben werkend, deren Entwürfe bereits vorlagen, verstarb Wopfner am 10. Mai 1963 an den Folgen eines Schenkelhalsbruches, den er sich beim Holzhacken zugezogen hatte, auf seinem Plumeshof. 1995 wurden die Teile 1–3 des Bergbauernbuches unter der Leitung seines Schülers Nikolaus Grass als Band I neu herausgegeben. Dieser beinhaltet die Besiedelungsgeschichte, den Landesausbau und die Bevölkerungsbewegung. Band II, ebenfalls 1995 erschienen, befaßt sich mit der historischen Entwicklung seit der vorrömischen

---

[43] Seine Kompromißlosigkeit gegenüber dem Nationalsozialismus sei anhand eines Briefes an eine Salzburger parteinahe Zeitschrift illustriert: »Plumeshof, Post Mutters 13. 8. 1941. Nach unserer gestrigen Unterredung fiel mir ein, daß auch noch verschiedene andere Bilder, die ich meinem Aufsatz beigeben wollte und deren Negative ich Ihnen übergab, Häuser mit Heiligenbildern wiedergeben. Bei der Anzahl der Bilder und bei den seinerzeitigen Aufnahmen habe ich die Frage, ob ein Haus Heiligenbilder trägt oder nicht, keinerlei Gewicht beigelegt. Mit Rücksicht auf die bilderstürmerische Zensur wären nun alle diese Bilder zur Veröffentlichung ungeeignet. Andere Bilder zu beschaffen, ist mir nicht wohl möglich, ich würde eine darauf gewandte Mühe auch für etwas ganz und gar Überflüssiges und durchaus Wertloses halten. Glauben Sie daher nicht auch, daß es unter diesen Umständen besser ist, von der Veröffentlichung dieses Aufsatzes in Ihrer Zeitschrift abzusehen? Heil Hitler« Durchschrift im Wopfnerarchiv, Natters.

[44] Bergbauernbuch, I. Band. Von Arbeit und Leben der Tiroler Bergbauern in Vergangenheit und Gegenwart, 1. Lfg. Innsbruck 1951, 1 bis 132; 2. Lfg. Innsbruck 1954, 133 bis 443; 3. Lfg. Innsbruck 1960, 444 bis 731.

und römischen Zeit, mit der Ausbreitung des Deutschtums sowie mit den Ladinern. Weitere Abschnitte sind dem Verhältnis der Bergbauern zur Religion und seinem Wirken im rechtlichen und politischen Leben gewidmet. Abschließend dokumentiert Wopfner den einschneidenden Rückgang des Bergbauerntums seit dem 19. Jahrhundert. Im Mittelpunkt des dritten Bandes, erschienen 1997, steht die bäuerliche Wirtschaftsführung.[45]

## Paula und Karlheinz Niedermayr

Paula Niedermayr[46] war die Witwe nach Otto Niedermayr,[47] dessen Tante, Katharina Niedermayr,[48] 1861 Alois von Schuschnigg, den Großvater des Bundeskanzlers,[49] heiratete. Anfang 1939 nahm Vera von Schuschnigg den Kontakt zu Paula Niedermayr auf, da sie hoffte, im Großraum München eine Schule für Kurt (II) von Schuschnigg zu finden. Paula Niedermayrs Sohn, Karlheinz,[50] bemühte sich zunächst um einen Platz am Neuen Realgymnasium in München, an dem er im Frühjahr 1938 maturiert hatte. Nachdem der dortige neue Direktor rundweg abgelehnt hatte, den »Sohn eines Staatsver-

---

[45] Hermann Wopfner, Bergbauernbuch, 1. Band Siedlungs- und Bevölkerungsgeschichte, hgg. v. Nikolaus Grass, Innsbruck 1995. Ebenso 2. Band Bäuerliche Kultur und Gemeinwesen IV.-VI. Hauptstück, Aus dem Nachl. hgg. u. bearbeitet v. Nikolaus Grass, Innsbruck 1995.

[46] Paula Niedermayr, geb. Suckart (geb. am 1. Dezember 1890 in Waldmünchen/Oberpfalz – gest. am 14. Juni 1979 in München).

[47] Otto Niedermayr (geb. am 18. August 1886 in Rosenheim – gest. am 4. September 1936 in Unterhaching b. München), Apotheker.

[48] Katharina Niedermayr (geb. 1835 in Hinterhör – gest. 1925 in Salzburg).

[49] Alois Schuschnigg (geb. 1833 in Klagenfurt – gest. 1911 in Salzburg), Oberst und Commandeur des Landes Gendarmerie Commandos in Tirol, nobilitiert 1898.

[50] Karlheinz Niedermayr (geb. am 4. September 1918 in Heidenheim/Franken), Dr. jur., Obermagistratsdirektor a. D., München.

brechers«[51] aufzunehmen, wandte sich Karlheinz Niedermayr an das Alte Realgymnasium in Schwabing, dessen Direktor keine weiteren Bedenken hatte, obwohl auch er NSDAP-Mitglied war. Zunächst lebte Kurt bei der Familie Niedermayr in Unterhaching, übersiedelte aber dann nach München in das Internat Schmitt in Bogenhausen, da dort die Studienaufsicht durch Lehrkräfte durchgeführt wurde. Als örtliche Nazis gegen den neuen Mitbewohner scharfmachen wollten, schaltete sich die Gestapo ein und beruhigte die Situation. Unmittelbar vor seiner Überstellung von München nach Sachsenhausen wandte sich Kurt von Schuschnigg an die Familie Niedermayr, um ihr für die stete Betreuung seines Sohnes zu danken.

[51] Karlheinz Niedermayr, Erinnerungen, Dezember 1989, 3, Familienarchiv Schuschnigg, Wien.

# DIE BRIEFE

## Beschreibung der Briefe

Insgesamt liegen 144 Briefe, zwei schriftliche Telefonnotizen und eine einem Brief angeschlossene Radioansprache vor. Die insgesamt 147 Schriftstücke stammen von Kurt und Vera von Schuschnigg, in zwei Fällen ist der Autor der Sohn Kurt (II). Die Empfänger der Schreiben sind Hermann Wopfner und Artur von Schuschnigg, in einem Falle die Familie Niedermayr; vier kürzere Schreiben erhielt Artur »Spatz« von Schuschnigg, eines Anna »Nanni« von Schuschnigg.
Die Briefe verteilen sich auf den Zeitraum vom 5. November 1938 bis zum 26. September 1945. Sie sind in ihrer überwiegenden Mehrheit mit der Hand, nur in wenigen Exemplaren mit der Maschine geschrieben. Ein Briefschwund ist im Falle des Empfängers Hermann Wopfner nahezu auszuschließen, da dieser die Briefe anscheinend sofort chronologisch abheftete, was die Datierung der Briefe Vera von Schuschniggs erleichterte. Wie weit ein Briefschwund beim Empfänger Artur von Schuschnigg eingetreten ist, läßt sich nur schwer sagen; die Zerstörung der Berliner Wohnung durch einen Bombenangriff dürfte kaum zu Briefverlusten geführt haben. Auffallende Intervalle der Briefe Kurts an seinen Bruder lassen sich in einigen Fällen leicht erklären, sind aber 1941 ohne ersichtlichen Grund feststellbar. Die Briefe an Kurt von Schuschnigg müssen, soweit er sie nicht selbst sofort vernichtet hat, seit 1945 als verloren angesehen werden.
Die Originale befinden sich im Archiv Hermann Wopfner am Plumeshof in Natters/Tirol und im Familienarchiv Schuschnigg in Wien. Der Brief Kurt von Schuschniggs an die Familie Niedermayr liegt ebenfalls im Familienarchiv Schuschnigg, nachdem er vom Empfänger vor wenigen Jahren dorthin abgegeben worden ist. Die in den Briefen angesprochenen bei-

liegenden Fotos sind im Falle Hermann Wopfners mit den Briefen zusammen archiviert worden.

## Bemerkungen zur Edition

Trotz des privaten Charakters der Briefe, nicht zuletzt aus diesem Grunde verweigerte Dr. Artur (II) von Schuschnigg die Herausgabe zu seinen Lebzeiten als »zu intim«, wurde für die Publikation die Edition ohne Kürzung, Auslassung oder Streichung gewählt. Aus diesem Grunde konnte auch von einem editionstechnischen Apparat abgesehen werden, da keine Eingriffe in den Text erfolgt sind. Orthographische Eigenheiten wurden ebenso wie die Satzstellung belassen, Interpunktionszeichen nur dort eingesetzt, wo sie zur Erhöhung der Lesbarkeit unbedingt notwendig waren. Ergänzungen, in der Regel Auflösungen von Abkürzungen, wurden in Klammern gesetzt. Als Ordnungsprinzip wurde bewußt die Chronologie der Briefe an oberste Stelle gestellt, Briefschreiber und Adressaten wurden nicht getrennt, da die Briefe in der Chronologie ein durchaus dichtes Bild ergeben. Gerade in den Briefen Kurt von Schuschniggs an seinen Onkel und seinen Bruder kehren einzelne Themenbereiche häufig unter differenzierten Gesichtspunkten wieder.
Die Herausgeber waren bemüht, weitestgehend die Namen, Werke und angesprochenen Hinweise in den Briefen aufzulösen und diese in den Anmerkungen zu ergänzen. Bei erstmaliger Namensnennung wurden die biographischen Eckdaten zusammengestellt, während bei weiteren Nennungen die Namen nur mehr ausgeschrieben wurden, um eine eindeutige Identifikation zu gewährleisten. Die im Original unterstichenen Worte sind kursiv gesetzt. Eine erste Kommentierung der Briefe nahm der Empfänger Artur von Schuschnigg kurz vor seinem Tode vor. Dort, wo er als Zeitzeuge spricht, sind seine Anmerkungen entsprechend gekennzeichnet.

# Liste der Briefe[1]

## *Briefe 1938–1941*

| | | | |
|---|---|---|---|
| 1. | 5. November 1938 | Vera von Schuschnigg an Hermann Wopfner | H,T, Tr |
| 2. | 9. Dezember 1938 | Vera von Schuschnigg an Hermann Wopfner | H,T, Tr |
| 3. | (4. Jänner 1939) | Vera von Schuschnigg an Hermann Wopfner | H,T, Tr |
| 4. | (7. Jänner 1939) | Vera von Schuschnigg an Hermann Wopfner | H,T, K, Tr |
| 5. | (etwa März 1939) | Vera von Schuschnigg an Hermann Wopfner | H,T, K, Tr |
| 6. | (Frühjahr 1939) | Vera von Schuschnigg an Hermann Wopfner | H,T, K, Tr |
| 7. | (April/Mai 1939) | Vera von Schuschnigg an Hermann Wopfner | H,T |
| 8. | (Mai 1939) | Vera von Schuschnigg an Hermann Wopfner | H,T |
| 9. | (Frühsommer 1939) | Vera von Schuschnigg an Hermann Wopfner | H,T |
| 10. | (Juni/Juli 1938) | Vera von Schuschnigg an Hermann Wopfner | H,T |
| 11. | 16. August 1939 | Vera von Schuschnigg an Hermann Wopfner | H,T |
| 11a. | 21. August 1939 | Kurt (II) von Schuschnigg an Hermann Wopfner | H,T |
| 12. | (September 1939) | Vera von Schuschnigg an Hermann Wopfner | H,T |
| 13. | (Oktober 1939) | Vera von Schuschnigg an Hermann Wopfner | H,T |

[1] H = Handschrift; M = Maschinenschrift; B = mit Bleistift; T = mit Tinte; Tr =Trauerrand; P = Postkarte; K = Karte. In Klammer gesetzte Datierungen sind Rekonstruktionen oder Auflösungen vorhandener Datierungselemente.

| | | | |
|---|---|---|---|
| 14. | 8. November 1939 | Vera von Schuschnigg an Hermann Wopfner | H,T |
| 15. | (Dezember 1939) | Vera von Schuschnigg an Hermann Wopfner | H,T |
| 16. | 2. Februar 1940 | Vera von Schuschnigg an Hermann Wopfner | H,T |
| 17. | 23. Februar 1940 | Vera von Schuschnigg an Hermann Wopfner | H,T |
| 18. | 4. März 1940 | Vera von Schuschnigg an Hermann Wopfner | H,T |
| 19. | 18. April 1940 | Vera von Schuschnigg an Hermann Wopfner | H,T |
| 20. | 8. Mai 1940 | Vera von Schuschnigg an Hermann Wopfner | H,T |
| 21. | (23. Mai 1940) | Vera von Schuschnigg an Hermann Wopfner | H,T, P |
| | | Kurt (II) von Schuschnigg an Hermann Wopfner | H,T, P |
| 22. | 14. Juni 1940 | Vera von Schuschnigg an Hermann Wopfner | H,T |
| 23. | 2. Juli 1940 | Vera von Schuschnigg an Hermann Wopfner | H,T |
| 24. | 22. Juli 1940 | Vera von Schuschnigg an Hermann Wopfner | H,T |
| 25. | 9. August 1940 | Vera von Schuschnigg an Hermann Wopfner | H,T |
| 26. | 23. August 1940 | Vera von Schuschnigg an Hermann Wopfner | H,T |
| 27. | 3. September 1940 | Vera von Schuschnigg an Hermann Wopfner | H,T |
| 28. | 19. September 1940 | Vera von Schuschnigg an Hermann Wopfner | H,T |
| 29. | (Herbst 1940) | Vera von Schuschnigg an Hermann Wopfner | H,T |
| 30. | 19. Oktober 1940 | Vera von Schuschnigg an Hermann Wopfner | H,T |

| | | | |
|---|---|---|---|
| 31. | 7. November 1940 | Vera von Schuschnigg an Hermann Wopfner | H,T[2] |
| 32. | 21. Dezember 1940 | Vera von Schuschnigg an Hermann Wopfner | H,T |
| 33. | 26. Jänner 1941 | Vera von Schuschnigg an Hermann Wopfner | H,T |
| 34. | 28. Februar 1941 | Vera von Schuschnigg an Hermann Wopfner | H,T |
| 35. | 2. April 1941 | Vera von Schuschnigg an Hermann Wopfner | M |

## *Die Zeit in München*

| | | | |
|---|---|---|---|
| 36. | 7. Mai 1941 | Kurt von Schuschnigg an Artur von Schuschnigg | H |
| 37. | 18. Mai 1941 | Vera von Schuschnigg an Hermann Wopfner | H, T, K |
| 38. | 29. Mai 1941 | Kurt von Schuschnigg an Artur von Schuschnigg | H |
| 39. | 12. Juni 1941 | Kurt von Schuschnigg an Artur von Schuschnigg | H, T[3] |
| 40. | (Juni 1941) | Vera von Schuschnigg an Hermann Wopfner | H, T, K |
| 41. | 27. Juni 1941 | Kurt von Schuschnigg an Artur von Schuschnigg | H, M[4] |
| 42. | 9. Juli 1941 | Kurt von Schuschnigg an Artur von Schuschnigg | M[5] |
| 43. | (Juli 1941) | Vera von Schuschnigg an Hermann Wopfner | H,T, K |
| 44. | 17. Juli 1941 | Kurt von Schuschnigg an Artur von Schuschnigg | M |

[2] Briefpapier: Hotel Ambassador, Praha.
[3] Letzte Zeile mit Bleistift.
[4] Kalendarium mit Bleistift.
[5] Letzte Zeile mit Bleistift.

| | | | |
|---|---|---|---|
| 45. | 24. Juli 1941 | Kurt von Schuschnigg an Artur von Schuschnigg | M |
| 46. | 24. Juli 1941 | Kurt von Schuschnigg an Marianne von Schuschnigg | H, B |
| 47. | (August 1941) | Vera von Schuschnigg an Hermann Wopfner | H, T |
| 48. | (August 1941) | Vera von Schuschnigg an Hermann Wopfner | H, T |
| 49. | (Ende August 1941) | Vera von Schuschnigg an Hermann Wopfner | H, T |
| 50. | (September 1941) | Vera von Schuschnigg an Hermann Wopfner | H, T |
| 51. | (Oktober 1941) | Vera von Schuschnigg an Hermann Wopfner | H, T |
| 52. | 15. November 1941 | Kurt von Schuschnigg an Artur von Schuschnigg | M[6] |
| 53. | (Herbst 1941) | Vera von Schuschnigg an Hermann Wopfner | H, T |
| 54. | 4. Dezember 1941 | Kurt von Schuschnigg an Familie Niedermayr | M |
| 55. | (Dezember 1941) | Vera von Schuschnigg an Hermann Wopfner | H, T |
| 56. | 18. Dezember 1941 | Kurt von Schuschnigg an die Familie Artur von Schuschnigg | H, T |

## *Briefe aus Sachsenhausen*

| | | | |
|---|---|---|---|
| 57. | (um den 18. Dezember 1941) | Vera von Schuschnigg an Hermann Wopfner | H, T |
| 58. | Weihnachten 1941 | Kurt von Schuschnigg an Hermann Wopfner | M |

[6] Letzte Zeile mit Bleistift.

| | | | |
|---|---|---|---|
| 59. | 27. Dezember 1941 | Kurt von Schuschnigg an Artur von Schuschnigg | H, B |
| 59a. | | Vera von Schuschnigg an Artur von Schuschnigg | H, T |
| 60. | 6. Jänner 1942 | Kurt von Schuschnigg an Artur von Schuschnigg | H, T |
| 61. | 15. Jänner 1942/ 31. Jänner 1942 | Kurt von Schuschnigg an Hermann Wopfner | H, T |
| 62. | 18. Jänner 1942 | Vera von Schuschnigg an Hermann Wopfner | H, T |
| 63. | 26. Jänner 1942 | Vera von Schuschnigg an Hermann Wopfner | H, T |
| 64. | 1. Februar 1942 | Kurt von Schuschnigg an Artur von Schuschnigg | M, H, T |
| 65. | 6. Februar 1942 | Vera von Schuschnigg an Hermann Wopfner | M |
| 66. | 22. Februar 1942 | Kurt von Schuschnigg an Artur von Schuschnigg | M |
| 67. | 8. März 1942 | Kurt von Schuschnigg an Artur von Schuschnigg | M |
| 68. | 15. März 1942 | Kurt von Schuschnigg an Hermann Wopfner | M |
| | | mit einem PS Vera von Schuschniggs | H, T |
| 69. | 16. März 1942 | Kurt von Schuschnigg an Artur von Schuschnigg | M[7] |
| 70. | 24. März 1942 | Vera von Schuschnigg an Hermann Wopfner | M |
| 71. | 1. April 1942 | Kurt von Schuschnigg an Artur von Schuschnigg | H, B[8] |
| 72. | (2. April) 1942 | Kurt von Schuschnigg an Artur von Schuschnigg | M[9] |

[7] Briefkopf »Dr. Kurt Schuschnigg, Innsbruck« durchgestrichen.
[8] Wie Anm. 7.
[9] Wie Anm. 7.

| | | | |
|---|---|---|---|
| 73. | 14. April 1942 | Kurt von Schuschnigg an Artur von Schuschnigg | M |
| 74. | 4. Mai 1942 | Kurt von Schuschnigg an Hermann Wopfner | M |
| 74a. | 4. Mai 1942 | Vera von Schuschnigg an Hermann Wopfner | M, H[10] |
| 75. | 1. Juni 1942 | Kurt von Schuschnigg an Spatz | H, B[11] |
| | | (Artur III) von Schuschnigg mit einem PS Vera von Schuschschniggs | H, T |
| 76. | 8. Juni 1942 | Vera von Schuschnigg an Hermann Wopfner | M, P |
| 77. | 29. Juni 1942 | Vera von Schuschnigg an Hermann Wopfner | M, T[12] |
| 77a. | 29. Juni 1942 | Kurt von Schuschnigg an Hermann Wopfner | M |
| 78. | 13. Juli 1942 | Kurt von Schuschnigg an Artur von Schuschnigg | H, T |
| 79. | 5. August 1942 | Kurt von Schuschnigg an Marianne von Schuschnigg | H, B |
| 80. | 16. August 1942 | Vera von Schuschnigg an Hermann Wopfner | H, T, P |
| 81. | 19. August 1942 | Kurt von Schuschnigg an Artur von Schuschnigg | M[13] |
| 82. | 22. August 1942 | Kurt von Schuschnigg an Artur von Schuschnigg | M |
| 82a. | (22. August 1942) | Telefonnotiz von Kurt von Schuschnigg an Vera von Schuschnigg | |

[10] Auf der Rückseite des 2. Blattes von Brief 74.
[11] Wie Anm. 7.
[12] Letzte Zeile handschriftlich.
[13] Wie Anm. 7.

| | | | |
|---|---|---|---|
| | | via Artur von Schuschnigg | H, B |
| 82b. | (o. Datum) | Telefonnotiz von Vera von Schuschnigg an Kurt von Schuschnigg via Artur von Schuschnigg | H, B |
| 83. | 30. August 1942 | Kurt von Schuschnigg an Hermann Wopfner | M |
| 84. | 11. September 1942 | Vera von Schuschnigg an Hermann Wopfner | H,T, P |
| 85. | 13. Oktober 1942 | Kurt von Schuschnigg an Artur von Schuschnigg | M[14] |
| 85a. | 13. Oktober 1942 | Kurt von Schuschnigg an Spätzchen(Artur III) von Schuschnigg | H, B[15] |
| 86. | 13. November 1942 | Kurt von Schuschnigg an Artur von Schuschnigg | H, B[16] |
| 87. | 17. November 1942 | Kurt von Schuschnigg an Hermann Wopfner | M |
| | | mit PS Vera von Schuschniggs | H, T |
| 88. | 18. Dezember 1942 | Kurt von Schuschnigg an Artur von Schuschnigg | M |
| 88a. | 18. Dezember 1942 | Kurt von Schuschnigg an Spatz (Artur III) von Schuschnigg | H, B |
| 89. | 20. Dezember 1942 | Kurt von Schuschnigg an Hermann Wopfner | H, T |
| | | mit PS Vera von Schuschniggs | H, T |
| 90. | 4. Jänner 1943 | Kurt von Schuschnigg an Artur von Schuschnigg | M |

[14] Wie Anm. 7.
[15] Karte im Visitkartenformat im kleinen Kuvert.
[16] Wie Anm. 7.

| | | | |
|---|---|---|---|
| 91. | 8. Jänner 1943 | Kurt von Schuschnigg an Artur von Schuschnigg | H, B |
| 92. | 9. Jänner 1943 | Kurt von Schuschnigg an Marianne von Schuschnigg | H, B |
| 93. | 10. Februar 1942 | Kurt von Schuschnigg an Hermann Wopfner | M |
| 94. | 19. Februar 1943 | Kurt von Schuschnigg an Artur von Schuschnigg | H, B[17] |
| 94a. | 19. Februar 1943 | Kurt von Schuschnigg an Artur (III, Spatz) von Schuschnigg | H, B |
| 95. | 19. März 1943 | Kurt von Schuschnigg an Artur von Schuschnigg | H, B |
| 95a. | 19. März 1943 | Kurt von Schuschnigg an Nanni (Anna) von Schuschnigg | H, B[18] |
| 96. | 1. April 1943 | Kurt von Schuschnigg an Artur von Schuschnigg | M, H, B |
| 97. | 2. April 1943 | Kurt von Schuschnigg an Hermann Wopfner | M |
| 98. | 16. April 1943 | Kurt von Schuschnigg an Artur von Schuschnigg | M[19] |
| 99. | 1. Mai 1943 | Kurt von Schuschnigg an Artur von Schuschnigg | H, B[20] |
| 100. | 6. Mai 1943 | Kurt von Schuschnigg an Hermann Wopfner | M[21] |
| | | mit PS Vera von Schuschniggs | H, T |
| 101. | 29. Mai 1943 | Kurt von Schuschnigg an Artur von Schuschnigg | H, B |

17 Papier leicht angebrannt.
18 Wie Anm. 7.
19 Wie Anm. 7.
20 Wie Anm. 7.
21 Letzte Zeile H, B.

| | | | |
|---|---|---|---|
| 102. | 4. Juni 1943 | Kurt von Schuschnigg an Artur von Schuschnigg | M[22] |
| 103. | 3. Juli 1943 | Kurt von Schuschnigg an Hermann Wopfner | M[23], T |
| 104. | 7. August 1943 | Kurt von Schuschnigg an Hermann Wopfner | H, T |
| 105. | 28. August 1943 | Kurt von Schuschnigg an Artur von Schuschnigg | H, B |
| 106. | 22. September 1943 | Kurt von Schuschnigg an Artur von Schuschnigg | H, B[24] |
| 107. | 14. Oktober 1943 | Kurt von Schuschnigg an Hermann Wopfner | H, T |
| | | mit PS Vera von Schuschniggs | H, B |
| 108. | 28. Oktober 1943 | Kurt von Schuschnigg an Artur von Schuschnigg | H, B |
| 109. | 2. November 1943 | Kurt von Schuschnigg an Hermann Wopfner | H, T |
| | | mit PS Vera von Schuschniggs | H, B |
| 110. | 15. November 1943 | Kurt von Schuschnigg an Hermann Wopfner | M |
| 111. | 18. November 1943 | Vera von Schuschnigg an Hermann Wopfner | H, T, P |
| 112. | 9. Dezember 1943 | Vera von Schuschnigg an Hermann Wopfner | H, T, P |
| 113. | 7. Jänner 1944 | Kurt von Schuschnigg an Artur von Schuschnigg | H, T |
| 114. | 15. Februar 1944 | Vera von Schuschnigg an Hermann Wopfner | H, T, P |
| 115. | 21. Februar 1944 | Kurt von Schuschnigg an Hermann Wopfner | H, T |

---

[22] Dr. Kurt Schuschnigg (nicht durchgestrichen), Innsbruck (durchgestrichen).
[23] Letzte Zeile H, B.
[24] PS mit rotem Stift.

| | | | |
|---|---|---|---|
| | | mit PS Vera von Schuschniggs | H, T |
| 116. | 14. März 1944 | Kurt von Schuschnigg an Hermann Wopfner | H, B |
| 117. | 1. April 1944 | Kurt von Schuschnigg an Artur von Schuschnigg | H, B |
| 118. | 27. April 1944 | Kurt von Schuschnigg an Hermann Wopfner | H, T |
| 119. | (28. Mai 1944) | Kurt von Schuschnigg an Artur von Schuschnigg | H, B |
| | 2. Juni 1944 | mit PS Vera von Schuschniggs | H, T |
| 120. | 19. Juni 1944 | Kurt von Schuschnigg an Artur von Schuschnigg | H, T[25] |
| 121. | 11. Juli 1944 | Kurt von Schuschnigg an Hermann Wopfner | H, T |
| 122. | 13. August 1944 | Kurt von Schuschnigg an Hermann Wopfner | H, T |
| | | mit PS Vera von Schuschniggs | H, T |
| 123. | 31. August 1944 | Kurt von Schuschnigg an Artur von Schuschnigg | H, B[26] |
| 124. | 18. September 1944 | Kurt von Schuschnigg an Hermann Wopfner | H, T |
| 125. | 23. Oktober 1944 | Kurt von Schuschnigg an Hermann Wopfner | H, T |
| | | mit PS Vera von Schuschniggs | H, T |
| 126. | 24. Oktober 1944 | Kurt von Schuschnigg an Artur von Schuschnigg | H, B |
| | | mit PS Vera von Schuschniggs | H, T |
| 127. | 6. November 1944 | Kurt von Schuschnigg an Artur von Schuschnigg | H, B |

[25] Briefkarte mit Familienwappen.
[26] Briefkopf abgeschnitten.

| | | | |
|---|---|---|---|
| 128. | 13. November 1944 | Kurt von Schuschnigg an Hermann Wopfner | H, T |
| | | mit PS Vera von Schuschniggs | H, T |
| 129. | 15. Dezember 1944 | Kurt von Schuschnigg an Artur von Schuschnigg | H, B |
| 130. | 16. Dezember 1944 | Kurt von Schuschnigg an Artur von Schuschnigg | H, B |
| 131. | 16. Dezember 1944 | Kurt von Schuschnigg an Hermann Wopfner | H, T |
| | | mit PS Vera von Schuschniggs | H, T |
| 132. | 2. Jänner 1945 | Kurt von Schuschnigg an Artur von Schuschnigg | H, B[27] |
| | | mit PS Vera von Schuschniggs | H, T |
| 133. | 15. Jänner 1945 | Kurt von Schuschnigg an Hermann Wopfner | H, T |

*Rom*

| | | | |
|---|---|---|---|
| 134. | 5. September 1945 | Kurt von Schuschnigg an Hermann Wopfner | H, B[28] |
| 135. | 6. September 1945 | Kurt von Schuschnigg an Artur von Schuschnigg | H, T[29] |
| 135a. | 6. September 1945 | Text der Radioansprache Kurt von Schuschniggs, Radio Vatikan, 21h45 | M |
| 136. | 26. September 1945 | Kurt von Schuschnigg an Hermann Wopfner | H, T[30] |

[27] Wie Anm. 26.
[28] Briefpapier vom American Red Cross.
[29] Wie Anm. 28.
[30] Wie Anm. 28.

# Danksagung

An dieser Stelle gilt es jenen zu danken, die am Zustandekommen der Edition mitgewirkt haben. Ohne die kollegiale, freundschaftliche Hilfe wäre manches ungeklärt, manches überhaupt unerwähnt geblieben.
Univ. Prof. Dr. Horst Haselsteiner, Wien, hat den »Zug überhaupt erst auf die Schienen gesetzt«. Dr. Christian von Schuschnigg, Salzburg, hatte die Wiener Briefe um 1986, Heinrich Schuschnigg die Wopfner-Briefe zu Weihnachten 1995 gefunden. Eine von Univ. Prof. Dr. Maximilian Liebmann angeregte Edition scheiterte am Veto Dr. Artur (II) von Schuschniggs, der zu seinen Lebzeiten ein solches Vorhaben wegen des »zu intimen« Charakters der Briefe ablehnte. Christian Schuschniggs Sekretärin, Annemarie Schwaiger, begann mit einer ersten Texterfassung, die die Grundlage für erste Kommentierungen durch Artur (II) Schuschnigg bildete. Über Empfehlung von Frau Univ. Prof. Dr. Erika Weinzierl, Wien, führte Mag. Manfred Wirtitsch diese erste Kommentierung weiter, während Horst Haselsteiner mit seinem Sekretariat die Abschriften vorantrieb, die in Wien von Frau Barbara Bruck zunächst betreut worden waren. In seinem Büro trafen sich schließlich die beiden Herausgeber.
In kollegialer Hilfsbereitschaft standen Professor em. Leopold Stock Ph. D., Ottawa, em. Univ. Prof. Dr. Stanko Ojnik, Maribor, Prof. Dr. Eduard Staudinger, Univ. Doz. Dr. Alois Kernbauer, Univ. Doz. Dr. Erwin Streitfeld, Univ. Prof. Dr. Uwe Baur von der Universität Graz zur Seite, wenn es galt, einzelne Punkte zu klären. Wertvolle Hinweise kamen von Dr. Peter Rauch, Wien, Brigitte Schlick, Graz-Rom, Mag. Johannes Feichtinger, Graz-London, Mag. Andrea Strutz, Graz, und Mag. Heinz-Peter Wassermann, Graz. Auskünfte gaben der Innsbrucker Diözesanarchivar Dr. Josef Franckenstein, Hall, der Direktor des Burgenländischen Landesarchivs w. Hofrat Dr. Johann Seedoch, Gabrielle von Lobmeyr vom Weissenwolff'schen Archiv in Steyregg. Stets hilfreich waren Niklas

Graf Salm-Reifferscheidt jun. vom Steyregger Archiv, em. Univ. Prof. Dr. Karoly Gaal, Wien, P. Superior Dr. Michael Zacherl S. J., Kalksburg, Herr Cahs vom Standesamt und Herr A. R. Grieser vom polizeilichen Meldeamt in Innsbruck. Frau Ursula Oberhauser von der Universitätsbibliothek Innsbruck und Frau Dr. Herlinde Menardi vom Tiroler Volkskundemuseum halfen bei den weitverzweigten Recherchen in Tirol. Mag. Robert Lillie, Wien, und Dr. Bernhard Peithner-Lichtenfels, Wien-Prag, Nikolaus Vogt, Wien, Dr. Karlheinz Niedermayr, München, ergänzten unser Bemühen mit wertvollen Informationen. Als letzter unmittelbar betroffener Zeitzeuge unterzog sich Kurt (II) von Schuschnigg, New York, unseren Fragen und nahm es auf sich, weitere Quellenstücke zu suchen. In diesem Kontext sind wir auch dem Enkel Kurt von Schuschniggs, Marc Vicomte de Kergariou, Paris, zu Dank verpflichtet. Botschafter Mag. Artur (III) Schuschnigg und Elisabeth Schuschnigg begleiteten die Arbeit mit ihrer Hilfe. Das Chaos zu bändigen halfen Mag. Artur (IV) Schuschnigg, der auch die Biographie Hermann Wopfners verfaßte, mit freundlicher Unterstützung des Gottfried Arnegger'schen Büros, Wien, Mag. Ingrid Nemecz und Dr. Christoph H. Binder, Graz. Ihnen allen danken wir. Zu danken gilt es auch der Karl-Franzens-Universität Graz, die die Archivreisen unterstützte.

Graz-Wien, am 14. Dezember 1996

Dieter A. Binder Heinrich Schuschnigg

# BRIEFE-EDITION

**Brief 1**
5. Nov(ember) 1938

Lieber Onkel Hermann!
Innigen Dank für Deine lieben, teilnehmenden Worte zum Tode unseres geliebten Papa.[1] Kurt habe ich Deine Anteilnahme ausgerichtet u(nd) auch er laßt Dir innig danken. – Deine Blumen habe ich gleich nach Hietzing gebracht. Armer Kurt ist ganz gebrochen – wie Du Dir denken kannst. Er hätte seinen Vater so gerne wenigstens noch das letzte Mal gesehen, doch wurde es nicht erlaubt. Ich selbst habe in Papa zum zweiten Mal den Vater verloren – ich habe ihn sehr, sehr lieb gehabt. Mit allen meinen Sorgen u(nd) meinem großen Kummer der letzten Monate habe ich immer zu ihm kommen können u(nd) er hat mir immer unendlich viel geholfen. – Nun bin ich ganz allein hier – unser Bub[2] ist halt doch noch ein Kind. – Was

---

1 Am 20. Oktober 1938 starb der Vater Kurt von Schuschniggs, Artur Viktor von Schuschnigg (geb. am 14. Jänner 1865 in Kufstein), in Wien. Der Oberstbrigadier der k. u. k. Armee (1922 zum Titulargeneralmajor, 1938 zum Titularfeldmarschalleutnant ernannt), der nach seiner Entlassung aus der italienischen Kriegsgefangenschaft ab 1919 in Innsbruck lebte, war nach dem Tode seiner Frau Anna Maria (geb. am 20. April 1872 in Innsbruck) am 20. August 1935 (in Wien) nach Wien übersiedelt. (Foto 6) Der 1896 geschlossenen Ehe des Offiziers mit der Tochter des Textilkaufmannes Kaiserlichen Rat Josef Wopfner (Foto 7) entstammten zwei Kinder: Kurt (geb. am 14. Dezember 1897 in Riva del Garda – gest. am 18. November 1977 in Mutters) und Artur (II) (geb. am 21. Juni 1904 in Wien – gest. am 3. September 1990 in Natters).

2 Damit ist Kurt (II) Franz-Josef Artur Maria (geb. am 22. Mai 1926 in Innsbruck) gemeint, der Sohn Kurt von Schuschniggs aus der Ehe mit Hermine (Herma), geborene Masera (geb. am 25. Juni 1901 in Bozen – verunglückt am 13. Juli 1935 bei Linz/Ebelsberg). Kurt und Herma heirateten am 7. Oktober 1924 in Innsbruck. (Foto 5) Sie verunglückten während einer Fahrt mit Kurt in die Sommerfrische (St. Gilgen). Der Chauffeur Tichy war bis weit nach Mitternacht im Wirtshaus gewesen. Später wurde auch von einem durch Nazis ins Bier gemischten Schlaf-

wird die Zukunft bringen? Ich bitte nur den lieben Gott(,) keine neuen Schicksalsschläge zu schicken. Weißt Du, ich bin jetzt seit Papas Tod schon recht verzagt u(nd) mutlos. Es schaut alles so hoffnungslos aus. Aber man muß halt irgendwie durchhalten.
Ich danke Dir nochmals für alle Deine lieben Worte u(nd) grüße Dich herzlich Deine
Vera.

**Brief 2**
9. Dezember 1938

Lieber Onkel Hermann!
Bitte sei mir nicht böse, daß ich Dir erst heute auf Deinen Brief – über den ich unendlich gerührt bin – antworte. Deinem Wunsch nach habe ich mich mit Kurt in Verbindung gesetzt(,) u(nd) da dies ja nur einmal wöchentlich leider der Fall ist, kann ich Dir erst heute die Antwort geben. – Vor allem soll ich Dir auch von Kurt sagen, wie dankbar er für Dein liebes Gedenken ist. – Du hättest ihm keine größere Freude machen können, als ihm das Bewußtsein geben, daß Du Dich um ihn u(nd) den Buben sorgst. Er ist ja so dankbar für jedes liebe Wort. Aber auch mir hast Du eine große Freude gemacht – es ist nicht so sehr die Hilfe(,) die Du uns anbietest (für die ich Dir gar nicht dankbar genug sein kann) (,) als das Gefühl, daß Du so rührend Anteil nimmst. Du verstehst mich richtig? bitte ja? Seit des lieben Papas Tod stehe ich ganz allein mit meinen

---

mittel gesprochen. Übernächtig trat Tichy trotzdem um sechs Uhr morgens, ohne etwas zu sagen, die Fahrt an und schlief um elf Uhr bei Ebelsberg ein. (Foto 16) Tichy und der vorne mitfahrende Kriminalbeamte wurden schwer verletzt. Im Fonds des Wagens saßen Kurt von Schuschnigg, der aus dem Auto geschleudert wurde, seine Frau Herma, die an den Folgen des Unfalls starb, Kurt jun., über den sich seine Kinderfrau, Alice Ottenreiter (s. Anm. 6), schützend warf. [Mitteilung Kurt (II) von Schuschniggs.]

großen und kleinen Sorgen da(,) u(nd) deshalb hat uns Dein Brief so gut getan.
Ich will Dir ehrlich sagen, daß ich die ganzen Monate den Buben mehr oder weniger ganz von meinem – nicht großen, aber immerhin Gott sei Dank vorhandenen – Vermögen erhalten habe. Bis jetzt ging es soweit ganz gut – da (es) ein Interimsstadium war, mit verhältnismäßig billigen Aushilfslehrern – nun ist aber endlich die Lernfrage im Verein mit den Behörden geregelt, was nicht einfach war, wie Du Dir vorstellen kannst – da ja Leute gefunden werden mußten(,) die mir u(nd) ihnen passen (da ich ihn selbstverständlich hier in keine Schule schicken kann – andererseits um die Bewilligung dafür zu bekommen – eine zeitgemäße Erziehung gefordert würde!) Nun sind wir aber einig seit einigen Tagen. Es sind zwei Lehrer nötig – was natürlich trotz aller Sparsamkeit recht kostspielig ist – unter 200 M(ar)k pro Monat kaum zu machen. Nun wären Kurt u(nd) ich Dir unendlich dankbar, wenn Du uns zu dieser Summe – nach Deinem Ermessen – eine Kleinigkeit beisteuern würdest. Du hilfst mir mit *jeder* Summe – den Rest kann ich gut selbst auslegen, wenn Dein liebes Anerbieten nicht gekommen wäre, hätte es auch so gehen müssen – ich selbst brauche ja jetzt nichts, ich spare nur für den Buben u(nd) für Kurt, damit er wenigstens am Anfang, wenn er, so Gott will, bei uns sein wird, keine finanziellen Sorgen hat. Die Zahl 200,- habe ich Dir nur genannt, damit Du Dir ungefähr ein Bild machen kannst.
Hier ist alles beim Alten – habe schon langsam keine Hoffnung mehr auf einen frohen Weihnachtsabend, aber ich vertraue darauf, daß die lieben Eltern u(nd) Herma uns einmal unseren Frieden erbitten werden. –
Nun nochmals innigen Dank, lieber Onkel Hermann u(nd) viele herzliche Grüße von Deiner
Vera.

**Brief 3**
Mittwoch. (4. Jänner 1939)

Lieber Onkel Hermann!
Bitte sei mir nicht böse, daß ich Dir erst heute für Deinen lieben, guten Brief danke. Aber ich glaube(,) Du wirst mich verstehen, wenn ich Dir sage, daß ich in der letzten Woche einfach nicht im Stand war zu schreiben – es war alles so furchtbar schwer u(nd) traurig. Außerdem hatte ich meine Mutter[3] u(nd) Schwester[4] für einige Tage hier. –
Vor allem möchte ich Dir – auch in K(urt)s Namen – recht herzlich danken für Deine liebe Hilfe – es ist so rührend gut von Dir! Nun möchte ich Dich fragen, ob es Dir nicht doch möglich wäre(,) das Geld an mich direkt zu überweisen – ich glaube jetzt doch bestimmt am 28. März nicht mehr hier zu sein u(nd) würde es somit – hoffentlich! – nicht dafür stehen(,) ein Konto bei der Post zu eröffnen. Was meinst Du?
Ich durfte am Hl. Abend für eine 1/2 St(unde) bei K(urt) sein – wir haben einen ganz kleinen Christbaum angezündet – Du kannst Dir vorstellen(,) wie wehmütig das alles war. Sonst hatten wir heuer keinen Baum u(nd) keine Weihnachten – außer draußen in Hietzing[5] – wohin der Bub u(nd) ich unseren Christbaum hingebracht hatten. Jetzt habe ich den Buben für 8 Tage ins Gebirge mit dem Fräulein[6] geschickt, damit er Skilaufen kann – er schreibt begeistert u(nd) ich bin so froh, daß er eine kleine Freude hat.

---

[3] Vera Gräfin Czernin von und zu Chudenitz, geborene Prinzessin zu Hohenlohe-Waldenburg-Schillingsfürst-Kaunitz (geb. am 23. Mai 1882 in Görz – gest. am 1. Dezember 1940 in Prag).
[4] Alix (Alexia) Gräfin Czernin (geb. am 6. Juli 1906 in Gießhübl bei Wien – gest. am 1. April 1994 in Wien).
[5] Auf dem Hietzinger Friedhof befindet sich das 1935 von Clemens Holzmeister entworfene »Garten«-Grab, in dem zunächst Herma von Schuschnigg und kurz danach Anna von Schuschnigg 1935, im Oktober 1938 schließlich Artur von Schuschnigg beigesetzt wurden.
[6] Alice Ottenreiter (geb. am 2. April 1911 in Wien – gest. am 31. März 1995 in Wien) war das Kindermädchen Kurt (II) von Schuschniggs, mit

Nun wünsche ich Dir noch von Herzen alles Gute fürs neue Jahr u(nd) nochmals herzlichen Dank für alles Deine
Vera.
Anbei eine kleine Foto[(grafie) 34] – nicht sehr gut(,) aber »beiläufig« kannst Du uns erkennen!!

**Brief 4**
Samstag. (7. Jänner 1939)

Lieber Onkel Hermann!
Vielen Dank für Deinen lieben Brief. Bitte wärst Du so lieb(,) Onkel Moriz[7] in unser Namen zu danken. Ich kann es leider nicht selbst tun, da ich seine Adresse nicht weiß. Es ist wirklich so lieb von ihm u(nd) bin ich sehr dankbar.
Heute ist Papas Namenstag.[8]
Herzliche Grüße Deine
Vera.

**Brief 5**
Donnerstag. (etwa März 1939)

Lieber Onkel Hermann!
Schon lange habe ich nichts von Dir gehört u(nd) hoffe, daß es Dir gut geht. Nun haben wir alle wohl wieder besonders

---

der er bis zu ihrem Tode in Verbindung blieb. Sie heiratete später den Apotheker Mag. Robert Lillie.

[7] Dr. Moriz Wopfner (geb. am 24. Februar 1875 in Innsbruck – gest. am 19. Oktober 1948 in Innsbruck) war der Bruder von Anna von Schuschnigg und Hermann Wopfner. Er lebte zwischen 1911 und 1945 als Augenarzt in Bielitz/Biala (Österreichisch Schlesien, ab 1919 Polen), wurde 1945 vertrieben und lebte bis zu seinem Tode ohne Einkommen in seiner Geburtsstadt. Da er seit 1934 die polnische Staatsbürgerschaft besaß, drohte ihm die Abschiebung aus Innsbruck, die sein Bruder verhindern konnte. (Foto 53)

[8] 7. Jänner, Namenstag Artur von Schuschniggs.

schwere Tage hinter uns u(nd) ich dafür noch eine große Enttäuschung. Aber man sagt mir allgemein, daß bis 20. April alles in Ordnung sein wird – *Gott gebe es.*[9] Es ist so schwer oft. Er (Kurt von Schuschnigg) k(la)gt auch wieder sehr schwer – der Arme. Es wird Dich freuen zu hören, daß das Grab in diesen Tagen *übersät* mit kleinen Almensträußen war. Unser Bub hat seine Semesterprüfungen gut überstanden – hatte nur 3 genügend, was noch nie der Fall war! Außerdem ist er lieb u(nd) brav u(nd) eine ganz große Hilfe für mich – er wird immer vernünftiger u(nd) ist rührend anhänglich. Daß Artur durch Gö(ring) eine Anstellung in Berlin bekommen hat(,) wirst Du wohl schon wissen.[10] Wenn der liebe Papa das noch erlebt hätte! K(urt) hat letzthin nach Dir gefragt.
Herzliche Grüße von Deiner Vera.

**Brief 6**
Dienstag. (Frühjahr 1939)

Lieber Onkel Hermann!
Innigen Dank für das Geld, das heute ankam – auch danke ich Dir herzlich für Deine 2 lieben Briefe. Es ist so lieb, daß Du geschrieben u(nd) in diesen schweren Tagen an uns gedacht hast. – Jetzt hatte ich auch wieder rechte Sorge um meine Leute in Prag.[11] Aber Gott (sei) D(ank) ist nun auch das wieder vorüber. – Wie friedlich war doch unser Leben! Wir müssen uns erst an den großen Wirbel gewöhnen!!
Herzlichen Dank nochmals und viele Grüße vom Buben und Deiner
Vera.

---

[9] Gelegentlich fanden an Hitlers Geburtstag (20. April) Amnestien statt.
[10] Siehe Kurzbiographie Artur (II) von Schuschniggs.
[11] Veras Mutter, Vera Gräfin Czernin von und zu Chudenitz, lebte zu diesem Zeitpunkt in Prag, das im März 1939 von den deutschen Truppen besetzt wurde (Bruch des Münchener Abkommens).

**Brief 7**
(Wien) I. Predigergasse 5/III[12]
Montag

Lieber Onkel Hermann!
Du weißt nicht, wie sehr mich Dein Brief mit Deinen lieben Worten gefreut hat u(nd) danke ich Dir von Herzen dafür. Leider kann ich so furchtbar wenig für meinen Kurt machen. Du kannst Dir vorstellen(,) wie bitter das oft für mich ist. Das einzige was ich tun kann, ist in den paar Minuten, die ich bei ihm sein kann, versuchen durch Zureden ihm bißl Kraft zu geben u(nd) meinen kleinen Kurtl – der jetzt meine einzige Freude ist – so viel Liebe zu geben, als ich überhaupt nur kann. Ich bin so glücklich, daß er sich so an mich angeschlossen hat u(nd) wirklich alles tut(,) um mir Freude zu machen u(nd) mir das Leben zu erleichtern. Der Bub hat ein goldenes Herz. Gott gebe, daß doch einmal die Zeit kommen wird – wo wir alle 3 glücklich vereint sein werden – ich bin jetzt schon oft recht verzagt, es dauert schon so furchtbar lang u(nd) der arme K(urt) tragt so schwer. Hoffentlich kann ich Dich bald einmal sehen u(nd) Dir persönlich danken für Dein liebes Gedenken, das mich wirklich unendlich gefreut hat. Vom Buben soll ich Dir viele Grüße sagen, –
Es grüßt Dich herzlich Deine Nichte
Vera.

**Brief 8**
*Wien.* Dienstag. (Mai 1939)

Lieber Onkel Hermann!
Vielen, vielen Dank für Deinen letzten guten Brief. Bitte sei nicht böse, daß ich heute erst antworte, bin aber wirklich nicht

---

[12] Vera, die in Wien über keine eigene Wohnung verfügte, wohnte zu diesem Zeitpunkt in der Wohnung Artur (II) von Schuschniggs im ersten Wiener Bezirk auf der Dominikanerbastei, Predigergasse 5, da dieser mit seiner Familie nun im Rheinland, später in Berlin wohnte.

dazu gekommen. Erst war Marianne hier u(nd) wir mußten die Wohnung auflösen (was mir sehr arg war, sie war doch irgendwie ein Zuhause für mich)(,) dann war ich endlich wieder einige Tage bei meinen Kindern in München.[13] Momentan bin ich im Hotel u(nd) ab 1. 6. bin ich in meiner neuen Behausung: Wien I. Franziskanerplatz 1, bei Teuber. – Leider nur ein Zimmer, da ich mir aus finanziellen Gründen keine Wohnung nehmen kann – aber bei einer lieben Freundin, was für mich sehr wichtig ist. Leider stimmen alle Nachrichten nicht – bin ganz hoffnungslos – *leider* – aber *leider* berechtigt. Im April war alles schon so hoffnungsvoll! Bin verzweifelt, weil ich außerdem seelisch u(nd) gesundheitlich sehr in Sorge bin. Habe wieder alles(,) was ich nur kann(,) in die Wege geleitet – aber ich habe gelernt, daß man immer gegen eine Wand rennt u(nd) daher wenig Hoffnung habe.
Die Arturs sind nun endgültig in Berlin gelandet – Artur, wie immer in seinem Leben ein Glückspilz! Alles so gut, wie es nur sein kann. –
Dem Buben geht es gottlob sehr gut. Ich danke Dir innigst, daß Du immer wieder an mich – d. h. uns denkst – freue mich immer(,) wenn ein B(rie)f von Dir kommt. Wie geht es Dir? Du schreibst nie über Dich.
Herzliche Grüße Deine Vera.

**Brief 9**
Montag. (Juni 1939)

Lieber Onkel Hermann!
Du hast mir wieder eine ganz große Freude mit Deinem Brief gemacht u(nd) mir wieder einmal geholfen u(nd) Mut ge-

[13] Vera hatte aus ihrer ersten Ehe mit Leopold Graf Fugger (1893 – 1966) vier Kinder: Nora Gräfin Fugger, verh. Prinzessin von Preußen (geb. am 31. Jänner 1925 in Babenhausen – gest. am 19. Dezember 1992), Rudolf Graf Fugger (geb. am 1. Jänner 1927 in Babenhausen – gest. am 8. März 1984 in Bombay/Indien), Rose Marie Gräfin Fugger (geb. am 26. Dezember 1927 in Babenhausen) und Sylvia Gräfin Fugger, verh. Kristinus (geb. am 19. Mai 1931 in München – gest. am 1. Februar 1995).

macht. Du hast sicher Recht – ich fühle die letzte Zeit immer mehr u(nd) mehr, wie Du schreibst. Ich weiß, daß von Menschen keine Hilfe mehr kommen kann u(nd) habe unser Schicksal vertrauensvoll in die Hand vom lieben Gott gelegt. Es hat mir sehr geholfen, daß auch Du dieselben Gedanken hast wie ich. Wenn man nicht den unbedingten Glauben an Gott u(nd) das »Gute« hätte – müßte man verzweifeln – ich bin in großer Sorge um Kurt – ich glaube nicht, daß er noch lang mitmachen kann.

Den Buben schicke ich nach Schulschluß zu den Niedermayrs[14] nach München, die ihn rührender Weise eingeladen haben. Er macht diese Woche seine Semesterprüfungen. Ich soll Dir viele Grüße von ihm sagen. Lieber Onkel Hermann, ich danke Dir auch innigst für das Geld, das heute kam. Hoffentlich ist Deine Verkühlung wieder gut! Ich käme Dich

---

14 Die Familie des Verwaltungsjuristen Dr. Karlheinz Niedermayr nahm Kurt (II) von Schuschnigg während der ersten Münchner Schulzeit 1939/40 für fast zwei Jahre auf. Karlheinz Niedermayrs Urgroßvater war der Schwiegervater Alois (von) Schuschniggs (geb. am 15. Jänner 1833 in Klagenfurt – gest. am 4. Juli 1911 in Salzburg), der 1861 Katharina Niedermayr (geb. am 9. Dezember 1835 in Neubeuern/Bayern – gest. am 21. Juni 1925 in Salzburg) heiratete. Alois Schuschnigg war Oberst und Commandeur des Landes Gendarmerie Commandos von Tirol und wurde 1898 nobilitiert. Dieser Ehe entstammten die Söhne Gilbert von Schuschnigg (geb. am 27. Februar 1862 in Kufstein – gest. am 17. April 1900 in Lussingrande, Oberstleutnant des Generalstabes), Artur von Schuschnigg (Anm. 1) und Hugo von Schuschnigg (Anm. 37), sowie die Tochter Bertha (verheiratete Oberstleutnant Hekajllo). Zur Münchner Schulzeit berichtet Karlheinz Niedermayr in einem knappen Schriftstück (Erinnerungen, Dezember 1989, Familienarchiv Schuschnigg): Anfang 1939 setzte Vera von Schuschnigg ihn und seine Mutter davon in Kenntnis, daß Kurt II. an keiner österreichischen Schule aufgenommen würde. Der frisch ernannte Direktor des Neuen Realgymnasiums in München, ein vehementer Nazi, lehnte die Bitte seines ehemaligen Schülers Karlheinz Niedermayrs um Aufnahme des jungen Verwandten unter Hinweis auf den verbrecherischen Charakter des Bundeskanzlers glatt ab. Am Alten Realgymnasium wurde er jedoch akzeptiert, obwohl auch der dortige Schulleiter ein Parteiabzeichen trug. Etwa drei Wochen nach der Einschulung machten Nazis gegen die Aufnahme Stimmung, wurden aber von einem Mitarbeiter des SD beruhigt.

so gern einmal besuchen – aber ich kann nicht weg von hier – habe keine Ruhe, wenn ich weg bin. Fühle mich leider recht elend – ich muß schon recht die Zähne zusammenbeißen(,) um noch mitmachen zu können. Es ist wohl eines der schwersten Dinge – um einen geliebten Menschen leiden zu müssen – zu zu schauen u(nd) nicht helfen zu können. Wie gerne würde ich alles auf mich nehmen – mit ihm tauschen u(nd) sein Leid abnehmen! Ich bin sehr viel in Hietzing[15] – denke immer an Dich(,) wenn ich bei unseren Lieben bin – dort finde ich dann Ruhe. Wir müssen dankbar sein, daß Mama u(nd) Herma alles u(nd) Papa nun schon acht Monate erspart wurden.
Danke nochmals für Alles u(nd) recht herzliche Grüße von Deiner Vera.

**Brief 10**
Dienstag.

Lieber Onkel Hermann!
Innigen Dank für Deinen lieben Brief u(nd) alle Deine guten Worte. Jeder Deiner Briefe ist eine große Freude u(nd) immer ein Trost für mich. Ich weiß gar nicht, wie ich Dir danken soll, daß Du wieder so lieb an Kurtl denkst. Es ist wirklich rührend von Dir u(nd) ich hoffe nur, daß ich Dir einmal alles Liebe u(nd) Gute vergelten kann – das Du in diesem Jahr für uns getan hast. Du hilfst mir wieder unendlich, es hat mir schon viel Kopfzerbrechen bereitet – das Thema – Ferienaufenthalt für Kurtl. Nun danke ich Dir auch in seinem Namen innig für Deine Hilfe – aber so viel hättest Du nicht schicken sollen! Ich schrieb Dir wohl schon, daß er momentan bei Niedermayrs ist (von wo er begeisterte Briefe schreibt!) – im August hat dann Frl. Alice[16] auch Ferien in ihrem Kindergarten u(nd) werde ich dann beide irgendwo hin schicken. Werde Dir dann berich-

---

15 Grab der Familie Schuschnigg (s. Anm. 5).
16 Alice Ottenreiter (s. Anm. 6).

ten(,) für welchen Ort wir uns entschlossen haben. – Ich habe jetzt abwechselnd meine Kinder hier – was ich riesig genieße, sie sind so besonders liebe Kinder, die alles tun(,) um mir das Leben zu erleichtern. Nur geht mir unser Bub riesig ab – am liebsten hätte ich sie immer alle 5 um mich!
Der letzte Besuchstag war leider wieder sehr traurig – er (Kurt) ist so schrecklich apathisch jetzt. Deine lieben Grüße werde ich sicher ausrichten. Weiß nicht, ob Du schon weg bist, adressiere lieber noch nach Innsbruck. Bitte sei so lieb u(nd) schreibe ein Wort, ob Du diesen B(rie)f richtig erhalten hast. Noch herzlichsten Dank u(nd) viele liebe Grüße von Deiner Vera.

**Brief 11**
Mittwoch. 16. August 39

Lieber Onkel Hermann!
Will Dir sagen, daß ich am 20.[17] ganz besonders an Dich denken werde u(nd) auch für Dich Blumen mitnehmen will. K(urt) schrieb mir im letzten B(rie)f(,) wie sehr Du ihm damals in der schweren Zeit geholfen hast. Ich bin so überzeugt, daß die liebe Mama das Richtige für ihr Kind beim lieben Gott erbitten wird. – Es wird sicher ein schwerer Tag, voll trauriger Erinnerungen für Dich sein – aber doch kommt einem an so einem Tag vielleicht erst so recht zum Bewußtsein, daß alles(,) was Gott tut(,) einen Sinn hat, wenn wir es auch im Moment nicht verstehen können. Wie sehr hätte Mama jetzt gelitten u(nd) gebangt(,) wir müssen dankbar sein, daß der liebe Gott ihr das alles erspart hat. –
Unser Bub ist seit 7. ds. in Mühlbach i(m) Pinzgau in einem Forsthaus, wo auch sein Freund mit seinen Eltern ist. Er schreibt glückselige Briefe! Sein ganzes Interesse gilt jetzt den Hühnern, Küken etc.! Ich bin Dir so dankbar, daß das Kind durch Dich noch bis Schulanfang am Land sein kann u(nd)

[17] Todestag Anna von Schuschniggs, geborene Wopfner (s. Anm. 1).

glücklich ist. Ich habe ihm geschrieben, daß er Dir schreiben soll, hat er es getan? Er ist leider entsetzlich schreibfaul!
Hier alles unverändert – gesundheitlich geht es gottlob besser, auch ist er (Kurt) weniger apathisch. – Was wird uns die Zukunft bringen?? Deine Reise wird wohl recht interessant gewesen sein!
Nun sei nochmals meines innigen Gedenkens versichert u(nd) viele herzliche Grüße von Deiner
Vera.

**Brief 11a**
Mühlbach, 21. VIII. 1939

Lieber Onkel Hermann!
Ich habe große Freude mit Deinem lieben Geschenk und danke Dir sehr dafür. Ich verbringe damit herrliche Tage im Pinzgau. Wir leben auf einem Bauernhof mit Kühen, Pferden, Hendeln und Schweindeln. Da habe ich es sehr lustig. Vorgestern machte ich eine Bergtour bis 2200 m. Hin und retour brauchten wir 12 h. Ich danke Dir nochmals sehr.
Viele Grüße Dein Neffe
Kurt (II)

**Brief 12**
Sonntag. (September 1939)

Lieber Onkel Hermann!
Vielen Dank für Deine lieben Worte. Gottlob geht es meiner Kleinen seit einigen Tagen etwas besser. Du kannst Dir nicht vorstellen(,) was ich gelitten habe – kam zu dem sterbenden Kind nach Salzburg u(nd) mußte am nächsten Tag weg, da es hieß(,) es würden gar keine Züge mehr gehen[18] u(nd) ich nicht riskieren konnte(,) von Kurt abgeschnitten zu sein! Es war fast

---

[18] Die Einschränkung des Bahnverkehrs drohte als Folge des Kriegsbeginnes am 1. September 1939.

zu viel zu ertragen. Sie hat mich gar nicht erkannt u(nd) durch fast 3 Wochen über 40(.) Ich durfte nicht einmal zu ihr hinein, sah sie nur durchs Fenster. Sie hat Typhus.[19] Habe jemand sehr verläßlichen bei ihr im Spital, die sie aufopfernd pflegt. Es wird noch mindestens 3 Wochen dauern. Die beiden Buben habe ich hier – die Mädeln in München. Der Krieg bedrückt mich so furchtbar – es ist zu unfaßbar(,) daß es so kommen mußte. Ich habe viele liebe Menschen an der Front – Gott schütze sie und uns alle. Habe sofort an Onkel Moriz[20] gedacht – bitte schreib mir gleich, ob Du Nachricht hast. Du scheinst meinen B(rie)f(,) den ich Dir zu Mamas Todestag schrieb(,) nicht bekommen zu haben? Hier alles unverändert – es regt ihn (Kurt) natürlich alles sehr auf. – Hast Du T(ante) Mathilde[21] gesehen? Ich war bei ihr u(nd) man sagte mir(,) sie sei in Innsbruck. – Wenn Du sie siehst, bitte grüße sie herzlich von mir.
Herzliche Grüße von Deiner
Vera.

**Brief 13**
(Wien)I. Seilergasse 16, Pension Wiener
*Mittwoch.* (Anfang Oktober 1939)

Lieber Onkel Hermann!
Von ganzem Herzen habe ich Dir wieder für Deine Hilfe u(nd) für Deinen lieben B(rie)f zu danken. Deine Anteilnahme an der Krankheit meines Kindes rührt mich tief. Leider hatte sie wieder einen schweren Rückfall – seit 2 Tagen nun wieder etwas besser, der Arzt (ist) aber noch sehr besorgt. Meine ganze

---

19 Rose Marie Gräfin Fugger (s. Anm. 13).
20 Mit dem Überfall auf Polen am 1. September 1939 war Bielitz/Biala, die Heimat Dr. Moriz Wopfners, Kriegsgebiet geworden.
21 Mathilde (Tilti, Tilde, Thilde) war eine Cousine von Anna von Schuschnigg, geb. Wopfner. (Foto 53) Mathilde und ihre Schwester Gustlmarie Neuhauser verkauften zwischen 1916 und 1923 ihre Anteile am Plumeshof, Natters/Tirol, an Univ. Prof. Dr. Hermann Wopfner, der den Hof 1963 seinen Neffen Kurt und Artur (II) von Schuschnigg vererbte.

Angst ist(,) daß sie es nicht durchhalten wird. Aber Du hast ja so recht – soll man es sich überhaupt wünschen, daß die Kinder diesen ganzen Jammer hier mitmachen. Ich wäre so gerne zu ihr gefahren, der D(okto)r hat mich aber so gebeten, noch abzuwarten, da jede Aufregung Gefahr für sie bedeutet u(nd) er außerdem fürchtet, daß ich mich anstecke – so warte ich halt in Gottes Namen. Es ist aber sehr hart u(nd) schwer. Meinen Buben habe ich gestern auch hergeben müssen – nachdem er 3 Wochen hier war. Bin so dankbar(,) unseren Buben[22] zu haben – die Sorge um ihn hilft mir über Vieles hinweg. Wenn wir nur wieder Frieden hätten! Ich gebe immer noch nicht die Hoffnung auf. Bin so froh, daß Du gute Nachricht von Onkel Moriz hast. – Wenn Du dem Buben schreiben willst, so bitte tue es unter meinem Namen u(nd) (meiner) Adresse, da(,) um kein unnötiges Aufsehen zu erregen(,) (er) keine Post in seine Wohnung bekommt. Ich bin nun wieder umgezogen! aber diesmal ist es so gut(, wie) es halt sein kann – wohl das Richtige. Bin alle Essen- u(nd) Kohlen- u(nd) Bedienungssorgen los, was heutzutage eine Wohltat ist. Werde hier rührend betreut u(nd) habe ein nettes, kleines Zimmer.
Sonst ist leider alles unverändert. War vorgestern wieder mit allen meinen Sorgen in Hietzing u(nd) habe mir dort Kraft u(nd) Hilfe geholt. Ich glaube fest daran, daß unsere Lieben in Hietzing und mein guter Vater[23] für uns bitten. Wie geht es Dir – lieber Onkel Hermann? Du schreibst so wenig über Dich.
Recht herzliche Grüße von Deiner Nichte
Vera.

Mein Vetter Hubert Hohenlohe[24] erzählte mir(,) wie nett Du

---

[22] Vera von Schuschnigg spricht von ihrem Stiefsohn Kurt häufig als von »unserem Bub«, während sie, wenn sie von Rudolf Graf Fugger spricht, »mein Bub« verwendet.

[23] Rudolf Graf Czernin von Chudenitz und Morzin (geb. am 15. Februar 1881 in Prag – gest. am 24. März 1928 in Wien).

[24] Dr. Hubert Prinz zu Hohenlohe-Waldenburg-Schillingsfürst (geb. am 13. April 1893 in Wien – gest. am 30. November 1969 in Salzburg) studierte u. a. Volkskunde bei Hermann Wopfner in Innsbruck.

zu ihm bist u(nd) wie sehr er Dich verehrt! Gestern hörte ich, daß er auch an der Front ist.

**Brief 14**
Anschrift wie Brief 13
8. November (19)39

Lieber Onkel Hermann!
Vielen Dank für Deinen guten B(rie)f(,) der mich wie immer sehr gefreut hat. –
Denke Dir(,) ich habe mich entschlossen(,) Kurtl nach München in die Schule zu geben. Habe ihn vorige Woche hin gebracht – er ist sehr gut untergebracht u(nd) war man sehr entgegenkommend. Er besucht das Realgymnasium in Schwabing (bis Mittag) u(nd) geht dann ins Internat (Salesianum!)(.)[25] Vorläufig ist er nur tagsüber dort, da erst am 15. Nov(ember) ein Zimmer frei wird u(nd) fahrt am Abend mit Karlheinz Niedermayr, der auch in M(ünchen) an der Universität ist – hinaus nach Unterhaching. Der Bub ist recht zu frieden u(nd) mir ist ein Stein vom Herzen (gefallen) ob dieser Lösung. Hier war es ganz unmöglich – bekam nicht einmal eine Antwort auf meine Gesuche! Es fiel mir sehr schwer(,) mich von ihm zu trennen u(nd) er auch hatte großen Abschiedsschmerz. Ich will aber mein Hauptquartier ab nächster Woche nach München verlegen, da ich nun alle Kinder dort habe u(nd) es auch sonst besser für mich ist – so kann ich ihn jeden 2. Sonntag sehen. Dieses Wochenende fahre ich auch wieder hin(,) um die Kinder zu besuchen. – Kurt geht es gottlob besser, er ist viel frischer, schlaft u(nd) ißt u(nd) fühlt sich viel wohler. Du kannst Dir denken, was das für mich bedeutet! Man muß nur ausharren! – Du fragst immer so lieb nach meiner kl(einen) Rose Marie – ich hab sie seit zwei Wochen hier u(nd) geht es ihr gottlob ganz gut. Wenn Du meinen Vetter siehst, bitte grüße ihn recht herzlich – bin froh, daß er das Ärgste hinter sich hat.

---

25 S. Anm. 14.

Allerseelen war diesmal besonders schön – es brannten 65 kl(eine) Lichter! So viel Blumen u(nd) Menschen, daß man nur mit Mühe hinkonnte![26]
Sobald ich meine genaue Münchner Adresse weiß, teile ich sie Dir mit. Habe eine ganz gute Pension in Aussicht. Mir ist nicht mehr so bang ums Herz u(nd)) sehe doch hoffnungsvoller – irgendwann – in die Zukunft.
Hoffentlich geht es Dir recht gut? Hast Du schon Schnee?
Recht herzliche Grüße Deine Nichte Vera.

**Brief 15**
M(ünchen) Pension Dreier
Amalienstraße 4
Mittwoch (Dezember 1939)

Lieber Onkel Hermann!
Gerührten Dank sage ich Dir für Deinen lieben B(rie)f(,) den ich soeben bekam – ebenso für die Überweisung(,) die heute früh eintraf(;) werde die 50 M(ar)k nach Deinem Wunsch verwenden u(nd) danke Dir innigst in Kurtl's Namen. Sein größter Wunsch ist eine Reise nach Wien; er hat Heimweh das arme Kind – weiß aber 1. noch nicht, wie sich Weihnachten gestalten wird (*fürchte* traurig!) u(nd) (2.) ob Fräulein Alice[27] ihn aufnehmen könnte, da ich hier bleiben muß. – Bin nun schon fast einen Monat hier – warum, wieso kann man nicht sagen. Leider hat mich T(ante) Tilti nicht verstanden u(nd) glaubte(,) ich ließe Kurt im Stich(,) was mir weh getan hat – aber hoffentlich wird die Zeit kommen(,) wo sie mich auch verstehen wird – es gibt heutzutage Dinge(,) über die man eben nicht reden kann.

---

[26] Herma von Schuschnigg, die im Wiener Verein karitativ tätig gewesen war, genoß auch nach ihrem Tode große Verehrung. So wurde ihr Grab am Hietzinger Friedhof zu einem »Wallfahrtsort«, der stets mit Blumen und Kerzen geschmückt wurde. Damit drückten auch viele der anonymen »Spender« ihre Solidarität mit dem inhaftierten Kurt aus.
[27] Alice Ottenreiter (s. Anm. 6).

K(urt)s Gesundheit ist gottlob viel besser u(nd) die äußeren Umstände auch – er kann endlich an die Luft, hört Radio u.s.w. (bitte unter uns) – aber um so mehr bedrückt ihn jetzt unsere Trennung. *Gott gebe* uns bald den inneren u(nd) äußeren Frieden! Ich habe rechte Angst vor Weihnachten – wie wird es sein?? – K(urt) hat bei einem der letzten Besuche fast die ganze Zeit über Dich gesprochen – viel nach Dir gefragt, er ist so dankbar, daß Du Dich die ganze Zeit so lieb meiner angenommen hast – er hat mir ans Herz gelegt(,) immer besonders gut zu Dir zu sein, was ich – wie bisher – so gut ich kann(,) tun will! Kurtl ist hier in einer sehr guten Schule, wo sie sich besonders seiner annehmen – (leider hat er immer noch nicht den nötigen Ernst zum lernen!) Tagsüber ist er im Salesianum, wo er auch seine Aufgaben unter Aufsicht macht. Ich hole ihn täglich ab zu Mittag u(nd) gehen wir von einer Schule zur anderen – so sehe ich ihn wenigstens – wenn auch kurz. Meine Rose Marie ist wieder im Kloster – nach ihrem ausdrücklichen Wunsch – es geht ihr gottlob so weit gut, nur kann sie noch sehr schwer gehen, aber das ist angeblich immer so nach Typhus! Ab 20. (Dezember) habe ich alle meine Kinder hier! Wohne hier sehr gut – bei einer Bekannten, habe ein gemütliches warmes Zimmer u(nd) gut zu essen, was heutzutage schon viel wert ist – sonst bin ich aber sehr einsam, kenne niemand u(nd) lese sehr viel. – (Leider gibt es so wenig gute Bücher jetzt!) Wien, bleibt Wien – kann man so recht erst in der Ferne sagen! Wenn schon Stadt, dann meiner Ansicht nach die Einzige(,) wo man leben kann – sonst beneide ich Dich sehr um Deinen Blick auf die Berge, die mein alles sind! Freilich sind die Menschen in Deinen Bergen sehr arm! Was wird wohl mit K(urt)s Schwiegervater sein?[28] Nun wünsche ich Dir von Herzen gesegnete Weihnachten! so gut es geht. Habe veranlaßt, daß in

---

[28] Gemeint ist hier Kurt von Schuschniggs Schwiegervater aus erster Ehe, Josef Masera, der Vater von Herma von Schuschnigg. Josef Masera (geb. am 2. April 1862 – gest. am 6. Februar 1942) lebte als Kräutergroßhändler in Bozen.

Hietzing, wie immer ein Christbaum brennen wird – voriges Jahr habe ich ihn selbst hingebracht, heuer kann ich nicht einmal das. Willst Du mir versprechen, daß Du(,) sobald wir glücklich vereint sind – zu uns kommst? bitte! Herzl(iche) Grüße Deine V(era)

Bitte schreib mir(,) wie es Paul K.[29] geht. Der Bruder meines Vaters[30] hatte dieselbe Krankheit, ist aber gottlob seit einigen Tagen wieder zuhaus.
Du kannst versichert sein, daß Kurtl beten wird.

**Brief 16**
2. Februar (19)40.

Lieber Onkel Hermann!
Innigen Dank für Deinen guten B(rie)f – war schon recht besorgt, da ich einige Zeit nichts von Dir hörte. Stimmt es, daß Du Schwierigkeiten mit dem Plumeshof[31] hast? Es täte mir so leid! K(urt) fragt so viel nach Dir – immer wieder. Würde so gern mit Dir sprechen können – schreiben geht nicht. Es geht uns sehr gut! Bin dankbar u(nd) glücklich. –
Du weißt nicht, wie sehr uns Dein Passus bezüglich K(urt) gefreut hat u(nd) ganz besonders + Mamas Ausspruch. Was er damals *anstrebte*(,) hat er heute wohl erreicht. Er ist ein Engel – ganz ruhig und ausgeglichen – voll rührender Sorge um seine Frau – die allein scheinbar – gottlob – heute alles für ihn bedeutet. Die immerwährende Trennung ist nach wie vor das Ärgste – aber auch da wird der liebe Gott sicher helfen. – Wie schön wäre es, wenn Du bei uns – oder wir bei Dir sein könn-

---

29 Dr. Paul Freiherr von Kathrein (geb. am 26. Juni 1878 – gest. 29. Jänner 1962), Rechtsanwalt.
30 Veras Onkel: Veras Vater hatte drei Brüder, Franz Graf Czernin (geb. am 24. Mai 1885), Karl Graf Czernin (geb. am 24. Dezember 1886) und Eugen Graf Czernin (geb. am 3. Jänner 1892). Näheres nicht eruierbar.
31 Univ. Prof. Dr. Hermann Wopfner lebte auf dem Bergbauernhof in Natters, dem »Unteren Plumeshof«, s. Anm. 21 und Kurzbiographie.

ten! Das muß einmal in Erfüllung gehen! – Habe seit 8 Tagen leider wieder rechte Sorgen – meine älteste Tochter[32] mit einer Rückenverletzung infolge übertriebenen Turnens in der Klinik liegen, gr(oße) Schmerzen – am Anfang ganz gelähmt – größte Gefahr gottlob – hoffentlich – vorüber – bekomme erst in paar Tagen das endgültige Resultat – sitze von Früh bis Abends im Spital u(nd) habe viel hinter mir. Ich soll scheinbar nicht zur Ruhe kommen!
Vieles was ich schreib(,) ist *nur* für Dich – Du verstehst mich schon. –
Bitte schreib mir wieder – bin so froh, wenn ein B(rie)f von Dir kommt. –
Gott schütze uns alle –
herzliche Grüße Deine treue Nichte V(era)

**Brief 17**
23. Februar (19)40.

Lieber Onkel Hermann!
Dein Brief hat mich – wie immer sehr, sehr gefreut – u(nd) danke ich Dir innig dafür. Du mußt mich irgendwie mißverstanden haben – K(urt) darf man leider noch nicht besuchen – aber ich hoffe zuversichtlich, daß wir uns einmal alle froh wiedersehen werden. –
Daß Du Sorgen mit Deinem Hof hast – tut mir so leid. Wie kann das alles nur möglich sein? Bitte schreibe uns wieder darüber. Hoffentlich hast Du bald alles gut erledigt u(nd) wieder Deine Ruhe! Weißt Du etwas von Tante Mitzi? habe schon lange nichts mehr von ihr gehört. Den Kathreins sage bitte viele Grüße von mir. Uns geht es so weit recht gut u(nd) hoffen wir auf noch bessere Tage. Der Bub macht viel Sorgen mit nicht lernen u(nd) Leichtsinn – aber sonst ist er lieb u(nd) man muß ihm immer wieder verzeihen! –

---

32 Nora (Eleonore) Gräfin Fugger (s. Anm. 13).

Ich soll Dich von K(urt) sehr herzlich grüßen. Zu gern würde ich Mamas Briefe über ihn lesen! Hoffentlich kommt die Zeit(,) wo auch ich den Plumeshof – von dem ich schon so viel Schönes gehört habe – kennen lernen kann. –
Meiner Großen geht es gottlob wieder viel besser, nach schweren, sorgenvollen Wochen u(nd) auch sonst sind alle Kinder gesund – vor allem aber mein *ganz* großes Sorgenkind!
Sehr viel Schönes, lieber Onkel Hermann, von Deiner dankbaren Nichte
V(era)

**Brief 18**
4. März (19)40.

Lieber Onkel Hermann!
Tausend Dank für Deine liebe Hilfe. Es ist jedes mal eine Überraschung u(nd) große Freude für mich – besonders diesmal – wie vom lieben Gott geschickt! Der Bub muß jetzt Nachhilfestunden bekommen, was natürlich alles verteuert. –
Von T(ante) Thilde höre ich, daß Du krank warst – bitte schreib gleich(,) wie es Dir geht u(nd) *bitte* schone Dich! Alles Gute u(nd) gute Besserung. Arme T(ante) Thilde schrieb diesmal recht deprimiert – wenn ich ihr nur helfen könnte – sie ist halt so allein u(nd) einsam. Sie möcht so gern am Landleben u(nd) ist doch durch die Umstände verurteilt(,) in der Stadt zu sein. Wie gut kann ich sie verstehen, wo ich selbst so ein Landkind bin. Ich gäb was drum, wieder einmal Berge zu sehen! –
K(urt) geht es gottlob weiter gut – nur sollt er schon endlich wieder zuhaus sein können – man ist ja *so* bescheiden geworden, aber manchmal kann man nicht um hin zu »wünschen«. –
Unser Bub hatte eine recht schlimme Zeit mit »nicht lernen«, nicht folgen etc., aber jetzt nimmt er sich wieder sehr zusammen u(nd) macht mir viel Freude. Ich finde(,) heutzutage muß man besonders streng mit der Jugend sein, damit etwas aus ih-

nen wird. Nochmals innigsten Dank u(nd) liebe Grüße. Deine dankbare Nichte
V(era).

Hast Du meinen letzten Brief bekommen?

**Brief 19**
18.4.(19)40.

Lieber Onkel Hermann!
Sehr viel Schönes von uns u(nd) tausend Dank für Deinen lieben Brief. War so froh, wieder Nachricht von Dir zu haben. – Bitte paß auf auf Dich – daß Du Dich nicht wieder verkühlst! – Uns geht es so weit gut – bis auf das ewige *Warten*. Der Bub kommt in seinem Internat gut weiter, er gibt sich viel mehr Mühe jetzt – bin *so* froh, scheinbar endlich das Richtige für ihn getroffen zu haben. – Ich bin recht nervös – persönlich u(nd) allgemein, was wird die Zukunft bringen?? Eine große Hilfe sind meine Verwandten, wo ich fast täglich bin und Kurtl immer am Sonntag, hier in der Nähe am Land – ich arbeite dort wie ein Schwerarbeiter im Garten! Heute z. B. habe ich den ganzen Tag Holz gesägt!! Als geborenes Landkind helfen mir nur, Luft und Natur – nur da komme ich bißl von meinen Gedanken los – arbeite bis zum Umfallen – der Lohn – paar Stunden Schlaf in der Nacht! Herrlich! K(urt) geht es gottlob so viel besser – aber man sollte uns endlich unseren versprochenen Frieden geben. – Wenn ich Dich nur besuchen könnte –! K(urt) hat mir so viel vom Plumeshof erzählt – (noch zu einer Zeit(,) wo Du von mir wohl nichts wußtest.) Seine Mutter, von der er immer u(nd) immer wieder sprach(,) und der Plumeshof sind für mich ein Begriff. Du weißt nicht(,) wie sehr er heute noch an seiner Mutter hängt – das rührt mich immer wieder, denn ich habe immer schon behauptet, nur der Mann ist <u>wirklich</u> gut, der seine Mutter ehrt. Ich habe das große Glück an meinem eigenen Buben, der heute schon mit seinen 13 Jah-

ren wie ein kleiner Mann für mich ist – voller Liebe u(nd) *Rücksicht* u(nd) *Sorge.* Für Kurtl's Liebe bin ich *dankbar* u(nd) das Ärgste wäre mir, wenn er je sagen würde, daß er eine *Stiefmutter* hat. *Ich* habe fünf Kinder – nicht vier! Das sagt wohl alles. – Ich will nichts anderes, als daß er einmal – später – (heute ist er noch ein Kind) – anerkennt, daß ich nicht eine Sekunde einen Unterschied gemacht habe. *Streng* bin ich mit meinen ganz genau so, wenn sie einmal etwas Dummes machen u(nd) ich bin der Meinung, daß man *heute* nicht streng genug sein kann. Ich bin irgendwie sicher *altertümlich erzogen* worden, aber ich weiß, daß *es nicht* das *Schlechteste ist.* Ohne moralischen u(nd) seelischen Halt hätte ich niemals das große Leid u(nd) diese Prüfung mit heiler Haut durchkämpfen können und ich will *alle* meine Kinder wappnen für das Leid – im Glück lebt es sich ohnedies leicht! – Meine Jüngste[33] wurde vor 14 Tagen ganz schwer *an vereitertem* Blinddarm-Durchbruch operiert, Du kannst Dir meine Sorgen vorstellen – gottlob nach *vielen* bangen Stunden ist nun alles vorüber.
Herzliche Grüße u(nd) alles Gute von Deiner dankbaren
V(era).

**Brief 20**
8. Mai (19)40

Lieber Onkel Hermann!
Wäre es Dir vielleicht möglich(,) K(urt) einige Bücher zu leihen? Er laßt Dich sehr darum bitten. Ich soll Dich fragen, ob Du etwas zum Thema »Rechts- und Staatsphilosophie« hättest. Man hilft ihm so mit guten Büchern, dadurch vergehen ihm die vielen, vielen einsamen Stunden leichter. Du kannst Dir denken, daß es für mich – nach 2 Jahren – immer schwerer wird(,) ihm etwas zu beschaffen, er hat schon sämtliche Bibliotheken meiner Bekannten ausgelesen! – Gesundheitlich

---

[33] Sylvia Gräfin Fugger.

geht es ihm gottlob gut – aber das aussichtslose Warten ist oft kaum mehr erträglich. Unserem Buben geht es gottlob sehr gut – es gibt nur mehr selten kleine Rückfälle. Die strenge männliche Hand im Internat u(nd) das Leben mit den Kameraden tut ihm sehr gut. Den Meinigen geht es auch gut, bis auf (das), daß die Kleinste vor 3 Wochen eine schwere, vereiterte Blinddarmoperation hatte. Es geht ihr wieder gut, die Wunde ist zwar noch offen, aber sie ist schon Zuhaus. Heute hat mich mein Bub verlassen, der paar Tage auf Ferien hier war – der Abschied ist immer sehr schwer! Daß die Arturs ein Mäderl haben – Verena – wirst Du wohl gehört haben. Ich bin Taufpatin, bin aber nicht hingefahren – habe keine Ruhe, wenn ich weit weg bin. – Kurtl ist über Pfingsten zu den Verwandten nach Rosenheim eingeladen, worauf er sich sehr freut. – Du kennst doch sicher Fräulein Alice – seine Erzieherin – vielleicht interessiert es Dich zu hören, daß sie jetzt geheiratet hat.[34] Gönne ihr ihr Glück von Herzen, sie ist so eine treue, brave Seele.
Ich war letzthin am Kreuzeck (1800 m) übern Tag – Du kannst Dir nicht vorstellen(,) wie sehr ich es genossen habe – die geliebten Berge, Schnee u(nd) dabei eine Sonne wie im Sommer! Wenn nur K(urt) hätte dabei sein können! –
Was wird uns die Zukunft bringen? Mir ist sehr bang zu Mut – dieser schreckliche Krieg bedrückt mich ganz furchtbar. –
Hast Du Dich wieder ganz erholt? Wie schön muß es jetzt bei Dir sein! Hoffentlich hast Du keine Sorgen um Deinen Hof mehr? Hast Du eine neue Wirtschafterin gefunden? Wie geht es Deinem Bruder?[35] Ist er noch in Bielitz?
Wenn es Dir nicht *zu* langweilig ist, schreib mir bitte wieder einmal, ich freue mich immer so über Deine Briefe. Wir senden Dir recht herzliche Grüße!
Deine Nichte
Vera.

---

34 Alice Ottenreiter heiratete den Apotheker Mag. Robert Lillie.
35 Dr. Moriz Wopfner.

**Brief 21**

Mittwoch. (Poststempel: 23. Mai 40)

Lieber Onkel Hermann!
Danke Dir tausendmal für die Bücher. Verzeih, daß ich ja nicht bedacht habe, daß Du so große Mühe mit dem Schicken hast – mache mir Gewissensbisse, daß ich Dich gebeten habe – Du machst aber eine ganz große Freude damit. Werde Deinen Rat befolgen, weiß schon jemand(,) der es für mich machen könnte. Der Bub ist grad bei mir – wir feiern seinen 14. Geburtstag! Alles Liebe u(nd) nochmals Dank! Deine
V(era).

Lieber Onkel Hermann!
Hoffentlich bist Du nicht bös, daß ich nie schreibe! Was machst Du immer? Ich würde Dich gerne wieder einmal sehen. Wir haben uns ja schon so lange nicht mehr gesehen. Grüße die Bekannten aus Innsbruck von mir. Viele Grüße Dein Kurt.[36]

**Brief 22**
14. Juni(19)40.

Lieber Onkel Hermann!
Innigen Dank für Deine liebe heutige Hilfe – Du bist so gut für uns! Wenn wir nur alle einmal gemütlich beisammen sein könnten – aber bis dahin ist es wohl noch sehr lang. Wir sind leider nur Menschen u(nd) man vergißt nur zu leicht geschenkte Erleichterungen u(nd) wünscht sich immer noch mehr. K(urt) tragt wieder recht schwer an der Aussichtslosigkeit – u(nd) ich bin dabei wie ein Barometer u(nd) rutsche gleich auf den 0 Punkt herunter! Ich kann es nicht sehen(,) wenn er leidet. Gott schenke uns äußeren und inneren Frie-

[36] Kurt (II) von Schuschnigg.

den, darum kann man nicht genug bitten. – Von uns hat leider der Krieg auch bereits sein Opfer gefordert – ein lieber Vetter ist gefallen, ein schwerer Schlag für die Familie. – Aber leider macht fast jede Familie heute dasselbe durch. – Ich habe in Wien zu tun u(nd) möchte am 22. für 3 Tage hinfahren – habe bißl Angst davor, ich bin kein Freund von unnötigem Wundenaufreißen, aber es muß sein u(nd) ich freue mich auch, wieder alle meine treuen Freunde wiederzusehen. Mein erster Weg wird nach Hietzing sein. Nachdem ich mich sehr elend seit Wochen fühle u(nd) arge Schmerzen habe, bin ich gestern endlich zum D(okto)r gegangen. Es war scheinbar höchste Zeit – leider gibt es kaum ein Organ bei mir(,) das gesund ist – Galle, Leber u(nd) Niere funktionieren scheinbar überhaupt nicht! Ich muß eine ganz strenge Kur machen u(nd) man verspricht sich allerhand davon! Hoffentlich!! Einmal hat der Klaps wohl kommen müssen – diese 2 Jahre hätten wohl auch einen Riesen auf die Strecke gebracht! – Wie ist es mit Deiner Haushälterin? Und hoffentlich geht es Dir gut. Unser Bub wachst riesig u(nd) ist bester Dinge.
Herzliche Grüße von uns beiden Deine dankbare
V(era).

**Brief 23**
2. Juli(19)40.

Lieber Onkel Hermann!
Komme erst heute dazu(,) Dir für Deinen lieben B(rie)f zu danken – weil ich einige Tage in Wien war u(nd) erst heute früh zurückgekehrt bin. Ich kann Dir gar nicht sagen, wie *sehr* ich alles genossen habe! Mein liebes Wien! [trotzdem es mir so weh getan hat – aber Häuser, Straßen u(nd) treue Freunde bleiben dieselben!] Bin einfach überwältigt von so viel Liebe u(nd) Treue(,) die mir dort entgegengebracht wurde. In Hietzing habe ich ganz besonders an Dich gedacht – es ist schön u(nd) friedlich dort – wie immer u(nd) viel, viel Blumen sind

dort. Leider waren die Verwandten meist weg – habe nur Lilly Töply[37] u(nd) die jungen Trentinis[38] gesehen – letztere haben einen süßen kleinen Buben,[39] um den man sie nur beneiden kann. Ich habe leider keine Möbel geholt, wie die Mär geht, sondern mußte wegen einer Verwandten Hochzeit hinfahren. Bei uns gibt es nichts *Besonderes* – aber wie Du so richtig sagst: »Die Ermüdung! – unerfüllte Versprechen!!« Nun hätte ich eine ganz große Bitte an Dich, – ich selbst würde sie nie aussprechen, wenn K(urt) nicht so viel Wert darauf legen würde u(nd) mir immer wieder sagt, daß ich Dir meinen Wunsch sagen soll: Ich wäre so glücklich, wenn ich Dich wirklich kennenlernen dürfte. Könnten wir uns nicht im Laufe des Sommers irgendwie u(nd) -wo auf halbem Weg treffen? z. B. Seefeld? oder sonst wo? Aber ich hoffe, daß Du mich inzwischen so gut kennst, daß Du weißt, daß ich es *vollkommen* verstehen würde, wenn Du sagst, daß es Dir nicht möglich ist. K(urt)s großer Wunsch ist es, daß Du mich kennenlernst, aber er weiß nur zu genau, was für ein Opfer es für Dich ist. Ich möchte im August für paar Tage in die Pertisau, das wäre wohl zu weit für Dich?
Ich habe jetzt (ein) schlechtes Gewissen, daß ich Dir überhaupt etwas gesagt habe! Ich kann nur immer wiederholen – wenn K(urt) nicht wäre, hätte ich mich niemals getraut, diese Zumutung an Dich zu stellen! Aber Du versprichst mir *bitte*

---

[37] Lilly (Valerie) von Töply (geb. am 28. August 1894 in Troppau – gest. 10. Juli 1986 in Wien) war die Tochter von Hugo von Schuschnigg, General der Gendarmerie (geb. am 15. März 1866 in Krumau – gest. am 26. Februar 1945 in Wien), dem jüngsten Bruder des Feldmarschalleutnants Artur von Schuschnigg. Hugo war mit Ella (Gabriele), geborene von Mérfort (geb. am 28. Februar 1870 in Iglau – gest. am 1. Februar 1925 in Wien) verheiratet. Lilly, die ältere Tochter, heiratete 1920 Dipl.-Ing. Norbert Ritter von Töply (geb. am 28. März 1891 in Wien – gest. 22. November 1987 in Wien). Ihre Schwester Hedda (geb. am 7. Oktober 1901 in Troppau) starb unverheiratet 1942 (24. Juni in Wien).

[38] Dipl.-Ing. Tita (Johannes B.) von Trentini und Eva von Trentini, geb. Klezl von Norberg.

[39] (Dipl.-Ing.) Andreas von Trentini (verheiratet mit Mariedi, geb. Gräfin Trapp).

ehrlich zu sein! Nach Innsbruck möchte ich aus vielen Gründen – die Du sicher verstehen wirst – nicht kommen. *Bitte* glaube jetzt nicht: »Du solltest, oder müßtest!« – der Gedanke wäre mir schrecklich! – Du warst so lieb u(nd) gut für mich diese ganze schwere Zeit hindurch u(nd) ich glaube fest, daß wir uns auch ohne, daß wir uns gesehen haben – ganz verstehen – deshalb sollst u(nd) mußt Du wissen, daß Du ganz ohne jeden Skrupel auch »nein« sagen kannst. Ich will *nur*, daß Du weißt, daß *wenn* Du das Bedürfnis hast(,) mich zu sehen – *ich* mich furchtbar darüber freuen würde! Sonst nichts!
Unserem Buben geht es sehr gut – er lernt jetzt auch sehr brav!
Herzliche Grüße Deine Nichte
V(era).

Weißt Du etwas von Walter?[40]

---

[40] Walter von Schuschnigg (1899–1966) war der Sohn Gilbert von Schuschniggs und dessen Frau Paula, geb. von Bancalari (gest. 4. September 1936 in Leibnitz/Steiermark). Als Jahrgangserster bewachte er zusammen mit anderen Kadetten der Militärakademie Wiener Neustadt vom 4. November 1918 an nach Abzug der Garden für einige Tage das Schloß Schönbrunn, bis Kaiser Karl die »Kinder« entließ. Nach kurzem Besuch der Hochschule für Bodenkultur schloß er sich der Gamilscheggschen Auswanderer-Gruppe nach Brasilien an. Mit ihm zusammen wanderten auch drei weitere ehemalige Wiener Neustädter Kameraden aus. (ÖStA, AdR/LV Volkswehr LBH Steiermark, Nachrichtendienst, Beilage zu Akt NA 2332 ex 1919). 1931 wurde der österreichische Staatsbürger deutscher Konsul in einem Bundesstaat Brasiliens. 1933 nach Hitlers Machtübernahme wurde er österreichischer Konsul und lehnte nach dem Anschluß 1938 eine Weiterbestellung durch die deutsche Regierung ab. Der Magistratsdirektor der österreichischen Kolonie »Dreizehnlinden« in Brasilien stellte sich 1939 der französischen Armee zur Verfügung, arbeitete für den amerikanischen Geheimdienst in Washington und schließlich als Saboteur hinter den Linien des Feindes. Daneben war er während des Krieges in engstem Kontakt mit legitimistischen Kreisen um Kaiserin Zita. Ab 1946 lebte er wieder in Brasilien unter äußerst beschränkten Verhältnissen, seine Bemühungen um eine Wiederverwendung im konsularischen Dienst der Republik Österreich blieben ohne jede Antwort.

**Brief 24**
Gräfelfing.
22. Juli(19)40

Lieber Onkel Hermann!
Eben kam Dein lieber B(rie)f(,) für den ich Dir herzlich danke. – Mir wäre es sehr recht, wenn wir uns am Aachensee treffen würden, da ich aber dann bei Mena[41] wohnen würde, weiß ich nicht, ob es Dir recht ist, wenn wir uns, ohne daß Du sie siehst(,) treffen. Das mußt Du entscheiden – mir macht es natürlich nichts aus. Ich würde erst hinfahren(,) bis die Titas dort sind u(nd) das hängt von Titas Urlaub ab – er meinte aber jedenfalls im August, nur konnte er(,) als ich in Wien war, noch keinen definitiven Termin angeben. Ich würde dann an einem Samstag hinfahren u(nd) müßte Montag Spätnachmittag wieder hier sein. Falls Dir dieser Vorschlag nicht paßt, würden wir uns in Mittenwald treffen, wenn es Dir recht ist. Auch ich bin sehr dafür, daß wir uns allein sprechen. – Kurtl ist gestern nach Aussee. Sonst alles beim Alten. Herzlichste Grüße von uns Beiden – Deine
Vera

**Brief 25**
9. August (19)40

Lieber Onkel Hermann!
Bin wirklich erleichtert, daß heute endlich eine Nachricht von Dir gekommen ist u(nd) es Dir besser zu gehen scheint. Wir waren wirklich in Sorge um Dich. Bitte schone Dich! K(urt) hat sich sehr über Deine Krankheit aufgeregt. –
Nun wollen wir Dir – endlich – eine ganz, ganz schöne und frohe Botschaft sagen: denke Dir(,) wir erwarten ein Kinderl!

[41] Mena (Philomena) von Trentini, geb. Neuhauser, die Frau des Dichters Albert von Trentini und Mutter von Tita von Trentini; die Familie besitzt in Pertisau am Aachensee ein Sommerhaus.

Du kannst Dir unsere Seligkeit gar nicht vorstellen. Ich glaube(,) die lieben Eltern hätten auch eine Freude – vielleicht wissen sie es? Bitte behalte es noch für Dich – außer den Arturs u(nd) der guten Tante Thilde habe ich es niemand mitgeteilt. – Die so sinnlose Trennung(,) die man uns auferlegt(,) wird nicht leichter dadurch – besonders vielleicht für mich – aber wir wissen schon, daß wir dem Herrgott unendlich dankbar sein müssen u(nd) nicht mehr verlangen dürfen, als Er momentan richtig für uns hält. –
Nun zu unseren Plänen: *bitte* mach Dir keine Gedanken, aber die Reise nach Mittenwald hat fast ein Unglück hervorgerufen – ich habe bange 24 Stunden nachher mitgemacht – *gottlob* kam aber wieder alles in Ordnung. Nun hat mir aber der Arzt daraufhin für mindestens 1 Monat *strengstens* jede Bahnfahrt oder Bewegung verboten – außer meinen Besuchen bei K(urt) – die ich mir *keinesfalls* verbieten lasse! Somit darf ich nicht einmal – außertourlich – nach München fahren (was ich auch streng einhalte, denn es steht zuviel am Spiel)(.) Daß Du hier heraus kommst, will ich Dir nicht zumuten – trotzdem meine Tante sich über Deinen Besuch nur freuen würde – aber ich fühle mit Dir, weil ich auch eine Einsiedlernatur bin u(nd) fremde Menschen nicht genieße!! Vom 24. (August) – 8. Sept(ember) habe ich die Kinder hier – was allerdings kein Hindernis wäre – Du könntest bei der Gelegenheit auch Kurtl wiedersehen – aber – wie gesagt: das mußt Du entscheiden u(nd) ich überlasse es ganz Dir u(nd) werde Dich immer verstehen. Es tut mir leid, daß ich Dir soviel Schwierigkeiten machen muß – aber ich bin sicher, daß auch Du *mich* verstehen wirst. – Ab Mitte Sept(ember) könnte ich wahrscheinlich Dir entgegen fahren – jedenfalls Dich in München treffen. Nun habe ich Dir alles ganz ehrlich geschildert u(nd) Du machst jetzt – wie Du es am liebsten hast. In die Pertisau werde ich wohl leider auch nicht mehr fahren können. Werde wohl *mit der Zeit* Mena den Grund meines Nichtkommens mitteilen müssen. Vorläufig soll es aber unser stilles Glück sein, an dem nur die *Allernächsten* teilnehmen sollen. Ich habe Angst vor

allzuviel Combinationen u(nd) Sensationen!! Das verstehst Du sicher. –
Wir senden Dir viele liebe Grüße Deine glückselige
Vera

**Brief 26**
23. August (19)40

Lieber Onkel Hermann!
Ich habe mich so um Dich gesorgt, weil so ewig lang keine Nachricht kam. Endlich der Brief gestern abend! Geht es Dir wirklich besser? es wäre ja zu schön, wenn Du Ende d(er) Woche wieder nach Haus könntest. Habe nur Angst wegen der schrecklichen Kälte, daß nicht wieder eine Verkühlung dazu kommt. Bitte versprich mir, daß Du mich sofort verständigst, wenn Du das Gefühl hast, daß ich Dir etwas helfen könnte – ich komme dann gleich! Es geht mir in letzter Zeit gottlob so viel besser, daß ich schon zu Dir reisen könnte, wenn Du mich brauchst. – Die Arturs waren Samstag – Sonntag in München u(nd) hier draußen – von Reit i(m) Winkel aus, wo sie mit Kind und Kegel sind. Sie schauen sehr gut aus u(nd) sind bester Dinge. Ich habe Artur gebeten, daß (er) in Innsbruck jemand beauftragt(,) sich nach Dir zu erkundigen. Ich kenne ja niemand dort u(nd) hatte keine Ruhe. –
K(urt) denkt viel an Dich u(nd) wir beide wünschen Dir von Herzen gute Besserung. Herzliche Grüße Deine
Vera.

Bitte laß mir wieder bald Nachricht zukommen.
Am 20. waren alle unsere Gedanken vereint in Hietzing.[42]

[42] Todestag Anna von Schuschniggs.

**Brief 27**
3. September (19)40

Lieber Onkel Hermann!
Danke innigst für Deine liebe heutige Karte. Wir freuen uns ja so, daß es Dir wieder besser geht! Schone Dich nur recht! Paul schrieb mir heute auch gute Nachrichten über Dich, besonders beruhigt uns, daß er sagt, daß Deine Haushälterin in Krankenpflege bewandert ist u(nd) für Dich sorgen wird, wenn Du zu Haus bist. Von mir kann ich Dir gottlob gute Nachricht geben – es geht mir die letzten Wochen ganz ausgezeichnet u(nd) habe ich keinerlei Beschwerden! Auch seelisch und nervlich bin ich wie neugeboren – vergesse immer mehr u(nd) mehr auf alles(,) was war u(nd) bin nur mehr glücklich u(nd) dankbar! K(urt) macht auch große Fortschritte u(nd) kann wie in früheren Zeiten lachen u(nd) froh sein. Das Bangen um die Zukunft wirft allerdings noch Schatten(,) aber durch das große Glück haben wir viel mehr Kraft zum Hoffen. Denk Dir, ich habe erreicht, daß der Bub ihn sehen darf u(nd) wird dies dieser Tage stattfinden! K(urt) darf 3 Stunden täglich spazieren gehen.
Leider haben wir sehr gestörte Nächte u(nd) ist es oft sehr unheimlich, da ein Ziel ganz nah von hier ist.[43]
Meine Kinder müssen Sonntag weg – kann noch gar nicht daran denken! Gute Besserung u(nd) liebe Grüße von uns Deine
V(era).

**Brief 28**
19. September (19)40.

Lieber Onkel Hermann!
Du bist so rührend, daß Du sagst, ich soll zu Dir kommen – ich weiß genau(,) wie gut es grad von Dir ist – so etwas anzutra-

[43] Anspielung auf erste Bombenangriffe.

gen. Tausend Dank! Nun haben wir aber gottlob schon längere Zeit vollkommene Ruhe hier, so daß ich mich gar nicht aufregen brauche. Mit dem Reisen wäre es doch sehr mühsam für mich – müßte 2x (in) der Woche weg – das würde ich kaum mehr schaffen können! Daß es ein ganz großer Wunsch von mir ist – Dich besuchen zu können – schrieb ich Dir schon oft – der Plumeshof scheint ganz das zu sein, was ich mir immer schon gewünscht habe. Ob wir einmal zusammen zu Dir kommen werden? Wohl kaum – *leider*. Habe ich Dir geschrieben, daß die K(urt)s sich endlich nach fast 3 Jahren sehen konnten? Wir waren 1½ Stunden allein beisammen – das Glück u(nd) die Freude kannst Du Dir vorstellen! Der Vater ist restlos begeistert über Aussehen, Charakter etc.(,) was eine ganz große Beruhigung für mich ist. – Ich hätte ein sehr gutes Schlafmittel für Dich – homöopathisch – also ganz ungefährlich; nehme es jetzt noch – heißt »Plantival« – willst Du es nicht versuchen? K(urt) hat es auch sehr gern. Bin so froh, daß Du wieder zu Haus bist – dort wirst Du Dich erst richtig erholen. Beneide Dich um Meran! das ist ein herrlicher Ort – ich war vor Jahren den Sept(ember) und Oktober dort u(nd) gehört es zu meinen schönsten Erinnerungen – kann mich noch gut an die herrliche Sonne u(nd) fabelhafte Luft erinnern. Gestern ist das letzte meiner Kinder weg – der Abschied war sehr schwer. Der Bub (Kurt II.) hat Ende d(es) M(onats) wieder fast 3 Wochen Ferien – gelernt wird überhaupt nichts mehr!! Deine Bücher liest K(urt) zum 2. Mal! er paßt gut auf auf sie. Herzl(iche) Grüße u(nd) innigen Dank Deine
V(era).

**Brief 29**
Sonntag Vormit(ta)g.

Lieber Onkel Hermann!
Vielen, vielen Dank für Deine liebe Sendung. – K(urt) schrieb in seinem letzten Brief: »Erinnere bitte O(nkel) Hermann

Univ. Prof. DDr. Her-
ıann Wopfner als Rektor
er Universität Innsbruck
)28–1929 (Gemälde der
niversität Innsbruck)

Hermann Wopfner am
umeshof (ca. 1960, Foto
olfgang Pfaundler)

# Die Friedenszeit und die Erste Republik, die Kindheit und das »normale« Leben

3 (rechts) Kurt von Schuschnigg im Alter von 6 Jahren bei Schuleintritt (Foto Atelier Friedrich Arnold)

4 (unten) Kurt und Artur von Schuschnigg, rückseitig beschrieben: Kurt 13 Jahre, 7 Monate, Artur 7 Jahre, 1 Monat alt (Foto J. & J. Martini)

5 (oben links) Kurt und Herma von Schuschnigg als Brautpaar 1924

6 (unten links) Eltern Schuschnigg mit Kurt, ca. 1899, Artur (I) als Hauptmann der k. k. Landwehr (Foto Aug. Wilcke)

7 (oben rechts) Josef und Amalie Wopfner, Eltern Hermann und Anna Wopfners und Großeltern Kurt und Artur von Schuschniggs (Foto Friedrich Bopp)

8 Artur (I) von Schuschnigg als Oberst der k.u.k. Armee, Kaiserschützenregiment, Weihnachten 1916

9 Die Eltern von Schuschnigg, Artur (I) Anna, am Balkon des Plumeshofs in Natt Pfingstsonntag 1933

10 Kennenlernen der Eltern und Schwiegereltern in Mutters/Tirol, 1932.
V.l.n.r: Adolf Urlichs, Marianne Urlichs (später verehelichte von Schuschnigg), Anna Schuschnigg, Maria Urlichs, geb. Jungen, Artur (I) von Schuschnigg

1 (rechts) Nach der
rstkommunionfeier
on Kurt jun. im
rühjahr 1933 im
arten des Palais
ugarten in Wien II.:
urt, Anna, Artur (I),
lerma, im Vorder-
rund Kurt von
chuschnigg jun.

2 (unten) Rück-
eitig [Handschrift
on Artur (II) von
chuschnigg]: Kin-
erjause im Augar-
en-Palais. Kurti
orne am Boden lie-
end. Im Hinter-
rund Herma, Frau
rof. Kienzl (die
Evangelimännin«, –
m nicht zu sagen
er »Kuhreigen«)
nd Kurt 25.XI.1933

13 Vater und Sohn Kurt von Schuschnigg vor dem Radio, 1934 im Palais Augarten, Wien II. (Foto Dietrich & Co.)

14 Herma und Kurt (II) von Schuschnigg 1934 im Palais Augarten, Wien II. (Foto Dietrich & Co.)

15 70. Geburtstag Artur (I) von Schuschniggs, links seine Frau Anna und sein Enkel Kurt jun., rechts seine Schwiegertochter Herma. Jänner 1935 (Foto Knozer)

13. Juli 1935, Unfallstelle Ebelsberg bei Linz: Auf der Fahrt in die Ferien nach St. Gilgen ·hlief der Chauffeur Tichy ca. um 11 Uhr ein. Tichy und ein vorne mitfahrender Kriminal-amter wurden schwer verletzt. Im Fond des Wagens saßen Kurt von Schuschnigg, der aus m Auto geschleudert wurde, seine Frau Herma, die an den Folgen des Unfalls starb, und ırt jun., über den sich seine Kinderfrau, Alice Ottenreiter, schützend warf.

links) Artur (II) von Schuschnigg, 1928, nach seiner Promotion zum Dr. phil. (Foto H. Jacoby) (rechts) Der »Radiopionier« Artur (II) von Schuschnigg am Kopfhörer, ca. 1927 in der rlichen Wohnung, Innsbruck, Dreiheiligenstraße: »Ich habe meine Dissertation mit den fhörern geschrieben.«

19 (oben) Köln, 24. Juli 1934: D
Artur und Marianne von Schuschnig
geb. Urlichs. Das frisch getraute Pa
muß Deutschland fluchtartig in Ric
tung Holland verlassen, als am nächst
Tag die Ermordung Bundeskanzl
Dollfuß' durch die Nationalsozialist
bekannt wird. Der Bruder des nunme
rigen Bundeskanzlers lief Gefahr, i
nationalsozialistischen Deutschland a
Geisel genommen zu werden. (Fo
Josef Josuweck)

20 (unten) Rundfunkausstellung z
Zehnjahrfeier der RAVAG, 1934: I
Artur von Schuschnigg demonstriert d
neue Schallplatten-Apparatur. An d
Mehrfachplattentellern konnte Schusc
nigg als erster Operngesamtaufnahm
senden. Die Schwierigkeit bestand d
rin, die Übergänge von einer Platte z
nächsten genau zu finden, was bei ei
fünfstündigen Wagneroper entsp
chende Konzentration erforderte, na
dem die Platten etwa alle fünf bis sieb
Minuten gewechselt werden mußt
(Foto Jens Friedrich)

daran, daß Mama, wenn sie noch lebte, ihn sicher bitten würde, die Universitätstätigkeit noch etwas aufzuschieben! Das ist eine sehr riskante Sache. Hat (er) doch $^{3}/_{4}$ Stunden ziemlich steilen Fußmarsch jedes Mal!« –
Er macht sich große Sorgen um Dich u(nd) fragt immer u(nd) immer(,) wie es Dir geht. Er beneidet Dich um Meran! ich auch! –
Wie fühlst Du Dich und wie geht es mit dem Schlafen? Recht herzliche Grüße u(nd) tausend Dank von uns Deine
Vera.

**Brief 30**
19. Oktober (19)40[44]

Lieber Onkel Hermann!
Tausend Dank für Deinen letzten B(rie)f u(nd) die liebe heutige Karte. Bin so froh, daß es Dir viel besser geht. Weißt Du, daß Artur zu den Funkern eingerückt ist – in Berlin – Spandau? Er schrieb mir herzzerreißende Briefe, der Arme – er leidet riesig unter dem Drill, der Gegend etc. Marianne hat mich heute angerufen, da sie von Berlin kommend paar Stunden Aufenthalt in München hatte. Sie hat ihn besucht, weil er mit Grippe im Revier liegt. Sie meint(,) er wird sich eingewöhnen und alles wäre nicht so arg! Sie fühlt sich halt doch heimischer dort, wie wir! Er soll aber nicht zusätzlich sekkiert werden (wovor ich Angst hatte) u(nd) bezieht weiter seinen Gehalt, was viel wert ist. – Mir ist heute recht weh ums Herz – morgen ist Papas Sterbetag[45] – ich kann gar nicht an den Tag vor zwei Jahren denken. Nie kann ich vergessen, als ich ihn in der Früh – allein – nicht mehr lebend gefunden habe. Der liebe, Gute, er geht mir heute noch so ab – war er doch wie ein Vater für mich. Arturs Vreneli u(nd) unser kommendes Enkerl wären sicher

[44] Die Datierung des Originals lautet: 19. 20. 40.
[45] Todestag Artur (I) von Schuschniggs war der 20. Oktober 1938.

eine große Freude für ihn gewesen, aber sonst ist es wohl sicher besser so, wie es der liebe Herrgott vorgesehen hat. Ich habe viele Blumen für morgen für ihn bestellt u(nd) eine hl. Messe am Altar in der Stefanskirche, wo er immer für Mama die Messe hat lesen lassen. –
Uns geht es im Gleichen – wir hoffen u(nd) warten, sind aber sonst furchtbar glücklich. Du weißt nicht(,) wie gut K(urt) für mich ist u(nd) wie herrlich wir uns verstehen. Es kann kein Ehepaar geben, das glücklicher ist als wir!! Er läßt Dich herzlich grüßen, fragt und spricht immer von Dir. Er laßt Dich *sehr* bitten, ob Du nicht doch noch Bücher für ihn hättest? Dem Buben geht es ausgezeichnet, auch den anderen Kindern, gottlob.
Recht herzliche Grüße von Deiner dankbaren
Vera.

**Brief 31**
Praha, Hotel Ambassador
7. November (19)40

Lieber Onkel Hermann!
Bin seit Samstag hier. Es geht Mama[46] leider immer schlechter, die Schmerzen sind seit gestern *ganz* arg. Es ist schrecklich, so zuschauen zu müssen u(nd) nicht helfen zu können. Es kann jeden Moment zu Ende sein, *kann* aber noch kurze Zeit dauern. – Sie ist ganz bei sich – noch – u(nd) weiß(,) wie schlecht es um sie steht – sie tragt alles wie eine Heilige. Ich hoffe am Sonntag wegfahren zu können, muß doch wieder zum armen K(urt)(,) er ist ja so allein u(nd) voller Sorgen. Die Reise hierher ist schrecklich mühsam, kann daher leider nicht viel auf u(nd) ab fahren. Bin *schrecklich* müde, sitze den ganzen Tag im Sanatorium bis in die Nacht u(nd) dann können wir nicht schlafen, vor lauter Angst u(nd) Sorge. Alle Geschwister sind hier. Ich kann Dir ja gar nicht sagen(,) *wie* unglücklich ich bin, dabei muß ich

[46] Vera Gräfin Czernin, geb. Hohenlohe.

hoffen, daß es schnell geht, denn es wird immer qualvoller – sie hat ja Krebs – Brust u(nd) Rücken – wahrscheinlich auch schon Lunge! Sie wußte es seit 3 Jahren, hat *nie* etwas gesagt(,) um uns das Leben nicht zu erschweren! Ist das nicht übermenschlich?! – Sie liegt seit 5 Wochen u(nd) hat uns weiß gemacht, daß sie Hexenschuß hat – erst als sie an den Füßen gelähmt wurde (vor 10 Tagen!) – hat sie es gesagt! Sie war das beste an Mutter(,) das Du Dir vorstellen kannst u(nd) ich verliere nicht nur die Mutter aber auch die beste Freundin. –
Bitte schreibe es der Familie – wenn es Dir nicht zu mühsam ist, aber ich komme nicht zum Schreiben u(nd) sie werden sich wundern(,) warum ich nichts hören lasse. –
Ich denke immer an K(urt) und an das liebe kleine Kind u(nd) bin so tapfer(,) wie ich nur kann. – Sie redet fort(während) von K(urt,) den sie so gern hat u(nd) will ihn fort(während) noch sehen. –
Herzliche Grüße von Deiner
Vera.

Werde wieder bald schreiben. –

**Brief 32**
21. Dezember (1940)
(Briefpapier mit Trauerrand)

Lieber Onkel Hermann!
Tausend Dank für Deine große Hilfe von uns Beiden. Wir wünschen Dir recht gesegnete Weihnachten u(nd) ein recht, recht glückliches neues Jahr – möge es uns auch endlich ein frohes Wiedersehen bringen. –
Ich übersiedle am Montag wieder in die Pension Dreier nach M(ünchen) – das Hin- und Herfahren ist jetzt zu beschwerlich für mich, auch bin ich jetzt lieber allein – ich trage so fürchterlich schwer an meinem unersetzlichen Verlust. Gottlob kann ich zu Weihnachten 6 Stunden bei K(urt) sein! Sonst scheint

wieder alles ziemlich hoffnungslos zu sein u(nd) die Zukunft ganz ungewiß. Der Bub darf nach Wien fahren, worüber er selig ist! Meine Kinder kommen nach Weihnachten.
Hoffentlich schadet Dir diese furchtbare Kälte nicht? Hast Du Dich wieder ganz erholt?
Recht herzliche Grüße von uns Deine dankbare
Vera.

**Brief 33**
München, Pension Dreier. Amalienstraße 4.
26. Jänner (19)41

Lieber Onkel Hermann!
Vielen Dank für Deinen lieben B(rie)f(,) der mich sehr gefreut hat. K(urt) fragt immer, ob Post von Dir ist u(nd) wie es Dir geht. Den Buben haben wir jetzt aus der Schule herausgenommen u(nd) lernt er privat beim Direktor in seinem Internat. Es ist eine kostspielige Sache – mußte aber sein – (,) da er in einigen Gegenständen absolut nicht mitgekommen ist u(nd) die Gefahr bestand(,) daß er im Herbst durchfallt. So muß er fest anpacken u(nd) lernt viel mehr. Wir hoffen, daß er durchkommen wird. Es ist schon ein Kreuz mit seiner Lernerei! Er durfte seinen Vater wieder einmal besuchen, was eine große Freude war. Uns wurden wieder Versprechungen gemacht u(nd) hoffen wir wieder einmal! K(urt) geht es gottlob soweit recht gut. – Mir geht es halbwegs – es geht halt dem Ende zu u(nd) das ist die mühsamste Zeit. Du kannst Dir nicht vorstellen, wie sehr wir uns freuen! Ich sorge mich so um Dich – bei dem schrecklichen Wetter, wenn Du Dich nur nicht verkühlst. Hast Du gute Nachrichten von O(nkel) Moriz? Freue mich so für T(ante) Thilde, die ihren Ausseer Aufenthalt so genießt – es wird nun wieder recht einsam für sie sein, wenn sie wieder nach Wien zurück muß. Nun schicken wir Dir recht viele herzliche Grüße u(nd) gedenken immer Deiner! Deine
Vera.

**Brief 34**
28. Februar (19)41

Lieber Onkel Hermann!
Deine lieben Zeilen haben mich diesmal besonders gefreut. Ich war schon in Sorge um Dich, weil ich lang keine Nachricht von Dir hatte. – Das Gerücht stimmt leider noch nicht! Ich muß noch 14 Tage bis 3 Wochen warten – hoffentlich geht dann alles gut. Ich werde Dich dann gleich verständigen. Meine Schwester[47] kommt gegen Mitte d. M(onats) her, worüber ich sehr froh bin – es ist doch ein kleiner Ersatz für meine gute Mutter – die so gerne kommen wollte. –
Werde K(urt) die von Dir angegebenen Bücher besorgen. Wenn Du ihm etwas schicken willst, wäre ich Dir sehr dankbar – ich würde sie auch verläßlich vor Ablauf eines Monats zurück schicken. Momentan ist er recht gut beschäftigt mit der Korrektur eines Buches, das meine Mutter schrieb – er geht ganz auf in der Arbeit u(nd) in der Schönheit des Geschriebenen – worüber ich so froh bin, denn Mama legte großen Wert auf K(urt)s Urteil u(nd) hat ihm dieses Manuskript noch ganz kurz vor ihrem Weggehen geschickt(.)[48] – Sie war immer bestrebt(,) ihm durch eine geistige Arbeit u(nd) Anregung seine schwere Lage zu erleichtern. Ich will versuchen, ihre Bücher, wenn K(urt) sie fertig bearbeitet hat(,) hier bei einem Verleger unterzubringen – nach dem Umsturz war dies zu ihrem großen Kummer weder in Wien noch Prag mehr möglich, »weil sie zu viel Seele hätten u(nd) das zieht heute nicht mehr!!«
Du fragst wegen Kurt II. – Es ist ein schweres Kapitel – er könnte ausgezeichnet lernen, wenn er wollte, ist ja nicht dumm – aber leider – will er nicht! Er ist schrecklich zerstreut u(nd) verspielt u(nd) ahnt nichts vom Ernst des Lebens. Jetzt geht es besser, weil er nur mit noch einem anderen Schüler Unterricht

---

[47] Alexia Gräfin Czernin.
[48] Ein bibliographischer Nachweis über das Erscheinen der Bücher konnte bis jetzt nicht gefunden werden.

bekommt u(nd) man ihn daher strenger anpacken kann. Armer K(urt) macht sich ganz große Sorgen um ihn. Ich möchte ihn gern in eine militärische Schule unterbringen – es werden jetzt 7 neue gegründet von der Wehrmacht aus – er braucht notwendig einen Drill – aber ob mir das gelingen wird(,) ist fraglich – man stößt doch immer wieder auf Schwierigkeiten. Meinem Gefühl nach wäre das das Beste für ihn.
Habe ich Dir geschrieben, daß K(urt) letzthin einmal sagte: «Was gäb ich darum(,) wieder einmal ein von Mama gekochtes Essen zu bekommen – das könnte ich heute nur mehr beim Onkel Hermann haben, dort wäre es aber ganz echt – so wie zu Haus!« – Er hat viel Heimweh nach Tirol, immer mehr – Wien ist nur mehr der Inbegriff des Grauen(s). – Alles Liebe von uns Beiden, Deine dankbare
Vera.

**Brief 35**
München, 2. April 1941

Lieber Onkel Hermann!
Herzlichen Dank für Deine guten Wünsche! – In aller Eile nur zur Aufklärung: – Wir haben uns beide sehnlichst ein Mädel gewünscht! Einmal weil es heutzutage vielleicht leichter ist, und – egoistisch gedacht – weil man von einem Mädel vielleicht mehr und länger etwas hat. Dann auch in Erinnerung an unsere beiden Mütter. Meine gute Mutter wäre so gerne Patin geworden, wie es beabsichtigt war und hat mir noch kurz vor dem Tod davon gesprochen, sie sei überzeugt, daß es ein Mädel werde und sie wünsche es sich so; und Kurt erzählt auch immer, daß Mama gerne eine Enkelin gesehen hätte. Nun müssen sie halt von oben das Kind begleiten. Es geht ihm gottlob sehr gut und die ärztliche Untersuchung war überaus beruhigend. Zudem ist es recht brav und schreit fast nie. Mit Ausnahme der Taufe; die hat es allerdings sehr übel genommen. – Ich selbst habe mich sehr rasch erholt, trotzdem es eine recht

schwere Sache war. Es war ein Segen, daß ich im Roten Kreuz hier eine ganz ausgezeichnete Betreuung und ebenso gute wie sympathische ärztliche Pflege und Hilfe hatte. Nun sind wir wieder in der Pension und hoffen zu Gott, daß auch der letzte Teil der Prüfung bald vorüber ist. Wenn es wärmer wird, bringe ich das Kind zum ersten Mal K(urt). – Das wird ein Festtag werden! – Auch der kleine Kurt ist ganz glücklich über das Schwesterl.
Dir, lieber Onkel Hermann, alles Gute zu Deiner Badekur! Hoffentlich bringst Du die Ischias an. Kann mir gut denken, wie lästig dieser Begleiter ist! – Ich habe gestern schon K(urt) sehen können. Es ist schon sehr fein gewesen! Wenn wir mit den Kindern beisammen sein könnten, wären wir eigentlich restlos zufrieden und glücklich.
Alles Liebe von uns allen und viele herzliche Grüße, außerdem auch ebensolche Namenstagswünsche, die fällig sind, wie mich ein zufälliger Blick auf den Kalender überzeugte; wie immer
Deine
Vera

Von Arturs kommen gottlob gute Nachrichten. Der Arme sitzt noch immer in Pommern, war aber wenigstens für ein paar Tage im Riesengebirge bei einem Skikurs – zufällig ganz in der Nähe meiner Heimat. Den Kindern geht es gut. Nur wollen sie jetzt doch die Stadt mit einem Landaufenthalt in der Nähe von Köln tauschen. – Onkel Moriz habe ich über Kurts Erinnern von unserem Familienzuwachs verständigt.

**Brief 36**
München, 7. Mai (19)41

Lieber Artur!
Ich danke Dir vielmals für die guten Zigaretten, die mir V(era)[49] gestern mit Deinen Grüßen brachte. Auch freue ich

[49] Siehe Kurzbiographie Vera von Schuschniggs.

mich darüber, Dir einmal auf diese Weise meine Gedanken, schicken zu können. Hatte viel Freude mit den diversen Bildern Deiner Kinder, die ich vor mir habe. Du wirst verstehen, daß mich vor allem Dein Spatz[50] interessiert, für den seit jeher in meinem Denken ein Sperrsitz reserviert ist; schon weil er das einzige Stückl persönlicher Erinnerung für mich bedeutet aus dem Jungvolk Deiner 2. Generation. Aber auch die Mädeln müssen sehr lieb sein.[51] Höre mit Freuden, daß Spatz musikalisch ist! Irre ich mich, oder hat er tatsächlich etwas von unserer Mama in seinem Gesichtel?! Ihr habt wohl nicht gewußt, wie ich mich über den herzigen Buben freute; zwei Mal: einmal bei Dir in der Wohnung, wie er noch ganz klein war – und dann besonders, als er einmal auf Besuch zu mir kam, – noch nicht ganz fest auf den Füßen! Das allererste Mal – bei der Taufe – wußten wir ja alle miteinander nicht, wie nahe daran ein Sterbezimmer lag.[52] Wenn jemand, dann hat es Herma[53] geahnt; wie sehr viel später herauskam. Ob eigentlich die Doktoren damals etwas verpatzten?? Ganz sicher bin ich mir nicht. Mache mir oft noch Gedanken darüber.

Du bist, wie ich höre, nicht sehr glücklich über Deine Versetzung. Kann mir gut denken, daß Dir das Soldatenspielen nicht sehr komisch vorkommt.[54] Es ist wirklich kein Spaß für Dich;

---

[50] Spatz war der Kosename für Kurt von Schuschniggs Patenkind Artur (III), dem ältester Sohn von Kurts Bruder Artur (II).

[51] Anna Gabriele Maria von Schuschnigg (geb. am 25. März 1937 in Wien) und Verena Vera Maria von Schuschnigg (geb. am 19. April 1940 in Berlin).

[52] Wenige Wochen nach der Geburt von Artur (III) starb am 20. August 1935 die Mutter von Kurt und Artur (II), Anna von Schuschnigg, im Wiener Allgemeinen Krankenhaus.

[53] Herma von Schuschnigg, Kurts erste Frau.

[54] Artur (II) von Schuschnigg erhielt im Spätsommer 1940 seine Einberufung zum Militärdienst. Er wurde vorerst im Berliner Luftfahrtministerium sowie bei den Luftbildstellen Tempelhof und Mecklenburg als Bildsoldat eingesetzt, später wurde er zur Luftbildstelle Neubiber bei München versetzt. An freien Wochenenden kam Artur Schuschnigg zu Verwandten nach München, wo er auch seine Schwägerin Vera und seinen Neffen Kurt (II) traf. Besuche bei seinem Bruder Kurt wurden ihm

als Bub, wenn man an nichts zu denken hat, schadet es nicht, und ist trotzdem – wie ich weiß – nicht immer schmackhaft. Gar erst, wenn man in den Jahren steht und Frau und Kinder zu betreuen hätte! Ich fühle Dir das alles durchaus nach! Du mußt nur denken: – einmal wird der uns aufgezwungene Freiheitskampf ja doch zu seinem guten Ende kommen.[55] Und dann bist Du den Herms Niel[56] und das Stiefelblech wieder los und kannst zum Schubert,[57] zumindest aber zum Paul Lincke[58] zurück übersiedeln. Dann wird es für Dich beruflich nur vorteilhaft sein, dabei gewesen zu sein! Momentan ein schwacher Trost! Ich weiß schon! Aber trotzdem! Ich stelle mir vor, – wenigstens nach dem Weltkrieg war es ähnlich – daß dann die heute Unentbehrlichen umso intensiver alle Sonntage Militär und Kriegserinnerung spielen müssen. Du hast dann eher Aussicht auf Ruhe und brauchst Deine Begeisterung nicht nachträglich spazieren zu führen! Helf Gott, daß' wahr is'!

Eigentlich hat es das Schicksal ja trotzdem mit uns beiden gut gemeint. Ich denke mir das oft und oft! Die Hauptsache ist

---

jedoch nicht gestattet. Diesen traf er erst wieder 1946 in Moltrasio am Comosee durch Vermittlung des Präsidenten der Tiroler Handelskammer Ezio Foradori. Foradori (geb. am 4. Oktober 1887 in Mezzolombardo/Italien – gest. 26. Jänner 1960 in Schruns/Vorarlberg) war 1934 bis 1938 Mitglied des Bundeswirtschaftsrates und des Bundestages. Er galt als Geldgeber der illegalen Nazis und war zwischen 1938 und 1945 Wirtschaftsführer für Tirol und Vorarlberg. 1945 bekleidete er die Funktion eines Obmannes der Sektion Industrie in der Tiroler Handelskammer.

55 Schon sehr früh äußerte Kurt von Schuschnigg in seinen Briefen die Ahnung, daß der Krieg bald beendet sein werde. In seinen späteren Briefen sagte er ziemlich konkret das Kriegsende voraus.

56 Herms Niel, d. i. Hermann Nielebock (geb. am 17. April 1888 in Potsdam – gest. 1954 in Berlin), Komponist von deutschen Märschen und Soldatenliedern, Obermusikzugführer im RAD (Reichsarbeitsdienst); »Wir fahren nach Engeland«, »Annemarie«, »Erika«.

57 Franz Schubert (geb. am 31. Jänner 1797 in Lichtenthal/Wien – gest. am 19. November 1828 in Wien), Komponist.

58 (Carl Emil) Paul Lincke (geb. am 7. November 1866 in Berlin – gest. am 3. September 1946 in Clausthal-Zellerfeld), Hauptvertreter der Berliner Operette, »Frau Luna« (1899), »Ein Liebestraum« (1940).

u(nd) bleibt ja doch, daß man in seinem privaten Leben glücklich u(nd) zufrieden ist und an seiner Familie sich freuen kann. Und da haben wir beide wohl wirklich Glück gehabt und müssen Gott danken für unsere Weibsen. Sie haben es ja oft schwerer als wir selber. Ich kann nur still u(nd) dankbar sein – für jetzt – und früher! Wüßte auch wahrhaftig nicht, was ich jetzt anfangen sollte, wenn ich allein da stünde!
Wie Du Dir denken kannst, ist mein Leben nicht ausgesprochen luschtig (sic!). Trotzdem wesentlich besser, wie die wirklich eher unangenehmen 1½ Jahre in Wien. Man wird hier immerhin als Mensch behandelt, wie ich früher einmal sagte, als Mitteldling zwischen Rekrut und Zwangszögling. Bewegung in Frischluft bleibt trotz theoretischer Berliner Erlaubnis ein praktischer Luxus mit ziemlichem Seltenheitswert. Von dort habe ich übrigens in meinem ganzen Leben nur einmal die Wahrheit gehört: als ich 1933 gelegentlich am Anhalter Bahnhof den Zug nach Leipzig verpaßte.[59] Die Auskunft des Bahnbeamten stimmte damals wirklich. Ein ganzes Glück, daß ich nicht von Papen[60] oder sonst jemand von meinem Metier fragte; sonst müßte ich in meiner Erinnerung auch auf diese Ausnahme verzichten.
– Freue mich natürlich immer rasend auf Dienstag und Freitag.[61] Das erleichtert außerordentlich! Nun gar, nachdem alle 14 Tage mein Mädel kommen darf, über das ich unsagbar glücklich bin! Nicht nur wegen unseres Beitrags zur Steigerung der Bevölkerungsstatistik im g. d. (Großdeutschen) Reich …

---

[59] Anfang 1933 war Kurt Schuschnigg mehrmals nach Berlin zu Verhandlungen zur Rechtsangleichung beider Staaten gereist.
[60] Franz von Papen (geb. am 29. Oktober 1879 in Werl – gest. am 2. Mai 1969 in Obersasbach) war von Juni bis Dezember 1932 Reichskanzler, vom Jänner 1933 bis zum August 1934 Vizekanzler des Deutschen Reiches, ehe er nach der Ermordung von Dollfuß als deutscher Gesandter nach Wien kam und hier bis Februar 1938 wesentlich an der nationalsozialistischen Unterwanderung des »Ständestaates« mitwirkte.
[61] Besuchstage Vera von Schuschniggs.

A propos: was sagst Du zu Marburg, Cilli[62] … ! Komisch geht es in der Welt zu; jetzt werden wohl manche Bogovice[63] u. dgl. aufgewacht sein (der Name nur als Genus-Bezeichnung gemeint; der Gute war ja immer sehr ordentlich!). Wenn Du etwas weißt, wäre ich Dir verbunden über etwaige Neuigkeiten aus Innsbruck u. dgl. – z. B. Schneider,[64] Eitner[65] u. a.
Daß O(nkel) Hermann[66] sich pensionieren lassen will, wirst Du wohl wissen.
Unlängst erhielt ich die Verständigung von der I(nns)-b(ruc)k(er) Rechtsanwalts-Kammer, daß sie mich gestrichen haben, »weil ich mich seit Jahren um meine beruflichen Obliegenheiten nicht kümmere«. Gezeichnet vom alten Dr. Hämmerle.[67] – Wenn ich könnte, würde ich wohl der I(nns)-b(ruc)k(er) Universität meinen Dr-Titel zurückstellen. Das ich »Doktor *der Rechte*« sein soll, ist zu komisch eigentlich. Aber ich kann es derbremsen!
Ein medizinischer Grad wäre eher sinnvoll; von wegen bemerkenswert guter Magen und unglaublich gut gelungener Operation meiner rechten Hand (Schmidt[68])!

---

[62] Anspielung auf die Besetzung Jugoslawiens durch die Deutsche Wehrmacht. Marburg/Maribor und Cilli/Celje – ehemalige Untersteiermark, seit 1918/19 Jugoslawien, heute Slowenien – waren die letzten Garnisonsstädte Artur (I) von Schuschniggs vor dem 1. Weltkrieg. Artur (II) ging in Cilli in die Volksschule und in Marburg einige Jahre ins Gymnasium.

[63] Johann Bogovic, befreundeter Religionslehrer in Marburg.

[64] Oberstleutnant Ernst Schneider, Freund Artur (I) von Schuschniggs.

[65] Oberstleutnant Richard Eitner, Freund der Familie aus Innsbruck.

[66] Hermann Wopfner, siehe Kurzbiographie.

[67] Dr. Otto Hämmerle schied bereits 1935 als Präsident der Tiroler Rechtsanwaltskammer aus, die ihn aus diesem Anlaß zum Ehrenpräsidenten kürte. Nach Kriegsausbruch wurde der amtierende Präsident einberufen, worauf der Ehrenpräsident als »beauftragter Präsident« erneut aktiv wurde. (Mitteilung der Tiroler Rechtsanwaltskammer.)

[68] Anspielung auf den Außenminister Guido Schmidt (geb. am 15. Jänner 1901 in Bludenz – gest. am 12. Dezember 1957 in Wien). Schmidt, mit Schuschnigg befreundet, wurde am 11. Juli 1936 als Staatssekretär für Auswärtige Angelegenheiten in die Regierung berufen und bekleidete vom 12. Februar 1938 bis 11. März 1938 das Amt des Außenmini-

– *Vielen* Dank, daß Du meinen Kurt in die Oper mitnimmst! Wenn Du kannst u(nd) es Dir nicht zu viel Mühe macht, schau ihn Dir bitte hie und da an. Hätte gern, wenn er ein bißl Interessen bekäme; nicht nur für Flieger und Tanks! Der Bub macht bisweilen Sorgen. Allerdings kann er nicht alles dafür. Schließlich wurde er ein Opfer der Zeit. V(era) gibt sich riesige Mühe mit ihm, aber Wunder wirken ist natürlich nicht möglich. Im Grunde ist er sicher seelengut, nur leicht u(nd) unfertig; ich hänge sehr an ihm! Nun, Du weißt ja selber, was Frau und Kinder bedeuten! Und wie es manchmal scheinen will, als ob überhaupt sonst nichts existierte ...
Handküsse und alles Liebe an Marianne;[69] Bussis an die Kinder, in Sonderheit dem Spatz.
Herzlichst Dein
Kurt

Verzeih die Länge! Aber ich habe Zeit. Du hoffentlich auch zum Entziffern. Bitte vernichte aber gleich! Und wegen geringem beiderseitigen Interesse an einem eventuellen »Dokumentenfund!« Besonderen Dank noch, daß Du die ganzen Jahre durch so lieb zu V(era) warst!

**Brief 37**
18. Mai (19)41

Lieber Onkel Hermann!
Schon so lang habe ich nichts von Dir gehört – hoffentlich geht es Dir recht gut. Wir sorgen uns immer(,) wenn eine Zeitlang keine Nachricht von Dir kommt. Heute schicke ich Dir ein Bilderl von uns – hoffentlich freut es Dich bißl. Die Kleine ge-

---

sters. Nach dem März 1938 wurde er, von Göring protegiert, Direktor in den Hermann Göring Werken. 1947 wurde er in einem Volksgerichtsprozeß in Wien von der Anklage des Hochverrates mangels Beweisen freigesprochen.

[69] Marianne von Schuschnigg, siehe Kurzbiographie.

deiht u(nd) wird immer herziger. Alle 14 Tage darf sie den Papi besuchen – Du kannst Dir nie vorstellen(,) wie glückselig er dann ist. So haben wir wenigstens ab u(nd) zu kurze Stunden des glücklichsten Familienlebens u(nd) vergessen die Welt um uns.
K(urt) laßt Dich bitten, ob Du nicht Abschriften Deiner Arbeit hast – er würde sich so dafür interessieren. –
Viele liebe Grüße von den beiden Kurts – Maria Dolores u(nd) mir Deine
Vera. (Foto 35)

**Brief 38**
(München) 29. Mai (19)41

Lieber Artur!
Erschrick bitte nicht! Ich habe nichts zu tun u(nd) daher Zeit zum schreiben; weiß aber, daß es bei Dir anders ausschaut. Und so möchte ich Dir gleich sagen, wie sehr mich Dein langer Brief freute und interessierte; und auch danken sowohl für die Fressalien als insbesonders für die entzückenden Bildln! Vera sagte mir, daß ein nettes noch fehle von Deinem Kleeblatt. Wird hoffentlich nachkommen; sind allerliebst! Detto die von der meinigen.[70] Finde sie ganz ausgezeichnet gelungen. –
Komisch! Weißt Du, daß ich keinen Erinnerungsschimmer mehr daran habe, daß ich einmal mit Papa beim Filmen in Deiner Wohnung war?![71] So geht es mir jetzt manchmal. Ist aber

---

70 Sissy oder Puppele (Maria Dolores Elisabeth) von Schuschnigg (geb. am 23. März 1941 in München, gest. am 18. Oktober 1989 in Paris), verehelichte Vicomtesse de Kergariou.
71 »Ich (Artur II) hatte einen kleinen, nicht sehr leistungsfähigen Eumig $9^1/_2$. Damit versuchte ich Aufnahmen von Papa (Artur I), Spatz und Dicki (Artur und Anna, Kinder Arturs II), sowohl in meiner als auch in Kurts Wohnung. Den erwähnten Schmalfilm mit Herma und den Eltern habe ich nie gesehen, wohl aber besitze ich davon ein Standphoto.« Diese Filme sind erhalten und befinden sich im Familienarchiv Schuschnigg.

gut, daß Du solche Filmstreifen besitzt. Ich weiß, das kann fast wie ein Gruß aus einer anderen Welt sein. Ich besaß einen Schmalfilm (mit entwickelten Bildern), der die Eltern, H(erma)[72] und Kurtl zusammen zeigte. Es ist mir manchmal ganz anders geworden, wenn ich Mama und H(erma) wieder ahnungslos mitsammen plauschen sah. Mama mit dem gewissen Pelzkragen, Herma im braunen Mantel, den ich dann[73] Tante Tilde zur Erinnerung gab, Papa im steifen Hut, der Bub[74] mit dem Jockey-Käppi. Ich sehe die Bilder vor mir. Aufgenommen von Major Wratschko,[75] dessen Namen ich unlängst in einem »Wehrmachts-Wunschkonzert« wieder hörte, – immer noch als »Leiter der Heeresfilmstelle«. – Weißt Du übrigens etwas darüber, ob unsere früheren k. u. k. Pensionisten (Lahr[76] z. B.) in den alten Chargen übernommen wurden? – Mich hat man gleich am Anfang schriftlich verständigt, daß ich gestrichen sei. Glücklicher Weise hatte ich jeder früheren Beförderungsabsicht widersprochen; so daß ich nur den »Leutnant« zu verschmerzen hatte.[77] Was nicht so arg ist. Ein bißl bitter gelacht hab ich doch dabei; wenn alle mitsammen – wir inbegriffen – keine anderen Sorgen hätten! –

---

72 Herma von Schuschnigg, Kurts erste Frau.

73 Gemeint ist nach dem Tode Hermas 1935, s. Anm. 2. (Foto 14)

74 Kurt (II) von Schuschnigg.

75 Erwin Wratschko (geb. am 30. April 1892 in Pfaffstätten) war seit 1941 Leiter der Heeresfilmstelle Berlin und wurde am 29. Februar 1944 als Oberstleutnant aus der deutschen Wehrmacht entlassen.

76 Fritz Lahr (geb. am 12. Mai 1890 in Salzburg – gest. am 27. März 1953 in Wien), Berufsoffizier im Feldartillerieregiment Nr. 157. 1920 Mitbegründer der Frontkämpfervereinigung Deutschösterreichs, machte Karriere innerhalb der Wiener Heimatschützer, 1934 bis 1938 1. Vizebürgermeister von Wien, 1936 von Starhemberg aus dem Heimatschutz ausgeschlossen, gute Kontakte zu den Nationalsozialisten, im März 1938 drei Tage lang kommissarischer Bürgermeister von Wien.

77 Kurt von Schuschnigg rückte nach der Kriegsmatura 1915 in Feldkirch ein und kam zur Festungsartillerie nach Pola (Festungsartillerieregiment Nr. 4, Graf Colloredo-Nels). Anfang 1916 wurde er in die Nähe von Görz versetzt, ab Mai 1916 stand er an der Isonzofront, wo er nach dem Waffenstillstand 1918 in italienische Gefangenschaft geriet.

Freue mich sehr für Dich, daß Du Deine Familie in die Nähe bekommst. Das ist ja prima! Sicher eine große Erleichterung für Dich! Und für die Kinder ein ausgezeichneter Sommeraufenthalt. Hoffentlich machen die Großen in Anbetracht der Nähe des Wassers Marianne nicht zuviel Mühe! – So kannst Du Dich allwöchentlich auf einen Lichtpunkt freuen; wirst sehen, das erleichtert! Vielleicht ist es sogar besser, als wenn Du sie so ganz in Deiner Nähe in Unterhaching hättest. Ich stelle mir vor, daß Du werktags nicht immer bonne mine machst, (wenigstens bei mir wäre es so!) – und warum soll Marianne die wenigen schönen Stunden, die Ihr zusammen sein könnt, nicht voll u(nd) ungetrübt genießen! Die Frauen haben ohnedies genug zu tragen! Verstehe auch, daß die Schwiegereltern manchmal schwierig werden können. Erinnere Dich an unsere Großmama[78] daheim! Aber Mutti[79] ist ja so lieb u(nd) das Leiden für sie selber das schwerste Kreuz. Hoffentlich gibt es sich doch, wenn die Zeiten wieder besser werden. Auch Deinen Schwiegervater[80] habe ich immer ganz besonders geschätzt;

---

78 Amalia Wopfner, geb. Neuhauser (geb. am 24. Oktober 1844 – gest. 1928). (Foto 7)

79 Mit »Mutti« ist immer Maria Elisabeth Urlichs, geb. Jungen (geb. 10. Jänner 1888 in Köln – gest. am 20. Mai 1949 in Innsbruck), die Schwiegermutter Artur (II) von Schuschniggs, gemeint.

80 Adolf Urlichs (geb. am 12. Dezember 1883 in Stolberg/Deutschland – gest. am 5. August 1954 in Innsbruck), Industriekaufmann, war zunächst bei der Firma William Prym in Stolberg (1900–1915), dann zwei Jahre bei der August Thyssen-Hütte in Duisburg, ehe er von 1919 bis 1945 Prokurist der Metallwarenfabrik Waldes-Koh-I-Noor in Dresden war. Adolf Urlichs hatte nach der »Arisierung« dieses Betriebes, der größten Druckknopffabrik der Welt, im Einvernehmen mit den Eigentümern Sigmund Waldes und Eduard Herzinger die Firma als »allein zeichnender Prokurist« weitergeführt und nach Kriegsbeginn möglichst lange aus der Rüstungsproduktion herausgehalten. Wegen seiner Verwandtschaft mit den Schuschniggs wurde ihm von Dienststellen der NSDAP und der Arbeitsfront politische Unzuverlässigkeit attestiert und in der Folge die Firmenleitung entzogen. Nach der Zerstörung der Kölner Wohnung kehrte Urlichs 1944 nach Dresden zurück, wo er im Februar 1945 die vollständige Zerstörung der Fabrik und seines persönlichen Eigentumes erlebte. Ostern 1945 gelangte er mit seiner Frau nach Österreich, wo er schließlich bei seiner Tochter, Marianne von

ausgesprochen sympathisch und nett. Sie haben es jetzt ja wahrhaftig auch nicht leicht. – Im Vertrauen gesagt: Schwiegerväter können wesentlich anders sein. Ich habe zum meinigen[81] nie Kontakt gehabt. Dafür war die gute, im April 1925 † (gestorbene) Mutter[82] H(erma)'s ein wahrer Schatz!
Was die Maseras[83] jetzt aufführen, verstehe ich nicht. Irgend ein Kümmern um den Buben[84] wäre wohl wirklich nicht zu viel verlangt. Aber sie scheinen verschollen. – Weißt Du, daß es mir manchmal fast wie ein Fingerzeig u(nd) wie eine gütige Fügung vorkommt, daß Mama und H(erma) rechtzeitig abberufen wurden?! Sie hätten wohl schwer an allem getragen! Und Mama würde nächstes Jahr 70, Papa 77! Unglaublich wie die Zeit vergeht!
Sei froh, daß Du noch jung bist! Ist allerdings immer ein relativer Begriff; und daß Du Dir jetzt manchmal älter vorkommst, als der Wirklichkeit entspräche, verstehe ich auch. Vermutlich sind unter Deinen Kameraden und hohen Vorgesetzten etliche wesentlich jünger! Nimm so gut Du kannst, alles von der humoristischen Seite; sehr leicht gesagt: ich weiß! Aber sicher das einzig Mögliche! Das erste Prinzip in ähnlichen Fällen muß immer sein: – niemandem, dem man es nicht gönnt, freiwillig eine Freude machen! Es gibt nämlich Menschen, die es nur so lange spaßt, einen anderen zu sekkieren, als sie merken, daß

---

Schuschnigg, in Innsbruck lebte. In der Folge sollte das vollständig mittellose Ehepaar als Deutsche aus Tirol ausgewiesen werden, was Artur (II) von Schuschnigg durch eine Intervention beim Landeshauptmann Gruber gerade noch verhindern konnte. (Foto 10)

81 Josef Masera (geb. am 2. April 1862 in Bozen – gest. am 6. Februar 1942 in Bozen), Kräutergroßhändler, Kurt von Schuschniggs Schwiegervater aus erster Ehe.

82 Rosa Masera, geb. Baronin An der Lahn-Hochbrunn (geb. am 22. Juni 1865 – gest. am 11. April 1925).

83 Familie der ersten Frau Kurt von Schuschniggs, Herma. Carletto Masera, der Vetter Hermas, war Kommandant der Garde in Wien. Er hat sich am 12. März 1938 nicht sehr anständig benommen und die Garde von der Wohnung Kurt von Schuschniggs sofort abgezogen. (Anmerkung Kurt II. von Schuschniggs)

84 Kurt (II) von Schuschnigg.

der sich darüber ärgert. Glaube mir, ich habe da etliche Erfahrung! Deine Mathematik bringt mich übrigens auf die ganz ausgezeichneten Bändchen »Höhere Mathematik für Jedermann« (oder so ähnlich) von Colerus (Zsolnay-Verlag):[85] Jedenfalls zuwider: das fühle ich Dir nach! – Der gewisse herzlich-rauhe Ton ist leider wesentlich für alles, was Kommiß heißt: beginnt in der Stube (bei uns hat man Zimmer gesagt), gedeiht prächtig im Hof und auf dem Exerzierplatz und überschlägt sich in orgiastischen Dithyramben auf der Reitschule. Ich habe es auch nie recht begriffen, warum. Aber es ist so. Das gehört einfach dazu. Vielleicht, weil es sonst keine Simplicissimus-Witze gäbe. – Aber laß Dir darob keine grauen Haare wachsen! – Es geht vorüber – und später lachst Du! Ich tu mir da allerdings als Unbeteiligter wesentlich leichter. Zeit ist mir kaum noch ein Begriff. Manchmal scheint mir fast, als ob ich irrtümlich noch auf der Welt wäre und jetzt – innerlich von allem, was nicht Familie heißt, losgelöst – zuschauen dürfte. Man kommt dabei auf die sonderbarsten Gedanken. Manchmal denke ich mir mit J(ohann) Strauß: »gesetzt den Fall« – etwa 250 000 000 Menschen müssen, ob sie wollen oder nicht, bei einem Match »Rapid gegen Wacker« mittun; die wenigsten finden es wirklich komisch. Mit dem Herzen – (= mit der Existenz) dabei sind vielleicht insgesamt alles in allem 2 Millionen in allen Sprachen der Welt, also nicht 1%; (dabei ist aber Charly Gelb[86] z. B. mitgerechnet!) da kann man nämlich gar nichts machen; 's war immer a so!

Ein magerer Trost, daß es keiner prophetischen Gabe bedurfte, um die zwangsläufige Entwicklung zu prognostizieren, und daß alles genau so gekommen ist; – wer es wollte und heute überrascht ist, kann mir nicht leid tun; schon eher der, der sich

---

[85] Egomt Colerus, Vom Einmaleins zum Integral. Mathematik für Jedermann, Berlin-Wien 1936.

[86] Dr. Karl »Charly« von Gelb, verheiratet mit Grete, geb. Neuhauser, Cousine Kurt von Schuschniggs. Anm. Artur (II) von Schuschniggs: »Besonders arge Nazi! Sie verübte auf marschierende Heimwehrler in Innsbruck, Anichstraße, ein Pfeffer-Attentat.«

die Welt vor lauter Ein- und Erstmaligkeit nicht mehr anders denken kann.
Freue mich sehr, daß Du Dich in B(erlin) gut eingelebt hast und daß Ihr nette Freunde gefunden habt. Glaube auch gerne, daß in normalen Zeiten B(erlin) sehr viel bietet. Ist eben doch Weltstadt und unzweifelhaft tüchtig. Ich habe übrigens immer gefunden, daß der karikierte Berliner in B(erlin) selbst gar nicht zu treffen ist und die Menschen dort sehr nett sind. Ich glaube, daß auch der Amerikaner z. B. erst auf Reisen ungenießbar wird. Vielleicht ist es mit den B(erlinern) ähnlich. Übrigens stimmt ja auch häufig die Selbstetikettierung nicht. Die penetrantesten Wiener waren ja auch oft Leopoldstädter oder Deutschböhm'! (Letzteres sage aber bitte Vera nicht!) – Nur die Sprache, – die hat es manchmal in sich; (das kann man wohl sagen, – Mensch verstehste wohl!! –)
Interessant – Prof. Nüchtern:[87] hätte ich gar nicht gedacht. Du hast wohl recht: – man täuschte sich oft gründlich. Erfreulich für Euch, nette alte Freunde zu treffen.
Hörst Du eigentlich Radio?[88] Deine Berufskollegen von einst müßten sich doch eigentlich Vorwürfe machen, wenn sie die fabelhaften Programmgestaltungsmöglichkeiten von heute verfolgen! Dabei habe ich den Eindruck, daß die große Masse wirklich das, was man heute unter »Konzert« u(nd) »Musik« versteht, vorzieht. Es ist erstaunlich, wie rapid die Apparate – soweit ich es verfolge – abgedreht werden, sobald einmal aus Versehen ein Mozart[89] oder auch nur Verdi[90] kommt. Höch-

---

[87] Prof. Dr. Hans Nüchtern: vor 1938 und nach 1945 Leiter der Literaturabteilung der RAVAG bzw. des Österreichischen Rundfunks, im Krieg in Berlin, Freund Artur (II) von Schuschniggs.
[88] Anm. Artur (II) von Schuschniggs: »Nein! Ich hatte Angst, man könnte ein Abhörgerät einbauen! Hatte daher die gesamte Kriegszeit, d.h. bis zum Termin des Abbrandes meiner Wohnung, November 1943, kein Radiogerät.«
[89] Wolfgang Amadeus Mozart (geb. am 30. od. 31. Juli 1751 in Salzburg – gest. am 5. Dezember 1791 in Wien), Komponist.
[90] Giuseppe Verdi (geb. am 10. Oktober 1813 in Le Roncole bei Busseto – gest. am 27. Jänner 1901 in Milano), Komponist.

stens der ewige Holzschuhtanz aus »Zar und Zimmermann«[91] wird noch geduldet. Ist das bei Euch Kriegern auch so? Und kannst Du eigentlich schon alle Soldaaden-Lieder (sic!), vom: -zwei-vier-Eriká über: »...« (unleserlich) bis Mädchen, Mädchen, u(nd) Edelweiß? Einige sind übrigens sicher gut; nur zu wenig seltene Genüsse.
Natürlich bin ich froh, überhaupt einen Apparat zu besitzen. Nur besorgt um die neue Volkskultur, die ja früher nur ein Privileg von uns System-Plutokraten[92] war. Besonders, da ich ein Fach »Kultur« praktiziere. In den ersten Wiener Monaten sagte mir ein SS-Posten, ich müßte mir »jetzt Wohnkultur angewöhnen, denn auf Schönheitssinn u(nd) Kultur im Heim werde jetzt sehr viel gegeben!« (Der wollte aber nicht etwa sekkieren, sondern war einer von den Anständigen, der es ehrlich gut meinte!) Daher bin ich also interessiert. – Hätte genug Stoff für ein luschtiges (sic!) Büchel! Die Moral aus der Geschichte: *einmal* lacht man über alles; Du wirst sehen, es geht Dir ebenso! Denke daran, wie viel leichter es Dir jetzt schon wird – gegenüber Spandau! Stimmt's – ?!
Momentan habe ich Angst – wie ein Kind am Tag vor Fronleichnam.[93] Denn wenn es morgen schön ist, kommt das Puppele[94] auf Besuch zu mir. Das ist immer besonders fein!-
Uff! Jetzt geniere ich mich, wieder soviel geschwätzt zu haben. Hoffentlich kannst Du das Gekritzel lesen u(nd) hast Zeit dazu. Wenn möglich dechiffriere es bitte nicht während einer Schularbeit; und wenn, – laß Dich nicht dabei erwischen!
Handküsse an Marianne; Bussis den Kindern (dem Spatz 2!) –
Dir alles Liebe und Herzliche Dein Kurt

[91] Oper von Albert Lortzing (geb. am 23. Oktober 1801 in Berlin – gest. am 21. Jänner 1851 in Berlin).
[92] Die Nazis bezeichneten die Ära vor ihrer Machtübernahme – 1933 in Deutschland, 1938 in Österreich – als Systemzeit. »Plutokrat« setzte die Nazipropaganda für »volksfremde Schädlinge« bzw. »Nutznießer des Systems«.
[93] Anspielung auf die rege Kinderbeteiligung bei den Fronleichnamsprozessionen.
[94] Sissy von Schuschnigg.

Vielen Dank für deine liebe Erinnerung zum 1. 6.! Gelegentlich viele Grüße den Rosenheimern[95] und hiesigen Verwandten. Kann sie nie unterscheiden, weiß nur, daß sie pauschaliter nett sind. Besonders aber Tante Luisl![96]

**Brief 39**
12. Juni 1941

Mein lieber Artur!
Ich will mich Deiner erbarmen! – Daher die Maschine. Übrigens bin ich Dir noch Aufklärung schuldig über mein Bleistiftgekritzel; es ist nicht Unachtsamkeit oder Schlamperei, sondern gehört zum Häftlingsritus, daß man keine Tinte verwenden darf. Gleich anfangs habe ich um Feder und Tinte gebeten; das wurde abgeschlagen; mit Mühe und Not wurde mir als besondere Vergünstigung ein Bleistift zu dauerndem Gebrauch bewilligt. (Das ist nämlich auch keineswegs immer der Fall!) Und so habe ich seit Frühjahr 1938 keine Tinte mehr gesehen. Natürlich könnte ich jetzt ohne weiters einen Füllfederhalter benützen, da mir ja Vera wunderlicher – und dankenswerter Weise seit etwa $1^1/_2$ Jahren alles bringen darf. Aber da bin ich nun wieder konservativ und setze den unserer Familie (gottlob!) eigentümlichen Schädel auf. Ob schuschniggisch oder wopfnerisch, – darüber ließe sich(,) glaube ich in dem Fall streiten. Ein ziemlicher Bestemm war wohl beiderseits im eisernen Vorrat!

---

[95] Familien Niedermayr und Hamberger. Die Familie der Großmutter Kurt und Artur von Schuschniggs väterlicherseits (Schuschnigg), Niedermayr, stammte aus Bayern, aus München und Rosenheim, Unterhaching und Reit im Winkl. Artur (II) wohnte bei Hambergers in München an freien Wochenenden zur Zeit seiner dreimonatigen militärischen Ausbildung in Neubiberg. Niedermayrs nahmen Kurt (II) von Schuschnigg auf. Siehe auch Anm. 14.
[96] Luise Hamberger (geb. am 27. August 1874 – gest. am 25. August 1953 in Rosenheim) war mit Dr. Rudolf Bensegger, Ministerialdirektor in München, verheiratet.

Dein letzter Brief bzw. dessen Lektüre führte fast zu einem kleinen Intermezzo (vielen, herzlichen Dank vor allem!) –; und das verhielt sich folgend:
Es ergab sich, daß ich gegen 10 Uhr abends am Dienstag mit der Lektüre begann; – für mich immer eine besondere Sache, wenn ich »Post kriege«, daher wähle ich mir dazu die halbwegs feierlichste Tageszeit, in der es ringsherum still wird. Nun ist mein Aufenthaltsraum der frühere Tagraum der Gefängniswärter, die übrigens auf den Titel SS-Oberwachtmeister hören. Unmittelbar anschließend eine Koje, in der der Aufseher vom Nachtdienst sein Bett hat. Dazwischen eine offenbar sehr dünne Wand, denn wenn er draußen schnauft oder sich umdreht, höre ich's – und umgekehrt.
Um 10 Uhr wird es also, wie gesagt, still, und der draußen hat sich niedergelegt. Wie ich nun die Histörchen von der Olga[97] lese und zur Bavaria-Szene gekommen bin, konnte ich es nicht mehr derbremsen und bin laut herausgeplatzt! Das hat den draußen nun scheinbar beunruhigt. Ich gelte nämlich sonst als ruhiger »Zimmerherr«[98] (unter dieser Genus-Bezeichnung werde ich hier nämlich geführt!). Nun – ich verfiel wieder in solides Schweigen und der Wärter machte sich vermutlich einen harmlosen Reim auf meine ungewohnte Lärmerzeugung. Die Geschichte ist aber auch wirklich zu komisch. Wie die ganze Olga! Wenn der Fall nicht doch auch seine ernsten Seiten hätte. Ich fürchte sehr, daß das einmal nicht gut enden wird. Denn normal ist die Arme ja sicher nicht. – Sollte sie übrigens wirklich noch Lehrerin sein? Würde mich wundern; denn ich hatte ja seinerzeit trotz

---

[97] »Olga Hekajllo, Lehrerin in Stadt und Land Salzburg, Tochter von Artur (I) Schuschniggs einziger Schwester Bertha Hekajllo. Etwas schwierig veranlagt. Leicht ›angerührt‹, glaubte sich immer benachteiligt. Hielt aber immer treu zur Familie. Ein NS-Nachbar hatte es auf ihre Wohnung in Salzburg abgesehen und zeigte sie wegen ›Feindsenderhörens‹ oder ›Hamsterns‹ an. Die Wohnung wurde beschlagnahmt, Olga in das KZ eingeliefert (Ravensbrück), wo sie auch umkam.« (Anmerkung Artur [II] von Schuschniggs)
[98] Ein Zimmerherr ist im Österreichischen ein »Untermieter«.

ihrer unbestrittenen Katholizität und politischen Fairneß die härteste Mühe, sie zu halten. Allerdings war damals der springende Punkt meist darin gelegen, daß sie absolut nie dorthin wollte, wohin die Schulbehörde sie versetzte, sondern grundsätzlich immer an Stellen, die gerade nicht frei waren. Außerdem kenne ich sie eigentlich seit unvordenklichen Zeiten nur mehr auf Erholungsurlaub. Sicher eine gute, edle Seele, und ein armer Kerl, – aber mühsam! Ich darf übrigens bei ihrer Lobpreisung von rechts wegen nicht zu laut sein, denn schändlicher Weise – ich gebe es zu – habe ich sie mir seit mehr als 10 Jahren ängstlich ferngehalten. Nicht aus mangelndem Familiensinn, sondern aus Bequemlichkeit.
Nun lieber Artur will ich Dir noch sagen, daß ich am 21. Juni besonders Deiner denken will! Ich bin ja sonst nicht so sehr für Familienfeste außer bei ganz besonderem Anlaß. Fraglich, ob es ein solcher ist, wenn wir alle immer wieder älter werden! Ich glaube, Du dachtest so ähnlich. Aber jetzt wäre es halt schon sehr fein, wenn wir ein noch so bescheidenes Familienfest feiern könnten, wenigstens beisammensitzen, – wir die wir noch übrig sind – und die jetzt zu uns gehören.
A propos Familienfeste: – trotzdem man über das Sinnvolle der usuellen Gratulationen verschiedener Meinung sein kann, sollten wir im engsten Kreis doch dabei bleiben. Schon unserer Kinder halber, die sich erfahrungsgemäß ja über Post sehr freuen. Daher wäre es am Platze, wenn wir einen Kalender gegenseitig austauschen würden. Mit einem Wort ich möchte eine Liste Deiner Geburts- und wenn Ihr sie feiert auch der Namenstage – also Marianne und Kinder, Du kriegst dann eine von den unseren. Gut? Wenn Du sonstige Familientage noch weißt, wäre es dankenswert. Ich weiß nämlich gar nichts. Tante Thilde[99] hätte ich gerne, Onkel Hermann[100] und eventuell Mena.[101] (Bei) Onkel Hugo und Tante

[99] Mathilde Neuhauser (s. Anm. 21).
[100] Dr. Hermann Wopfner, s. Kurzbiographie.
[101] Philomena (Mena) von Trentini, geb. Neuhauser (s. Anm. 41), Cousine der Mutter Anna von Schuschnigg, geb. Wopfner.

Mizzi[102] bin ich gänzlich aus dem Bild. Man könnte vielleicht doch da und dort eine kleine Freude machen und man soll sich wenigstens zu bestimmten Zeiten einander erinnern. Das ist eine ganz gute Einführung. Ich kam darauf, als ich Onkel Hermanns 65. ausgerechnet im V.B.[103] las. – Daß sich Lilli über Norbertl[104] aufregt, ist begreiflich. Aber es kann ihm ja unmöglich alles passieren, einmal ist er doch über 50 und dann war er doch Oberleutnant. In dieser »gehobenen Stellung« ist man doch über das Ärgste hinaus. Deshalb fragte ich Dich unlängst, ob unsere alten Dienstgrade anerkannt würden. Dem Lahr hätte es ja vielleicht nicht so furchtbar geschadet, wenn er ein paar Stufen tiefer wieder hätte anfangen müssen. Gönne ihm aber den Major herzlich.
– Als ich Deine Mitteilung über den Eitner-Passus[105] las, überlegte ich mir doch, ob Du nicht mehr Sinn hineinlegst, als vielleicht beabsichtigt war. Eitner hatte ja gerne eine leicht belehrende und etwas unverständliche Ausdrucksweise, ist aber im übrigen so grundanständig und wohlgesinnt, daß ich ihm eine solche Verirrung nicht recht zutrauen möchte. Natürlich weiß man ja nie, ob es in diesen Zeiten – gerade bei so in sich abgeschlossenen Menschen – nicht einmal irgendwo einschnappt. Daß Du Dich ärgern würdest, verstehe ich vollkommen. Die Innsbrucker haben am allerwenigsten Grund, sich den Mund zu zerreißen. Bei T(ante) Mariechen[106] finde ich es völlig un-

---

[102] Mizzi (Maria) von Schuschnigg (geb. am 17. Dezember 1863 in Graz – gest. 1963 in Schwanberg/Steiermark), geborene Dollmayer, Witwe nach Oberst i.R. Viktor von Schuschnigg (geb. am 9. April 1868 in Budweis – gest. am 5. Juli 1930 in Wien), Bruder des Vaters Artur (I) von Schuschniggs.

[103] Völkischer Beobachter, Zentralorgan der NSDAP.

[104] Lilly und Norbert von Töply (s. Anm. 37).

[105] Oberst Richard von Eitner (geb. am 14. Februar 1882 in Wien – gest. am 30. November 1962 in Innsbruck), Regimentskamerad Artur (I) von Schuschniggs.

[106] Marie von Gasteiger, geb. Baronin Cattanei di Momo (geb. am 28. August 1876), Tochter der Philomena Neuhauser, verheiratet mit General Erich von Gasteiger.

verständlich. Ich hatte sie – bei aller leider eingetretenen Distanz –, die wohl eher auf das Konto ihrer ehelichen Treue ging, doch für eher aufgeschlossen und intelligent gehalten. Dir Deine Stellung vorzuhalten, kann ich nicht als originell finden; es ist nur dumm! – Und recht gedankenlos. Ein gelegentliches »Meckern« oder Besserwissen darf man vielleicht nicht so tragisch nehmen, denn die Wenigsten wissen wohl, wie schwer es für unsereinen ist, eine Stellung zu bekommen. Ich bin überzeugt, daß Du überhaupt nur beim Staat unterkommen konntest, ein Privater traut sich ja nie, jemand mit verfehmtem Namen aufzunehmen; oder auch –, erhält dazu nicht die Erlaubnis. Von der älteren Generation hat es bei Gott genug mit dem »gebrochenen Herzen« erwischt, und genug anderen wurde mehr oder weniger unsanft nachgeholfen. Worin das Verdienst liegen soll, wenn sich auch alle anderen beiseite stellen und warten – auf Frau und Kinder vergessend –, kann ich beim besten Willen nicht einsehen. Ganz abgesehen davon, daß die andere Seite ja seinerzeit ganz gewiß nicht so großzügig und stolz dachte. Im Gegenteil – ich finde Deine Position besonders erfreulich! Schließlich in Deinem Metier kann auf keinen Fall etwas passieren. Schöne, alte Bilder werden immer à la mode sein. Einen Dürer[107] kann man höchstens stehlen, schwerlich aber behaupten, daß er dem Aufbau der jungen Völker in einem neuen Europa im Weg steht. Und wie immer der Wind wehen wird, etwas wird in Deinem Wirkungsbereich immer übrig bleiben, was *nicht* fallweise entartete Kunst ist. Und davon werden spätere Zeiten leben. Das ist ein großer Trost. Bei uns Juristen ist es ja anders. Recht und Recht sind zweierlei; und was ich gelernt habe, liegt längst auf dem Müll. Komisch: – nur die Professoren blieben – Großmütterfrage (arische Abstammung, d. Hg.) vorausgesetzt – dieselben!
Auch in der Musik ist es so eine Sache. Ich habe immer Angst,

---

107 Albrecht Dürer (geb. am 21. Mai 1471 in Nürnberg – gest. am 6. April 1528 in Nürnberg), Maler.

daß doch noch jemand entdeckt, daß beim J(ohann) Strauß[108] irgend etwas nicht stimmt, oder auch beim (Franz) Lehár.[109] Wäre nämlich doch schade! Aber mir scheint, etliche Ausnahmen werden ja doch gemacht. Die Lehársche Wendigkeit ist übrigens beachtlich. Sei ihm gerne verziehen, denn er kann wenigstens etwas und es ist ihm viel eingefallen; – nicht nur die stereotypen Widmungen »an seinen lieben Freund R(ichard) Tauber!«[110] Dabei fällt mir das Bonmot vom Knappertsbusch[111] ein: »Daß der alte Weingartner[112] den Lohengrin[113] stehend dirigiert, finden Sie beachtlich? Das ist noch gar nichts! R(ichard)Strauss[114] dirigiert seit Jahren die ganzen Meistersinger[115] kriechend!«
Wie war der Tristan? Vielen Dank für Deine Aida[116] – Absicht! Gelt?! Ja, die Rosette Anday[117] scheint sehr tüchtig zu sein. Mir

---

[108] Johann Strauß (Vater) (geb. am 14. März 1804 in Wien – gest. am 25. September 1849 in Wien); Johann Strauß (Sohn) (geb. am 25. Oktober 1825 in Wien – gest. am 3. Juni 1899 in Wien), Komponisten.
[109] Franz Lehár (geb. am 30. April 1870 in Komárom/Ungarn – gest. am 24. Oktober 1948 in Bad Ischl), Operettenkomponist, urspr. Militärkapellmeister, Werke: »Die lustige Witwe«, »Der Graf von Luxemburg«, »Zigeunerliebe«, »Das Land des Lächelns«.
[110] Richard Tauber (eigentl. Ernst Seiffert) (geb. am 16. Mai 1892 in Linz – gest. am 8. Jänner 1948 in London), Tenor, Schauspieler, Komponist, seit 1925 an der Wiener Staatsoper, 1938 Emigration nach London, 1940 britischer Staatsbürger.
[111] Hans Knappertsbusch (geb. am 12. März 1888 in Elberfeld/Wuppertal – gest. am 25. Oktober 1965 in München), Dirigent.
[112] Felix Weingartner Edler von Münzberg (geb. am 2. Juni 1863 in Zara – gest. am 7. Mai 1942 in Winterthur), Dirigent.
[113] Oper von Richard Wagner (geb. am 22. Mai 1813 in Leipzig – gest. am 13. Februar 1883 in Venedig).
[114] Richard Strauss (geb. am 11. Juni 1864 in München – gest. am 8. September 1949 in Garmisch), Komponist und Dirigent.
[115] Oper von Richard Wagner.
[116] Oper von Giuseppe Verdi.
[117] Anmerkung Artur (II) von Schuschnigg: »Altistin der Wiener Staatsoper. Scheint mit ihren ewigen Beschwerden als ›verfolgte Jüdin‹ auf die Nerven gegangen zu sein. Ich traf sie dann in Berlin im Frühjahr 1939 im Foyer der Berliner Staatsoper mit ihrem Mann RA Dr. Bundsdorf. Sie überfiel mich gleich: ›Denken Sie sich, man läßt mich in der

fiel schon öfters ihr Name im V.B. auf. Dabei war sie unbestritten die penetranteste ihrer Art in unserer szt. Oper, betonte ihre Zugehörigkeit auch gerne und gab sich als von wegen Rasse verfolgt und zurückgesetzt aus. (Kein Witz!) Ihre große Stunde war bei den Salzburger Festspielen 1933. Damals kam die Mode auf, die hiesigen Künstler ruhig bindende Kontrakte abschließen zu lassen und 24 Stunden vor dem Auftreten bekamen sie vom Propagandaministerium das Auftritts- und Einreiseverbot, wobei sie mitunter auch Briefe schreiben mußten, von wegen »unter ihrer Würde wegen System, Volksverrat usw«. Einer dieser berühmten Briefe war übrigens von Pfitzner,[118] der dann durch Mahlers[119] und Bruno Walter[120] sagen ließ, er habe es ja nicht so gemeint, er sei gezwungen gewesen u. dgl. – Aber zurück zur Anday:
Ich glaube, es war Orpheus;[121] und am Premierentag kam statt der angekündigten X.Y. ein Absagetelegramm. Worauf Anday im Flugzeug geholt wurde und tatsächlich sang. Tüchtig wie sie nun einmal war, zimmerte sie sich sofort aus dieser damals für uns hoch erfreulichen Tatsache einen soliden Märtyrerschein. Die phantastischsten Dinge kamen heraus: sie hatte Blinddarmreizung, hohes Fieber, etc. etc., und trotzdem ... – Kurz das hat uns einen Orden gekostet, – das wäre nicht das Ärgste gewesen – von den »Beispielsfolgerungen« abgesehen. Aber

---

Wiener Staatsoper nicht singen, weil ich Jüdin sei! Ich – eine Jüdin?!!‹ – Umso überraschter war ich, als ich sie dann 1941 in der Münchner Oper unter Clemens Krauss die Brangäne in ›Tristan‹ singen hörte. Erst 1945 sang sie wieder in Wien. Ich traf sie dann noch oft in privater Gesellschaft und sie verriet mir einmal, daß sie ›Vierteljüdin‹ sei.«

118 Hans Pfitzner (geb. am 5. Mai 1869 in Moskau – gest. am 22. Mai 1949 in Salzburg), Komponist.

119 Gemeint sind Alma Mahler-Werfel (geb. am 1. August 1879 in Wien – gest. am 11. Dezember 1964 in New York) und der Schriftsteller Franz Werfel (geb. am 15. September 1890 in Prag – gest. am 26. August 1945 in Beverly Hills, Cal.).

120 Bruno Walter (geb. am 15. September 1876 in Berlin – gest. am 17. Februar 1962 in Beverly Hills, California), Dirigent.

121 Oper von Christoph Willibald (Ritter von) Gluck (geb. am 2. Juli 1714 in Erasbach/Oberpfalz – gest. am 15. November 1787 in Wien).

die Gute hat die folgenden Jahre davon gelebt und uns – mir auch! – bildlich gesprochen viele Paare Samt- und Glacéhandschuhe gekostet und etliche kostbare Stunden. Während alle anderen – gar so viele waren es ja nicht – die Rassenfrage ängstlich außer Spiel zu lassen pflegten, posierte Anday geradezu auf verfolgte Jüdin. – Ein Luder soll sie außerdem gewesen sein. Nachdem ich ihr aber keine Rassenschande imputieren will, kann ich mir nur denken, daß sie eine ungarische Staatsbürgerschaft oder etwas ähnliches zu Wege gebracht hat und daher den ahnungslosen Münchnern als verläßlich großmutterrein serviert wird. – Übrigens die Frau Kern[122] hatte ich auch immer zumindest zu 50% jüdisch gehalten. Und die spielt hier scheinbar eine ihre Stimme stark übersteigende Rolle. – Hast Du übrigens eine Ahnung, wo die Lotte Lehmann[123] umgeht?? – Ich stehe – glaube ich – diesbezüglich bei Vera immer noch etwas in schwarzem Verdacht. Sehr zu Unrecht, wie ich gleich anfügen möchte. Ich habe sie nur für die beste mir bekannte Stimme gehalten und außerdem war sie charmant. – Was mich noch interessieren würde: – Glaubst Du, Hamsun[124] und Jakob Schaffler[125] tun nur so – von wegen Leserkreis und Buchverlag, – oder ist es ihnen wirklich ernst?? Manchmal kenne ich mich nicht ganz aus. Ich weiß doch noch, wie z. B. Sven Hedin[126] zu mir gesprochen hat. Daß bei solchen

---

122 Adele Kern (geb. am 25. November 1907 in München – gest. am 6. Mai 1980 in München), Koloratursopran an der Wiener Staatsoper.

123 Lotte Lehmann (geb. am 27. Februar 1888 in Perleberg bei Hamburg – gest. am 26. August 1976 in Santa Barbara, California) war von 1916–1938 Sopranistin an der Wiener Staatsoper, 1938 in die USA emigriert.

124 Knut Hamsun (geb. am 4. August 1859 in Garmostraeet bei Lom – gest. am 4. August 1952 in Norholm bei Grimstad), norwegischer Schriftsteller, Nobelpreisträger, dem Nationalsozialismus nahestehend.

125 Wahrscheinlich Jakob Schaffner (geb. am 14. November 1875 in Basel – gest. am 25. September 1944 in Straßburg), Schriftsteller. Er galt in den Jahren der Weimarer Republik als einer der bedeutendsten Schweizer Erzähler, ehe er sich als Anhänger des Nationalsozialismus diskreditierte und sein Werk nach 1945 völlig undiskutiert in Vergessenheit geriet.

126 Sven von Hedin (geb. am 19. Februar 1865 in Stockholm – gest. am 26. November 1952 in Stockholm), schwedischer Forschungsreisender

Leuten die Milieuwirkung so viel ausmacht, könnte einen doch verwundern. Dabei habe ich nämlich früher nie provoziert, im Gegenteil es war mir peinlich, wenn die Gesprächspartner zu schimpfen begannen, sofern ich sie nicht sehr genau kannte. – Was ist aus Röbbelings[127] geworden? Tut mir heute noch leid, daß wir ihm seinen Herzenswunsch, die Hermannsschlacht[128] und Don Carlos[129] nicht erfüllten. War wahrscheinlich dumm von uns. Aber was kannst machen!

Vera erzählte mir auch, daß Ihr in der Krönungsmesse[130] ward. Ich glaube, der Domchor ist hier sehr gut. Wenn Du kannst, empfehle ich Dir: höre Dir gelegentlich die Schubertmessen in Es oder As an. Das Schönste, was es vielleicht auf dem Gebiet gibt. Allerdings bei mäßigen Aufführungen in nicht ganz passendem Rahmen geht viel verloren. Mir ist immer vorgekommen, ein großer Eindruck hilft über viele Widerwärtigkeiten des Alltags hinweg. –

Es tut mir so leid um Dich, daß aus dem Projekt Mariannes nun doch nichts geworden ist! Mußt Dir denken, daß es die Kinder vielleicht dort besser haben! Ich entnehme Deinem Brief, lieber Artur, daß Du doch recht verzweifelt bist. Wie ich Dir schon geschrieben habe, – ich verstehe Dich sehr gut und fühle Dir *alles* nach! Ich weiß auch, daß die bestgemeinten Trostversuche – wie »Durchhalten«, »es wird schon wieder werden«, »alles hat einmal ein Ende« – eher die gegenteilige Wir-

---

und Schriftsteller, war schon im Ersten Weltkrieg durch auffallend deutschfreundliche Berichte von seinen Besuchen an den Fronten der Mittelmächte aufgefallen.

[127] Hermann Röbbeling (geb. am 31. Oktober 1875 in Stolberg im Harz – gest. am 7. Juni 1949 in Wien), Direktor des Wiener Burgtheaters 1932–1938. Hielt der Familie Schuschnigg auch während der Nazi-Zeit die Freundschaft.

[128] Stück Heinrich von Kleists (geb. am 18. Oktober 1777 in Frankfurt an der Oder – gest. am 21. November 1811 am Wannsee/Berlin).

[129] Stück Friedrich von Schillers (geb. am 10. November 1759 in Marbach am Neckar – gest. am 9. Mai 1805 in Weimar).

[130] Messe von Wolfgang Amadeus Mozart.

kung erzeugen. Es kommt dann immer die bange Erwägung: aber wann! Und wenn man im Schneesturm sich zu verirren droht, hat man nichts davon, wenn einem jemand sagt, es wird schon wieder Frühling werden! Das weiß ich alles sehr gut. Und auch, daß oft die einzig wirkliche Erleichterung ist, sich gründlich ausstöhnen zu können. Hat man sich wieder einmal ordentlich Luft gemacht, geht es wieder leichter. Das alles mit sich allein herumtragen müssen und nicht schimpfen dürfen, ist m(eines) E(rachtens) sehr arg.
Selbst auf die Gefahr hin, daß Du mir es am Ende krumm nimmst, möchte ich Dir aber doch eines sagen. Du weißt wohl, daß es nur diktiert ist vom Bestreben, Dir nach Möglichkeit ein bisl zu helfen:
Ich glaube nicht, daß es richtig ist, sich auf innere passive Resistenz einzustellen! Weil Du es Dir dadurch nur noch schwerer machst. Wir sind nun einmal beide in ungewöhnlichen und uns kaum vorherbestimmten Lagen. Wir müssen uns beide immer wieder sagen, die Wände weichen nicht aus! Daher ist es besser, die Probe mit dem Kopf nicht erst zu versuchen! – Schau, Du hast ja wirklich die allerbeste Aussicht, wieder einmal ein gutes und glückliches Familienleben zu führen. Du mußt an Frau und Kinder denken. Und dann wird Dir die Episode wie ein lästiger aber unbedeutender Traum vorkommen. *Wann* das sein wird? – Du mußt damit rechnen, daß es noch einige Zeit dauert. Gerade darum mußt Du Dich innerlich irgendwie einrichten. – Ich weiß nicht, ob es beim Militär jetzt Beförderungsmöglichkeiten gibt. Wenn ja, dann würde ich an Deiner Stelle darauf los arbeiten. Nur weil Du Dir voraussichtlich das Leben dadurch erleichtern kannst. Du solltest aus reiner Zweckmäßigkeitserwägung den Verstand jetzt einmal auf Urlaub schicken und vergessen, daß Du im Prinzip Antimilitarist bist. Knie Dich hinein so fest Du nur kannst – und Du wirst sehen, wie alles erträglicher wird! Und sage Dir nicht: – ich kann nicht. Wir müssen *beide* eines immer wieder vor-Augen haben: – was so viele andere in unserem Alter können und durchstehen, das packen *wir* leicht auch! Hätte

man diesen *Stolz* nicht, dann wäre es nämlich wirklich zum verzweifeln!
Und noch eines: – glaube mir: so dumm kann Deine Arbeit gar nicht sein, daß sie nicht immer noch vorzuziehen ist dem bloßen Abwarten bis es später wird! Und wenn der Kursus vorüber ist, wird es bestimmt wieder leichter. Dann nicht, – wenn Du Dich aus Prinzip gegen das Schicksal stemmst!
– Uff! Jetzt wirst Du mir wohl bös sein!
Denkst Dir vielleicht auch, ich rede wie der Blinde von der Farbe. Doch nur zum Teil! – Ich kann Dir das sagen, weil ein Stück eigener Erfahrung dahinter steht und weil ich wirklich nichts anderes im Sinn habe, als Dir in Deiner – zugegeben verdammt schwierigen und ekelhaften Lage – zu helfen. Schon auch deshalb, weil die Nerven, die Du unnützer Weise einer wirklich nicht guten Sache opferst, den Deinen einmal fehlen könnten. Und die wollen einmal keinen vergrämten und verbitterten Papa zurückbekommen. Das ist diese Sauzeit nämlich gewiß nicht wert!
Ich brauche Dir nicht zu sagen, daß ich stimmungsmäßig auch manchmal recht böse Baissen habe, wenn mir wieder alles ganz ins Bewußtsein tritt. Bitte sage Vera nichts darüber, ich will ihr nicht das Herz schwer machen. Aber ich bin mir längst darüber klar, daß ich keine Aussicht habe, hier herauszukommen oder je wieder ein menschenwürdiges Leben führen zu können. Ich glaube nicht einmal, daß ich das Ende dieses Krieges erleben werde. Das ist aber alles halb so schlimm. Vom Standpunkte unseres Namens vielmehr sogar das Richtige – und es wird meine historische Rehabilitierung sein. Sonst kriege ich sie ja nicht, wenn mir nicht der Herrgott dazu verhilft und ich das meine dazu tue. Dadurch nämlich, daß ich konsequent bleibe.
Meine liebe Kleine?[131] Ich bin so froh um sie und sie bleibt auch Vera eine sichere Erleichterung. Unser ganzes Glück! Natürlich wäre sie nicht auf der Welt, wenn uns nicht letztes

---

[131] Sissy von Schuschnigg.

Jahr im Februar von der für Volksverräter und ähnliches Gelichter führenden allerhöchstens Stelle bindend schriftlich die unmittelbar bevorstehende Ermöglichung des Zusammenlebens versprochen worden wäre.[132] Und doch bin ich froh. Der Herrgott weiß, was er tut. Wenn man diese Überzeugung nicht hätte, müßte man verzweifeln. Denn jahrelang nur von brennendem Haß und angesammelter Wut zu leben, wäre nicht zu ertragen. Ein Gutes hat das alles für uns beide:

Vielleicht ist uns beiden mehr wie anderen und mehr wie sonst das große Glück eines guten Familienlebens ins Bewußtsein geraten! Erst wenn man weiß, daß nicht alles selbstverständlich ist, was uns so schien, weiß man den wahren Wert zu schätzen.

Du siehst, ich bin ein geschwätziges altes Weib geworden! Aber Du hast mir die Erlaubnis gegeben! – Zum Lachen, wenn wir beide – jeder auf seine Art – mit der besten aller Zeiten nicht fertig werden würden! Schon um unserer Eltern willen. Die waren nämlich beide allerhand! Wir wollen ihnen immer wieder danken. Und hoffen, daß unsere Kinder auch so werden.

Du noch etwas: – was ist »Madagaskar«?[133] Sollte mir diese Liedperle entgangen sein? Ich hielt mich für abgerundet im Bilde.

Alles Liebe und Herzliche auch zu Hause bei Dir! Dein
Kurt

---

[132] Noch während der Haft in München stellte Vera von Schuschnigg am 5. Dezember 1940 den Antrag, »mir die Erlaubnis zu erteilen mit meinem Gatten an seinem jetzigen Aufenthaltsort – bis zu einer endgültigen Regelung – zusammenleben zu dürfen. Ich erkläre mich bereit(,) jede Beschränkung meiner persönlichen Freiheit, so weit dies notwendig sein würde, auf mich zu nehmen u. alle Consequenzen zu tragen«. Vera von Schuschnigg an die Geheime Staatspolizei z. H. Reg. Rat Weintz, München, 5. Dezember 1940, Bundesarchiv Potsdam R 58/402, 473689.

[133] Vermutlich meinte er das Lied »Wir lagen vor Madagaskar ... «, ein Seemannslied unter Verwendung einer Melodie von Just Scheu. (Mitteilung des Österreichischen Marineverbandes.)

Erwidere bestens alle Grüße; besonders aus Unterhaching, O(nkel) Karl, Rosenheim![134]

**Brief 40**
Mittwoch. (Juni 1941)

Lieber Onkel Hermann!
Bitte verzeihe, daß ich Dir erst heute im Namen von uns allen herzlich zu Deinem Geburtstag gratuliere – alles erdenklich Gute und vor allem Gesundheit u(nd) möglichst wenig Sorgen! Ich wußte das Datum nicht und K(urt) konnte es mir erst gestern sagen. – Er schickt Dir beiliegende Notiz, die er im *V.B.*[135] gefunden hat! Er ist Dir besonders dankbar, wenn Du ihm Deine Arbeiten schicken würdest – Tirol interessiert ihn besonders – wie Du Dir ja denken kannst – es ist das einzige, wonach er noch Heimweh hat.
Du würdest mir eine ganz große Freude machen, wenn Du herkämst. Uns geht es gut – unser kleiner Sonnenschein macht täglich mehr Freude. Mir geht es so gut – wie schon seit Jahren nicht mehr. Es ist schon ein Gottes Wunder um so ein kleines Kind – kein Erwachsener hat mir so helfen können u(nd) mir Lebensfreude u(nd) Mut zurückgeben können, wie dieses kleine Geschöpferl. Gott schütze sie. Alles Liebe u(nd) hoffentlich auf baldiges frohes Wiedersehen! K(urt) u(nd) ich denken viel an Dich u(nd) sprechen immer wieder von Dir – ich kenne Dich schon so gut aus K(urt)s Erzählungen(.) Deine Vera.

---

134 Bayrische Verwandtschaft der Brüder.
135 Eine Notiz aus dem Völkischen Beobachter liegt dem Brief bei: »Prof. Hermann Wopfner 65 Jahre alt. Der Ordinarius für österreichische Geschichte und Wirtschaftsgeschichte an der Universität Innsbruck, Prof. Dr. jur. et phil., Hermann Wopfner, feierte am 21. Mai seinen 65. Geburtstag.«

**Brief 41**
Freitag, 27. Juni 1941

Lieber Artur!
Nicht erschrecken! Bitte! Ich weiß, daß Du nicht oft zum Schreiben kommst und bin auch durchaus geduldig hinsichtlich Deiner Antwort. Wenn eine kommt, freut sie mich natürlich immer sehr!
Aber ich weiß aus Erfahrung – und außerdem habe ich es in der Zeitung gelesen –, daß man unseren Feldgrauen schreiben soll. Und nachdem Du ja jetzt auch zu dieser Spezies gehörst, denke ich mir, daß ich nebenbei mich im Sinn der patriotischen Verhaltungsmaßregeln verhalte. Was allerdings bei mir nicht ausschlaggebend sein dürfte. Es ist mir vielmehr ein Bedürfnis zu schreiben. Du mögest daraus entnehmen, daß ich oft und gern in Gedanken bei Dir bin!
Vielen Dank für den Familienfest-Kalender. Zum Abschluß schließe ich den meinigen – allerdings in bescheidenem Umfang bei. Denn(,) wie gesagt(,) außer des allerengsten Kreises bin ich leider gar nicht im Bilde –, nie gewesen, wie ich aufrichtiger Weise anfügen müßte.
Die Geschichte mit dem Spatz ist äußerst betrüblich. Der arme Bub! Kein Obst vertragen, ist für einen Lauser eine unangenehme Sache. Auch das auf die Bäume steigen verliert dann seinen schönsten Anreiz. Besonders bedenklich sind aber die Warnungen hinsichtlich Blinddarm. Wenn ihr aufmerksam gemacht seid, kann zwar nichts passieren. Ich habe von Jugend auf einen Horror vor allem, was mit Blinddarm zusammenhängt. In Feldkirch[136] Blinddarmentzündung zu kriegen, war ungefähr gleichbedeutend mit der Pest und ihren Chancen. Daß im Grunde – bei rechtzeitiger Entfernung – gar nichts dahinter ist, lernte ich erst später. Hatte übrigens – unberufen – nie etwas mit dem überflüssigen Appendix zu tun. In unserer

136 Der Schreiber bezieht sich auf seine Gymnasialzeit im Institut Stella Matutina in Feldkirch.

Familie machte er meines Wissens niemals Beschwerden. Aber aufpassen wird gut sein! So hat Marianne auch ihre zusätzlichen Sorgen. Sei nur froh, daß Du die Deinen aus dem Bereich der vereinzelten Spreng- und Brandbomben im Westen draußen hast! Mit Kindern stelle ich mir das schrecklich mühsam vor. Berlin ist da – glaube ich – noch besser daran. Es wird wohl ein unausgesprochenes Gentleman-Agreement auf Gegenseitigkeit bestehen. Natürlich weiß man es nie; es braucht nur einer einmal schlecht zu schlafen, auf den es ankommt, z. B. Dein Gottsöberster für Himmelsangelegenheiten[137] – und dann ist die Bescherung wieder los. Hier waren nur zwei sehr bescheidene Gastspiele im letzten Jahr und ein paar blinde Alarme. In der Richtung habe ich es gut, weil mein Zimmer gleichzeitig als Luftschutzkeller zu gelten scheint.
– Auf was wirst Du eigentlich ausgebildet? – Man will(,) scheint's(,) noch mit Gewalt einen Techniker aus Dir machen. Wenn ich recht im Bilde bin, ist das bei Dir (wie bei mir) das ungefähre Gegenteil Deiner Passionen. Die berichtete chefliche Ausdrucksweise finde ich eher kräftig. An sich nämlich wahrscheinlich in schönster Ordnung, – aber früher hat die berühmte 50%ige Ermäßigung (die wird wohl auch im übertragenen Sinne gelten) doch in aller Regel nur vom Feldwebel abwärts gegolten. Und komisch, daß das ausgerechnet ein befreiter Ostmärker ist. Aber da kann man nichts machen; ich

---

[137] Gemeint ist Hermann Göring (geb. am 12. Jänner 1893 in Rosenheim – Selbstmord am 15. Oktober 1946 in Nürnberg), Offizier, 1918 Kommandeur des Jagdgeschwaders »Richthofen«, seit 1922 Mitglied der NSDAP und Führer der SA, nahm 1923 am Hitlerputsch teil und floh nach einer schweren Verwundung bis 1927 ins Ausland. 1932/33 Reichstagspräsident. Seit Jänner 1933 war Göring eine Schlüsselfigur im Auf- und Ausbau des nationalsozialistischen Terrorsystems, Schöpfer der Gestapo, Aufbau des KZs Oranienburg. Preußischer Ministerpräsident vom April 1933 bis April 1945, zunächst Luftfahrtsminister und ab März 1935 Oberbefehlshaber der Luftwaffe. In dieser Eigenschaft war er der »oberste Chef« Artur (II) von Schuschniggs, der zu diesem Zeitpunkt in der Grundausbildung beim Bodendienst der Luftwaffe eingezogen war.

darf Dich nicht zu verbotenen kritischen Aperçus verleiten. Nur eines: es gibt ein unfehlbares Mittel! Nachdem Gedanken erfreulicher Weise nicht reglementiert und bewirtschaftet werden können, denke man sich: – »Du mich auch!« – Wirst sehen, das beruhigt!
In unserer alten Armee war die Kraftsprache allerdings sehr verbreitet. Das hatte aber seinen guten Grund – angeblich. Denn damals verstanden manche von den mittlerweile wieder – und hoffentlich nun endgültig – befreiten Völkern – nicht viel anderes aus unserer deutschen Sprache. Aber sehr beliebt machte man sich auch damals nicht damit. Und ich fürchte, das allgemeine Verständnis – auch außerhalb der Graduierten, Intellektuellen und über 30-Jährigen – wird auch heute noch nicht durchwegs erwacht sein. Möchte das alles für ein wenig erfreuliches Symptom halten.
Ich muß übrigens sagen, daß ich bei meiner auch ziemlich derben soldatischen Ausbildung und auch im weiteren militärischen Leben nicht ein einziges Mal auch nur annähernd so schöne Stilblüten erlebte. Ein einziges Mal bei einer Kompagnie bewegte sich der Ton in diesen Grenzen. Und da war der Oberl(eutnan)t – ein polnischer Jude!
Also mach Dir nichts draus – und wasch' Dir die Füße! – Wie wichtig das ist, erfuhr ich auch erst im Sommer 38 durch einen Nürnberger SS-Mann. Der bediente sich eines noch schöneren Deutsch als Dein Capo. Gegen ein Mißverständnis unserer Klassiker ist kein Kräutlein gewachsen!
Gescheit, daß Du ab und zu ein ordentliches Theater zur Hand hast. Welch ein Glück, daß der Shaw ein Ire ist![138] – Unlängst fand ich im Spielplan »Das lebenslängliche Kind«! Erinnerst Du Dich ans Akademietheater mit dem alten Thaller?[139] Auch

---

[138] George Bernard Shaw (geb. am 26. Juli 1856 in Dublin – gest. am 2. November 1950 in Ayot St. Lawrence), Dramatiker. Da Irland im Krieg neutral blieb, konnten die Stücke Shaws aufgeführt werden.
[139] Wilhelm Thaller (geb. am 17. August 1854 in Graz – gest. am 6. April 1941 in Wien), Kammerschauspieler, seit 1923 Mitglied des Ensembles des Wiener Burgtheaters.

»Leinen aus Irland«[140] ist irgendwo wieder auferstanden – im Film glaube ich! Damals sind Etlichen ganz gute Schwänke eingefallen. Oder freute man sich nur darum, weil der Humor (Shaw natürlich ausgenommen) immer tendenzlos und daher nicht bissig war? Wie reizend die H(ermann) Bahr[141]-Sachen! usw.usf. –Erinnerungen!
Wie ist übrigens hier die Oper? Krauss[142] macht ja größte Töne in der Reklame. Die Wiener Musikgötter – auch die nationalen – hatten szt. immer behauptet, er verstünde nichts außer R(ichard) Strauss. Den aber prima. Insbesonders seinen Wagner- und Mozart-Interpretationen begegnete heftige Abwehr. Ich verstehe zu wenig davon. Mir hat er eigentlich – musikalisch – immer gefallen. Ich hatte damals stark den Eindruck, daß die Opposition mehr dem Wallerstein[143] als dem Krauss[144] galt. Daß letzterer Antisemit sei, hat er damals zu wenig betont!
P(ater) Hoffm(ann)[145] hat mir etliche sehr gute Bücher ge-

[140] Die Komödie »Leinen aus Irland« von Stephan von Kamare (1929) wurde 1939 von der Wien-Film zu einem antisemitischen Propagandafilm genutzt, der als »staatspolitisch und künstlerisch wertvoll« eingestuft wurde. Vgl. Walter Fritz, Kino in Österreich, Wien 1931, 130; Dorothea Hollstein, Antisemitische Filmpropaganda, in: Kommunikation und Politik Bd. 1, München 1991, 53.
[141] Hermann Bahr (geb. am 19. Juli 1863 in Linz – gest. am 15. Jänner 1934 in München), Schriftsteller, 1890 Mitarbeiter der Zeitschrift »Freie Bühne für modernes Leben«, seit 1894 freier Schriftsteller in Wien, 1906/07 Regisseur bei Max Reinhardt in Berlin, 1918/19 1. Dramaturg am Burgtheater, seit 1922 München, Werke »Wien« (1906), »Schwarzgelb« (1917).
[142] Clemens Krauss (geb. am 31. März 1893 in Wien – gest. am 16. Mai 1954 in Mexico City), österreichischer Dirigent, initiierte 1924 die Philharmonischen Neujahrskonzerte; 1929-34 Dirigent der Wiener Staatsoper, 1934-36 Dirigent der Berliner Oper, 1937–1944 in München, 1947 Direktor der Wiener Staatsoper.
[143] Dr. Lothar Wallerstein (geb. am 6. November 1882 in Prag – gest. 1949 in New Orleans), 1906 Dr. med., 1927 Regisseur der Wiener Staatsoper und als solcher viel beschäftigt bei den Salzburger Festspielen bis 1937; Dozent an der Hochschule für Musik und darstellende Kunst in Wien.
[144] Clemens Krauss.
[145] P. Theodor Hoffmann S.J. (geb. am 19. Februar 1890 in Saarbrücken – gest. am 17. Dezember 1953 in Berlin) trat 1910 in den Jesuitenorden

schickt. Genieße es sehr. Hatte keine Ahnung, daß es doch noch sehr beachtliche Neuerscheinungen außerhalb der aktuellen Geleise gibt. Aber wie kommt das, daß die Bücher so teuer sind? Bilde ich es mir nur ein – oder ist da wirklich ein bedeutender Unterschied gegenüber früher? Früher hieß es immer: – die billigen r(eichs)deutschen Bücher! Mir scheint, da war doch auch einiges Dumping ad usum delphini dabei. Mit besonderem Genuß las ich übrigens auch etliche Abhandlungen von O(nkel) Hermann aus seinem Fachgebiet. Bin selber neugierig, ob er sich zur Münchner Reise entschließt. Ja, die beabsichtigte Begegnung mit Vera im letzten Jahr stieß auf Hindernisse! – Du hast recht, wenn Du von seinem Konservatismus sprichst. Deshalb hat es ja früher zwischen uns so manche Funken gegeben. Wäre heute wohl wieder so, wenn wir uns in aktuelle Fragen verirrten! – O(nkel) Hermann,[146] der nie etwas für sich, aber doch ziemlich häufig für andere das eine oder andere durchzusetzen bestrebt war, hat mir ja früher bei solchen Anlässen ziemlich oft geschrieben. Niemals fehlte der Hinweis darauf, »das er ja mit mir in den großen Dingen nicht einer Meinung sei, aber ich wolle das Beste, und daher würde es mir nicht übel angekreidet werden usw.« Insbesondere das

---

ein, studierte Philosophie und Theologie und wurde 1921 zum Priester geweiht. Mitglied des CV (Ripuaria Freiburg) und des Bundes Neudeutschland. 1928 wurde er Rektor des Berliner Canisiuskollegs. Leiter der vom KVer Dr. Carl Sonnenschein begründeten »Katholischen Volkshochschule«. 1936 Superior und Schriftleiter der »Stimmen der Zeit« in München. »Im Kampf um die Erhaltung der ›Stimmen‹, bei den wiederholten Konflikten mit der Schrifttumskammer und der Gestapo bewies P. Hoffmann viel Mut und Geschick«, bis die Zeitschrift am 18. April 1941 eingestellt wurde. Er kehrte nach Berlin zurück und wurde für die Vorbereitung und Herausgabe einer philosophisch-theologischen Enzyklopädie freigestellt. 1943 plante der Alsatia-Verlag in Kolmar die in Paris erschienene fünfbändige Encyclopédie populaire auch für den deutschen Sprachraum herauszugeben. Die Herausgabe übernahm P. Hoffmann, da er davon ausging, daß nach dem Kriege gerade auch an theologischer Literatur großes Interesse bestehen würde. Mitteilungen an die deutschen Provinzen der Gesellschaft Jesu 17 (1953), 56.

[146] Hermann Wopfner.

Wort »autoritär« war für ihn immer das rote Tuch gewesen. Vielleicht hatten wir beide Unrecht. Er, weil er nicht ahnte, was wir wußten; und ich, weil ich nicht wußte, was er ahnen mochte. – Jedenfalls ist er aber rein menschlich von einer ganz seltenen Klasse! Das merkte man so recht beim Tode Mamas und nachher. Wir dürfen ihm das nie vergessen. Und außerdem ist er wohl das sprechendste Stück Mama, das noch am Leben ist. Ich kenne kaum einen anderen so seelenguten, tiefen und dabei doch recht eckigen Menschen. Dazu grundgescheit und unerhört kompromißlos. Gewiß denkt er in manchen Dingen anders als wir. Das gehört zu seinem Stil. – Er schwärmt für Bach[147] und Wagner,[148] wir mehr für die »Wiener«. (Ich glaube, daß es bei Dir auch so ist!) Das scheint mir fast ein bißchen symptomatisch. Ich wünschte ihm so, daß er friedlich und glücklich das Leben genießen kann, so wie er es will und sich vorstellt. Damit sind wir wohl einig mit einem großen Anliegen Mamas. Zu O(nkel) Moriz fehlt mir eigentlich die innere Beziehung. Obzwar er wahrscheinlich auch ganz anders ist, als er manchmal scheinen möchte.
A propos: – Du hast mir eine Frage von unlängst nicht berücksichtigt: Glaubst du, oder hast Du einmal gehört, daß bei Mama ein ärztlicher Irrtum unterlaufen sein könnte?? – Ich habe mir manchmal Gedanken darüber gemacht. Denn damals waren die Eltern ja bei uns. Wir hatten doch vielleicht anfangs die Sache zu wenig ernst genommen. Mir kam nicht in den Sinn, daß es bedenklich werden könnte. Am Ende wurde der Spezialist zu spät beigezogen?[149] – Er gehörte zwar zum Besten, was damals in Wien auf dem Gebiet zu haben war. –

---

147 Johann Sebastian Bach (geb. am 21. März 1685 in Eisenach – gest. am 28. Juli 1750 in Leipzig), Komponist.

148 Richard Wagner.

149 Univ. Prof. Dr. Karl Fellinger (geb. am 19. Juni 1904 in Linz), 1929 Dr. med., 1937 Habilitation, 1931–1940, II. Medizinische Klinik am Allgemeinen Krankenhaus in Wien, 1945 Vorstand der Poliklinik, 1946–1975 Vorstand der II. Med. Klinik, 1964/65 Rektor der Universität Wien, Präsident des Obersten Sanitätsrates, 1975 Präsident des Rudolfinerhauses.

Warum wurde nicht rechtzeitig operiert? – Natürlich heute alles sinnlose Fragen. Aber sie gehen doch stark durch den Kopf. Ich verstehe mich heute manchmal nicht mehr! – Wie ernst es war, ging mir damals erst Ende Juli auf. Allerdings vor mir der Arzt es sagte.
Sie soll den Frieden haben, – die Gute! Und unser Papa auch. Was er mit seinen 70 Jahren damals und in der kommenden Zeit geleistet hat, war unwahrscheinlich. Ich wollte, ich könnte das! Heute ist mir manchmal, als hätte ich es ganz übersehen, daß unsere Eltern alt geworden waren. Das ist so auf einmal gekommen!
Alles auf dieser Welt geht auf einmal!
– Wie stehst Du eigentlich futtermäßig? Bekommst Du Liebespackln? Vera sorgt rührend für mich und mir geht nichts ab. Wie sie das macht, weiß ich eigentlich nicht, frage auch lieber nicht zu viel. Insbesonders nicht, wieviel das alles kostet. Wenn man sich nur wenigstens den dummen Luxus des Rauchens abgewöhnen könnte. Das geht doch ins Geld. Aber ich glaube, ich bringe es nicht fertig; noch nicht jedenfalls! Ich glaube, wenn es staatliche Regie wäre,[150] brächte ich es noch eher fertig. Oder wenn eine Aufforderung zum Rauchen vom Propagandaministerium käme, dann auch. Aber ich fürchte, den Gefallen werden sie mir nicht tun.
Wer hätte geahnt, daß wir alle miteinander noch einmal zu so primitiven Lebensformen zurückfinden müßten! Und dabei kostet es ein Heidengeld, das ist das Unangenehme dabei. Meine ganzen Ersparnisse sind bereits draufgegangen, dabei zahlt Vera fast alles aus ihrem Geld. Weit über 1000 M(ark) kostete mich allein das gewiß nicht üppige Leben im ersten Jahr Wiener Metropol,[151] das auf meine Kosten ging. Die paar Mo-

---

150 Anspielung auf den von den Nazis organisierten Raucherstreik, der sich gegen das österreichische Tabakmonopol und damit gegen die Regierung richtete.

151 Schuschnigg wurde am 28. Mai 1938 ins Hotel Metropol, die Wiener Gestapo-Zentrale, überstellt, wo er bis zu seiner Überstellung nach München am 29. Oktober 1939 verblieb.

nate, die wir noch in der Wohnung[152] waren, gingen die Bogenlampen rings um das Haus, die von wegen Bewachung zum Teil auch tagsüber (!) brannten, auf meine Rechnung. Das machte eine Lichtrechnung von 300 M(ark) im Monat. Der Gestapole[153] meinte, das sei nicht möglich und das verstehe er nicht! – Ja, wenn man alles verstünde.
Aber Schwamm drüber. Es wird ohnedies aufs gleiche hinauskommen. Ich glaube nicht, daß es besonders sinnvoll ist, mächtige Ersparnisse zu haben. Nur den einen Vorteil hat der Geldbesitz, daß man – wie ich stark den Eindruck habe – auch in den heutigen antikapitalistischen Zeiten nur mit ihm etwas ausrichtet und sich so etwas ähnliches wie sein Recht erkaufen kann. – Grüße mir bitte Deine Lieben recht herzlich. Kriegst Du nicht bald einmal Besuch? Dem Spatz ein Spezialbussl und er soll sich statt an Obst an Süßigkeiten halten!
Alles Liebe wie immer Dein
Kurt

**ad Brief 41**
KALENDARIUM

| | | |
|---|---|---|
| Vera: | Geburtstag: | 4. Juni |
| | Namenstag: | befürchtet sie nicht zu haben |
| Lauser:[154] | Geburtstag: | 22. Mai (26) |
| | Namenstag: | 26. November |
| Puppe:[155] | Geburtstag: | 23. März (41) |
| | Namenstag: | 15. September |

---

[152] Schuschnigg stand vom 12. März 1938 bis 28. Mai 1938 in seiner Wohnung im Belvedere »unter Hausarrest«.
[153] Wortschöpfung Schuschniggs für Gestapo-Angehörige.
[154] Kurt (II) von Schuschnigg.
[155] Sissy von Schuschnigg.

| | | |
|---|---|---|
| O(nkel) Hermann: | Geburtstag: | ? Mai |
| | Namenstag: | 7. April |
| T(ante) Mathilde: | Geburtstag: | ? |
| | Namenstag: | 14. März |

**Brief 42**
Mittwoch, 9. Juli 1941

Lieber Artur!
Nun muß ich mich aber beeilen! Denn viele Briefe wird es nicht mehr geben, nachdem Du nunmehr für die nahe Zukunft Dein Aufbrechen nach dem Osten in Aussicht stellst. Bin sehr unglücklich darüber. Denn – egoistisch wie man schon ist – die Korrespondenz wird mir sehr fehlen. Begreife aber, daß Du froh sein wirst, wenn wenigstens die Christenlehr für Erwachsene für Dich zu Ende geht und Du die Schulbank – ob es die letzte ist? – los wirst! Vielleicht hast Du Glück und erreichst doch noch, was Du Dir wünschest. Bis dort kann im Osten ja wirklich das Gröbste schon vorüber sein. Gib nur Acht, daß Du nicht am Ende in Indien landest. Bin nicht so überzeugt, daß dort nicht bereits die nächste bedrohliche Angriffsfront gegen Pifchina sich aufbaut, der zuvorzukommen wäre. Auch ein Winter in Moskau wäre nicht so ganz komisch. Aber ich will den Teufel nicht an die Wand malen. Es kommt ja meistens alles anders. Habe nur noch nicht ganz von Vera herausgebracht, wofür Du eigentlich spezialisiert bist. Auswertung von Luftaufnahmen, wenn ich recht verstanden habe? – Hoffentlich packt Dich nicht auf einmal der Ehrgeiz und verleitet Dich dazu, eine Art Defner[156] der Lüfte zu werden, d. h. Dich praktisch lichtbildnerisch von der Luft aus zu betätigen! Das wäre

156 Adalbert Defner (geb. am 19. Jänner 1884 in Millstatt – gest. am 15. Dezember 1969 in Innsbruck-Igls) gründete 1934 in Innsbruck eine Werkstätte für künstlerische Fotografie und hochwertige Ansichtskarten.

schon wegen Marianne mehr als bedenklich. Ich hoffe also zu Gott, daß Du Dich beherrschen kannst! Aber Photographieren ist schließlich ein Sport wie ein anderer (kunstgewerblicher natürlich!)(,) zumal wenn man es so gut trifft wie Du – und wo Sport da Leidenschaft, und die kann zu den tollsten Sprüngen verreißen.
Die Kinderbilder sind zu lieb! Vielen Dank, wir haben beide große Freude damit. Unwahrscheinlich, wie das Kind groß wird. Ich denke es mir immer wieder, wenn ich es nach 14 Tagen wieder sehe.
Die Bücher von P. Hoffmann sind mir ein großes Labsal. Den Schnürer[157] kann ich dir sehr empfehlen, wenn Du einmal dazu kommst. Ganz ausgezeichnet! Den Schnabel[158] hat mir schon Onkel Hermann wiederholt rekommandiert. Werde dann durch V(era) darum bitten. – Wenn man schon keine Bil(d-) Farben sehen kann, freut man sich wenigstens(,) darüber zu lesen. Das ist ja das Schöne, daß die neueren Historiker vielfach doch sehr stark die kulturhistorischen Momente in den Vordergrund rücken und mehr das normale als das abnormale Gesicht einer Zeit und ihrer Menschen zu zeichnen bemüht sind. Wie Du Dir denken kannst, packt mich hie und da ganz stark das Verlangen nach Kunst und Kultur in irgend welchen Formen (weitest gesteckt: vom Tizian bis zum Apfelstrudel!).
A propos – damit ich nicht vergesse: vielen herzlichen Dank für die Zigaretten von unlängst! – Aber mit der Kunst ist es hier spatny.[159] Daß V(era) mir immer wieder unverdrossen gute Bücher bringt, ist eine ganz große Erleichterung. Sonst hätte ich ja noch das Radio. Heutzutage keine große Hilfe, aber immerhin! Es geht doch stark ab, wenn man es wieder vorübergehend entbehren muß. Leider hat meine Kiste einen

---

[157] Wahrscheinlich: Gustav Schnürer, Kirche und Kultur, Paderborn 1936.
[158] Vgl. Franz Schnabel, Deutsche Geschichte im 19. Jahrhundert, 3 Bde., 1929 (Bd. 1), 1933 (Bd. 2), 1934 (Bd. 3).
[159] Das tschechische Wort »spatny« bedeutet »schlecht«. Freundliche Mitteilung von Dr. Zdenek Cubrda, Prag.

verboten schlechten Klang und ist das Programm in aller Regel unter dem Pakgeschütz. Ich frage mich vergebens immer wieder, wo bleibt die Volkskultur, wenn sich die Leute tatsächlich nur den gebotenen Schmarren verlangen! Und gefallen lassen! Aber meine Beobachtungen bestätigen tatsächlich, daß weit und breit herum die Radios sofort abgestellt werden, wenn auch nur einmal ein schüchternes Schubertlied oder ein gelegentlicher Liszt[160] sich ins Programm verirrt. Am besten ist noch weitaus, was Leipzig sendet, finde ich. Und am Sonntag das wirklich gute Schatzkästlein. Von dem habe ich aber meistens nichts, weil ich um die Stunde entweder zum Bad oder zum Spaziergang befohlen bin.
Deine kirchenmusikalischen Genüsse sehen mich sehr an. Ich gäbe sehr viel darum. Mehr noch als um die Oper. Glaube gerne, daß Dir Orlando di Lasso[161] gefallen hat und die Palestrina[162]-Einlage – es wird wohl das schöne Tu es Petrus gewesen sein. Gerade diese Sachen hört man so selten wirklich gut; sie erfordern auch besondere Chorkultur. Hast Du übrigens einmal die silbernen Trompeten in St. Peter gehört? So wenig überzeugend die musica sacra in Rom sonst häufig ist, die marcia papale und die Wandlung mit den Trompeten aus der Kuppel haben mich doch ungeheuer gepackt. Obzwar es ja vielleicht nur eine Art hochkultivierten Herms Niels ins Barocke transponiert ist. Aber Du kennst das ja: es ist alles zusammen, was wirkt! So lebe ich denn viel und oft in der Erinnerung. Und manchmal klingt es ganz vernehmbar und auch etliche Bilder werden wieder lebendig. Schönes, unvergessenes Erleben verklärt manche Bitternis. Es wird Dir wohl auch so ähnlich gehen. Im übrigen habe ich vermutlich im letzten Brief einen argen faux pas begangen: – Du hast ihn mir hoffentlich nicht krumm

---

160 Franz Liszt (geb. am 22. Oktober 1811 in Raiding – gest. am 31. Juli 1886 in Bayreuth), Pianist und Komponist.
161 Orlando di Lasso (geb. um 1532 in Mons – gest. am 14. Juni 1594 in München), Komponist.
162 Giovanni Palestrina (geb. um 1525 in Palestrina – gest. am 2. Februar 1594), Komponist.

genommen. Ich bin nun einmal manchmal einseitig und eng; das weiß ich selber am besten (fühle mich allerdings auch sehr wohl dabei), keineswegs aber wollte ich Dir meine Steckenpferde in musicis imputieren. Das weißt Du wohl. Je weiter die Aufgeschlossenheit und das Verständnis geht, Schönes zu genießen und zu werten, um so mehr glückliche Stunden bringt das Leben. Das weiß ich wohl; auch daß mir bei meiner steckengebliebenen Einstellung manches entgeht und entgangen ist. Du hast z.B. Debussy[163] erwähnt. Es ist eine Schande, aber ich gestehe offen, daß allen Versuchen zum Trotz der eine für mich absolut verschlossene Tür blieb. Nicht nur Debussy – sondern was noch viel verwerflicher ist – z.B. auch die Brahmssymphonien.[164] Ein Fall für sich bleibt für mich Wagner. Gerade der Tristan[165] gehört wohl zum Schönsten, was es gibt. Ehrlich muß ich gestehen, daß ich eigentlich eine wirklich gute Aufführung nicht gehört habe. Vielleicht auch nicht in der nun einmal dafür unerläßlichen Disposition war. Man kann wohl nicht einen großen Bruckner[166] genießen, wenn man eigentlich nur eine $^{1}/_{2}$ 11 Uhr-Messe[167] erwischen möchte. Und man kann keinen Tristan wirklich erleben, wenn man zwischendurch und quasi mit der Uhr in der Hand in die Oper geht.[168] Das wird es wohl sein. Habe szt. gerade über Tristan viel mit Alma Mahler geschwätzt, die auch immer wieder am Klavier Proben gab. – Auch der Ring[169] packt mich jedesmal. Als Eindruck unge-

---

163 Claude Debussy (geb. am 22. August 1862 in St. Germain-en-Laye – gest. am 26. März 1918 in Paris), Komponist.

164 Johannes Brahms (geb. am 7. Mai 1833 in Hamburg – gest. am 3. April 1897 in Wien), Komponist.

165 Oper von Richard Wagner.

166 Anton Bruckner (geb. am 4. September 1824 in Ansfelden – gest. am 11. Oktober 1896 in Wien), Komponist.

167 Diese Sonntagsmesse ist im Gegensatz zum Hochamt ohne musikalische Ausschmückung und damit deutlich kürzer.

168 Kurt von Schuschnigg besuchte zur Entspannung oft nach Dienstverpflichtungen (Ministerium, Kanzleramt) kurz die Oper, bevor er nach Hause ging.

169 Der Ring des Nibelungen (Rheingold, Walküre, Siegfried, Götterdämmerung) von Richard Wagner.

heuer! – Nur stört mich da meine – ich gebe es zu – nicht immer sachliche Einstellung. Zu viel Wotan; zu viel Vollbart; zu viel und zu lange Monologe. Dann die vielen Alliterationen im Text; man hat aus Wagner – leider – eine weltanschauliche Angelegenheit gemacht. Wahrscheinlich sehr zu Unrecht. Seine Vorliebe für Paris, schließlich auch der Parzival und die Bearbeitung Palestrinas sprechen dafür. Aber ich kam nie ganz darüber hinaus; und daher blieb es beim Respektsverhältnis im großen Ganzen.

A propos – weil wir schon beim Plaudern sind:

Die Meistersinger[170] hätten mir beinahe zur unbeabsichtigten Himmelfahrt verholfen. Und das war also: – Die jüdisch und angelsächsisch versnobten Salzburger Festspiele standen in der verruchten Systemzeit hoch im Kurs.[171] Ich war sehr an ihnen gehangen. Einiges war auch vielleicht nicht ganz so miserabel, wie es heute behauptet wird. Wenigstens waren Werner Kraus[172] u. a., aber auch Furtwängler[173] damals dieser Meinung. Eine schwierige, aber sehr wertvolle Hypothek war Toscanini.[174] Dieser schwierigste aller mir jemals begegneten Köpfe war nun derart bestimmt und kategorisch in seinen Ansichten, daß ich mir daneben als absolut unpolitisch und nazophil vorkam. Toscanini hatte sich der fixen Idee verschworen, mit Salzburg Bayreuth[175] das Wasser abzugraben. Daher im-

---

170 Oper von Richard Wagner.

171 Persiflage auf die gegen Salzburg und seine Festspiele gerichtete Propaganda der Nazis.

172 Werner Kraus (geb. am 23. Juni 1884 in Gestungshausen/Bayern – gest. am 20. Oktober 1959 in Wien), 1928/29, 1933/34 und seit 1948 am Wiener Burgtheater, erhielt 1954 den Iffland-Ring.

173 Wilhelm Furtwängler (geb. am 25. Jänner 1886 in Berlin – gest. am 30. November 1954 in Baden-Baden), Dirigent, 1922–1945 und 1947–1954 Leiter der Berliner Philharmoniker, ab 1952 deren Dirigent auf Lebenszeit, 1933–1934 Erster Staatskapellmeister der Berliner Staatsoper; 1936 Bayreuther Festspiele; preußischer Staatsrat.

174 Arturo Toscanini (geb. am 25. März 1867 in Parma – 16. Jänner 1957 in New York), ital. Dirigent, 1921–1929 Direktor der Mailänder Scala.

175 Jährlich stattfindende Wagner-Festspiele, die von den Nazis als kulturelles Aushängeschild genutzt wurden.

mer mehr Wagner. Zuerst Meistersinger, dann noch Tannhäuser,[176] und so wäre es wohl weiter gegangen. Wir anderen stemmten uns dagegen. Nicht gegen Wagner oder Bayreuth, sondern für Salzburg. Ich hätte gerne einen Rossini[177] neben Mozart, Gluck[178] und dem sonstigen Repertoire gesehen und eine schöne Fledermaus(!)[179] ... Aber vollkommen aussichtslos und hoffnungslos, außer man wollte auf Toscanini verzichten. Also 1936 unter dem Maestro Meistersinger-Premiere! – In Gilgen[180] war schlechter Radioempfang; in einen Wagner (noch dazu Meistersinger) in Salzburg ging ich aus Prinzip nicht, war aber doch brennend gespannt. Also führte mich mein Freund Rehrl[181] in seinem kleinen Auto, das ein prima Empfangsgerät hatte, in der Nähe des Festspielhauses spazieren. Die Folge war, daß wir just während der turbulenten Prügelszene in voller Fahrt um die Ecke und gerade in eine fahrende Trambahn hineinfuhren. Der Rest war Schweigen. Es hätte schlimmer ausgehen können. In den Meistersingern war ich seither nicht mehr ... Tempi passati! ...
Das Aslanhistörchen[182] erzählte mir schon Vera. Ich hatte es eigentlich für ein ben trovate gehalten. Übrigens habe ich ihm szt. etliche Unannehmlichkeiten erspart. Knapp vor Torschluß sandte er mir nämlich noch ein mächtiges Zustimmungstelegramm von mindestens 6 Zeilen. Hätte ihm bei Auffinden wahrscheinlich nicht besonders gut getan. Daß ich etliches andere dieser Art auch vernichtet habe, tut mir ja eigentlich leid.

---

[176] Oper von Richard Wagner.
[177] Giacchino Rossini (geb. am 29. Februar 1792 in Pesaro – gest. am 13. November 1868 in Passy bei Paris), Komponist.
[178] Christoph Willibald Gluck.
[179] Operette von Johann Strauß Sohn.
[180] In St. Gilgen verbrachte Kurt von Schuschnigg mit seiner Familie die Sommerferien.
[181] Dr. Franz Rehrl (geb. am 4. Dezember 1890 in Salzburg – gest. am 23. Jänner 1947 in Salzburg), 1922–1938 Landeshauptmann von Salzburg.
[182] Raoul Aslan (geb. am 16. Oktober 1886 in Saloniki – gest. am 17. Juni 1958 in Litzlberg am Attersee/OÖ), Burgschauspieler, seit 1920 Ensemblemitglied des Wiener Burgtheaters, 1945-48 Direktor des Burgtheaters.

– Ich hörte mit Interesse, daß Dir der gute Santifaller[183] in die Hände lief. Solltest Du ihn noch einmal sehen, sage ihm bitte vielen Dank und beste Grüße. Ich bin sehr froh, daß er mir nicht mehr bös ist. Ich umgekehrt auf ihn auch nicht. Ich war es nämlich gleichfalls mächtig, hatte ihm nie verziehen, daß er mich daran gekriegt hatte. Zunächst hieß es: $^1/_4$ Stunde einmal eine Sitzung und dabei vollkommene Beschäftigungsfreiheit. Alles weitere nach Bildern. Und faktisch kostete er mich mindestens 7 Stunden, von Bewegungsfreiheit keine Rede, sondern Kopf auf Kommando – und Konversation! Und schließlich hat er doch gut abgeschnitten. Das Meisterwerk ist ihm jedenfalls geblieben und heute kann er unbeschadet Robert Ley[184] oder etwas ähnliches darunter schreiben und ist dabei fein heraus. Womit ich ihm gewiß nichts Schlechtes nachgesagt haben möchte. – Was Du über Mama schriebst, hat mich stark beeindruckt. Die Sache mit dem Klavier ist so bezeichnend! Sie hätte halt doch gerne noch gelebt! Ich erinnere mich so gut, wie sie einmal in Marburg – noch vor dem Krieg – meinte –, sie möchte nicht alt werden; so gegen 60 halt! Und auf einmal war die Zeit da! Sie ist wahrhaftig nicht alt geworden und hat sich eigentlich die letzten 20 Jahre wohl kaum stark verändert. Du hast so Recht, wenn Du sagst, wir hätten ihr das Weiterleben gar nicht wünschen dürfen. Trotzdem war der Abschied damals von allem und trotz allem das Schwerste! Wie weh das zu tun pflegt, die Mutter zu verlieren, habe ich ja bei meinen Lieben auch außerdem noch miterlebt. Es ist vielleicht die einzige Wunde, die überhaupt nie zur Gänze vernarben kann. V(era) war heuer im Winter so tapfer! Auch Herma hatte zeitlebens an

---

[183] Franz Santifaller (geb. am 14. Dezember 1894 in Meran – gest. am 12. Jänner 1953 in Innsbruck), Bildhauer, schuf eine Büste Kurt von Schuschniggs.

[184] Robert Ley (geb. am 15. Februar 1890 in Niederbreidenbach – gest. am 26. Oktober 1945 in Nürnberg, Selbstmord); Chemiker, NSDAP-Politiker, seit 1934 Reichsorganisationsleiter, löste im Mai 1933 im Auftrag Hitlers die Gewerkschaften auf und gründete die Deutsche Arbeitsfront (DAF) sowie die Organisation »Kraft durch Freude« (KdF), 1945 vom Internationalen Militärtribunal in Nürnberg angeklagt.

dem Verlust gelitten. Ich hätte so gern V(era) mehr geholfen. Aber es ist ihr Schicksal, vorläufig alles mit sich allein auszumachen. Deine Marianne ist ja jetzt in einer ähnlichen Lage. Von Frauen wird oft viel verlangt! Auch bei unserer Mama war es so, wenn ich an Krieg und Nachkrieg denke. – Die Sache mit den Ärzten beschäftigt mich viel, so sinnlos es auch heute ist. Unverständlich bleibt mir, daß sie von der Klinik damals (etwa Mitte Juni?) entlassen wurde. Erinnerst Du Dich? Sie war ein paar Stunden bei uns, dann kam wieder der Schüttelfrost. Und damals hat doch Jagic[185] selber verfügt! Auch der Spezialist, den Herma noch beschaffte, war doch anfangs ganz zuversichtlich; oder?? Wir waren doch alle so gerastet! Erst gegen 3 Wochen nach Hermas Tod kam die Verschlimmerung. Damals hieß es erstmals, die zweite Niere sei angegriffen. Ich weiß noch genau, welchen Schrecken ich etwa 3 Tage vorher in Gilgen hatte, als mir berichtet wurde: – es werde operiert. Der Dr. habe sich dazu entschlossen … Also muß es sich doch erst später so entwickelt haben und jedenfalls schon lange in Vorbereitung gewesen sein. Die Operation wäre wohl auch eine recht schwere Sache gewesen! – Am Schluß war sich Mama übrigens – leider – im Klaren! Einer der letzten Sätze in ihren letzten Tagen: – »Jetzt weiß ich, warum ich die letzte Ölung gekriegt hab!« – Es war so hart für uns alle miteinander! Wenn Du kannst und es Dir nichts ausmacht, schreibe mir bitte wieder über die Eltern! Es sind so gute Gedanken. Und diese Erinnerung ist unser kostbarer Besitz. Hast Du übrigens Erinnerung an unseren Großpapa Sch(uschnigg)?
Jetzt habe ich mich wieder ausgequatscht – und bin ein bißl daheim gewesen; was gut tut.
Alles Liebe Dein
Kurt

---

185 Hofrat Univ.Prof. Dr. med. Nikolaus Jagic (geb. am 22. September 1875 in Berlin – gest. am 28. Dezember 1956 in Wien), Internist, wurde zum Begründer der klinischen Laboratoriumstätigkeit in Österreich, lehrte ab 1909 in Wien, ab 1912 am Sophienspital, ab 1931 Vorstand der 2. med. Universitätsklinik in Wien.

**Brief 43**
Montag. (Juli 1941)

Lieber Onkel Hermann!
Bitte verzeih, daß ich Dir nicht gleich auf Deinen lieben Brief geantwortet habe – hatte aber eine Augenentzündung. Nun ist wieder alles gut. Ich erwarte Dich mit Freuden u(nd) stehe Dir ganz zur Verfügung – je länger, je lieber!
Wenn Du an einem Sonntag kommst, wirst Du auch Artur bei mir treffen – ich hätte Dich nur gern auch bißl für mich allein!
– Beneide Dich jetzt recht – hier ist es unerträglich heiß!
Alles Liebe von uns Beiden u(nd) hoffentlich auf gutes Wiedersehen! Deine
Vera.

**Brief 44**
Donnerstag, 17. Juli (19)41

Lieber Artur!
Das wird ja nun leider der letzte Brief sein, wenn es bei Deinem Kalendarium bleibt. Vor allem wünsche ich Dir herzlich, daß Deine Berliner Wünsche doch noch in Erfüllung geben, oder doch Dein weiteres militärisches Dasein sich möglichst erträglich gestaltet! Vielen herzlichen Dank für Dein ausführliches letztes Schreiben, – das heißt ganz im Geheimen hoffe ich, daß es vielleicht doch das vorletzte gewesen sei.
Deine Briefe werden mir rasend abgehen! Das ist eine Prima-Einführung gewesen. Ab und zu schreibst Du dann wieder an Vera, gelt? Dann habe ich indirekt auch etwas davon! – Ich weiß schon, es ist viel verlangt; es langt nicht immer zum Schreiben – und wenn, dann haben Frau und Kinder das erste Anrecht. Aber hie und da wird es vielleicht doch gelingen.
Wann diese Zeit wohl ein Ende hat?? Ich habe das persönliche Erleben vom letzten Krieg noch so in den Knochen, daß mir das alles einfach unfaßbar scheint. Daß solches sich schon nach knapp 20 Jahren wiederholen könnte, schien mir gänzlich

ausgeschlossen; worin mein großer Rechenfehler lag! Nun ja – vederemo!
Eben brachte man mir eine Rechnung des Wiener Lagerhauses über 411 M(ark) für meine Möbel. Ohne jede Bemerkung. Dabei läuft seit Mai ein Gesuch, daß ich wenigstens aus meinem gesperrten Bankguthaben die erforderlichen Beträge freibekomme! Da ist allerdings noch keine Antwort zu erwarten. Letzten Herbst suchte ich an, aus meinen Sachen (!) ein paar Schuhe für den Winter beheben zu dürfen. Die bejahende Antwort kam heuer im März. Das ist alles reizend! – Dabei ist die jahrelange Zahlerei für meine Sachen ganz vergeblich und hat nur mein Sparbuch aufgebraucht. Um etliche Erinnerungsstücke und um meine Bücher ist mir leid. Das übrige soll man halt in Gottes Namen organisieren,[186] – so heißt doch wohl der Fachausdruck hierzureichs? Nur daß es für mich so kostspielig ist und außerdem eher unbequem, – ärgert mich. Aber das nur nebenbei!
Nun wünsche ich Dir von ganzem Herzen nochmals, daß Deine Berliner Wünsche doch noch in Erfüllung gehen. Ich glaube nicht einmal, daß die Nächte dort auf die Länge unangenehm werden könnten. Es ist sicher für ausreichenden Schutz gerade dort vorgesorgt; und dann geht die Unternehmung doch stark auf Gegenseitigkeit. – Daß Du Dich über den Brief aus Pommern freutest, glaube ich Dir gerne. Der ist auch mindestens so viel wert wie ein verziertes Knopfloch. Ich finde, wenn einem der Chef – noch dazu in einem so netten Ton sagt –, man ist ein guter Kamerad gewesen, dann ist dies die schönste Anerkennung und Erinnerung! Ich glaube übrigens, Du bist ein viel besserer Soldat, als Du Dir selber zugibst! Der Kommissanstrich ist ja nur Akzidenz, aber nicht Essentiale. Was Du über Deine Erfahrungen hinsichtlich der Träger einander entgegengesetzter Mundarten sagst, ist nur zu richtig. Ich habe das gleiche erlebt … Es gibt überall lichte und dunkle Gestalten. Das wird wohl bei allen Menschen so sein. Wirklich ungenieß-

[186] Damals geläufiger Ausdruck für stehlen.

bar werden sie in der Regel erst, wenn sie mit Gewalt das Eigene verleugnen und den anderen kopieren wollen.
Ich habe mich riesig darüber gefreut, daß Du so lieb Dich am Sonntag des 13. Juli[187] erinnert hast. Danke! Ja, es ist schon unglaublich, daß das alles so lang her sein soll. Und doch glaube ich, daß es der Herrgott gut gemeint hat; und trotz aller Schläge auch für die Überlebenden gnädig war. Rückschauend betrachtet muß ich heute sagen, daß ein plötzliches Abschiednehmen müssen – trotz alles Grauenhaften – doch sehr viel leichter ist, als das was wir kurz darauf beide erlebten! Wir haben vielleicht damals alle beide geglaubt, daß wir schon allerhand mitgemacht, erlebt und durchgestanden hätten, und dann kam ein Sommer, der uns zeigte, daß wir Lehrlinge des Lebens waren. Nun – mittlerweile haben wir die Gesellenprüfung bestanden. Und das Wissen um Frau und Kind läßt uns in allen Lagen Meister sein! –
Daß Maseras[188] heraus wollen,[189] habe ich eigentlich angenommen. Die Meinung meines Schwagers Sepp[190] dürfte wohl eher augenblicksbestimmt und variabel sein. Der alte Herr[191] war aber früher – zum größten Leidwesen der guten und wirklich vorbildlichen Mutter – ein typischer Schönerianer mit allen dazugehörigen antiklerikalen Modekomplexen und der Bismarck-Gipsbüste im Schlafzimmer. Daß der dazugehörige Großvater seine Geschäftsbriefe trotz alles eingesessenen Boznertums noch italienisch schrieb, habe ich zufällig einmal entdeckt – und es entspricht ja durchaus den allgemeinen Erfahrungen, die wir ja mit den verschiedenen Wesselys[192] u.dgl.

---

187 Todestag Herma von Schuschniggs.
188 Die Familie Herma von Schuschniggs.
189 Hier ist die Rede von den Südtirolern, die entweder für Italien oder für eine Umsiedlung ins Deutsche Reich optieren mußten.
190 Sepp Masera (geb. am 21. Juni 1896 – gest. am 20. April 1965), Bruder Herma von Schuschniggs.
191 Josef Masera, Vater Herma von Schuschniggs.
192 Hier als Synonym für die Nachkommen von Tschechen etc., die sich im Zuge des Assimilationsprozesses zu radikalen Deutschnationalen entwickelten.

in Wien reichlich machten. Ob es sehr gescheit ist, jetzt herauszugehen, weiß ich nicht und es geht mich gottlob nichts an! Nach den letzten Zeitungsberichten haben die Umsiedler aus dem Osten ja nicht gerade glänzend abgeschnitten; daß die Italiener bei der Vermögensablösung großzügiger sein sollten, würde mich wundern. Dann verstehe ich es auch sonst nicht ganz. Und schließlich zweifle ich keine Sekunde daran, daß es nur eine Frage der Zeit ist, wann »nach der harten Zeit des Schweigens und Duldens« der Moment zum »Reden« – und damit zur Heimkehr der Südtiroler kommt, was ja ebenso erfreulich als auch gerecht wäre. Denn wenn irgendwo, dann gibt es dort zu »befreien«.[193] Weiß der Himmel, wer und was dann dort angesiedelt wird.

Übrigens ein Histörchen: – In Bruneck gab es den berühmten Baron Sternbach.[194] Ein älterer Herr, Rechtsanwalt – und unbestrittener Capo der Deutschen. »Wie's so üblich ist« – wurde der also von den dortigen Einrichtungen der jungen Nationen geschnappt und eingeliefert. Ins mittlere Italien. Darob große Empörung – und ich sollte also für ihn intervenieren. Was ich – Volksverräter, der ich nun einmal war – auch sofort und gründlich besorgte. Darauf stellt sich heraus, der gute Sternb(ach) hatte eine Villa in Frascati angewiesen bekommen mit dem Vermerk, das Ortsgebiet nicht ohne Genehmigung zu verlassen; und die Göttliche Vorsehung – italienische Ausgabe (Mussolini, die Hg.) – sagte mir in dem etwas mühsam klin-

---

[193] Adolf Hitler hatte bereits in seinem Buch »Mein Kampf« die Lösung der »Südtirolfrage« durch die »Umsiedlung« angesprochen, damit keine Differenzen zum italienischen Faschismus aufkommen. 1928 hatte er diese Position erneut publiziert.

[194] Sternbach Vater: Dr. Paul Freiherr von Sternbach (geb. am 29. Juli 1869 in Griesbruck b. Klausen – gest. am 22. Oktober 1948 in Bruneck), Hofrat, Landtagsabgeordneter und Landesausschuß-Beisitzer; Sternbach Sohn: Dipl.Ing. Lothar Freiherr von Sternbach (geb. am 3. Dezember 1905 in Innsbruck), Landwirt, Bruneck. Anm. Heinrich Schuschniggs: »Der ›Sohn‹ Sternbach bestätigte mir (1995) diese Geschichte, der Rausschmiß ist allerdings eine Übertreibung. Er hatte die Begegnung in freundlicher Erinnerung.«

genden Deutsch: » – Wissen Sie, ich gebe den barone frei, um Ihnen einen Gefallen zu tun; aber ich kann Ihnen sagen, Sie wären vielleicht ganz zufrieden, wenn Sie dort sein könnten. Ich wäre es jedenfalls.« … Wenige Tage darauf besucht mich denn auch der Sohn Sternbach aus Brunneck und erklärt mir: – der Vater lasse sich sehr bedanken, aber er nehme den Gnadenakt nicht an, weil er Recht und nicht Gnade wolle … Worauf ich ihn allerdings hinausgeschmissen habe.
Und wie ich zufrieden wäre!
– Daß Pepi Heidenreichs[195] Mutter gestorben ist, habe ich nicht gewußt. Von der Angina pectoris glaube ich allerdings schon in früheren Jahren gehört zu haben. Ebenso nicht, daß der alte Herr noch lebt. Mir kommt vor, der war doch schon in unseren Marburger Zeiten bei Jahren, jedenfalls Pensionist. Fast könnte man ein bißl neidisch werden. So sehr ich Pepi, den ich immer besonders schätzte, das Glück gönne. Dafür möchte ich allerdings wieder nicht mit Kamilla verheiratet sein.
Einiges aus Deinen Berichten klang mir völlig unglaublich: Daß Onkel Moriz 67 sein soll, ging mir lange nicht ein; sehe ihn wie seit eh und je als soignierten 50er vor mir; und komme erst bei längerem Nachdenken darauf, daß ich mittlerweile ja selber zwar nicht aufs Soignierte, aber auf den 50er bedenklich rasch »zustrebe«. (Die Wahl des Prädikats ist übertrieben!). Daß er jammert, glaube ich: 100 und mehr Menschen im Tag sehen und behandeln müssen, stelle ich mir grauenhaft vor und es ist auch in dem Alter eine absolute und beträchtliche Leistung!
Ebenso überraschten mich aufs erste Lesen die Todesjahre unserer Großmütter. Wo liegt der Sinn, daß Mama die seit Jahren

[195] Dr. jur. Joseph (Pepi) Heidenreich, Freund der Familie, verheiratet mit Kamilla, einer Cousine Kurt von Schuschniggs, Tochter des ältesten Bruders Artur (I) von Schuschniggs, Oberst Gilbert von Schuschnigg. Kamilla wurde 1944 in Weiz, Steiermark, wohin sie aus Graz wegen der Bombenangriffe geflohen war, von Bomben erschlagen. Neben Olga Hekajllo war sie das zweite weibliche Opfer der Familie in den Jahren der Nazi-Herrschaft.

schwer leidende Großmama um nur ganze 6 Jahre überlebte?? Das klingt doch unglaublich – und ist doch so! Man darf wirklich nicht ins Grübeln kommen …
Um nochmals auf die bösen Augusttage 1935 zurückzukommen: – es ist wohl so, wie Du sagst: – manches, was Mama sagte, war wohl mehr auf das Unterbewußtsein zurückzuführen. Dazu kam die anerzogene Selbstbeherrschung und das Nichtmerken-lassen-wollen, wohl auch das begreifliche Streben, sich selber nicht alles einzugestehen und uns nicht aufzuregen! Ich weiß nur die eine, Dir unlängst berichtete Äußerung, die auf klares Bewußtsein des eigenen Zustands schließen ließ. Hingegen erinnere ich mich auch noch, daß Mama, als ihr das Unglück Hermas (auf ärztliche Weisung sehr viel später) gesagt worden war und ich sie das erste Mal nachher besuchte, sagte: «Wenn unser Herr doch mich an ihrer Stelle zu sich genommen hätte; Du hättest sie (Herma) jetzt so gebraucht; und gerade jetzt kann ich Dir so gar nicht helfen!« Du kannst Dir denken, was diese Worte mir für einen Stich gegeben haben. Damals hatte Mama gerade einen besseren Tag – und eigentlich wider bessere Einsicht begann ich doch wieder ein bißl zu hoffen. Es geht mir nur zeitlich im Gedächtnis manches durcheinander – und ich weiß nicht mehr so sicher, wann im einzelnen die Gespräche waren. Es muß wohl anfangs August gewesen sein. – Am ersten Tag meiner Rückkehr aus Gilgen schenkte mir der Arzt reinen Wein ein; allerdings wußte ich bereits durch einen Besuch bei Mama und meinen Eindruck, wie es stand. – Ja, die letzte halbe Stunde vor der Katastrophe werde ich auch nie vergessen! Ich fragte Fellinger[196] (dessen junge Frau übrigens unlängst nach Bericht Alices gestorben ist), ob er ein Mittel zur Beschleunigung gegeben habe. Er erklärte »selbstverständlich nein«; aber er habe die herzstärkende Injektion (die Mama haßte) unterlassen, die es vielleicht noch um einen Tag hinausgezogen hätte … Tatsächlich war die künstliche Lebensverlängerung um Stunden damals

[196] Univ. Prof. Dr. Karl Fellinger.

wohl nicht mehr vertretbar. – Jedenfalls war alles furchtbar. Ich bin nur froh, daß wir damals alle beisammen sein konnten. Unbewußt haben wir uns wohl gegenseitig viel geholfen. Der arme Papa war ja wirklich in der ganzen Zeit großartig. Du weißt wohl noch, daß er die ganzen letzten Wochen – ohne daß Mama etwas davon wußte – in dem kleinen Zimmer neben ihrem Krankenraum geschlafen hat. – Auch in der weiteren Folge – ich war ja viel mit Papa infolge unserer Wohngemeinschaft beisammen – war er unbeschreiblich gut und von einer fabelhaften Bedürfnislosigkeit. Seine zunehmende Nervosität war natürlich begreiflich. Aber ich weiß, wie er sich um uns alle sorgte, wie er an Dir hing, wie lieb er Marianne hatte, immer und immer wieder von Euch, Spatz[197] und der Dicken[198] sprach. Was er für meinen Buben war, kann der Lauser ja leider gar nicht realisieren. – Nun, ich meine, wir könnten uns für unsere Kinder nichts Besseres wünschen, als daß sie ihre Eltern auch einmal so sehen, wie wir die unseren. Zeitlebens ein Herz und eine Seele und buchstäblich unzertrennbar! Da gäbe es noch vieles darüber zu berichten!
Die Geschichte von Deiner großväterlichen Watschen von Freilassing habe ich oft erzählen gehört. Ich hatte eine ähnliche Affaire, allerdings nur sehr dunkel in meinem Bewußtsein. Es handelte sich um eine im dunklen Gang der Wiener Wohnung »probeweise« in den Weg gestellte Holzkiste, wobei das Experiment durchaus von Erfolg begleitet war … Übrigens muß Großpapa Schuschnigg[199] eine sehr eigenartige und starke Persönlichkeit gewesen sein. Trotzdem ein Landesgendarmeriekommandant auch damals kein ruhender Pol in der Erscheinungen Flucht war und die Leute unter Dutzenden von Chefs dienten, ist es mir bis in die allerletzte Zeit immer wieder begegnet, daß sich alte Gendarmen mit einer unglaublichen Anhänglichkeit und einer Menge von Anekdoten an

---

197 Artur von Schuschnigg (III), Sohn Arturs (II).
198 Anna von Schuschnigg, Tochter Arturs (II).
199 Alois von Schuschnigg.

Großpapa erinnerten. Am überraschendsten war es im Jahr 1919, als ich zum Schluß der Kriegsgefangenschaft bei Trient interniert war und ein dortiger ital(ienischer) Karabiniere – durch den Namen aufmerksam gemacht – auf Großpapa in den höchsten Tönen zu sprechen kam. – So gäbe es eine Menge zu plauschen. Schade, daß wir uns nicht sehen können. Aber besser nicht, wie hier unter den gegebenen Umständen. Ich meine, wir würden uns gut verstehen! – Nun, lieber Artur – alles, alles Gute! Handkuß an Marianne, den Kindern Bussis, dem Spatz eines mit drei s! In herzlicher Anhänglichkeit bin ich Dein
Kurt

**Brief 45**
Donnerstag, 24. Juli (19)41

Lieber Artur!
So kommt doch alles – oft unerwartet – zu einem guten Ende! Dein hiesiger Kurs, der Dir erst gar nicht schmackhaft vorkam, liegt hinter Dir, Du bist wieder um eine Menge gescheiter geworden und Spezialist für alle möglichen Dinge – und zudem hast Du noch die Freude, Marianne zum Abschluß bei Dir zu haben.
Ich freute mich sehr, das alles aus Deinem letzten Brief, für den ich Dir sehr danke, zu entnehmen. Weniger freue ich mich, daß ich nunmehr von Dir wieder Abschied nehmen muß. So sende ich Dir denn alle meine guten Wünsche, insbesonders auch in die Richtung Deiner eigenen Pläne, die in Erfüllung gehen mögen! Es wäre ja wohl sehr schön gewesen, wenn wir uns hätten sehen können; wer weiß, wann es einmal dazu kommt. Aber es war besser so. Vera hat Dir sicher das hier übliche Zeremoniell beschrieben – selbst wenn die Erlaubnis zu erhalten gewesen wäre. Unter diesen Umständen ist das briefliche Zusammensein sehr viel besser. Ich weiß das von den kärglichen Besuchen Kurtls hier. Man sitzt die ganze Stunde auf Nadeln, weiß nicht, wo man beginnen soll, und hat nur immer Angst,

daß die Zeit wieder um ist. – Das ist schon so; gehört auch dazu – und ist mein Beitrag zu dem uns aufgezwungenen Freiheitskampf. Ich denke mir dazu: – Vau – ! Und genieße das Bewußtsein, mich damit durchaus in den behördlich gewünschten Bahnen zu bewegen.
Wenn ich nicht irre, ist doch der 24. oder 25. Juli Euer Hochzeitstag? Nun seid Ihr 7 Jahre beisammen! Meine herzlichsten Wünsche und alles Gute Euch beiden und den Kindern für die Zukunft!
Es ist unwahrscheinlich, wie die Zeit vergeht. Es ist ja ein böser Mangel, wenn man stecken bleibt und mit ihr nicht mehr mitkann. In der Schule sitzen zu bleiben, wie es mein Kurtl im Brauch hat, ist dagegen noch das kleinere Übel. Das Sitzenbleiben im Leben ist dagegen eine etwas gefährlichere Angelegenheit. Und trotzdem frage ich mich, ob man im Grunde dabei nicht glücklicher ist. Das alles vergessen können, ist zwar bequem, aber es geht doch viel dabei verloren. Die Geschichte von der Erinnerung als dem Paradies, aus dem man nicht vertrieben werden kann, ist so wahr! Darum haben wir auch den Gedankenaustausch an frühere Zeiten, wenn auch viel Wehes dabei ist, beide so genossen!
Das sollte man nun alles gerade zu einem Hochzeitstag nicht sagen. Aber Du weißt schon, wie es gemeint ist. Unsere Kinder sollen auch einmal liebe und schöne Erinnerungen an ihre Eltern haben, so wie wir; das ist mein ganzer verbliebener Ehrgeiz und meine Sorge. Ich bin so selig, daß bei mir ein Mädel angekommen ist! Es war mein ganzer Wunsch! Trotzdem aber bin ich doch froh, daß sowohl bei Dir wie bei mir ein Bub vorhanden ist. Beim meinigen habe ich nur Angst, daß er in die gegenwärtig laufenden Bemühungen zur Erhaltung des Friedens in Europa und seine Neuordnung noch hineinfällt. Und so stolz bin ich nun nämlich wieder nicht, daß es zur »stolzen Trauer«[200] reichen würde.

---

200 Mit »stolzer Trauer« gaben »gläubige« Nazis den Kriegstod eines Angehörigen bekannt.

Das eine entgeht Dir ja leider in Deiner militärischen Laufbahn: Ein gänzlich sorgloser und unbekümmerter Urlaub bei Muttern! Obzwar sonst recht mißtrauisch geworden gegen alle Superlative muß ich doch sagen, daß solches zum Allerschönsten meiner Erinnerungssammlung zählt. Wenn man Familie hat und in Jahren steht, legt sich doch wohl über den schönsten Kriegsurlaub ein kleiner trauriger Schatten. Von einem solchen war in Marburg damals weit und breit nichts zu spüren. Alle 6 Monate traf es uns 14 Tage. Das war wohl wunderschön. Von den allabendlich bestellten Petersilkartoffeln (habe nie mehr später ähnliches genossen!) mit Extrawurst über das Kaffee Central bis zu den Spaziergängen in die Gräben. Erinnerst Du Dich an Urbani?[201] Du bist mir ja in landschaftlicher Erfahrung als fleißiger alpiner Tourist und Skiläufer weit über. Für mich hat keine Hochgebirgslandschaft jemals den Eindruck des weiten und unbegrenzt scheinenden Hügellands der windischen Bühel je übertroffen. Und Mama hat es so gern gehabt. Die Spaziergänge nämlich und alles was drum und daran war.

2 Tage hatte ich an jedem Urlaub für Wien reserviert. Dort ging ich nach Möglichkeit mit Hilfe des berühmten Vetters[202] von der guten Tante Ella[203] zweimal täglich ins Theater. Beim letzten Urlaub war ich gerade auf die Meistersinger mit Slezak[204] aufgedeckt, die ich mir damals mehr einbildete wie irgend etwas anderes. Opernplatz, Theaterkarte, alles war in Ordnung, einschließlich auszuleihenden Waffenrocks und der Bahnkarte, – als telegraphische Urlaubssperre kam. Hatte den Vorteil, daß ich ein paar Tage länger auf Urlaub bleiben durfte. Bin

---

[201] Sveti Urbani ist ein kleiner Wallfahrtsort in den Weinbergen bei Marburg/Maribor.

[202] Hugo und Ella von Schuschniggs Schwiegersohn war Norbert von Töply, der Sohn des Generaloberstarztes Univ. Prof. Robert Ritter von Töply.

[203] Ella von Schuschnigg.

[204] Leo Slezak (geb. am 18. August 1873 in Mährisch-Schönberg – gest. am 1. Juni 1946 in Rottach-Egern), Tenor.

aber doch recht unglücklich gewesen. Ausgerechnet wegen der Meistersinger! –
Nun, das ist alles vorüber. Und heutzutage muß jeder schauen, mit der Gegenwart so gut als möglich fertig zu werden. Aber gerade da kann einem die Erinnerung sehr helfen.
Vera erzählte mir das letzte Mal, daß der Vater Hiltl[205] gestorben sei. Wir waren in Innsbruck oft mit Hiltls zusammen und sie waren immer sehr nett zu uns. So nimmt es einen nach dem anderen. Hat mich recht beeindruckt! Ich weiß nicht, ob ich Dich bitten darf – und ob Du die Möglichkeit hast, ein paar Kondolenzzeilen im Namen der Familie zu schreiben. (Frau Elsa v[on] H[iltl], Innsbruck Saggen, früher hat es Erzherzog Eugenstraße geheißen). Bei der allgemeinen Furchtsamkeit der Innsbrucker könnte eine direkte Zuschrift seitens V(era) vielleicht unangenehm empfunden werden und außerdem hat sie die Eltern H(iltl) gar nicht gekannt. – Weil Du übrigens von Pechlaner[206] schreibst, was macht etwa der Dr. Gerstenberger?[207] – Es ist bei mir oft merkwürdig: in manchem läßt das Gedächtnis gründlich aus, anderes wieder steht ganz gut in der Erinnerung. Was Du mir z. B. von Deinem Urlaub im August 35 und von meinem damaligen Telegramm schriebst, war mir gänzlich entfallen. Ebenso geht es mir oft mit den früher geläufigsten Namen.
Freue mich sehr darauf, wenn mir P. Hoffm(ann) wieder neue Bücher vermittelt. Das ist eine große Erleichterung. Habe im Lauf der Jahre schon eine ganz hübsche Bibliothek ausgelesen. Daß ich jetzt – unberufen – die Sachen unbelesen, das heißt unbeschaut bekommen darf, ist ein ganz gewaltiger Fortschritt. Die ersten Monate 38 in Wien wurde jedes Buch einzeln zuerst 8–14 Tage auf Regelwidrigkeiten durchgesehen.

---

205 Oberst Ernst Hiltl (geb. am 20. April 1876 in Theresienstadt – gest. am 9. Juli 1941 in Innsbruck), Legitimist, Freund der Familie Schuschnigg, seine Töchter Nora und Hertha Hiltl lebten später auch in Wien.
206 Pechlaner, Freunde aus Innsbruck, die im Fasching legendäre Kinderfeste veranstalteten.
207 Dr. Gerstenberger, Freund aus Innsbruck.

Besonders mit einem Wörterbuch haben sie sich recht schwer getan und es hat lange gedauert, bis man von seiner Unverfänglichkeit überzeugt war. Wenn ich mich erinnere, wie Vera, die unermüdlich im Auftreiben frischer Lektüre war, mir einmal ahnungslos ausgerechnet den Talleyrand von Duff Cooper[208] brachte, stehen mir jetzt noch die Haare zu Berg. Übrigens ein ganz ausgezeichnetes, rein historisches Buch. Es blieb damals unbeanstandet; die erste Seite pflegt ja auch zumeist nicht interessant zu sein, wenn man die Welt nur polizeilich betrachtet. Die Divina Comedia[209] schien ihnen wesentlich verdächtiger. Mit Recht, denn der Autor wäre heute unbedingt mein Kollege. Lange habe ich damals auch von Deinem Band Goethe gezehrt. Freue mich heute noch über die Zitate, die ich mir damals – insbesonders aus Hermann u(nd) Dorothea und Reinecke Fuchs herausschrieb. So bin ich zu einer Bildung gekommen, die mir sonst vermutlich verschlossen geblieben wäre. Denn habe ich in der Schule tatsächlich die beiden Epen vollständig und pflichtmäßig verdaut? – Unheimlich ist nur, wie gleich sich die Welt geblieben ist und wie in anderen Formen alles immer wiederkehrt. Der Spurius dafür, das ist es wohl, was den Klassiker ausmacht!
Nun, lieber Artur, begleiten Dich alle meine guten Wünsche! Daß Du die Zeit, die wohl noch ein wenig anhalten wird, gut und heil überstehen mögest; und dabei viel Freude und Glück in Deiner Familie erlebest; und daß Dir später einmal Deine Erlebnisse, die kleinen und die größeren, als ein glücklich und endgiltig überstandener Traum, als die wirklich letzte Prüfung Deines Lebens erscheinen mögen, das ist mein herzlicher Wunsch für Dich und die Deinen.
Mit vielen, lieben Gedanken in großer Anhänglichkeit und in treuem Gedächtnis an alles, was uns gemeinsam lieb ist, umarmt Dich Dein
Kurt

---

208 Alfred Duff Cooper, Talleyrand, London 1935.
209 Dante Alighieri, Divina Commedia.

Vor Du abreist, sage bitte nochmals besonders herzl(iche) Grüße u(nd) Dankbarkeit von mir in Unterhaching und bei Hambergers – wenn Du kannst.
Gott schütze Dich! Und verschlafe – im Bedarfsfall – nicht den Luftschutzkeller!

**Brief 46**
Donnerstag, 24. Juli (19)41

Liebe Marianne!
Das war nun wohl eine Überraschung! Und so lieb von Dir, daß Du Dir Zeit nahmst, mir zu schreiben! Danke! Bei der Gelegenheit gleich alles Liebe zu Eurem Hochzeitstag und zum 26.d., Dir und der Dicki![210] Die dazugehörenden Rosen mußt Du Dir halt denken. Ich glaube, wir haben dzt. alle miteinander zu wenig von diesem erfreulichen Artikel als Unterlage zur Verfügung. Besonderen Dank auch für die ausgezeichneten Printen! Dös ischt eppes Guats! – das lasse Dir bitte von Artur verdeutschen. Es war mein Sagen für Klassifikation Ia in der verruchten, alten Systemzeit. – Ich habe mich noch lange unterhalten – und zwar köstlich – über das Kabinettsstück an Konversation deiner Kinder, das mir Vera erzählte. Das ist ja nun klar, daß die ungebundene Herrlichkeit des Landlebens den kindlichen Wortschatz bereichert. Komisch nur, mit welcher unfehlbaren Sicherheit alle Kinder wann und wo immer sich das merken, was für unsere blasierten Ohren horribili dictu ist! – Besorgt macht mich bei der ganzen Angelegenheit nur, daß Artur – seinem Brief nach – den unwiderstehlichen Drang zu väterlich pädagogischer Betätigung darob in sich zu verspüren scheint. Such' ihn davon abzuhalten. Erstens nützt es nichts, und zweitens ist vom reinen Rechtsstandpunkt allerhand dagegen einzuwenden; denn der Blitzstrahl träfe ja doch vermutlich zuerst den Spatz. Und wie kommt der dazu?? – einmal hat er nur ge-

[210] 26. Juli, Namenstag Anna und Marianne von Schuschniggs.

zeigt, daß ihm Volksnähe ein praktischer Begriff ist und er sich von plutokratisch versnobter Redeweise fernhält, und dann kann man ja wirklich nicht von ihm verlangen, daß er jetzt schon seinen Goethe einwandfrei u(nd) richtig beherrscht und zitieren kann! – Wenn ich so könnte, wie ich wollte, trüge ich tagaus, tagein eine große Tafel mit dem Goethe spazieren als dokumentarischen Beweis meines auf die kürzeste Formel gebrachten Meinungsextrakts. Leider kann ich es nicht. Aber sie wissen es, glaube ich, trotzdem! Klare Ecken sind noch immer meine Stärke und für Verbindlichkeit besteht bis auf weiteres für mich noch kein ausgesprochener Anlaß! –
Für Berlin wünsche ich euch alles erdenklich Gute. Hoffentlich geht Arturs Wunsch in Erfüllung. Glaube, Ihr werdet dort relativ Ruhe haben; jedenfalls hoffe ich es für Euch von Herzen! Ihr Frauen habt jetzt allerhand zu leisten! Auch Dir im besonderen allerhand Respekt!! Empfehle mich bitte sehr Deinen l(ie)b(en) Eltern! Ich danke ihnen sehr für die Erinnerung. Wie magst Du bangen! Ich verstehe das so gut! *Muß* das sein, daß sie in Köln u(nd) Nähe bleiben? Warum nicht wieder ein bißl Gebirge? – Möchte doch endlich wieder für Euch und uns alle Ruhe werden! Langsam hätten wir uns wohl ein bißchen normales Leben verdient! Gott schütze Dir Deine Mutti u(nd) Vater, behüte Deine Kinder, bewahre Dir den Mann und gebe Dir selbst die Erfüllung aller Deiner Wünsche!
Alles Herzliche und Handkuß Dein
K(urt).

Bussis den Kindern; freute mich immer so über die Bilder!

**Brief 47**
Dienstag. (August 1941)

Lieber Onkel Hermann!
Vermute Dich wieder Zuhause u(nd) möchte Dir daher endlich schreiben(,) um Dir nochmals zu danken. Es war wirklich eine große Freude für mich(,) Dich kennengelernt zu haben

u(nd) ich meine(,) wir haben uns gut verstanden?! Schade, daß Du so weit weg bist. – Kurt habe ich alles ganz genau erzählen müssen u(nd) er ist so froh, daß sein langer Wunsch durch Dich in Erfüllung ging u(nd) wir uns getroffen haben. – Ich hab mich nicht von Brixen trennen können u(nd) bin erst am 23. hergekommen – herrlich erholt das Kind u(nd) ich. Nun habe ich Dolores ganz allein, viel Arbeit, die mir aber große Freude macht, sie ist musterhaft brav(,) seit wir alleine sind – wie ich – vertragt auch sie keinen »Wirbel« um sich. Kurtl hat zu unseren großen Freude die Aufnahmsprüfung sehr gut bestanden u(nd) lernt jetzt wirklich brav. Wenn T(ante) Thilde noch in Natters ist, frag sie bitte(,) wohin ich ihr die Fotos schicken kann. Ihr Besuch war auch eine große Freude für mich. – Hast Du Dich gut erholt u(nd) was macht der Husten? Recht herzl(iche) Grüße von den Kindern u(nd) uns Deine
Vera.

**Brief 48**
Samstag. (August 1941)

Lieber Onkel Hermann!
Tausend Dank für Dein liebes Brieferl – sei mir nicht bös, ich hab ja sehr schlechtes Gewissen, aber das Kind braucht so viel, daß ich zu meiner – recht ausgedehnten Correspondenz schon gar nicht mehr komme. Es geht uns so weit gut – am besten Dolores! Armer K(urt) leidet sehr an Depressionen infolge Bewegungslosigkeit u(nd) Aussichtslosigkeit – ich bin deshalb recht verzagt – aber sonst gehts. Es tut mir leid(,) daß es Dir wieder nicht gut geht – fürchte auch sehr, daß dadurch aus unserem Wiedersehen nichts wird? Kurtl ist bei Freunden in der (recte: im) Lungau – kommt am 20. zurück. Ich hoffe(,) vom 5. – 7. in Wien zu sein(,) um endlich meine großen Kinder zu sehen. Bitte schreib wieder(,) wie es Dir geht. – Am 20. werden meine Gedanken bei Dir sein.
Viele liebe Grüße von uns u(nd) den Kindern Deine
Vera.

**Brief 49**
Donnerstag. (Ende August 1941)

Lieber Onkel Hermann.
Dein lieber B(rie)f hat mich sehr gefreut – herzlichen Dank. Ganz besondere Freude würdest Du uns mit Obst machen – sowohl Kurt wie Dolores brauchen es nötig u(nd) haben es gern u(nd) hier bekommt man gar nichts (hatte Kurt damals von Deinen Marillen einige gebracht, über die er glücklich war!). Nun habe ich aber weder ein Köfferl, noch könnte ich es abschicken, da ich niemand dazu habe u(nd) ohne Kinderwagen gar nicht mehr hinauskomme – schreib daher eben an Frau von Froon nach Sistrans, daß sie so lieb sein möchte(,) den Transport zu bewerkstelligen. Sie tut es sicher. Vielleicht bist Du so gut u(nd) setzt Dich mit ihr in Verbindung – Du darfst aber keinesfalls irgendwelche Mühe damit haben.
Um das Buch wäre Kurt sehr dankbar, erzählte ihm schon davon! –
Heute nur in aller Eile. Wie immer liebe, herzliche Grüße von uns allen Deine
Vera.
Beiliegendes Foto bitte für T(ante) Mathilde mit vielen lieben Grüßen.

**Brief 50**
Donnerstag. (September 1941)

Lieber Onkel Hermann!
Tausend Dank für die herrlichen Äpfel u(nd) die Bücher – welche heute ankamen. Gleich heute ist jemand so freundlich(,) mir den Koffer aufzugeben, so hoffe ich, daß Du ihn bald bekommen wirst. Ich habe Dir auch – glaube ich – noch nicht für das Geld gedankt – es ist so lieb, daß Du immer wieder an uns denkst.

Kurt II. liegt leider mit einer starken Grippe – es kam fast zu einer Lungenentzündung. Nun geht es ihm bißl besser, aber er hat gar keinen Appetit u(nd) ist mager u(nd) blaß geworden. Sonst geht es uns recht gut – Kurt I lernt eifrig spanisch! als Beschäftigung. Er hat ein unglaubliches Sprachentalent – hat bereits allein fließend englisch u(nd) französisch gelernt – schreibt fehlerlos u(nd) liest jedes Buch. Dolores u(nd) ich genießen die letzten schönen Herbsttage u(nd) sind viel im Freien.
Ich hoffe an Papas Todestag in Wien sein zu können. Nochmals vielen lieben Dank u(nd) recht herzliche Grüße von uns u(nd) den Kindern Deine
Vera.

**Brief 51**
Donnerstag. (Oktober 1941)

Lieber Onkel Hermann!
Vergelt's Gott für Deine liebe Hilfe. Ich habe nur Sorge, daß es Dir vielleicht jetzt wegen Deiner Pensionierung besonders schwer fallt? Bitte tu es dann nicht, Du warst *so* lange Zeit gut für uns.
K(urt) ist ganz glücklich über Deine Bücher, laßt herzlichst danken. Uns geht es recht gut, besonders der Kleinen.
Wie schön muß es jetzt bei Dir sein!
Herzliche Grüße von uns allen Deine dankbare
Vera.

**Brief 52**
15. November 1941 (Leopolditag!)

Mein lieber Artur!
Uff,was sagst Du also jetzt ??! Das ist ja wirklich fast zum Faselrutschen![211] Allerdings, die hohe Obrigkeit hat mir in jah-

---

[211] Volksbrauch im niederösterreichischen Klosterneuburg am Leopolditag.

relanger Mühe den Aberglauben so gründlich beigebracht, daß ich noch immer nicht wirkliche Fiduz[212] zusammenbringe. Zunächst ist es ja noch recht zweifelhaft, ob und wann dieser Brief Dich erreicht. Bestimmungsgemäß soll er eine Art Visitkarte sein, wenn Vera den gestapolnischen[213] Abruf bekommt und vor dem neuen Einstand Euch aufsucht. Alle hoffen wir das Beste, nämlich daß es wirklich nun bald so weit sein wird![214]

Dann werden ja für die gute V(era) noch recht mühsame Tage folgen. Das Einrichten dort stelle ich mir nicht so ganz komisch vor. Aber dann, – ja dann wollen wir einmal rasten, und gar nichts anderes denken, als Gott sei Dank!!

Ich möchte Dir und Marianne vor allem *herzlich* danken, daß Ihr uns so lieb beisteht, daß Ihr V(era) behilflich seid, sie bei Euch absteigen kann, und Ihr uns so quasi die Relaisstation zur Welt, nämlich zur unsrigen, vermittelt! So verliert besonders für V(era) der Sprung ins Neue, Fremde, doch viel von seinem zunächst doch etwas unheimlichen Beigeschmack.

Es ist ja schon allerhand, was heutzutage von einer Frau verlangt wird. Das weißt Du auf andere Weise genau so wie ich. Wir beide müssen froh und glücklich sein, daß uns eine gütige Fügung trotz allem immer wieder auf die Butterseite legte. Wie manche büßen jetzt den Irrtum ihres Lebens und wie viele Familiendramen vermehren die Trümmer dieser schönsten aller Zeiten!

Was mich betrifft, bin ich restlos zufrieden. Es ist alles, was ich mir derzeit wünschen kann; es füllt mich vollends aus, und wenn es mit der Zeit noch gelingt, daß ich auch Kurtl bisweilen bei mir haben kann, dann schrecken mich die kommenden Jahre nicht im geringsten. Ich hatte ja im Grunde längst nicht mehr gewagt, auf eine solche immerhin menschliche Lösung

---

212 Richtig: »nicht wirklich Fiduz zusammenbringe«, d.h. »Mut haben«.

213 Wortschöpfung Kurt von Schuschniggs für Gestapo.

214 Die Rede ist von der bevorstehenden Verlegung aus dem Münchner Gefängnis in das KZ Sachsenhausen bei Berlin, wo er mit Frau und Kind zusammen leben konnte.

zu hoffen! Komisch ist es ja schon, daß wir zwei vorläufig ausgerechnet auf berlinerisch enden! Das war ja wirklich kaum vorauszusehen. Aber die Welt ist eben kugelrund und dreht sich. Ein bißl weiter hätte sie sich ja meinethalben schon noch drehen können. Es hat eine Zeit gegeben, in der ich mich im Westen, an der Nähe des Rheins sah; wäre natürlich schön gewesen von wegen größerer geistiger Affinität; – auch von der Weimarer Gegend ging einmal die Rede. Auch nicht übel; schon wegen der vereinzelten Bazillen, die dort noch aus der Goethe-Zeit lebendig sind; vorausgesetzt immer, daß sie nicht etwa Baldur v(on) Sch(irach)[215] zu Kulturen organisierte, um sie zu Impfzwecken in Wien zu verwenden, – mit dem Endresultat, daß sowohl Weimar wie Wien in Wirklichkeit gegen Goethe immun sind (bleibt schließlich immer noch – Karlsbad!).

Aber das alles spielt keine Rolle. Und wählerisch sein zu wollen, wäre vermessen. Ich übe mich im konzentrierten Training und bin schon beachtlich weit damit gekommen. Auch wenn mir nicht ein glücklicher Zufall durch V(era) das Loblied Fontanes[216] über »Das märkische Land« in die Hand gespielt hätte, fühlte ich mich von überkommenden Vorurteilen schon reichlich losgelöst: so sehe ich denn in Berg und Tal, und Wald und See, in Domen und Monumenten aller Art – kurz in dem, was man bei uns daheim und am Rhein als dazugehörig betrachtet, nur mehr unsachlichen Kitsch; und rede mir das so lange ein, bis ich schließlich wirklich nichts mehr sehe als »einen zweikiefrigen Nestroy[217] auf Sand mit Stacheldraht«.

---

[215] Baldur von Schirach (geb. am 9. Mai 1907 in Berlin – gest. am 8. August 1974 in Kröv) war zu dieser Zeit Reichsstatthalter von Wien und als solcher um ein spezifisches Wiener Kulturleben nach seiner Façon bemüht. Im Nürnberger Prozeß gegen die Hauptkriegsverbrecher wurde er zu 20 Jahren Haft verurteilt.

[216] Theodor Fontane (geb. am 30. Dezember 1819 in Neuruppin – gest. am 20. September 1898 in Berlin), Schriftsteller.

[217] Anspielung auf Johann Nestroys (geb. am 7. Dezember 1801 in Wien – gest. am 25. Mai 1862 in Graz) Theaterstück »Zu ebener Erd' und im ersten Stock«.

(A propos Sand: – ob darauf wirklich, und wenn ja, auf Grund welcher Besonderheiten Salat wächst?)
Das ist nämlich nach Abzug der aus der ersten Freude gewachsenen Epitheta ornantia das reale Bild, das ich mir auf Grund veristischen[218] Berichtes machen konnte: – Zu ebener Erde und ein erster Stock, mit sehr viel Sand ringsum, auf dem zwei einsame Kiefern Stilbühne spielen, und ringsherum bestbewährter Spezialdraht.[219]
Nun bin ich aber weit davon entfernt zu meckern. Denn erstens stelle ich mir absichtlich alles rauhestmöglich vor, dann ist es gegen mein bisheriges Milieu noch immer ein paradiesischer Luxus und scheint räumlich durchaus zureichend zu sein, und schließlich, das mit dem Stacheldraht... wenn ich Herr meiner freien Entschlüsse wäre, würde ich mir den vermutlich auf eigene Kosten besorgen! Übrigens – Spatz könnte sich verdient machen und seinem O(nkel) K(urt) als Beweis seiner Künste eine Tafel mit einem recht deutlichen: – »Achtung, bissiger Hund!« – besorgen. Wenn schon, denn schon! Ich möchte mich genau an die mir aufdiktierte Menschenscheu halten und rechne stark damit, daß ich sie auch gegenüber den Zeitgenossen von der Herrenkaste endlich bewähren kann.
Ich möchte aber nun beileibe nicht etwa Deinen Berliner Lokalpatriotismus seiner ersten hoffnungsvollen Knospen (oder ist es schon ein ausgewachsenes Kaktusblatt?) berauben. Du weißt ja aus einem früheren Brief, daß ich mir der dortigen Vorzüge sehr wohl bewußt bin. Praktisch haben die Berliner ja so lange und konsequent sich für den Nabel der Welt gehalten, bis sie es wirklich und unleugbar geworden sind. Und das allein ist eine sehr anerkennenswerte Leistung. Ich akzeptiere auch im voraus schon die unbestritten reizvolle und viel beneidete Berliner Umgebung. Ich meine nur, daß in der Gegend unseres »Nestroy« weniger Reiz und dafür mehr ausschließli-

---

218 Berichte Vera von Schuschniggs.
219 Beschreibung des Hauses im Lager, das Schuschnigg zugewiesen wurde. (Foto 44 und 45)

che Tüchtigkeit daheim sein wird, und daß der konzentrierte Olle Fritz[220] in unseren beiden Kiefernbäumen klappert ... Aber das alles sind natürlich nur Randglossen, gänzlich unwesentlich und nur angebracht von wegen schwer derbremsen können. Die Hauptsache ist weitaus, daß es überhaupt so weit ist. Wir hatten lang und hart genug darauf gewartet. Für mich bleibt jetzt nur zu hoffen, daß nun wirklich nichts mehr dazwischen kommt; wie gesagt, ich wage dies ja kaum noch zu hoffen. Die weitere Entwicklung wird sich von selber ergeben. Weit in die Zukunft zu schauen, ist heute ja sehr wenig sinnvoll. Das carpe diem mag noch selten so wörtlich zutreffend gewesen sein! Hinsichtlich Beschäftigung usw. habe ich nicht die geringste Sorge, selbst wenn, was ich im Zweifelsfall annehmen möchte, weder Salat noch sonst etwas in unserem »Garten« wachsen sollte. Einmal werde ich Gelegenheit haben, meine früher leicht vernachlässigten häuslichen Fähigkeiten zu üben; berühmt werde ich zwar kaum damit werden, aber rudimentär sind sie vermutlich doch vorhanden und mancher Erziehungsfehler hat sich später noch ausbessern lassen (O mei! O mei! – ich *höre* Mama direkt zweifeln.) – Und dann gibt es eine Fülle zu lesen, zu lernen, zu wiederholen, – so daß die Zeit nicht lange wird. Wenn dazu noch im Radio die Besserung der letzten Wochen anhält (vermutlich ist irgend einer der besonders Maßgebenden auf Urlaub, eingerückt, oder sonstwie beschäftigt, – Gott erhalte ihn gesund aber ferne! – und wenn nicht allzu oft der Königgrätz-Marsch von Piefke[221] gespielt wird, dann kann es nicht allzu weit fehlen. –)
Das Kind ist wohl ein *großer* Segen. Ich bin glücklich darüber! Was ich mir natürlich nicht recht vorstellen kann, ist, wie man heute einen Haushalt führt und daneben noch schnaufen

---

[220] Friedrich II. von Preußen (geb. am 24. Jänner 1712 in Berlin – gest. am 17. August 1786 in Potsdam), ab 1740 König von Preußen.

[221] Der preußische Militärkapellmeister Johann Gottfried Piefke (1815–1884), Komponist von »Preußens Gloria«, wurde in Österreich ab 1866 nach der Niederlage bei Königgrätz zum Synonym für den »Deutschen« schlechthin.

kann. Ich muß sagen, daß ich vor Marianne und überhaupt vor der Hausfrau einen mächtigen Respekt bekommen habe. Dieses Herumlaufen um jeden einzelnen Kohlkopf muß ja wirklich nicht amüsant sein. Was ich so höre und in der Zeitung lese, klingt ausgesprochen verwirrend. Ich würde mich mit den Karten[222] nicht auskennen, so fängt es einmal an. Und dann scheint mir doch reichlich kompliziert, in Evidenz zu halten, was man eigentlich bekommen sollte, aber doch nicht bekommt, und was man zwar bekommt, aber eigentlich für den letztvorvergangenen Monat usw. Das einzige was mir klar ist, bleibt die Tatsache, daß man satter Weise und bei halbwegs richtiger Bedarfsdeckung (z.B. in punkto Socken oder Zigaretten) mit einem Fuß im Konz(entrations-)Lager steckt. Da tue ich mir ja wieder insofern leichter, weil ich um den zweiten Fuß nicht erst lang besorgt zu sein brauche. Das ist der Vorteil, wenn man nur Zeitgenosse und sonst »weder-noch« ist, oder zumindest – was das »noch« anlangt, im Kataster nicht voll genommen wird; V.G.[223] minderer Ordnung!
– Wie oft haben wir uns s(einer)z(ei)t bei voll gedecktem Tisch und unbeschränkter Auswahl mit leichter Überheblichkeit an die Zeit vor 20 und 25 Jahren erinnert! Nicht vorstellbar, meinte man damals! Nun hast Du das damals ja um einiges länger mitgemacht als ich. Mir genügten auch schon die paar Jahre nach 1919. Normal ist es ja erst wieder um 1923 geworden! Erinnerst Du Dich an die Bohnensuppe mit Kraut? Mama war ja so erfinderisch und brachte immer wieder etwas Gutes zuwege. Wir waren damals jedenfalls begeistert. Das bestürzte Gesicht der guten Cazin[224] – als Weihnachtsgast – bleibt mir unvergessen, als sie besagte Bohnensuppe essen sollte!
Ich habe sie damals schon gern gehabt – die Bohnensuppe

[222] Lebensmittelkarten.
[223] Volksgenosse.
[224] Frl. Maria Cazin, eine in Meran lebende alte Dame, Hannoveranerin, »nahm sich des 1919 in Südtirol vor endgültiger Entlassung aus der Kriegsgefangenschaft zurückgehaltenen Kurts rührend an und besuchte uns später öfters in Innsbruck«. (Anm. Artur [II] von Schuschniggs)

nämlich; was gäbe ich heute dafür! Dabei muß ich aber ehrlich zugeben, daß rebus sic stantibus ich mich in punkto Verpflegung meist nicht beklagen kann. Anders steht es mit meinen nicht privilegierten Kollegen. Wie die das auf die Dauer schaffen, ist mir unerfindlich. Denn was da unter dem Titel Verpflegung geht, ist kaum zu beschreiben! Da lebe ich im Vergleich fürstlich. Die Zeit der essenlosen Friedensfeiertage gehört für mich gottlob schon längst zur Erinnerung. Das »Metropol« hatte nämlich an Sonn- und Feiertagen keine Kantine. Das bedeutete z.B. um Weihnachten 1938 (3 Tage!) – gar nichts; nur das im Vorrat beschaffte Brot und eine gleichfalls vorgekaufte Tafel Schokolade. Lebensmittel hereinzubringen, war untersagt! – Gut, daß das alles vorüber ist! –
Übrigens um auf den letzten Krieg und seine Kalamitäten zurückzukommen. Damals brachte Papa, wenn er auf Urlaub kam, meist allerhand guten Vorrat mit. Das ließ mir natürlich auch keine Ruhe. Nachdem aber meine Beziehungen zu den Verpflegsstellen nicht reichten, schleppte ich wenigstens einen Sack ungemahlener Maiskolben mit nach Marburg. Mama tat zwar sehr erfreut, aber ich glaube mehr, um mir die Freude nicht zu verderben. Für einen rechtschaffenen Polenta oder die bezüglichen Nockerln wird es immer noch gereicht haben. – Kaum zurück bei der Truppe fing ich wieder an, für den nächsten Urlaub zu hamstern. Hatte auch schließlich einiges beisammen, sogar prima Sohlenleder, das ich bis heute nicht verschmerzte. Das genossen dann mit meinem ganzen übrigen Gepäck, einschließlich Ring und Armbanduhr – letztere funkelnagelneu – die Engländer. Auch eine Ironie! – Nachdem ich diese unrühmliche Reminiszenz in meinen bescheidenen Memoiren nicht hinunterschlucken konnte, wurde mir noch für die englische Übersetzung eine bezügliche Retouche empfohlen, die ich eben noch durchführen konnte …[225] Das kommt

225 Gemeint ist Kurt von Schuschniggs »Dreimal Österreich«, Wien 1937, dessen englische Übersetzung letztlich in New York 1946 erschien (My Austria).

davon, wenn man nicht bei der Wahrheit bleibt! – Du siehst, ich habe immer noch Gedankenflatteritis. Denn eigentlich wollte ich sagen, daß ich mir die Mühen Mariannes sehr gut denken kann und ihre hausfrauliche Tüchtigkeit bewundere!! Bist Du eigentlich noch heikel? – Ich, – glaube ich –, gar nicht mehr. Nur gezuckerte Milch würde ich nach wie vor verweigern, und unmotiviertes Fett bei der Fleisch- und Wurstration; wahrscheinlich auch Schokoladetunke zum Hering. Sonst aber »kenne ich kein Parteien!«[226]
–V(era) mußte mir viel von Euch, Wohnung und Kindern erzählen. Letztere müssen ja zu lieb sein! Jedenfalls ist kein Gefahr, daß es Euch jemals fad wird, und die Kinder selbst werden es selbst auch nie langweilig bekommen.
Hält Spatzens Schulbegeisterung noch an? Und ist er, was andere Buben betrifft, gesellig? Seid Ihr mit der Schule als solcher zufrieden? –
Daß Du meinen Biedermeiersessel brauchen kannst, freut mich. Nimm ihn bitte als Erinnerung an unser früheres grünes Zimmer, das mir zumal in der Innsbrucker Zeit sehr ans Herz gewachsen war. Hoffentlich kommt er gut an. Daß es der Richtige sein wird, zweifle ich nicht. Das Holz war matter getönt wie die auf Glanz polierten Neuen. Meiner Erinnerung nach müßte er ganz gut zu Eurer Garnitur passen.
Die Widmung Deines Portraits durch Deinen Freund[227] habe ich mit vielem Dank zur Kenntnis genommen. Auch Dein vorsichtshalber ergangenes Aviso für allzu konservative Gemüter. – Ich möchte nun natürlich, daß wir auf irgend eine Art ar-

---

[226] Anspielung auf Wilhelm II. und seine Erklärung bei Kriegsausbruch 1914.

[227] Artur (II) von Schuschnigg lernte durch die befreundete Erna Seitz, Witwe nach dem Schriftsteller Robert Seitz (geb. 1891 in Magdeburg – gest. am 29. April 1938 in Lörrach/Baden), den expressionistischen Maler und Graphiker Ewald Vetter kennen. Bei Ewald Vetter (geb. am 29. September 1894 in Elberfelde) lernte Artur von Schuschnigg u. a. auch Käthe Kollwitz und Reinhold Schneider, später auch Thorton Wilder, Knut Hamsun und Max Planck kennen. Von Vetter ist ein Portrait Artur (II) Schuschniggs erhalten geblieben. ( Foto 40)

rangieren, daß Du in den Besitz des Originals kommst, was schon wegen Deiner Kinder das einzig Richtige wäre. Es soll und darf nur keine Kränkung entstehen. Darin sind wir ja einer Meinung. V(era) sagt mir, daß Du im Besitz einer Kopie seiest. Wie wäre es, wenn wir dann tauschten? Ich denke mir halt so. Jedenfalls ist die Idee Deines Freundes besonders lieb und sympathisch!
Wenn sich einmal alles eingewerkelt haben wird, und wir wirklich glücklich auf unserem Nestroy sitzen werden, dann ergibt sich ja sicher ab und zu Gelegenheit zu einem zweiseitigen, schriftlichen Gedankenaustausch. Anfangs wohl noch nicht gleich, denn zuerst wird man sehen müssen, wie Hase läuft. Ich bin ja neugierig!
Nun gleich noch eine Bitte: – könntest Du mir gelegentlich vielleicht für Kurtl zu Weihnachten ein als Geschenk taugliches gutes Buch besorgen? Ich dächte mir einen schönen Klassiker oder ein Buch über Österreich (kulturell, landschaftlich, historisch, – möglichst natürlich nach der alten Lesart!) – Unlängst hat er mir gesprächsweise den Adalbert Stifter[228] mit dem Bau der Stefanskirche in Zusammenhang gebracht! Als er mein sprachloses Gesicht sah, und mein erschüttert gestöhntes Rudolf[229] hörte, meinte er gleich: ja aber ein Stifter sei eben doch dabei gewesen! – Ob der Stifter nicht etwas für ihn wäre? Ich erinnere mich, daß ich ihn szt. mit Begeisterung las. Allerdings, ob es bei ihm nicht zu früh ist? Wenn es ihm zu fad vorkommt, wird er höchstens vom Lesen abgeschreckt und das wäre sinnlos. Sonst hat er sich erfreulicher Weise sehr gebessert, so weit ich es beurteilen kann. Besonders läge mir daran, daß er ein richtiges und umfassendes Bild über unser Österreich bekäme. Das interessiert ihn nämlich auch! Also wenn Du kannst, bitte!
Und nun hoffentlich auf baldiges Wiederhören! Alles Liebe

---

228 Adalbert Stifter (geb. am 23. Oktober 1805 in Oberplan – gest. am 28. Jänner 1868 in Linz), Dichter.
229 Rudolf IV. der Stifter (1339–1365), ab 1358 Herzog von Österreich.

und Handkuß an Marianne, Bussi den Kindern (dem Spatz sein usuelles 2.), Dir viele herzlichste Grüße! Dein
K(urt)

NS.:
V(era) würde Dir den ausgelegten Betrag leicht und bald bringen können. – Was macht Deine kriegerische Beschäftigung? Gut? Was ich noch sagen wollte: Nein, ich wollte eigentlich nichts mehr sagen! Nur von wegen »rundherum« – Nicht aus der Übung kommen! Servus!
K(urt)

**Brief 53**
Samstag.

Lieber Onkel Hermann!
In großer Eile – eine *frohe* Nachricht! Das Haus ist fertig gebaut![230] Wir übersiedeln, so Gott will, bald. Fahre dieser Tage nach Berlin zwecks näherer Besprechung u(nd) anschließend an den Ort zur Besichtigung (scheinbar Nähe von Weimar[231]) – dann Wien(,) um die Übersiedlung zu organisieren. Es ist sogar möbliert!! Ich bin *selig* – K(urt) sprachlos!

---

230 Im Sonderlagerbereich von Sachsenhausen waren kleine Holzhäuser für Sonderhäftlinge vorgesehen. ( Foto 44, 45, 46)

231 Sichtlich rechnete Kurt von Schuschnigg zu diesem Zeitpunkt mit einer Verlegung nach Buchenwald. Prominente Persönlichkeiten wurden in Buchenwald wie in Sachsenhausen von den übrigen Gefangenen separiert und in »kleinen, villenartigen, wenn auch sehr einfachen Häusern interniert«. In Buchenwald lag dieser Prominentenblock tief im Wald, in dem bis zur Evakuierung 1945 etwa 54 Personen lebten. Rudolf Breitscheid, in Sachsenhausen Nachbar Schuschniggs, wurde hierher verlegt. Den gleichen Weg gingen Prinzessin Mafalda von Hessen, Fritz Thyssen, eine Reihe von Angehörigen der Familien Stauffenberg, von Hassell, Léon Blum, General von Falkenhausen. Mafalda von Hessen, die Frau Prinz Philipp von Hessens, war die Tochter des italienischen Königs und 1943 nach dem Bruch der »Achse« inhaftiert worden. Sie kam zusammen mit Rudolf Breitscheid während eines Luftangriffes ums Le-

Dolores war sehr krank, tagelang bis zu 41° – Blasenentzündung und Nierenreizung, seit gestern gottlob *viel* besser. Anbei einen *Originalzettel*, habe keine Zeit zum abschreiben, das Kind braucht so viel Pflege. Bin müd – nächtelang gewacht, den ganzen Tag auf den Beinen – aber das macht alles nichts – das Kind wird gesund u(nd) es gibt Wunder!
Alles Liebe von uns Beiden Deine
Vera.

**Brief 54**[232]
4. Dezember 1941 (an Familie Niedermayr)

Meine Lieben!
Es ist ja wohl etwas ungewöhnlich, nach über 2 jährigem Aufenthalt auf diese Art Abschied zu nehmen;[233] aber schließlich

---

ben. Vgl. Eugen Kogon, Der SS-Staat, München 1974, 193f.; Fey von Hassell, Niemals sich beugen. Erinnerungen einer Sondergefangenen der SS, München 1987, 168. David A. Hackett (Ed.), Der Buchenwald-Report, München 1996. In diesem Band (291f.) wird auch Schuschnigg als »Bewohner« des prominenten Blocks angeführt.

232 Der Brief wurde in München vor der Verlegung Kurt Schuschniggs vom Münchner Gefängnis (Palais Wittelsbach) in das KZ Sachsenhausen bei Oranienburg (Berlin) verfaßt und von Vera überbracht. Das Original wurde in der Familie Niedermayr verwahrt und gelangte von Dr. Karlheinz Niedermayr am 29. September 1994 in das Schuschnigg'sche Familienarchiv. Kurt von Schuschnigg (II) besuchte als Internatsschüler von 1941 bis September 1943 das »Wittelsbacher-Gymnasium in München zur Flak am Oberwiesenfeld«. Ein Abgangszeugnis vom 21. September 1943 bestätigt seine Einberufung zum Reichsarbeitsdienst. Er besuchte die in München lebenden Niedermayrs an freien Tagen. Die Schulferien verbrachte er teilweise auf Besuch im KZ-Sachsenhausen, s. eine polizeiliche Meldung vom 24. Dezember 1943. Bemerkenswert die Unterschrift des »Vermieters«, Dr. Auster. Dr. Auster war der Deckname von Kurt von Schuschnigg im KZ, es war ihm strengstens untersagt, seinen Namen zu verwenden. Aus dem Meldezettel geht aber eindeutig seine Identität hervor. Unter dem Namen Kurt Schuschnigg (II) steht »gen. Auster«. (s. S. 321).

233 Schuschnigg stand unmittelbar vor seiner Überstellung ins KZ Sachsenhausen (8./9. Dezember 1941).

hat man es gelernt, sich ans Ungewöhnliche zu gewöhnen. Und so müßt Ihr den guten Willen fürs Werk annehmen.
Vor allem möchte ich Euch danken, daß Ihr Euch die ganze Zeit hindurch meines Buben so lieb angenommen habt! Es war mir oft eine große und wesentliche Beruhigung. Ihr wißt wohl, wie sehr sich besonders auch der »Opa« selig – darüber gefreut hätte! Es ist mir schwer, an ihn zu denken; denn so schwer ein Abschied auch immer ist, – es gehört eben doch dazu, daß man ans Grab gehen konnte.
Euch allen, besonders Dir, lb. Tante Paula, wünsche ich für Dich und Deinen Karlheinz von ganzem Herzen das Beste; schöne Weihnachten zunächst und dann ein möglichst gutes 1942! Gott gebe, daß der Anbruch besserer Zeiten nicht mehr zu ferne sei. Ich für mein Teil bin natürlich froh, daß für mich und die Meinen endlich eine freundlichere Glocke – wenn auch immer noch rauh genug – geschlagen hat. Ich wünsche mir eigentlich nichts mehr; nur daß man mir endlich meinen Buben wieder läßt. Ihr könnt Euch ja denken, was er für mich bedeutet. Ich werde jedenfalls alles versuchen und hoffe doch zuversichtlich auf günstige Erledigung. Einmal aus Egoismus, dann aber auch, weil es an der Zeit wäre, daß Kurt wieder ein Daheim bekäme. Nun auch da kann ich nur sagen: Gott gebe es!
Einstweilen bitte ich Euch halt recht herzlich, daß Ihr Kurt weiterhin ein bißl im Auge behaltet, wenn es Euch nicht zu viel Mühe macht. Es ist mir so ein gutes Gefühl, wenn ich ihn nicht ganz allein hier weiß. Sein Schülerheim scheint ja gottlob sehr gut zu sein, aber ich weiß nur zu gut aus eigener Erfahrung, was Familienanschluß wert ist. Vor allem liegt mir natürlich daran, daß er seelisch in der richtigen, strengen Bahn bleibt, so wie es halt in unseren Familien der Brauch ist, und wie wir es aus guten Gründen immer für notwendig hielten, damit ein junger Mensch nicht nur anständig und tüchtig, sondern auch glücklich wird. Hoffentlich habt Ihr über Kurt keine ernstere Klage und benimmt er sich ordentlich. Mir gefällt der Lauser ja, vorausgesetzt, daß er im Lernen anzieht. Aber das sagt nichts, denn Väter im allgemeinen – und ich speziell in meinem be-

sonderen Verhältnis zum Buben – sind gerne parteiisch. Bitte verwöhnt ihn nicht und laßt ihm nichts durchgehen! Jetzt wird er schön langsam gescheit genug, um einzusehen, daß es nur zu seinem persönlichen Vorteil ist; die allerhärteste Selbstdisziplin ist ja die vielleicht schwerste aber auch die nützlichste und erfolgversprechendste Schule des Lebens. Vielleicht sieht er einmal ein, daß das ein alter und gewiegter Praktiker gesagt hat! Wenn Karlheinz gelegentlich Zeit, Lust und Gelegenheit hat, mit Kurt ab und zu ins Freie zu gehen, oder auch ihn auf die vielen schönen Sehenswürdigkeiten von M(ünchen) aufmerksam zu machen, wäre ich ihm dankbar. M(ünchen) ist ja so prachtvoll schön und reich, nämlich soweit ich es von früher kenne. Wenn ihr Auslagen habt oder Euch sonst etwas Besonderes auffallen sollte, bitte ich Euch um Verständigung, entweder an Arturs Berliner Adresse oder an die mir selbst noch nicht bekannte, vorgeschriebene Postanschrift meiner Frau (wir werden die Adresse Kurt schicken, sobald sie bekannt ist); gelt, bitte!

Schließlich danke ich Euch noch recht herzlich, daß Ihr so oft und lieb meiner und meiner Lieben gedachtet. Möchte Euch mein liebes, kleines Mädele dafür einmal einen dankbaren Rosenstrauß als Zeichen treuen Erinnerns überreichen können; oder möchte ich gar selbst dabei sein können ... aber wohin gehen die Gedanken durch! So wird man unbescheiden und vergeßlich. Dabei ist es ein purer Zufall, daß es überhaupt einmal so weit ist. Zufall, Fügung? Wer an den Herrgott denkt und ihm dankt, tut immer noch besser daran und wird auf die Dauer keinesfalls unterliegen.

Wenn Ihr Gelegenheit habt, sagt bitte schöne Grüße nach Rosenheim, bes(onders) an Tante Luisl und allen, die sich meiner erinnern.

Gott schütze Euch! Handkuß bzw. viele herzliche Grüße in Dankbarkeit

Euer

K(urt) Sch(uschnigg)

Nb.: *Bitte zerreißen!*

**Brief 55**
Sonntag.

Lieber Onkel Hermann!
Deine Bücher habe ich schon bei mir u(nd) werde sie so schnell ich kann zurücksenden. K(urt) laßt Dir herzlich danken – u(nd) sagen, daß es von großem Interesse für ihn war. – Ich sitze mehr oder weniger auf gepackten Koffern u(nd) warte – Es ist ganz ungewiß, wann der Möbeltransport dort ankommt.
War paar Tage in Wien – wo ich auch T(ante) Mathilde gesehen habe – es geht ihr gut u(nd) sie ist rührend in ihrer großen Freude um uns. – Wir sind sehr, sehr glücklich – das kannst Du Dir vorstellen – nur sollten wir schon dort sein können. Direkt kann ich keine Post bekommen – aber wenn Du mir schreiben willst – (was ich sehr hoffe!) dann adressiere bitte an Arturs Adresse – ab u(nd) zu werde ich schon hinkommen u(nd) mir die Post holen. Ich werde Dir(,) so oft ich kann(,) Nachricht geben – all zu oft wird es allerdings nicht werden. –
Der Kleinen geht es gottlob wieder gut. Kurtl ist wohlauf u(nd) brav – er bleibt hier – Zu Weihn(achten) geht er zu den Arturs, wenn er nicht zu uns kann, was ich sehr bezweifle – leider –
Geht es Dir gut? Wir senden Dir liebe herzl(iche) Grüße Deine Vera.

**Brief 56**
18. Dezember (19)41

Meine Lieben!
Für den Fall, als die morgige Berliner Reise wirklich zu Stande kommen sollte, gebe ich Euch meine herzlichsten Christkindl-Wünsche mit, Euch, den Kindern und den Eltern! Auf ein frohes Fest! Und nochmals meinen besonderen Dank, daß Kurtl bei Euch mithalten kann. Bin so froh darum!
Vielen Dank auch für Brief und Geburtstags-Wünsche! Ja! Soweit wäre also nun alles in Ordnung. Hatte gute und feudale

Reise.[234] Hier wäre auch alles in Ordnung. Gegend bemerkenswert reizvoll. Und für mich natürlich ein Aufatmen nach langer Zeit. Auf die Dauer ist es allerdings gänzlich ausgeschlossen, daß V(era) allein bleibt.[235] Sie müht sich nach Kräften u(nd) macht ihre Sache prima. Von irgend einer Ruhepause ist tagsüber keine Rede. Wir sind beide ständig in Bewegung und spielen Hausmeisters, gottlob läßt uns die Herrschaft in Ruhe, denkt vorläufig allerdings auch nicht daran, uns das Leben durch Beistellen z. B. einer Mist-Kiste oder brauchbarer Professionisten zu erleichtern. Nur für Bewachung ist ausreichend vorgesorgt. Gottlob solche von der anständigen Tonart.
Die Essensfrage löst V(era) glänzend; habe schon sehr lange nicht mehr so gut und viel gegessen. Wenn nur nicht alles für V(era) so schrecklich mühsam wäre! Die Puppe ist unbezahlbar, aber sie sorgt doch kräftig für zusätzliche Bewegung und macht ihre Rechte energisch geltend. Was glaubt Ihr übrigens, was als erstes aus meinen zahlreichen Bücherkisten mir in die Hände fiel? – Eine sinnige Fügung: – des seligen Hofrat Kurpeth Kochbuch – mit einer schwungvollen Widmung an Richard Strauss u(nd) einem Titelbild der Nora Gregor als Köchin![236] – Allerdings für andere zeitliche und örtliche Umstände geschrieben! – Im übrigen bin ich noch weit davon entfernt, mich mit Büchern zu befassen – ab und zu blättern wir in alten Photoalben[237] und kommen uns dabei leicht komisch

---

[234] Reise von München nach Berlin/Sachsenhausen.
[235] Schuschnigg konnte in Sachsenhausen zusammen mit seiner Frau und Tochter leben. Vera von Schuschnigg mußte zunächst allein den Haushalt führen.
[236] In Sachsenhausen konnte Schuschnigg seine Bibliothek und teilweise seine Privatmöbel aus dem Lager der Wiener Spedition kommen lassen. Die Schauspielerin Nora Gregor war die zweite Frau Ernst Rüdigers von Starhemberg. Eine Identifikation des Kochbuches gelang weder mit bibliographischen Hilfsmitteln noch mit Hilfe des Sohnes von Nora Gregor, Heinrich Fürst von Starhemberg.
[237] Drei der Photoalben wurden 1989 via österreichische Botschaft in Ostberlin an den Erben, Kurt (II) von Schuschnigg, zurückgegeben.

vor; fraglich nur, ob wir die komische Rolle des Lebens jetzt oder früher besser spielten, aber am Ende ist alles doch nur ein zusammenhängendes historisches Bilderbuch, dramatisiert à la Sassmann;[238] dann bleibt noch immer die Spannung offen, wie die ganze Chose im letzten Akt ausgeht!
Scheinbar ist ja wieder viel Lärm in der Welt. Schrecklich, wie teilnahmslos man werden kann! – Wenn Du etwas von unseren Leuten erfahrst (sic!), lasse es mich bitte gelegentlich wissen. Denn in Punkto Nachrichten sitzen wir hier natürlich vollkommen im Trockenen. – Verbringt die Feiertage schön – viel liebe Erinnerung wird uns in Gedanken verbinden ... pax hominibus bonae voluntatis!
Ein Bussi den Kindern; das wird eine Freude werden! Handkuß, bzw. herzl. Empfehlung den Eltern. Alles Liebe Euch beiden
Euer Kurt.
(Nun sind Mama und Papa die einzigen von uns, die daheim sind!)

**Brief 57**
(undatiert)[239]

Lieber Onkel Hermann!
Viele liebe Grüße senden wir Dir u(nd) gute Wünsche für die Feiertage. Du kannst Dir unser Glück nicht vorstellen! Wir haben ein sehr nettes(,) kleines Haus – viel Wald in der Umgebung, wo ich mit der Puppe spazieren kann – ums Haus etwas(,) was Garten werden soll für Kurt. Wir haben schrecklich viel Arbeit, da wir noch ohne Hilfe sind – K(urt) arbeitet wun-

---

238 Hanns Sassmann (geb. am 17. Dezember 1892 in Wien – gest. am 8. Mai 1944 in Salzburg), Autor viel gespielter historischer »Bilderbuchschinken« im Burgtheater, »Metternich«, »Hans Rothschild«, »1848«. (Anm. Artur II. von Schuschnigg).
239 Erster Brief aus dem KZ Sachsenhausen. Er wurde wahrscheinlich gleichzeitig mit Brief 58 abgesandt.

derbar im Haus u(nd) hilft(,) wo er kann – ich koche – gottlob zu seiner vollsten Zufriedenheit! Oft kann ich nicht mehr auf den Beinen stehen(,) wenns Abend wird(,) aber es macht so viel Freude(,) fürs eigene Heim zu wirtschaften. Wir sind in der Nähe von Berlin. – Der Bub geht zu Weihn(achten) zu den Arturs u(nd) ich fahre hin(,) um ihn zu sehen. –
Bitte schreibe folgendermaßen: Frau Vera Auster, Berlin W 9, Postschließfach 6. – Die Post geht lange umständliche Wege, aber sie kommt einmal an! –
Wir reden oft von Dir. Alles Gute u(nd) Schöne von uns Dreien.
Was macht Dein Husten?

**Brief 58**
Weihnachten 1941

Lieber Onkel Hermann!
Nach langer Zeit kann ich Dir endlich wieder persönlich meine guten Wünsche und Gedanken schicken, was nun ein bald 4 Jahre alter, immer wieder nicht ausführbarer Plan war. Zum Anbeginn will ich Dir sagen, daß ich Dir viel(,) viel Dank schuldig bin! Ich war so froh, immer wieder von Vera zu hören, daß Du mit ihr im Briefwechsel standest. Du hast ihr in schweren Tagen sehr viel geholfen und ich war darum besonders froh, daß Ihr Euch heuer auch persönlich getroffen habt. V(era) hat mir begeistert davon erzählt. Nicht zuletzt danke ich Dir innig für die große materielle Hilfe, die der Ausbildung meines Buben sehr zu Statten kam. Ein Lauser, wie sie halt schon manchmal sind! Mit den Lateinern auf ewigem Kriegsfuß, auch sonst das Gegenteil von einem Musterschüler. Dafür auffallender Weise in der Mathematik ganz ordentlich und überhaupt offensichtlich nicht dumm. Vor allem im Grund ein guter Bub, mit unbeschreiblich viel Leichtsinn und Gedankenlosigkeit, aber auch mit seinen guten Seiten. Für mich ein gutes Stück Sorge, aber auch viel reine Freude!

Und jetzt waren wir über die Feiertage wirklich alle zusammen. Du kannst Dir denken, wie ich glücklich bin. Ich habe es ja nicht mehr recht geglaubt. Jetzt ist für mich persönlich alles Böse ausgelöscht und ich kann es noch gar nicht recht fassen, wie es fein sein kann auf der Welt. Wir haben einen richtigen heiligen Abend gehabt alle vier. Mit einem schönen Christbäumel, einem bemerkenswert guten »Pappele«[240] und manchem rührend lieben Gruß von daheim. Artur schrieb von seiner letzten Weihnachtserinnerung mit den Eltern in Innsbruck. Das war 1934. Natürlich dachte ich viel an Mama und Papa, und Vera an ihre Lieben. In meinen schönsten Weihnachtserinnerungen bist Du ja immer auch dabei. In der Dreiheiligenstraße 9 ist es halt schon sehr fein gewesen! – Aber es wird alles so recht sein. Je länger ich alles überlege, um so klarer wird die Einsicht, daß der Herrgott wohl wußte, warum.
Schade, daß Du unser Hausen nicht einmal aus eigenem Augenschein kennen lernen kannst. Es hat natürlich seine Besonderheiten. Ich bin aber hoch zufrieden. Landschaftlich ist die Umgebung, wie Vera erzählt,[241] keineswegs ohne Reize. Viel Kiefern ringsum, abends immer schöne Sonnenuntergangs-Beleuchtung, im übrigen mancher Anschauungsunterricht für die Richtigkeit des alten Sagers von »des h(ei)l(igen)-Reiches Streusandbüchse«.
Anfangs Jänner sollen wir eine Hilfe bekommen, was allerdings sehr zu wünschen wäre. Das niedliche Häusel hat immerhin 6 Räume, die wir benützen; trotz elektrischem Herd und Zentralheizung gibt es eine Menge zu tun, zumal leider das heiße Wasser noch nicht funktioniert. Vera tut so, als hätte sie ihr Leben lang nichts anderes getan, als gewaschen, abgestaubt, gekocht und alles, was sonst noch dazu gehört; ich selbst entwickle auch mehr Lust an häuslicher Beschäftigung, als man mir im allgemeinen wohl zugetraut hätte, und alles zu-

---

240 Tiroler Ausdruck für ein »Essen«.
241 Vera konnte zusammen mit dem Kind das Lager zum Einkaufen und Spazierengehen verlassen.

sammengenommen sind wir den ganzen Tag gehörig im Schwung. Etwas erschwerend wirkt sich aus, daß vom Besen und Staubwischer angefangen bis zum Kochtopf an Neuanschaffung nicht zu denken ist und daher vieles sehr primitiv fehlt und nach Robinsons Art irgendwie improvisiert werden muß. Insbesonders alles was mit Staub und Sand zusammenhängt, spielt eine große Rolle. Die gute Mama selig käme aus dem Putzen und Aufwischen vermutlich überhaupt nicht heraus. Wir rutschen einen beträchtlichen Teil des Tages auf den Knien herum, und kaum ist man am Ende, könnte man getrost wieder von vorne anfangen; über die Feiertage hat uns Kurt brav geholfen. Erfreulicher Weise kam noch im letzten Augenblick die Genehmigung, daß er auf Besuch kommen durfte. Den Rest der Ferien verbringt er bei Arturs und wird bei der Gelegenheit in der Nase operiert (Wucherungen).
Verpflegung ist dank Veras unermüdlicher Bemühung erfreulich gut und unglaublich reichlich. Zu unserer besonderen Passion bekamen wir sogar schon zwei Mal echte, ausgezeichnete Tiroler Knödel.
Auch das Auspacken unserer Habe gibt noch für etliche Zeit reichlich Beschäftigung. Eingerichtet haben wir uns schon recht gemütlich. Natürlich haben wir viel zu viel Sachen für unseren jetzigen Bedarf, dafür fehlen wie gesagt mancherlei sehr prosaische aber um so notwendigere Bedarfsgegenstände, an deren Unersetzlichkeit bei Auflösung meines letzten Haushalts wohl niemand dachte.
Ausgesprochene Freude wird mir die Gartenarbeit in der guten Jahreszeit machen, vorausgesetzt, daß die unerläßlichen Geräte aufzutreiben sind, was mir allerdings versprochen wurde. Vorläufig befasse ich mich theoretisch mit der Materie.
Alles in allem(,) wie gesagt, fühle ich mich sehr gut und bin vor allem selig, wenn die Sonne scheint, hinausgehen zu können oder herinnen zu bleiben, wie es eben gerade zu Sinn steht. Das ist allein schon unendlich viel wert. Auch das Kind macht viel Freude und wird von Tag zu Tag herziger.
Manches geht natürlich ab(,) aber alles darf man eben nicht

auf einmal haben wollen. So ist eine Lesung im alten Missale natürlich nur ein schwacher Ersatz für das, was unsereiner eben gewöhnt war und was einem gerade zu Weihnachten und bei ähnlichen Zeiten schon recht abgeht. Aber der Herrgott wird sicher den Willen fürs Werk nehmen. Heutzutage darf niemand wählerisch sein und man muß immer an das viele Schwere denken, das andere durchzustehen haben.

– Auch für die Lektüre, die Du mir beschafftest, nochmals herzlichen Dank. Jetzt bin ich wieder aus den eigenen Beständen reichlich damit versorgt. – Etwas Sorge macht wohl auch noch der materielle Teil. Aber Wohnen, Licht, Heizung kostet vorläufig nichts und das ist schon sehr viel. Mit der Zeit werde ich aller Wahrscheinlichkeit nach auch den bescheidenen Rest meiner ohnedies nicht überwältigenden Ersparnisse freibekommen. Und so wird es schon gehen. Ich mache mir jetzt keine Sorgen mehr. Einmal werde ich ja hoffentlich doch wieder irgendwie mir ein Einkommen verschaffen können. Und bis dort wird es schon reichen. Um sehr viel gescheiter bin ich allerdings die ganze Zeit über kaum geworden, denn zum ernstlichen Arbeiten fehlte doch die notwendige Disposition. Immerhin habe ich heftig Sprachen betrieben und kann auf dem Gebiet ein bißl mehr wie früher.

– Wenn Du Zeit erübrigst, schreibe uns bitte wieder hie und da: Bitte wie früher, *an Vera*. Per Adresse »Frau Dr. Vera Auster,[242] Berlin, 9, Schließfach 6«. Dies (einschließlich der Frau »Dr.«) ist die uns zugewiesene und bewilligte Postanschrift. Dies ist auch für mich die einzige Verbindung, also auf mittelbarem Weg. Ab und zu fährt V(era) auf Besuch zu Ar-

---

242 Kurt von Schuschnigg erhielt den Decknamen »Dr. Auster« (vgl. Kurzbiographie), und dieser Name wurde in Analogie zum deutschen Namensrecht auf Frau und Kinder übertragen, wobei das Doktorat miteinbezogen werden mußte. Ein Meldezettel Kurt (II) von Schuschniggs von einem Aufenthalt in Sachsenhausen wurde jedoch amtlicherseits ergänzt (Kurt Auster-Schuschnigg), sichtlich da Kurt (II) außerhalb von Sachsenhausen unter seinem richtigen Namen lebte. Der Deckname war überdies beim Wachpersonal nicht unbedingt geläufig, was zu Postzustellungsschwierigkeiten führen konnte. Vgl. auch Anm. 232.

turs, aber doch nur selten, weil ihr die Zeit knapp zu werden pflegt.
Nun nochmals, lieber Onkel Hermann, ein besonders herzliches und dankbares Gedenken. Ich freue mich, Dir schreiben zu können und hoffe nur, daß Kurt den Brief nicht vergißt aufzugeben, mit welchen Zwischenfällen immerhin zu rechnen wäre. Dann kriegst Du den Brief halt später, denn einmal wird er ihm – auch im Fall des Vergessens – schon wieder vor die Augen kommen. Jedenfalls gilt er auch für Neujahr und soll Dir sagen, daß wir alle, Dir von Herzen alles Gute wünschen. Wenn Du kannst, grüße bitte gelegentlich auch Pauls[243] und Onkel Moriz.
Von uns allen in wirklicher Verbundenheit viel Liebes
und herzliche Grüße von Deinem
Kurt

**Brief 59**
(Sachsenhausen) 27. Dezember (19)41

Lieber Artur!
Vielen Dank für Deinen Weihnachtsbrief und Eure guten Wünsche. Ich freute mich sehr, den Buben hier zu haben. Auf diese Weise kam er wieder einmal um die Hauptsache des Zeugnis-Donnerwetters vorüber. Wir hatten es sehr gemütlich und ich habe alles sehr genossen. Bei Euch wird es wohl auch besonders nett gewesen sein. Der Jubel der Kinder ist ja die größte Freude für die Eltern! Besonderen Dank auch für die Bücherbesorgung; die Auswahl war mir *sehr* recht. Ich habe durch heftiges Zureden versucht, Kurtl zunächst einmal auf die Ahnfrau[244] zu stoßen. Leider erhielt er aus Wien irgend ein Krokodilforscher-Buch und einen technischen Zukunftsroman; so wurde denn offenbar der Grillparzer[245] zunächst in die

---

[243] Paul und Emmy von Kathrein.
[244] Stück von Franz Grillparzer.
[245] Franz Grillparzer (geb. am 15. Jänner 1791 in Wien – gest. am 21. Jänner 1872 in Wien), Dichter.

Reserve gestellt. Vielen Dank auch für die schönen Bücher, die Du ihm schenktest. Er hatte mit allem viel Spaß. Von mir bekam er noch etliche Herrlichkeiten aus dem unerschöpflichen Born unserer Kisten. Es ist wahrhaft erschröcklich, wie viel Überflüssiges in meinem Besitz ist. Dafür fehlen lebensnotwendige Dinge, als da sind Besen, Kübel, Pracker, Staubhadern – und was man halt sonst noch vor Anbruch des Freiheitskampfes zu den weniger geschätzten, weil selbstverständlichen Dingen zählte.
Ich bin ja schon neugierig auf die uns in Aussicht gestellte »Hilfe«.[246] Anfang Jänner soll sie kommen. Da werden wir wohl im Reden noch vorsichtiger werden müssen. Ich traue mich ohnedies kaum laut zu denken. Im übrigen haben wir aber herrliche Ruhe und es ist eigentlich alles ganz so, wie ich es mir wünschte. Was uns fehlt, wird ja wohl mit der Zeit auch noch kommen. Zunächst hätte ich gerne einen Radio. Nicht wegen der Belehrung und der Künnecke[247]-Mischung, sondern von wegen ab und zu »1000 muntere Noten«. Ich bewundere übrigens Deine Konsequenz in Rundfunkdingen.[248] So etwas ist ganz nach meinem Herzen, aber doch nicht ganz leicht durchzuhalten.
Wie Dir sicher nicht entgangen ist, macht mir das Schreiben mit Tinte noch gewisse Schwierigkeiten; das kommt von der langen Entwöhnung; dazu kommt, daß mein Stamm-Stylo[249] leider zu den vorläufig unauffindbaren Dingen zählt.
Was macht der Dienst? Hoffentlich bleibt Dir Deine jetzige Verwendung erhalten!
Und was tut sich eigentlich in der Welt? Hie und da glaubt man immer noch, man muß an irgend einem Winkel mit antauchen,

---

[246] Zur Führung des Haushaltes in Sachsenhausen wurde den Schuschniggs eine Häftlingsfrau zugeteilt.
[247] Eduard Künneke (geb. am 27. Jänner 1885 in Emmerich – gest. am 27. Oktober 1953 in Berlin), Komponist von Unterhaltungsmusik.
[248] Artur (II) von Schuschnigg besaß aus Sicherheitsgründen kein Rundfunkgerät. Vgl. Anm. 88.
[249] Bleistift.

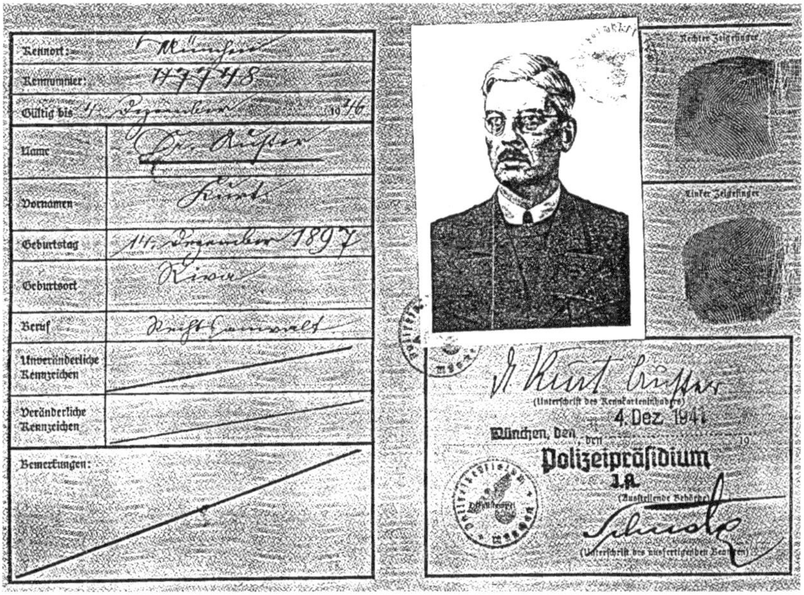

Kennort: München
Kennummer: 177748
Gültig bis 4. Dezember 1946

| | |
|---|---|
| Name | Dr. Auster |
| Vornamen | Kurt |
| Geburtstag | 14. Dezember 1897 |
| Geburtsort | Riva |
| Beruf | Rechtsanwalt |
| Unveränderliche Kennzeichen | |
| Veränderliche Kennzeichen | |
| Bemerkungen: | |

Rechter Zeigefinger

Linker Zeigefinger

Dr. Kurt Auster
(Unterschrift des Kennkarteninhabers)
München, den 4. Dez. 1941
Polizeipräsidium
I.A.
(Ausstellende Behörde)
(Unterschrift des ausfertigenden Beamten)

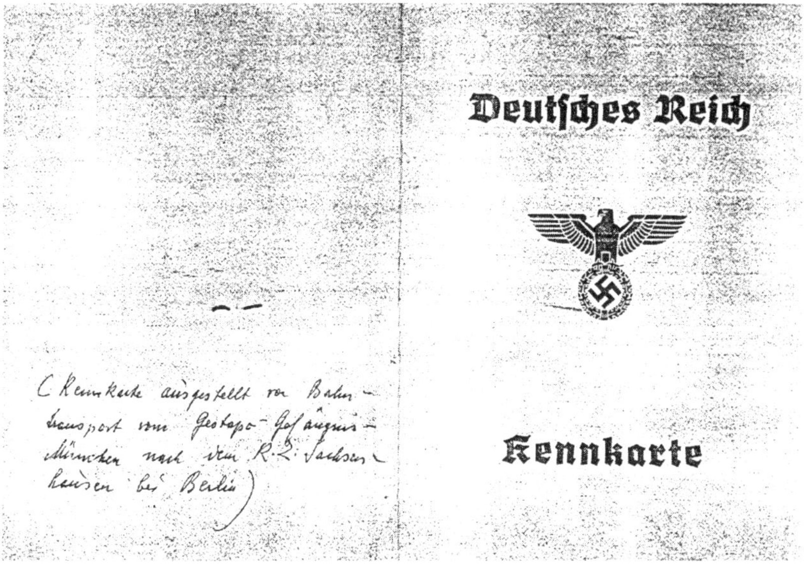

Deutsches Reich

Kennkarte

(Kennkarte ausgestellt vor Bahntransport vom Gestapo-Gefängnis München nach dem K.Z. Sachsenhausen bei Berlin)

Kennkarte Kurt Schuschniggs mit dem vorgeschriebenen Decknamen: Dr. Kurt Auster vom 4. 12. 1941
(ausgestellt vor dem Bahntransport vom Gestapo-Gefängnis München nach dem KZ Sachsenhausen bei Berlin)

bis man wieder darauf kommt, daß einen das alles gottlob nichts mehr angeht. Was derzeit hoch erfreulich ist! Solltest Du Gelegenheit haben, P. Hoffmann zu treffen, richte bitte besondere Grüße von mir aus; an ihn und seine Leute. Der Kontakt geht mir schon recht ab; ich gäbe viel für eine kleine halbe Stunde in einer stimmnngsvollen Kirche. Aber alles zugleich soll man sich nicht wünschen. Seinen Schnabel [»Geschichte des Deutsch(en) Volkes« 3 Bde.][250] habe ich noch immer. Er soll nicht ungeduldig werden. – Waren besonders gerührt über Mariannes Torte; abgesehen davon war sie wirklich hervorragend! Danke!
Bussi den Kindern, Empfehlung, Handkuß, Grüße zu Haus, Dir alles Liebe – auch schon für 1942. Dein
K(urt)

**Brief 59a**[251]

Recht herzliche Glückwünsche auch von mir – habe damit gerechnet, daß ich es persönlich tun kann – leider bist Du nicht da. Uns geht es weiter prima!
Herzlichst V(era)

**Brief 60**
(Sachsenhausen)
6. Jänner (19)42, früh

Lieber Artur!
Du wirst lachen: – aber ich schreibe in größter Eile; das gibts, obzwar ich mich bei Gott nicht über Zeitmangel beklagen

---

250 Franz Schnabel, Deutsche Geschichte im 19. Jahrhundert, 3 Bde., 1929 (Bd. 1), 1933 (Bd. 2), 1934 (Bd. 3).
251 Handschriftliche Notiz Vera von Schuschniggs auf dem Kuvert, die den Brief (Nr. 59) persönlich zustellte.

kann! – Nur ein paar Zeilen des Gedenkens zum 7. d. Dir, Spatio-que![252]
Freue mich, daß Du ein paar Tage zu Haus sein konntest; nun wirst Du ja bald Deine militärische Tätigkeit wieder beginnen. Hoffentlich hast Du die Feiertage gut verbracht, in allen ihren drei Beziehungen: Der freudig schönen, der mühsamen und der besinnlichen. Hier ging es uns prima. Hatten sehr schönen hl. Abend, wie ich Dir schon schrieb und einen gemütlichen Sylvester!
Dem neuen Jahr gegenüber wird vorsichtshalber ein bißchen Skepsis nichts schaden; von wegen einmalig in 1000 Jahren usw. – Jetzt sind es glaube ich übrigens schon 2000 geworden. Auf einen Tausender mehr oder weniger kommt es in der Inflation der Begriffe ja auch wirklich nicht an! – Beim Stöbern, das ich natürlich jetzt reichlich besorge, fand ich Mamas letzten Brief von Ende April 1935. Sie kündet das Kommen der Eltern für 1. Mai an und schreibt: »eben sei sie mit dem Aufräumen der Vorzimmerkästen fertig geworden; aber man strampele sich gerne ab, wenn so etwas Schönes bevorsteht …«
Das gibt einen Stich und tut immer wieder recht weh! So allein sind sie jetzt …
Vielen Dank nochmals für Kurts Beherbergung. Hoffentlich hat er sich halbwegs aufgeführt u(nd) nicht zu viel Mühe gemacht! Deine »Göttinnen«[253] werde ich im Auffindungsfall natürlich reservieren. Es ist nur nicht einfach mit den Bücherkisten, da ich nur einen sehr kleinen Teil auspacken kann.[254] Das Buch wird sich aber sicher finden!
Schreibe bitte bald wieder; heute muß ich Schluß machen von wegen »vorgeschrittener Zeit«.

---

[252] 7. Jänner, Namenstag Arturs.
[253] Heinrich Mann (geb. am 27. März 1871 in Lübeck – gest. am 12. März 1950 in Santa Monica/California, 1931 Präsident der Preußischen Akademie der Künste, Sektion Dichtkunst, 1933 Emigration), Die Göttinnen oder Die drei Romane der Herzogin von Assy, Berlin 1903. Der Band wurde von Kurt von Schuschnigg bei Artur (II) von Schuschnigg vor 1938 entliehen.
[254] Die Bücherkisten waren im Keller des Hauses abgestellt.

Alles Gute und viele Grüße daheim. Bussi den Kindern, Handkuß Marianne.
Herzlichst Dein
Kurt.

Nb. Hier wäre alles sehr schön; nur die nötigen und bewilligten Verbesserungen kommen sehr langsam; V(era) erhielt gestern Post vom 12. 12.! Im »Blitzkrieg« sind wir jedenfalls nicht eingeschaltet, und der preußische Dienstweg ist mindestens so mühsam wie der unsrige von seinerzeit! Also H! H! Pfoten hoch und abwarten!

**Brief 61**
15. Jänner (19)42.

Lieber Onkel Hermann!
Vielen Dank für Deinen Brief vom 8. d., der mich besonders freute! Ja, es war eine lange Pause; und Briefschreiben ist leider auch nur ein schwacher Ersatz für lange fälliges mündliches Reden. Aber wir müssen uns jetzt bescheiden; ich sage mir immer wieder, ich darf jetzt nicht schon wieder in meinen Wünschen und Gedanken üppig werden. Übrigens ängstige Dich bitte nicht ob meiner fast postwendenden Antwort; ich weiß schon, daß ich mehr Muße zum Briefschreiben habe und erwarte daher auch gar nicht, daß Du Dir jetzt eine normwidrige mühsame Korrespondenz antust. Daß mich aber jeder Brief ganz ungewöhnlich freut, weißt Du wohl! Ich beschränke natürlich meine Korrespondenz sicherheitshalber sehr: – Kurt, Artur, Du, und ab und zu die gute Tante Tilti! An Artur nimmt V(era) die Briefe mit bei ihren gelegentlichen, ohnedies notgedrungen seltenen Berliner Besuchen.[255] Unsere Anschrift ist

[255] Trotz dieses unzensurierten Postweges – Vera von Schuschnigg wurde beim Verlassen des Lagers nicht kontrolliert und stellte die Briefe zeitweise persönlich zu – sind die Briefe an Artur (II) von Schuschnigg schon aus Rücksichtnahme auf den Empfänger zurückhaltend geschrieben, gehen aber weit über das hinaus, was man der Post anvertrauen konnte.

nicht schön; Da hast du wohl recht. Aber wir waren der Wahl enthoben. So Gott will, bleibt mir das nicht auf ewige Zeiten. Bin sehr glücklich, daß unsere Kleine bereits letztes Jahr zur Welt kam und daher regelrecht benamst und getauft ist!
Ich bin jetzt fest beim Kramen in den alten Sachen. Eine zweischneidige Angelegenheit für ohnedies mehr retrospektive Gemüter. Fand den Brief Mamas von Weihnachten 34, wo sie klagt, daß Du wegen Krankheit am Hl. Abend nicht herunter konntest und sich auf Euer Treffen am nächsten Tag freut; dann den Brief vom April 35, wo sie das Kommen der Eltern für Mai nach W(ien) ankündigt, nur müsse sie »die Vorzimmerkästen noch fertig aufräumen ...«. Der Herrgott hat es mit dem Aufräumen anders vorgehabt – und hat uns nur noch ein paar glückliche Wochen zusammen geschenkt. *Einen* Tag davon, wenn man nochmals haben könnte! Nichts – früher oder später – ist so schwer gewesen; ich bin noch immer nicht drüber. War wohl zu leichtsinnig und oberflächlich gewesen, und hab gemeint, weiß Gott wie gewissenhaft zu sein. Irgend ein Deuter von oben muß es wohl gewesen sein. Schrecklich, wie harthörig man werden kann – und wie urteilslos betreffend die Rangordnung der Werte. Aber darüber müßte man reden können. Ich täte Dich, glaub ich, sehr brauchen! Vielleicht kommt es einmal dazu, wenn es wieder ruhiger in der Welt ist, – dann setzen wir uns aber einen Abend zusammen!
– Hier ist es an sich nicht nur gut auszuhalten, sondern es wäre landschaftlich direkt reizvoll. Was Du über die hiesige Sonne sagst, stimmt. Prachtvolle Beleuchtungen u(nd) wunderbare, wenn auch momentan recht kalte Abende. Die Luft ist jedenfalls sehr gut. Freut mich auch wegen des Kindes. Ich beschäftige mich viel mit den Gedanken einer »Urbarmachung« unseres Bodens: ich hätte immerhin etliche 100$m^2$ zu betreuen (etwa 800). Vor allem möchte ich Graswuchs erreichen. Vorausgesetzt immer, daß ich das theoretisch zugesicherte Werkzeug auch wirklich bekomme. Auch ein paar Beete, Sträucher für die Mauer usw. wären im Plan. Kurz Vorsätze in Fülle. –

Unser Heim ist recht nett. Außen Holzverschalung, innen Zentralheizung und elektr(ischer) Herd. Zimmer zwar klein, aber immerhin genügend: 4 ganze und 2 halbe Räume, plus Küche und Bad. Leider hapert es bis jetzt mit dem warmen Wasser. Auch haben wir das Malheur, unsere elektrischen Geräte (vom Bügeleisen über Staubsauger bis zum Radio) vorläufig nicht brauchen zu können, da die Umstellung auf die hiesige Spannung bislang nicht erreichbar war.
Vera hat somit mächtig zu tun; natürlich sind wir allein; was gewiß auch seine Vorteile hat.
Aber V(era) macht ihre Sache ausgezeichnet; alles Ungewohnte macht natürlich müd, und sie hat es ja nicht leicht! Ein bißl à la Robinson Crusoe geht es schon bisweilen notgedrungen zu; die wenigsten würden da freiwillig mittun. Mir geht es ja prächtig dabei und ich genieße den Fortschritt ungeheuer! – Hab auch einen Teil meiner Bücher aufgestellt, den Rest im Keller! – Die Bücher sind meine große Passion. Wenn Du entsprechend Autoren-Exemplare von Deinem Bergbauern-Werk dann seiner Zeit bekommen solltest, vergiß mich bitte nicht! Hätte große Freude und *viel* Interesse. – Meine Bücherei ist mittlerweile ein bißl veraltet; aber gottlob hab ich einige zeitlos gute und wertvolle Sachen. Hauptsächlich Kunst, Staatsrecht, klassische Literatur u(nd) Austriaca; immerhin über 2000 Bände; bescheiden zwar, aber für mich genügt's und langweilig wird es dabei auf Jahre hinaus nicht werden. In der schlimmsten Zeit hatte ich viel Freude mit Plato u(nd) Dante (ersterer allerdings auf deutsch!). Unlängst las ich eine ausgezeichnete Studie »Nietzsche und Burckhardt«. – Du hast wohl recht: Lesen kann eine große Wohltat und ebensolche Hilfe sein! Nun alles Gute u(nd) Gesundheit! V(era) läßt herzlichst grüßen. Besonders herzl(iche) Grüße von Deinem
K(urt)

Der Bub läßt auch vielmals grüßen, die Kleine ist noch nicht so weit!

Künstlerfreunde Artur von Schuschniggs

»Wilhelm Kienzl mit Frau und einem unbekannten Verehrer, 11. März 1934« (Artur von Schuschnigg)

1937 im Garten von Kienzl, Wien II., Schreigasse 6, v.l.n.r.: Henny Kienzl, Bruno Walter, Hansi Engert (Schwester von Frau Kienzl), Wilhelm Kienzl, Frau Bruno Walter, Elisabeth Schumann, Josef Marx, Schwester Marx, Dr. Kruger, Gatte der Schumann, Artur von Schuschnigg

23 (links) »Herrn Dr. Artur von Schusch nigg, dem getreuen ›Plattenbruder‹ i rebus musicis Kienzelii!, Wien Juni 193 Dr. Wilh. Kienzl.«

24 (unten) Studioaufnahme der Fun operette »Der Geiger von Nußdorf« v Edmund Eysler, RAVAG 1937. V.l.n. Franz von Borsos, der Librettist, Art von Schuschnigg, Regie, Kurt von Le sen, Lizzy Holzschuh, Meister Eysl Fritz Imhoff, Michael Xanther (Fo Hans Popper)

; Silvester 1937/38: Studioaufführung der »Schönen Galathee« von Franz von Suppé. l.n.r.: Franz von Borsos, Hansen, Holzer, Daisy Halban-Kurz, L. Riedinger, Jerger, Artur n Schuschnigg

»Die Mahlers«, Franz Werfel und Alma hler, in ihrem Garten auf der Hohen Warte Vien XIX., ca. 1934

27 Else (Thun) Wohlgemuth: »Meinen lieben Freunden Artur + Marianne innigste Grüße + auf glückliches Wiedersehen. Wien am 27.9.38. Else«

28 Karte von Franz Lehar an Artu von Schuschnigg vom 22.11.194( in der es um eine Operettenau führung in Innsbruck geht. (Fot Wilhelm Pleyer)

29 Rudolf Henz, Reinhold Schne der, Artur von Schuschnigg u zwei seiner Kinder in der Wohnu Wien 4, Brahmsplatz 1, am 5.3.195 Reinhold Schneider verstarb weni Wochen danach. Sein letztes We »Winter in Wien« erschien posthu

»Pfingstsonntag 1938«, v.h.n.v.: Kurt jun., Artur (I), Artur (III), Anna, gen. Dicki (in den efen auch Nanni)

Die Hochzeit am 1. Juni 1938.
Die Bilder wurden bei einer kleinen Familienfeier nach der »per procuratorem-Trauung« Kurt von Schuschniggs mit Vera Gräfin Czernin-Chudenitz in der Wohnung Artur von Schuschniggs in Wien 1, Predigergasse 5 (neben der Dominikanerkirche), aufgenommen.

31 Rückseitig vermerkt der Fotograf: »V... (kurz nach der Hochzeit) Sie ist aber rec unglücklich über das Bild, das auch wenig günstig ist.«

32 (links) Die Braut mit ihrem Schwiegervater und Trauzeugen, Generalfeldmarschall A (I) von Schuschnigg
33 (rechts) Die Braut mit ihrem Schwager, Artur (II) von Schuschnigg, der bei der Trau als Stellvertreter des Bräutigams fungiert hat.

(oben links) Vera von Schuschnigg mit
rt jun. Das Foto stammt aus dem Jahr 1938
l ist dem Brief an Hermann Wopfner vom
änner 1939 beigeheftet.

(oben rechts) Vera, das Baby Maria
lores Elisabeth, gen. Sissy, sechs Wochen
und Kurt jun. Das Foto war der Karte vom
Mai 1941 an Hermann Wopfner beige-
tet.

(rechts) »Hast Du das Bild schon? Wien,
ner 43.« (Beigeheftet dem Brief Kurt von
uschniggs an Hermann Wopfner vom
2.1943) Maria Dolores im Alter von
pp zwei Jahren (Foto Hans Dietrich)

37 (links) Vera und Maria Dolores von Schuschnigg, beigeheftet dem Brief Kurt v Schuschniggs an Hermann Wopfner vom 21.2.1944. Rückseitig handschriftlich: »Viele he liche Grüße(,) lieber Onkel Hermann auch von mir. Komme leider nicht nach Tirol – es mir alles zu unsicher – vielleicht einmal nach Wien. Habe viel Arbeit, fühle mich aber se wohl dabei. Herzlichst Deine (vorderseitig) Vera Sissy 1944.

38 (rechts) Artur von Schuschnigg und Familie in Berlin (W62, Burggrafenstraße 14) am November 1940

39 Artur von Schuschnigg als Luftwaffengefreiter bei einem Besuch seiner Familie in M linden, April 1941

31. Jänner (19)42

Fortsetzung und Absendung des Briefes haben sich nun etwas verzögert. Vera fährt erst am 7. 2. nach Berlin und ich möchte ihr doch lieber bei dieser Gelegenheit den Brief mitgeben. Unser sonstiger Postweg geht auch nicht immer viel schneller. Mittlerweile hat Dich sicher V(era)s Dank erreicht, dem ich mich herzlich anschließe! – In der Zwischenzeit hat sich bei uns allerhand ereignet – und zum besseren gewandt, um dies gleich vorwegzunehmen!
Es ist für V(era) doch zu viel geworden – und auf einmal lag sie im Bett mit einer rezidiven Gallengeschichte; ich hatte es lange befürchtet. Nun war allerdings zunächst guter Rat teuer. Nicht nur, weil es doch recht unheimlich wurde und man nicht wissen konnte, wie das unter den obwaltenden Umständen weiterging, sondern auch weil angefangen vom täglichen Milchholen bis zum Einkaufen in den etwa $^1/_4$ Radfahr-St(un)d(e) entfernten Läden alles auf ihren Schultern ruhte. Ich darf nicht, und sonst auch bisher niemand. – Auf meinen S.O.S. Ruf ging es aber erfreulich prompt. Es kam der hier zuständige Amtsarzt und versorgte mit guten Medikamenten, und 24 St(un)d(en) später kam die versprochene Hausgehilfin. Wurde uns beigestellt und ins Haus gebracht. Seither führen wir nun – um mit V(era) zu sprechen – das reinste Plutokratenleben. Es ist ein 22-j(ähriges) Mädl, in der Nähe hier daheim, mit ähnlicher Vorgeschichte (mutatis mutandis) wie ich selber; anscheinend sehr zufrieden bei uns und V(era) ebenso mit ihr; sie ist besonders tüchtig, scheinbar fleißig, still, kann kochen, – kurz alles was wir brauchten. Du kannst Dir denken, wie glücklich wir sind. Mir ist ein Stein vom Herzen, denn auf die Dauer wäre es für V(era) zu viel geworden. Gottlob hat sie sich wieder erholt, wird aber aufpassen müssen.
Auch die elektr(ischen) Haushaltsgeräte sind mittler(weile) zum Teil gebrauchsfähig geworden. Also alles in bestem Gang. Ich könnte es – für mich – jetzt einmal vernünftiger Weise mir nicht besser wünschen. Das Kind gedeiht sichtlich; es ist zwar

kalt, aber herrliche Luft! – Und wie geht es Dir?? Hoffentlich zu Deiner Zufriedenheit! Schreibe bitte immer, wenn Du dazu kommst.
Alles herzliche von uns allen Dein
K(urt)

**Brief 62**
X. (für Sachsenhausen) 18. Jänner (19)42

Lieber Onkel Hermann!
Vielen Dank für Deine liebe Karte – Du wärest ein rettender Engel(,) wenn Du uns einen Pracker (Teppichklopfer, möglichst massiv)(,) eine Bodenbürste, Hadern (Fetzen!) besorgen könntest! Aber bitte *nur*(,) wenn es Dir keine zu große Mühe macht. Verzeih, daß ich heute nur kurz schreibe – aber die Arbeit ist groß u(nd) der Abend sehr nah u(nd) ein Grießschmarrn im Rohr(,) der sicher sein Möglichstes tut(,) um anzubrennen.
Du bekommst bald einen langen B(rie)f – am 7. will ich nach Berlin fahren. –
Wir sind glücklich, gesund, froh u(nd) munter! Alles Liebe von Kurt u(nd) mir Deine
Vera

**Brief 63**
X. (für Sachsenhausen) 26. Jänner (19)42

Lieber Onkel Hermann!
Sehr gerührt danken wir für Deine liebe Sendung – die *heute* in unsere Hände kam. – Kann heut nur kurz schreiben, bin dummerweise krank geworden – Galle – Leber – fühlte mich schon lang recht elend ohne nachgeben zu können, bis es dann zu viel wurde. Gottlob kam am Tag, wo ich mich hinlegte(,) eine ganz ausgezeichnete Hilfe, sie nimmt einen alles ab u(nd)

ist eine Perle! Heute geht es mir wieder viel besser – der D(okto)r meint(,) ich soll 8 Tage liegen, aber das wird hoffentlich nicht nötig sein.
Sonst ist alles schön, gut u(nd) friedlich wie immer.
Kurt und ich senden Dir viel Liebes. Deine
Vera.

**Brief 64**
1. Februar 1942

Achtung! Kampf dem Verderb!
Nach Gebrauch vernichten! Zum Aufbewahren nicht geeignet![256]

Lieber Artur!
Also ich glaube, daß unsere mittlerweilige Geschichte eine detailliertere Darstellung verträgt, als Vera sie vermutlich mündlich geben wird:
Die Dinge haben sich wie folgt verhalten:
Eines schönen Tages wurde Veras tagelanges verdächtiges Schleichen zu einem regelrechten breakdown. Sie lag also im Bett; mit allen Anzeichen schwerster Verstimmung alles dessen, was man gemeiniglich zur Verdauung benötigt. Wir beschlossen daraufhin, – insbesonders mit Rücksicht auf verdächtigen Augenglanz, daß es sich um eine beginnende Gelbsucht handle; im übrigen war die Frage offen, ob Magen, Leber oder Galle. Ich tat mir schwer, als ärztlicher Substitut zu fungieren, weil V(era) mir erklärte, Fieber komme bei ihr überhaupt nicht in Frage. Ihre normale Temperatur sei um die 34 (was mir bis jetzt eigentlich nie aufgefallen war). Immerhin hatte sie also gegen 38.
So weit so gut. Aber außerdem war niemand, der die Kindermilch holen konnte, kein Kartoffel im Haus, niemand zum Ein-

[256] Mit rotem Farbband auf der Maschine geschrieben.

kaufen, … die Wache hat ja strenges Verbot, uns etwas zu besorgen … Wir fanden also, daß etwas zu geschehen hätte.
Ich meldete den ganzen Fall der Wache und machte außerdem eine schöne und illustrative Eingabe an unsere gottsoberste Zuständigkeit in Berlin; ohne allzu optimistische Hoffnungen. Mittlerweile gab es weitere Versorgungsschwierigkeiten und bei Vera immer gelbere Augen. Nachdem uns aber nichts mehr aus dem Sattel wirft und unser Vertrauen in die Vorsehung und den Allmächtigen bezüglich Schutz unserer gerechten Sache die vorschriftsmäßige Unbegrenztheit längst erreicht hat,[257] sahen wir, komme was da wolle, eiskalt und entschlossen in die den nächsten 1000 Jahren unmittelbar vorausgehende Zukunft. Der Herr verläßt die Seinen nicht.
Und so kam denn prompt die Rettung aus Berlin. Ich wurde persönlich auf das liebenswürdigste getröstet. Die Lage sei wirklich schwer, es müsse etwas geschehen, es gehe nur leider nicht immer so prompt wie wünschenswert … Man wäre auch bereit, uns eine Hilfskraft zu beschaffen. Ob ich Einwendungen dagegen hätte, wenn es jemand Vorbestrafter wäre. Ich dachte natürlich sofort in meiner unverbesserlichen Naivität an eine Kleptomanin oder etwas ähnliches; eventuell auch an eine Zigeunerin mit gesundheitlichen Schäden …
Aber nichts von alledem. Das käme natürlich gar nicht in Frage. Ob ich aber Bedenken dagegen hätte, wenn eine politisch Vorbestrafte in unseren Dienst träte? … Darauf muß ich nicht sonderlich intelligent dreingeschaut haben, denn man fand die Sorge dann doch sichtlich etwas übertrieben. Daß mir so etwas sehr recht wäre, konnte ich ja auch nicht gut sagen. Immer die Wahrheit zu sagen, das heißt auszusprechen, war nie bekömmlich.
Als Zwischenlösung sollte uns jemand Unbekannter, den wir nie zu Gesicht bekommen durften, alle 2 Tage einkaufen gehen. Aber schon am nächsten Tag wurde die Hausgehilfin persönlich vor- und eingeführt. Das Staunenswerte geschah, sie

[257] Parodistische Verwendung einer Stehformel in Hitlers Reden.

taugt sehr gut, – alles nähere darüber kann Euch ja V(era) erzählen. Jedenfalls ist sie bienenfleißig, kocht, putzt, staubt, lacht und scheint glücklich, dem Lager entronnen zu sein. Sie darf also nicht wissen, wo und was, wer wir sind, wie wir wirklich heißen. Man sagte ihr, sie komme zu netten Leuten. »Er« hat einen Posten bei der hiesigen Kommandantur... (Das ist ja schmerzlich für mich! In den Verdacht komme ich nicht zu gerne.)
Was sich die Gute also wirklich denkt, weiß ich nicht. Von den Teppichbezeichnungen bis zum Ersatzhäuselpapier begegnet sie immer wieder unserem Namen. Hoffentlich denkt sie sich nichts dabei, und sonst kann ich ihr auch nicht helfen. Ich bin also auch sehr zufrieden mir ihr. Natürlich redet sie hiesig. Da kann man halt nichts machen. Aber Ordnung halten die Preußen; das muß man ihnen ja wieder lassen. Du solltest sehen, wie es jetzt bei uns in der Speise und Rumpelkammer aussieht. Alles in Reih und Glied. Wenn nur mehr zum Aufstellen da wäre.
Auch im übrigen ging das Lustspiel gut weiter. Es kam prompt ein prächtig uniformierter, sehr junger, durchaus zivilisierter SS-Arzt vom Lager. Furchtbar besorgt, ein bißl schüchtern, – er ist ja sonst andere Patienten gewohnt. Der Gute war glücklich, unsere gesprächsweise Diagnose aufgreifen zu können, beschloß, daß es sich wohl nur um Galle handeln könne, höchstens noch ein bißchen Ruhrverdacht dazu. Er gab herrliche Mittel, eines für prompte Verdauung und das andere vorsichtshalber für die gegenteilige Wirkung (So stelle ich mir die Sache wenigstens vor.), verordnete Ruhe, Bettliegen, Wärme u.dgl., kurz war ganz rührend. Seitdem geht also alles wieder unberufen in Ordnung. Die Mittel – gleichzeitig genommen – wirkten offensichtlich sehr gut und beruhigend, und nach etwa einer Woche und etlichen Arzt-Visiten waren wir wieder am Damm. Und jetzt führen wir – um mit V(era) zu sprechen – das reinste Plutokratenleben. Mir paßt es. Das muß ich schon sagen.
Gottlob, daß alles gut vorüberging. Momentan war es weit weniger komisch, als sich das alles rückblickend ansieht.

Und wie geht es bei Euch? Hoffentlich ist alles in Ordnung und seid Ihr alle gesund! Ich freue mich immer sehr, von Dir zu hören und hoffe, daß Du einen Brief für mich auf Lager hast. Im Büro stelle ich mir vor, wirst Du doch ab und zu auch zu vernünftiger Arbeit kommen und einen Brief schreiben können. Daß es zu Hause schwerer gehen wird, glaube ich Dir gerne!
Mamas Gebetbuch (Schott)[258] habe ich gefunden.
Die »Göttinnen« habe ich nicht vergessen, aber noch nicht entdeckt, da ich nur einen Teil der Bücherkisten auspacken konnte. Werde aber weiter schauen!
Deine Vorstellungen über meine Raucherei sind stark übertrieben! Gegen früher nähere ich mich überhaupt dem Nichtraucher. Aber immerhin, die lasterhafte Neigung ist noch vorhanden. Ich spüre aber stark, daß im friederizianischen Deutschland trotz allen bemerkenswert starken Tabakes nur Stroh zu Rauchzwecken getrocknet wird. Ein schwacher Trost, ich weiß! Deine Schilderung hat mich stärkstens beeindruckt, aber ich werde bald ebenso auf dem Trockenen sitzen. –
Daß unser Radio hier seit 2 Monaten auf Reparatur ist und keine Aussicht auf deren glückliche Beendigung, – empfinde ich bitter. Nicht daß es mich sonderlich interessierte, ob die Lili Marlen[259] noch immer alltäglich bei der Laterne steht, aber Sonntags gab es immer 1 Stündlein Ausschnitte aus der Philharmonie, und ab und zu Hans Mosers[260] »Reblaus«.[261] –
Tagsüber pfusche ich jetzt ab und zu in Dein Handwerk und dilettiere in Kunstgeschichte. Wenigstens weiß ich, daß hinter Kubismus, Futurismus, Dadaismus usw. doch eine Idee dahin-

---

[258] Der »Schott« ist das weitverbreitete Meßbuch, das von Anselm Schott, OSB, im Verlag Herder herausgegeben worden ist.
[259] Populäres Soldatenlied, das häufig gespielt wurde und unter anderem eine Kennmelodie des deutschen Soldatensenders Belgrad war, aber auch in anderssprachigen Versionen bei den Alliierten gesungen wurde.
[260] Hans Moser, eigentlich Jean Julier (geb. am 6. August 1880 in Wien – gest. am 19. Juni 1964 in Wien), Schauspieler.
[261] Wienerlied.

ter stecken sollte. Das habe ich neu gelernt. Leider schließt das »Handbuch«[262] mit 1925, daher fehlt alles Neue. – Wie schachtelt man die aktuelle Architektur und Malerei ein? Neo-Realismus? After-Klassizismus? Deutsch Empire? – Ich rede wie der Blinde von der Farbe, da ich ja nur Beschreibungen kenne. Manches wird sicher sehr gut sein. Ob auch wirklich originell?? –
Hier ist im weiten Umkreis photographieren und malen bei Todesstrafe verboten. (Foto 44)
Und doch fürchte ich, daß das einmal gute Motive geben wird.
Alles Liebe Euch allen; Handkuß Marianne, Bussis den Kindern, Dich grüßt herzlichst Dein
Kurt

**Brief 65**
X. (für Sachsenhausen) 6. Februar (19)42

Lieber Onkel Hermann!
Eben kam Dein lieber Brief, vielen Dank. Kurt bekam den Deinen ganz richtig(,) nur wurde die Antwort bis zu einer Reise von mir nach Berlin verschoben, was ich Dir auch seinerzeit ankündigte. Morgen fahre ich hin und Du bekommst die Antwort hoffentlich bald. Außerdem werden Deine Briefe immer gemeinsam mit großer Freude gelesen. Hast Du meinen, wo ich Dir, sehr verspätet, nicht durch meine Schuld – für Deine liebe Sendung dankte, bekommen. Es ist so lieb von Dir, daß Du Dir solche Mühe wegen uns machst, tausend Dank! Weißt Du Wäschekluppen wären schon sehr willkommen, sie fehlen uns gänzlich und das Mädl jammert ewig darum! Auch Wäscheleine, aber das wird es wohl nicht geben? Einen Geschirreiniger könnte ich auch sehr gut brauchen. Schade, daß es keinen Klopfer gibt, aber der Staubsauger ist jetzt repariert, so kann man sich so behelfen. Aber bitte mach Dir nur nicht

---

[262] Propyläen-Kunstgeschichte.

zu viel Mühe! Ein Farbband wäre ein Geschenk des Himmels!! Mit meinem werde ich bald verrückt werden, es schreibt nur an gewissen Stellen und die muß ich mir mühsam während des Schreibens aussuchen; aber man hat mir schon erzählt, daß es so etwas gar nicht mehr gibt, schon gar nicht meine mm. Ich frage dann immer ganz naiv, ob auch daraus Kanonen gemacht werden, denn gewisse Dinge verstehe ich halt nicht.
Von Kurtl und meinen Kindern kommen gottlob sehr gute Nachrichten, sie haben alle momentan Kohlenferien. Meine Große ist jetzt 17 Jahre geworden, da hab ich doch plötzlich das Gefühl bekommen, daß ich eigentlich recht alt inzwischen geworden sein muß, ohne es zu merken! Als ich letzthin an einem der Kinderbriefe: »Deine Alte Mami« unterschrieb, wurde ich sehr gerügt, so eine junge Mami gibts nicht mehr wieder(,) hieß es dann(,) und ich soll die »falsche« Unterschrift lassen! Es ist ja gut, wenn man für die Kinder jung bleibt.
Wir sind sehr beunruhigt, daß Du hustest, sicher schonst Du Dich nicht genug? Heiße Milch ist so gut dafür, aber wenn Du so wie Kurt bist, schüttelts Dich nur beim Lesen des Wortes – Milch.
Der arme Paul K.[263] ich weiß was Übersiedeln heißt und in seinem Alter schon gar. Grüße ihn und Emmy bitte recht herzlich von uns, ob sie wohl meinen Brief bekommen hat?
Nun aber Schluß für heute. Gute Besserung und bitte schau auf Dich! Du sagst doch immer, daß ich unvernünftig bin!! Ich schone mich aber jetzt wunderbar und werde vor lauter Gutleben und Gutessen demnächst kugelrund sein!
Wenn es Dir nicht zu langweilig ist, schreibe bitte bald wieder, deine Briefe machen immer viel Freude.
Alles Liebe und Gute von uns Beiden Deine
Vera

---

263 Paul von Kathrein.

**Brief 66**
26. Februar 1942

Lieber Artur!
Unsere Korrespondenz hat den Nachteil, daß die jeweilige Beantwortung immer etwas verspätet kommt. Trotzdem wäre mir aber sehr daran gelegen, wenn wir es beim bisherigen Usus beließen und Du tatsächlich wie bisher die Zeit fändest, fallweise Euer Lebenszeichen für mich zu präparieren. Es ist wohl am besten, wir lassen es auch bei der bisherigen Art der »Zustellung«.[264] Denn sicher ist sicher und auf diese Weise kommt niemand Unberufener darauf, was wir uns zu sagen haben. Du kannst übrigens – um dies gleich vorwegzunehmen – vollkommen beruhigt sein! Ich vernichte sofort nach Lektüre aus Grundsatz und bestehen daher keinerlei Gefahren. Dabei ist das Komische, daß wir uns ohnedies nichts geheimnisvolles oder gar gefährliches zu sagen haben, und wenn im ganzen g(roß)d(eutschen) Reich niemand gefährlichere und bedenklichere Glossen macht wie wir zwei, dann könnten manche ruhiger schlafen, als dies vermutlich der Fall ist!
Dein letzter Brief hat fast ein bißl gedrückt geklungen. Nicht daß ich es nicht verstünde! Du mußt Dir halt denken, ohne Auflage an drückenden Sorgen und Unbestimmtheiten kommt heutzutage niemand durch. Und wenn man nach dem Warum und Wozu forscht, wird man notwendiger Weise beeindruckt. Die Schlußfolgerung ziehst Du ja selbst ganz richtig: wenn es so bleibt, dann ist immer noch weitaus die beste Chance gewonnen. Das wünsche ich Dir denn auch von Herzen! Wie Du vom »vorgerückten Alter« geschrieben hast, kam es mir fast unglaublich und komisch vor. Und doch, ist es ganz richtig – und wir sind auf einmal die »alte« Generation geworden. Aber es hat doch auch sein gutes und ich hoffe zuversichtlichst für Dich, daß Du momentan daraus Nutzen ziehst.

---

264 Die Korrespondenz wurde von Vera, die das KZ verlassen durfte, persönlich überbracht. s. Brief 61 und Anm. 255.

Wie wurst ist dabei die Art Deiner momentanen Beschäftigung. Natürlich, warum Du Dich dann in allen möglichen Spezialdisziplinen abrackern mußtest, bleibt unergründlich. – Beim Militär geht das nicht anders. Ich erinnere mich dabei an Onkel Moriz' Schilderung von der Verwendung der Spezialärzte im letzten Krieg. Um auf die zahnärztlichen Stationen zu kommen, mußte man glaube ich zumindest Hautarzt sein und als gelernter Chirurg wurde man gerne Spitalbettenverwalter. Allerdings war das die österr(eichische) Schlamperei. Wer weiß, vielleicht kommt das sonst auch vor! Also laß es Dich nicht verdrießen und denke möglichst wenig nach, das aber *gründlich,* dann wirst Du meine militaristischen Erfahrungen, ins Preußische übersetzt, wohl am nutzbringendsten verwerten.
Daß auch die häuslichen, i.e. hausfraulichen Sorgen nicht leicht sind, kann ich mir denken. Davon haben wir ja auch schon manche Vorstellung erworben. Vollkommen neu war mir, daß Marianne an eine ärztliche Behandlung denken muß. Was ist los? Sie soll sich nur um Gottes willen die Zeit dazu nehmen! Denn was nötig oder auch nur nützlich ist, sollte man nie verschieben. Das gute Essen, Aufräumen, Reinemachen etc. könnt Ihr nämlich im Notfall nachholen. Wenn aber der Arzt sagt, es ist etwas versäumt, dann dauert alles noch länger und wird mühsam, zumal für die Patientin. Ich rede so gescheit daher, weil ich selber ähnliche Sorgen habe. Doch davon später.
Köstlich amüsiert habe ich mich über die Episode betreffend Spatzens Zeugnis. Er muß ein aufgewecktes Bürschel sein und geht bestimmt nicht umsonst in die Schule. Sein Hinweis auf die gänzlich andere (und gerechtere!) Wertung des Ergebnisses bei seinem Freund ist prima und zeugt von ausgeprägter Beobachtungsgabe und beachtlicher forensischer Begabung. Du bist scheints noch nicht im Bilde, daß 1-er in Schreiben und Rechnen heutzutage eher kompromittieren. Was offenbar auch der Lehrer einsieht, sonst würde er nicht seine Aufgaben anders zensieren, wie dann die Leistung im Zeugnis. Wer im schulmäßigen Denken nicht ganz ungenügend bekommt, der

wird nie nach Walhall kommen. Das ist aber die erste Voraussetzung für den späteren unangefochtenen Besitz zumindest eines Volkswagens, ganz zu geschweigen von dem dazu gehörigen Landhaus und den anderen Bequemlichkeiten des täglichen Lebens. Nur Plutokratenkinder gehen noch auf lauter Einser aus. Wenn Du erst einmal die väterlichen Freuden erleben würdest angesichts der Belehrung, daß ein 5-er die beste eben noch vertretbare Leistung ist, während normaler Weise alles 6-er wären ... Nun so weit will ich Dir Erfahrungen gar nicht wünschen, Du hast auch keine Aussicht, solche zu machen ... Aber wenn, dann würden Dir die 5 Mark-Stückln bei den 2-ern wesentlich lockerer sitzen! Ich habe mich die längste Zeit gar nicht erholen können über Deine rigorosen Ansichten. So einen Zeugnistag bei Euch möchte ich einmal erleben, aber dann, wenn alle drei zum Rechenschaftsbericht antreten. Ich glaube, Du baust nur aus Sparsamkeitserwägungen vor! Wofür ich ja allerdings Verständnis hätte.
– Daß der arme Hörhager[265] tot ist, habe ich nicht gewußt. Manchmal schaut es schon so aus, als wäre Menschenlos unbillig hart und sinnlos. Aber was wissen wir schon! – Jedenfalls wird der Abrechnungstag hüben oder drüben einmal sehr ungemütlich werden. Ein Glück für alle, die dann nicht beteiligt waren!
– Nun zu unserem Lagebericht: – Wie ich schon früher angedeutet habe, macht mir V(era)s Zustand etwas Sorge. Ich vermute irgend eine der so häufig vorkommenden Störungen. Daher wäre eben ein wirklicher Arzt von Nöten. Schade, daß nicht mehr die ganz alten Zeiten sind: – wenn nämlich wie anno-dazumal der Bader in Personalunion mit dem Friseur funktionierte, dann wäre sie vermutlich eher dazu zu bringen, sich behandeln zu lassen. Ich habe ihr sehr zugeredet, sie solle

[265] Dr. Adolf Hörhager (geb. am 11. Februar 1884 in Ried/Zillertal – gest. am 1. Februar 1940 in Mauthausen), 1910 Dr. iur, 1918 im Tiroler Nationalrat, Rechtsanwalt in Innsbruck, 1934 Leiter der Vaterländischen Front des Bezirks Innsbruck, 13. März 1938 verhaftet.

sich entschließen. Ihr würdet ja sicher so gut sein, Ihr bei Eurem Frauenarzt die Wege zu ebnen. Halb hat sie mir auch den Entschluß schon zugesagt. Aber ich fürchte, in Berlin überlegt sie es sich dann wieder anders. Die Arme sieht so schlecht aus und fühlt sich auch mitunter gar nicht gut. Ich bin ganz überzeugt, daß eine entsprechende ärztliche Behandlung bald helfen würde. Vorläufig bin ich natürlich etwas besorgt. – Unserer Puppe geht es dafür sehr gut. Gottlob! Ich freue mich sehr, daß ich so viel Zeit habe, ihr Aufwachen wirklich mitzuerleben. Es ist ja so schön!

Momentan ist sie beim Produzieren der Zähnchen, dafür aber unwahrscheinlich brav. Etwas knautschig natürlich, aber durchaus in Grenzen. Vielleicht hängt das auch gar nicht mit den Zähnchen zusammen. Wir Großen kriegen ja auch nicht immer solche zu unserer Entschuldigung.

Mir persönlich geht es ausgezeichnet und jedenfalls viel besser, als ich meiner vorgesetzten »Behörde« mit all ihren SS und sonstigen Buchstabenkombinationen jemals eingestehen dürfte. Das Vorhandensein dieser Zeitgenossen an sich geniert mich nicht mehr, weil ich sie und ihre Gepflogenheiten schon in schlimmerer Auflage gewöhnt bin. Wenn ihnen das ganze Theater mit seinen mannigfachen Überraschungseffekten Spaß macht ... bitte, meinetwegen gerne! Für V(era) ist die Sache ja schon unangenehmer, wenngleich man sich offensichtlich ihr gegenüber bemüht, den Ton von uns normalen Untermenschen möglichst ungezwungen zu kopieren, und menschlich zu sein. Erledigungen brauchen – im günstigen Fall – 2 bis 3 Monate. Was die Sache hie und da kompliziert macht. Außerdem sind wir häufig die Opfer von Kompetenzkonflikten: KZ-Kommandantur gegen Gestapo! Es ist aber meist lustiger als sich das anhört, zumal wir bis jetzt (unberufen!) die Protektion der Stärkeren, nämlich der Gestapo genießen. Was ich mir ja auch früher nicht hätte träumen lassen!

Von Langeweile ist keine Spur. Ich fühle mich vielmehr so vergnügt und zufrieden, wie schon lange nicht mehr. Manche Selbstverständlichkeit des normalen Lebens genieße ich wie

ein neu entdecktes Göttergeschenk, so daß mir der noch fehlende Rest nicht sonderlich abgeht – und an die Zukunft denken darf man ohnedies nirgends. Zu Lesen habe ich in Fülle. Nicht gerade Hochaktuelles, aber manches von früher her Versäumte. War besonders begeistert von Wildgans'[266] »Musik der Kindheit, ein Heimatbuch aus Wien«. Manches hat sehr angeheimelt und spricht unsere eigenen Erinnerungen an. Empfehle es Dir sehr, falls Du es nicht kennen solltest. Dann habe ich viel aus meinem eigenen Metier, so die Publikationen Bittners[267] aus dem Wiener Staatsarchiv, Memoirenwerke etc. ... Unheimlich, wie aktuell manches klingt. Übrigens, so verbrecherisch es sich anhört, – ganz unter uns gesagt – die Erinnerungen von Churchill[268] sind wesentlich besser, als der Glaube es für wahrzuhalten uns vorschreibt. Die großen Dichter aber sehe ich fast unterschiedslos unter Goethes Ehrenpräsidium in nächster Nachbarschaft hinter den Mauern. Die haben eben »Schwein gehabt«, so heißt es doch wohl in der Umgangssprache Deiner reglementmäßigen militärischen Obrigkeit.
Die gewisse Kunstgeschichte aus dem Propyläenverlag hat leider einen Schönheitsfehler. Ich bin nämlich draufgekommen, daß unter den 20 Bänden die »Hauptkunst der Hochrenaissance in Deutschland und Frankreich« von Haupt in 2 gleichen Bänden vertreten ist. Entweder das Werk hat nur 19 Bände oder, was ich viel eher fürchte, – einer fehlt mir. Ich vermute,

---

[266] Anton Wildgans (geb. am 17. April 1881 in Wien – gest. am 3. Mai 1932 in Mödling), Literat und Direktor des Burgtheaters (1921/22, 1930/31).

[267] Dr. Ludwig Bittner (geb. am 19. Februar 1877 in Wien – gest. am 3. April 1945 in Wien), 1898 Dr.phil., seit 1900 im Staatsarchiv, 1918 stellvertretender Leiter, 1926 Direktor des Haus-, Hof- und Staatsarchives bis Ende September 1938, 1928 o. Univ. Prof., 1941 Direktor des Reichsarchives Wien.

[268] Winston Churchill, Politiker und Schriftsteller (geb. am 30. November 1874 auf Blenheim Palace bei Woodstock, Oxfordshire – gest. am 24. Jänner 1965 in London), 1940–1945 u. 1951–1955 Premierminister; hier: Thoughts and adventure 1932 (dt. Ausgabe: Gedanken und Abenteuer, 1938).

daß es gerade der über die »Hochrenaissance in Italien« ist. Zu dumm! Aber früher bin ich bezeichnender Weise nicht darauf gekommen, trotzdem ich nahezu 10 Jahre an dem Werk meine Monatsraten abgestottert habe. Index besteht leider keiner. – Etwas anderes: – glaubst Du, daß man antiquarisch die Werke Hermann Bahrs bekommen könnte? Vielleicht kannst Du Dich einmal erkundigen, wenn Dein Weg Dich einmal *ohnehin* in eine Buchhandlung führen sollte?
Daß Du auch »Mein Sonnää« in Verwahrung hast und Dir das »Freunde, das Leben ist läbenswert« (sic!) doppelt erklingt, freut und beruhigt mich zu hören.[269]
Gib es bitte *gelegentlich* V(era) mit, wenn sie einmal nicht sonst zu viel zu schleppen hat. Dem guten Lehár wäre die Widmung heute jedenfalls peinlich, wenn er sich dran erinnerte. Aber schließlich mit dem Tauber hat er sich ja auch geirrt. Vielleicht ist er dafür mit dem Hubert Marischka[270] wieder gut, der ja heute wieder salonfähig zu sein scheint, trotzdem er ihm szt. an die 500 000 Alpendollars (dem Lehár nämlich) entzog, gelegentlich seines Verlagskonkurses.
Ja, des Chr. Schmidt[271] entsinne ich mich sehr gut. Habe die Sachen sehr gerne gehabt. Ich werde mich wohl wieder langsam in Rotkäppchen, Schneewittchen usw. vervollkommnen müssen behufs späteren Erzählens. Freue mich schon darauf. – Besonderen Dank auch noch für den Bobby! Sehr gut![272] Eines von den sympathischen Dingen, die man sich freut zu begegnen. Wo habe ich den Guten nur schon begegnet, persönlich

[269] »Meine Sonnää ...«: Ironisches Zitat aus Lehárs »Giuditta«.(»Ich besaß einen Klavierauszug der Operette mit schwungvoller Widmung von Lehár!«, Anm. Artur II. von Schuschniggs.)
[270] Hubert Marischka (geb. am 27. August 1882 in Wien – gest. am 4. Dezember 1959 in Wien), Schauspieler, Operettentenor, Regisseur, 1923 Direktor des Theaters an der Wien, 1926 Direktor des Stadttheaters und des Raimundtheaters.
[271] Christoph Schmidt (geb. am 15. August 1768 in Dinkelsbühl/Deutschland – gest. am 3. August 1854 in Augsburg), Priester, Jugendschriftsteller, »Biblische Geschichte für Kinder«.
[272] Es handelt sich um eine kleine Ausgabe von Bobby-Witzen.

nämlich? Ich glaube aber, er ist mittlerweile doch schon gestorben. Wenn nicht, hätte er heute eine Fundgrube an allerlei kostbarem Werkstoff für seine Bonmots vor sich und seine helle Freude daran. Außerdem sind sie sicher nicht dümmer als die Durchschnittsansichten eines heutigen SS-O(ber)stu(rm)-f(ührers) – Gott erhalt uns die letzteren und gebe dem ersteren die ewige Ruhe. (Für den Fall, daß der Brief eine bestimmungswidrige Einsicht seitens der oberen 10 000 erführe!) – Sonst weiß ich keine Schwänke von uns mehr. Vielleicht gibt Euch V(era) etwas aus unserem ständigen Repertoire zum besten! Ist immer gut, wenn man heutzutage etwas zum Lachen hat! – Hast Du P. Hoffmann schon erreicht?
Alles Liebe, Dir, Marianne und den Deinen. Dem Spatz sein Extrabussel!
Herzlichst Dein
Kurt

**Brief 67**
8. März 1942

Zerreißen!

Lieber Artur!
Das trifft sich ausgezeichnet, daß ich Dir so bald schon Deinen letzten Brief, der mich besonders freute, beantworten kann. Sei bitte nicht böse, daß das Buch (Macht und Gnade[273]) noch nicht retour kommt. Wir möchten es aber in Ruhe und mit Genuß lesen. Es ist ja unglaublich gut und ich staune, daß der Verlag (dies) darf. Einigermaßen bin ich nämlich doch auch über den Durchschnittsgrad der ernsten Neuerscheinungen im Bilde. Und das kam so: – nach langem, mehrjährigem Penzen, man möchte mir irgend etwas zum Arbeiten geben (ich wäre

---

273 Reinhold Schneider, Macht und Gnade. Gestalten, Bilder und Werte in der Geschichte, Leipzig 1940.

auch mit Steinerklopfen einverstanden gewesen!) kam »plötzlich« ein Auftrag aus Berlin, ich möchte eine Arbeit schreiben über »die zweckmäßige staatsrechtliche Neuordnung der deutschen Volksgruppenfrage in Ungarn, Jugoslawien und Rumänien« (das war 1940!). Dazu besorgte man mir aus der Münchner Staatsbibliothek die einschlägige Literatur. Von dort her habe ich also die Nase voll, abgesehen von den gelegentlichen Rezensionen im V(ölkischen) B(eobachter). – Vom Schicksal meiner Schularbeit habe ich übrigens nie mehr etwas gehört. Es wird wohl ein kaum genügend gewesen sein! Trotzdem ich, glaube ich, ziemlich schlüssig bewiesen habe, daß man in den Wiener Archiven vor 1918 alles Einschlägige und Erreichbare nachlesen könnte ... Nun aber der Reinhold Schneider[274] ist jedenfalls ganz patent! – Übrigens empfehle ich Dir auch sehr »Kultur und Kirche« von Schnürer, – mehrere Bände, die ich durch P. Hoffmanns Vermittlung szt. erhielt. Momentan stehe ich noch ganz unter dem Eindruck eines uralten Schmökers: »Dix années d'exile« von der Mme de Stael.[275] – Man greift sich geradezu an den Kopf und schaut immer wieder nach, ob man sich nicht irrte, – so aktuell und tatsachengetreu klingt das!
Das nächste Mal bringt V(era) das Buch sicher zurück!
Was Du über Kunstfragen schreibst, hat mich sehr interessiert. Interessant, daß Du in Fragen der Plastik auch eher skeptisch zu sein scheinst. Ich hätte gedacht, daß auf diesem Gebiet wirklich Gutes die Regel ist. Es ist ja so jammerschade, daß (wie auch auf zahllosen anderen Gebieten) das zweifellos vorhandene Gute und Wertvoll-Gesunde durch maßlose Übertreibungen verdunkelt wird, um oft geradezu im gegenteiligen Effekt zu münden. So geht es immer, wenn man das Kind mit dem Bad ausschüttet.

---

[274] Reinhold Schneider (geb. am 13. Mai 1903 in Baden-Baden – gest. am 6. April 1958 in Freiburg i. Br.), Schriftsteller.

[275] Anne Louise Germaine Madame de Staël (1766–1817), Schriftstellerin.

Übrigens scheint mir doch bemerkenswert zu sein, daß der Empirestil szt. auch nicht viel mehr als eine Wiederbelebung der Antike war. Nur daß man damals mehr griechisch und heute mehr römisch fühlte. Oder? Besonders in Rom hat man doch sehr stark den Eindruck, daß weitaus das Verdienstvollste des architektonischen Neo-Imperialismus die Ausgrabungen sind. Wirklich prima scheinen mir – sowohl auf deutsch als auch auf italienisch – die modernen Sportstadien zu sein. Die hat es aber auch schon in den 20er Jahren gegeben. Auch die Kleinhäuserarchitektur steht wohl auf sehr hoher Stufe. – Glaubst Du ernstlich an eine Wiederbelebung religiösen Denkens? Nämlich nicht nur an eine verschwommene Mystizisiererei? Das wäre ja sehr interessant! Abgesehen von der normalen Einwirkung des Kriegseindrucks – nach allem was vorherging – doch auch psychologisch sehr bemerkenswert! Mir fiel schon aus gelegentlicher Lektüre italienischer und selbst sog(enannter)[276] französischer Zeitungen auf, daß dort viel in Religion gemacht zu werden scheint. Daß Mussolini[277] den hl. Franz von Assisi[278] zum Landespatron von Italien erklärte, lag ja sonst auch nicht gerade auf seiner direkten Linie. Aber hier? Ich meine, man müßte mit einer Lösung nach amerikanischem Muster schon sehr zufrieden sein. Aber ob Deutsche jemals dazu kommen, einander jeden auf sein Façon selig werden zu lassen?? – Auch hier rächt sich eben manches von früher. Auch die erste Reformation war ja schon ganz gewiß kein unverdienter Zufall!

---

[276] Anspielung auf die Nazizensur und die Kollaboration französischer Journalisten.

[277] Benito Mussolini (geb. am 29. Juli 1883 in Predappio – gest. am 28. April 1945 in Villa Belmonte, von Widerstandskämpfern erschossen), »Duce« der italienischen Faschisten, 30. Oktober 1922 – 25. Juli 1943 italienischer Ministerpräsident, 15. September 1943 – 28. April 1945 Ministerpräsidnet der italienischen Gegenregierung.

[278] Hl. Franz von Assisi (eigtl. Giovanni Bernardone) (geb. um 1181/82 in Assisi – gest. am 3. Oktober 1226 in Assisi), Wanderprediger und Stifter des Franziskanerordens.

– Spatzens angegriffene Gesundheit macht aber doch reichlich Sorge. Ihr tut mir leid, daß Ihr da auch noch Kummer habt. Es steht nur zu hoffen, daß es die normalen Kinderkrankheitserscheinungen sind, die beim einen so, beim anderen anders ausbrechen. Ich erinnere mich jetzt noch mit Schrecken an meine eigene Mittelohrentzündung, die ich gerade in Spatzens Alter mitzumachen hatte. Seither hatte ich aber ziemlich Ruhe. Hoffentlich ist es jetzt auch so! – Auch die Unsicherheit Deiner übrigen Lage kann ich mir reichlich als lastend und gemütbeschwerend denken. Man kann halt nur hoffen! Und sich freuen, denn um so größer wird das Göttergeschenk eines normalen Lebens wieder sein, das ja doch einmal kommen muß. Lieber jetzt noch wursteln, aber dann dafür wirklich wieder Mensch sein! Jedenfalls besser, als wenn dann auch noch »halbe Zeiten« kämen, so à la 1919–1922![279] Einstweilen halte ich fest Daumen für Euch und teile mit Euch Eure Sorgen!

Du willst etwas von unserem Tagesverlauf wissen?

Nun, es ist alles relativ auf der Welt, und ganz »ohne« ist es wohl nirgends. Natürlich freue ich mich über die geringste Kleinigkeit wie ein Kind und genieße alles sehr. Das macht eben meine Entwöhnungskur. Dabei geht es mir auch wirklich gut, und ich darf in keiner Richtung klagen. Kommt es mich doch gelegentlich an, dann denke ich mir sofort, daß es erfahrungsgemäß ja auch noch ganz anders sein kann. Und dann bin ich gleich wieder mehr als zufrieden. Nun also den gedrängten Fahrplan, in der stillen Hoffnung, daß es Dich nicht zu sehr ansieht und Du am Ende Anfechtungen blassen Neides auszustehen hättest:

½ 9 Uhr aufstehen; am Turm nebenan wird zum zweidutzendsten Mal gemeldet, »daß nichts Neues sei, das 1. M. G. geladen und die Munition gesichert! (nicht explodiert – wie ich immer verstehe!)«.

Wir schleichen nacheinander zum Kind, ins Bad, und gemein-

[279] Anspielung auf die »Hungerzeit« nach dem Ersten Weltkrieg.

sam zum Frühstück. Vera sehr grantig, ich grantig zum Hausgebrauch! – Dann vergeht eine Stunde, ich weiß nicht so recht wie, aber sehr geschäftig. Schließlich ist alles in Ordnung und es beginnt der Vormittag. Ich mache eine kurze kleine Tour im Viereck, und sitze dann am Schreibtisch mit einem Buch. Zwischendurch absolviere ich bei der Puppe seit neuestem 20 Kniebeugen, was sie ergötzt und mir guttut. Dann kommt ab und zu ein leises Krähen vom Kinderzimmer. Gehe ich hinauf, ist es meistens falsch, weil die Puppe schlafen soll, gehe ich nicht, ist es oft schlecht, weil sich niemand ums Kind kümmert. Daher gehe ich also nicht. – V(era) ist mittlerweile emsig in der Wirtschaft, steht mit einem Fuß im ersten Stock im Kinderzimmer, mit dem zweiten zwischen Küche und ihrem Salönchen zu ebener Erde und spielt dazu Klavier auf ihrer Schreibmaschine. Die allgemeine Stimmung hebt sich zusehends; es wird 12 Uhr und daher wird gegessen. Mit Passion und bemerkenswertem Appetit. Ich leiste dabei die Hauptsache und futtere wie in frühester Ferienzeit. (dolce ricordo!) Darauf begibt man sich zu mir zum Schwarzen. (Wurde als bemerkenswert von unserem früheren Train übernommen).

Das Puppele kommt zur Fütterung – und reißt bei der Gelegenheit alles was herumsteht – und das ist bei mir immer einiges – auf den Boden.

Dann wird eine Stunde Kinderwagen geschoben – wie früher im Viereck mit Ausdenken aller möglichen Bewegungskombinationen. Dann Puppe ins Bett, wir zu den Büchern. Fast die einzige Zeit für Vera, in der sie ruhig zum Sitzen kommt. Ist sie sehr gut aufgelegt, leiste ich mir einen Besuch im Keller und hole Bücher oder dgl. herauf, was regelmäßig mit einer großen Reinemachungsaktion endigt, weil unten – und daher in weiterer Folge auch oben natürlich viel Dreck ist. Kaum ist Beruhigung eingetreten, wird es 5 Uhr 15. Dann wird die Puppe unter großer Assistenz gewaschen, gefüttert und zur Ruhe gebracht. In der Theorie wenigstens. Oft gibt sie aber auch wirklich dann Ruhe und ist überhaupt recht brav. Zwi-

schendurch tragt es ein Kapitelchen.[280] Aber es wird bald 7 Uhr, und da haben wir wieder beide unvorstellbaren Hunger. Danach sitzt es sich bei mir ganz gut mit ein bißl Plauschen und noch mehr Lesen. Dabei erwägen wir, wie schön es wäre, wenn man ein Radio hätte, oder gar am Ende etwas Alkohol. Um $^{3}/_{4}$ 9 Uhr bemerkt Vera, ich hätte gegähnt. Ich kann mich zwar nicht daran erinnern, aber um spätestens halb 10 Uhr sind wir dann beide wirklich so weit. Dann kommen die Schlafengehenzeremonien: – Sie im Bad, ich im Bad, sie ins Bett, ich ins Bett … gemeinsame Feststellung, daß es tagsüber sehr fein gewesen ist, aber jetzt doch unbestritten am feinsten … Gleichzeitig blast in der Nähe Retraite, leider nicht nach unserer schönen alten Weise, sondern auf preußisch, und der am Turm sagt sein Sprüchlein: – »Nichts Neues … « Und alles beginnt wieder von vorne. Am Sonntag mit der Ausnahme, daß ich mich auf Salzburgerisch anziehe und wir die Messe im Missale nachlesen, und außerdem noch üppiger essen.
Vielen wäre es vielleicht zu wenig ereignisreich. Mir genügts! – und wenn der am Turm noch so oft meldet …
Ja das Radio! Freue mich sehr auf den avisierten Apparat. Der Unsere ist natürlich noch immer nicht da, und wie wir so nebenher erfuhren, eigentlich beschlagnahmt – wegen Gefahr des Abhörens verbotener Sachen … Er soll aber kommen. Wann – weiß Gott, denn Zeitbestimmungen sind hier alle auf die 1000 Jahre ausgerichtet. Mit unserem Garten steht es so ähnlich. Es soll die nötige Erde und der Dünger kommen, … aber wann?? Ohne dem (sic!) wächst aber nach übereinstimmender Mitteilung überhaupt nichts! Also wird es mit dem Salat zunächst noch spatny (schlecht, die Hg.) ausschauen. Dabei ist aber nebenan ein Großbetrieb mit »alles da«, von einer Großgärtnerei, bis zu Geflügel- und Schweinezucht, ja sogar Füchse und Bären … Wir kriegen davon nur den Geruch.

280 Kurt von Schuschnigg schrieb an seinem Buch »Ein Requiem in Rot-Weiß-Rot«, Erstausgabe Zürich 1946.

Nun aber wieder Schluß für heute! Seid alle herzlich gegrüßt. Besonders die Kinder! Marianne einen Handkuß und viel Liebes, insbesonders auch Dir wie immer
Dein Kurt

Den gewissen Sessel[281] haben wir urgiert. Weiß gar nicht, was damit los ist. Bei Schenker[282] muß eine unglaubliche Schlamperei sein. Im restlichen Lagergut ist er jedenfalls nicht mehr angeführt, also muß er abgesendet worden sein. Du wirst sofort verständigt, wenn wir etwas erfahren.

**Brief 68**
15. März (19)42

Lieber Onkel Hermann!
Die Post geht etwas langsam, aber wir müssen heilfroh sein, daß sie überhaupt geht. Vielen Dank für Deinen Brief vom 24. d. – Heute ergibt sich wieder anläßlich einer Berlinfahrt die Gelegenheit zur Antwort. Vor allem freut es uns sehr zu hören, daß Dein Husten auf dem Weg der Besserung ist. Gott sei Dank – in jeder Beziehung, daß der Winter nun doch im Wesentlichen vorüber ist. War er nun wirklich so abnormal scharf, oder kommt uns dies nur so vor infolge der Erschwernisse? – Wir konnten ja nicht übermäßig klagen. Denn ein auf Generalunkosten geheiztes Haus ist schon ein beträchtlicher Vorteil. Aber alles was sonst verlautete, klang bisweilen schon eher betrüblich. – Vielen besonderen Dank auch für die uns zugedachten Kartoffel und Wischtücher! Marianne berichtete V(era) darüber und werden wir sie demnächst abholen können. – V(era) geht es gottlob wieder gut. Immerhin wird sie in

281 Dieser Sessel, der im Lager der Wiener Spedition stand, war Artur (II) versprochen.
282 Wiener Spedition, in deren Lager die Möbel Kurt von Schuschniggs eingestellt waren.

Berlin einen Arzt besuchen. – Ansonsten ist bei uns alles in Ordnung. Das Kind wacht immer mehr auf und ist schon sehr herzig. Ich habe eigentlich keine Minute im Tag Langeweile; wie das zugeht, weiß ich eigentlich selbst nicht recht. Aber jedenfalls es ist so!

Seit neuestem besitzen wir auch ein Radio. Ich weiß, daß Du in der Richtung eher skeptisch warst. Aber für uns ist es schon ein großer Vorteil. Und ab und zu gibt es schöne Erinnerungen an Symphoniekonzerte. Weißt Du übrigens noch, daß ich Dir das erste meines Lebens verdanke? – Anläßlich irgendwelchen Ferienbeginns, Du wohntest noch im Saggen und nahmst mich in den Stadtsaal mit. Der alte Pembaur[283] dirigierte selber, meines Erinnerns seine Alpensymphonie und einen Brahms. Jedenfalls hat es mir mächtigen Eindruck gemacht. Ich weiß noch genau wie Du zu meinem Erstaunen meintest, die älteren Meister seien Dir lieber, wie die neuen. Damals hat mir nämlich der viele Krach im Orchester bei den »Neuen« mächtigen Eindruck gemacht. Wie sehr bin ich mittlerweile davon geheilt. Zu viel für die meisten Begriffe. –

Der Gartenarbeit sehe ich mit Passion und Erwarten entgegen. Vorläufig fehlen allerdings leider noch die Grundvoraussetzungen. Nach übereinstimmender Meinung aller hiesigen wächst nämlich auf dem reinen Sandboden, den wir hier haben, überhaupt nichts, wenn nicht Erde und Dung aufgeschüttet wird. Nun hat der Gärtner im Ort erklärt, er bekomme selber nichts. Unsere kompetente Stelle hat natürlich alles und uns auch die Unterstützung versprochen. Aber nach meinen Erfahrungen bin ich etwas skeptisch. Man hat hier sehr viel Zeit. Also hoffe ich das Beste. Ein gutes Gartenbuch habe ich und auch die wichtigsten Geräte. Sämereien wären auch zu bekommen. – Deine Empfehlung betreffend Gymnastik ist für

283 Josef Pembaur (geb. am 23. Mai 1848 in Innsbruck – gest. am 19. Februar 1923 in Innsbruck), Schüler Anton Bruckners, wirkte als Kapellmeister, Komponist und Musiklehrer; Anna von Schuschnigg, geb. Wopfner, war seine Schülerin.

mich sehr aktuell. Ich habe in den letzten Jahren immer die »Kniebeugen« kultiviert, um nicht ganz zu verrosten. In Wien brachte ich es bis auf 75 in einem Zug, so daß ich gelegentlich sogar wegen Übertreibung vermahnt wurde. In München warens dann noch täglich 24 – und hier bei dem Plutokratenleben habe ich es ganz aufgegeben. Habe aber dann gleich wieder begonnen und mache die Turnerei jetzt bei meinem Morgenbesuch im Kinderzimmer ab. Zwei Fliegen auf einen Schlag: – das Kind hat riesigen Spaß daran und mir tut es gut! Ich glaube, ich komme ohne Büchel ganz gut durch. Man glaubt ja gar nicht, wie sehr Bewegung einem abgehen kann. Zumal ich früher doch einigen Sport betrieben hatte. So gehörte täglich eine bis 2 St(un)d(en) Galoppsport mit Springen zum täglichen Pensum. Natürlich war das nicht so feudal, wie es klingt. Und auch kein besonderes Kunststück, weil ich zugerittene Militärpferde samt Reitlehrer zur Verfügung hatte. Trotzdem neigte ich zum Dickwerden in den letzten Jahren. Was bald abgestoppt wurde. Noch im Jahr (19)38 verlor ich schmerzlos über 25 Kilo. –
Artur hat mir ein sehr gutes Buch geliehen: Reinhold Schneider: Macht u(nd) Gnade (Inselverlag 1941). Ausgezeichnet! – Was Du über die Heiligenbiographien schreibst, leuchtet mir sehr ein. Don Bosco gehört wohl zu den sympathischsten Gestalten, nach dem wenigen, was ich darüber weiß. Ist er nicht der Salesianer-Gründer? Die haben jedenfalls eine wunderbare Methode! Weißt Du, was mir beim Plato so imponiert hat? – Abgesehen vom vielen christlichen Gedankengut – die Geschichte mit der Seelenwanderung! Ein Zeichen, wie sehr ich doch innerlich umgeworfen war. Das Thema würde mich übrigens auch heute noch interessieren und ich möchte wissen, ob es nicht in irgend einer Form mit unserer Dogmatik in Einklang zu bringen wäre. Die gleiche unsterbliche Seele in verschiedenen Gestalten? Spintisierereien! Ich weiß schon! – Im übrigen bin ich auch erst jetzt darauf gekommen, wie schön eigentlich das Evangelium ist – und die Liturgie! Freue mich sehr über mein Missale.

Paul K.[284] werde ich schreiben. Hoffentlich hat er Glück im neuen Wirkungskreis. Ist keine leichte Sache heute. Und der advokatorische Beruf lange nicht so honigsüß, wie man vielfach annimmt. Hinsichtlich Konkurrenz wird es ja sicher heute wieder viel besser sein. Aber das mit dem Recht ist wohl so eine Sache! Sehr oft haben es beide Teile, und heute wahrscheinlich im Ernstfall gar keiner. Paul hätte es wohl sehr verdient, daß er wieder so richtig zur Ruhe kommt und hat außerdem als Jurist immer großes Ansehen genossen. Der alte Durig[285] hat ihn besonders geschätzt. Und das war bei uns wohl einer der Berufensten! – Was macht etwa Prof. Kulisch?[286] Er war s(einer)z(ei)t mein beliebtester Lehrer. Und Rittler?[287] – Mir ist schleierhaft, was aus seinen Theorien geworden sein kann. Er fußte doch ganz auf Lammasch[288] und Stoos.[289] Ich glaube, ich müßte heute ja glatt durchfallen bei der Staatsprüfung nach der Lehrmeinung von damals. Dabei hatte mir das alles sehr eingeleuchtet. So ist eben alles relativ – und man

---

284 Paul von Kathrein.

285 Univ. Prof. Dr. Ernst Durig (geb. am 29. Juni 1870 in Innsbruck – gest. am 4. März 1965 in Innsbruck) war als Verfassungsrechtler zwischen 1930 und 1934 Präsident des österreichischen Verfassungsgerichtshofes, zwischen 1934 und 1938 Präsident des Bundesgerichtshofes und 1946 wiederum Präsident des Verfassungsgerichtshofes.

286 Univ. Prof. Dr. Max Kulisch, (geb. in Bodenbach/Décin-Podmokly am 13. Mai 1870 – gest. am 15. November 1946 in Innsbruck) habilitierte sich für Staatsrecht (1902) und Verwaltungsrecht (1905), war von 1909 bis 1939 Ordinarius für Staats- und Verwaltungsrecht an der Universität Innsbruck.

287 Univ. Prof. Dr. Theodor Rittler (geb. am 14. Dezember 1876 in Wien – gest. am 4. März 1967 in Innsbruck) war ein Vertreter der objektiven Verbrechenslehre; Strafrechtler.

288 Univ. Prof. Dr. Heinrich Lammasch (geb. am 21. Mai 1853 in Seitenstätten – gest. am 6. Jänner 1920 in Salzburg) war von 1885 an Ordinarius an der Universität Innsbruck, von 1899 an der Universität Wien; letzter kaiserlicher Ministerpräsident. Schuschnigg bezieht sich hier auf den von Lammasch verfaßten »Grundriß des österreichischen Strafrechts« (1899).

289 Der Schweizer Strafrechtsreformer Carl Stooss(!) (geb. am 13. Oktober 1849 in Bern – gest. am 24. Februar 1934 in Graz) beeinflußte mit seiner Strafrechtstheorie Theodor Rittler. Stooss wurde 1896 als Ordinarius

sollte in etwa 100 Jahren Rechts- und Staatsphilosophie studieren können!

– Übrigens das ganz von vorne anfangen blüht mir ja auch noch einmal. Hoffentlich bin ich dann noch in den Jahren, die es nicht allzu sehr erschweren. Vorläufig ist es jedenfalls besser, nicht allzuviel an die Zukunft zu denken. Auf Umwegen erfuhr ich, daß Großvater Masera im Februar starb. Merkwürdiger Weise gelingt Kurt schon seit Jahren keinerlei schriftliche Verbindung nach Bozen. Aber (be)vor man nicht die Umstände und Gründe weiß, wird man wohl keine Schlüsse daraus ziehen dürfen. Der alte Herr war ja immer mehr ein Einzelgänger. Das weiß ich schon von früher her. Hingegen hatte ich mich mit H(erma)s Mutter immer besonders gut verstanden, die eine prachtvolle Frau war. Es ist ein wunderliches Kommen und Gehen auf dieser Erde. Du hast recht: – zurück bleibt der Lichtschein! Hienieden vergißt man bisweilen, daß es nur Licht ohne Schatten eben doch erst drüben geben kann. – Nun wünsche ich Dir einen schönen Frühling mit viel Sonnenschein und falls bis Ostern keine Verbindung mehr möglich ist, auch schon ein schönes, gesegnetes Fest! Gibt es übrigens noch (das) Hl. Grab und gute Kirchenmusik?

Viele, herzliche Grüße Dein

K(urt)

Sehr viel Liebes lieber Onkel Hermann auch von mir: Unsere Correspondenz leidet jetzt eher(,) finde ich(,) aber K(urt) schreibt immer alle Neuigkeiten u(nd) da bleibt für mich nichts mehr zum berichten übrig. Aber gottlob haben wir jetzt endlich gemeinsames Erleben u(nd) da gilt dann so ein B(rie)f auch für mich, gelt? Recht herz(liche) Grüße Deine

Vera.

---

an die Universität Wien berufen und wirkte auch an der österreichischen Strafrechtsreform mit. Gerhard Oberkofler, Peter Goller, Geschichte der Universität Innsbruck 1669–1945, Frankfurt/M. 1996, 260.

**Brief 69**
16. März 1942

Lieber Artur!
Die Gelegenheit benützend, folgt heute noch ein Nachtrag zu meiner letzten Epistel. Gestern kam die Gehschule. Wir sind sehr froh darum und können sie gut gebrauchen. Die Puppe wird jetzt doch zusehends beweglicher und ist eigentlich bereits mitten in den ersten Gehversuchen drinnen. Wir vertragen uns sehr gut miteinander. Es geht ihr hier auch – vergleichsweise gesprochen – sicher nicht am schlechtesten. Auf keine Nachbarn Rücksicht nehmen müssen, ist viel wert, wenn Kinder vorhanden sind.
Der Volksempfänger, den H.[290] vor einer Woche mitbrachte, hat begeisterten Anklang gefunden. Wir hören fleißig. Das Programm ist jetzt wirklich nicht schlecht und man kann auf seine Rechnung kommen. Der gestrige Tag war auf ernst gestimmt. Damit aber auch die heitere Note nicht fehlte, ereignete sich folgendes Episödchen: – Das usuelle Sonntagnachmittag-Konzert wurde von der sonst ganz sympathischen Ansager-Stimme des H(einz) Gödicke besonders schmalzig also beschlossen: »D(eutsch)l(and), D(eutsch)l(and), über alles, über alles in der Welt. Dieses unser Deutschland-Lied[291] hat der Komponist Josef Haydn[292] in seinem Kaiserquartett, das Sie jetzt hören, verwoben...« Ich habe mir diesen Sager sofort stenographisch wörtlich festgehalten und er soll einen Bestandteil meiner Kuriosa – Sammlung bilden. V(era) meinte, wenn Systemzeit[293] wäre, bekäme der Gute vermutlich etliche Briefe. Das will ich meinen!

---

[290] Wahrscheinlich Tippfehler und er meint K (Kurt II. von Schuschnigg).
[291] Den Text des »Deutschlandliedes« schrieb August Heinrich Hoffmann, genannt von Fallersleben (geb. am 2. Juli 1798 in Fallersleben – gest. am 19. Jänner 1874 auf Schloß Corvey) 1841 auf Helgoland.
[292] Joseph Haydn (geb. am 31. März 1732 in Rohrau – gest. am 31. Mai 1809 in Wien) hat die Melodie der österreichischen Kaiserhymne von 1797 ins Kaiserquartett eingearbeitet.
[293] Naziterminologie für den österreichischen »Ständestaat«.

Als unser Radio hierorts ruchbar wurde, kam tatsächlich nach einigen Tagen auch der große Apparat ins Haus gerollt. Aber so notdürftig repariert, daß eine sachverständige Seele unserer Wache mit Kennerblick meinte, »dat das Ding wohl nicht lang so laufen werde von wejen der kaputten Sicherungen ...« Nun, wir sind beruhigt ob unserer Reserve. Mit Ausnahme der Puppe mußten alle Lebewesen im Haus schriftlich erklären, daß sie »nur die Wahrheit und nichts als die Wahrheit« anhören werden, also nix fremde Sender. Wer käme auch schon hier (und anderwärts) auf solche ausgefallene Ideen. Nicht einmal ich mehr!
Unter einem schicke ich Dir mit vielem Dank den Reinhold Schneider zurück. Ein besonders schönes, wirklich besinnliches Buch! Es ist mir ganz unverständlich, daß es erscheinen konnte und wie es zum Inselverlag kam? –
Was machen Deine Chancen? Hoffentlich bist Du in Deinem Wirkungskreis wieder auf einige Zeit gesichert. Und nachdem wir ja nicht jünger werden, ist damit schon wieder einiges gewonnen. – Hat Dir V(era) erzählt, daß nach unseren Mitteilungen auch der zweite Miklas[294]-Bub gefallen ist? – Aus Bozen kam über Wiener Umweg die Nachricht, daß anfangs Februar der Großvater Masera gestorben ist. Ich versuchte Kurt zu bewegen, daß er schreibt. Hoffentlich trifft er es. Ins Ausland ist ja die Postverbindung mit Schwierigkeiten verbunden.
Hier geht alles seinen alten Gang. Der Schnee ist schon weg und jetzt harren wir der Dinge, die im künftigen Garten sich ereignen sollen. Es wurde uns die Herrichtung (Erde, Wege usw.) zugesagt. Schön wäre es ja, aber wir glauben, daß darüber das Jahr des Heils 1943 anbrechen dürfte. Bedauerlich, einmal weil ich gerne Bewegung durch die Arbeit mir geschaffen hätte, dann weil der gewisse selbst gezogene Salat auch nicht

---

294 Wilhelm Miklas (geb. am 15. Oktober 1872 in Krems – gest. am 20. März 1956 in Wien), christlichsozialer Politiker, 1928–1938 Bundespräsident.

zu verachten wäre. Denn die Versorgungslage scheint – nach den Zeitungsberichten – hier wesentlich dünner zu sein, wie in Berlin. Zigaretten z.B., kriegt man hier nur die Hälfte, und Gemüse überhaupt nicht.

Dein letztes Couvert schicke ich Dir anbei zurück. Ich denke mir, daß es leicht wieder verwendet werden könnte und auch dieser Artikel ist ja schon kostbar. Ich habe noch ziemliche Bestände von früher vorgefunden, aber leider alle mit Aufdruck. Nachdem der Name nicht aufscheinen darf,[295] tue ich mir schwer. Dabei ist sich die Wache – ganz ohne unser Dazutun – schon lange im Klaren, wie ich Detailkenntnissen aus meiner Familiengeschichte entnahm, die mir der eine unlängst erzählte. Aber wir tun vorschriftsmäßig weiter »als ob« und fühlen uns dabei ganz fröhlich.

Hat der Toni Eghen[296] eigentlich geheiratet und lebt seine Mutter noch? Was ist etwa aus unserer früheren Innsbrucker Wohnung geworden? Das Gesellenhaus[297] wird wohl auch aktuelleren Zwecken zugeführt worden sein. Nach Innsbruck möchte ich nicht mehr. Da gäbe es zu viele Schatten! Was macht etwa Charlie[298] der Gescheite? Und seine Gesponsin Grete?[299] Die wird wohl hoffentlich eine tragende Rolle in der Frauenschaft spielen. Hast Du noch etwas vom Walter Gerdes[300] gehört? Das wird doch hoffentlich nicht der schon vor

---

[295] Kurt von Schuschnigg mußte in der Gefangenschaft den Namen »Dr. Auster« benützen. Vgl. Kurzbiographie, weiters Anm. 232, 242, 537.

[296] Dr. Anton (Toni) von Eghen (geb. am 17. Oktober 1902 in Innsbruck – gest. am 20. Juni 1970), Leiter der außenpolitischen Abteilung der Tiroler Handelskammer, Schulfreund Kurt von Schuschniggs.

[297] Die Innsbrucker Wohnung der Eltern Schuschniggs lag im Kolpinghaus.

[298] Charly von Gelb.

[299] Grete von Gelb.

[300] Dr. Walter Gerdes, Schulfreund von Artur (II) von Schuschnigg, war mit der Tochter von Bundespräsident Wilhelm Miklas verlobt, kam mit dem ersten Österreichertransport am 25. September 1938 ins KZ Buchenwald und wurde dort als Mitglied eines Außenkommandos von einem SS-Mann ermordet. S. Erich Fein, Karl Flanner, Rot-Weiß-Rot in Buchenwald, Wien-Zürich 1987, 104; David A. Hackett (Ed.), Der Buchenwald-Report, München 1996, 221, 244, 292.

längerem gefallene zukünftige Miklassche Schwiegersohn sein? Gerdes hatte sich zu unserer Zeit sehr exponiert und immer besonders brav gehalten. – In Buchenwald soll ein ehemaliger Ravag-Kapellmeister Chef der Häftlingskapelle zumindest 1939/1940 gewesen sein. Hast Du eine Ahnung?[301] – Nun also auf Wiederhören! Hoffentlich bringt V(era) einen Brief mit. Handkuß zu Hause, Bussi den Kindern, zumal Spatzen, Dich grüßt herzlichst Dein alter
Kurt

**Brief 70**
X. (für Sachsenhausen) 24. März (19)42

Lieber Onkel Hermann!
Als ich gestern meine Donna nach Berlin schickte, kam sie am Abend wie's Christkindl beladen mit Deinen Sachen zurück! Hab vielen Dank für alle Deine Mühe und bitte richte unseren herzlichsten und gerührtesten Dank a(n) diejenigen aus(,) die uns solche Freude gemacht haben, wie immer freut uns auch hier die liebe Absicht noch mehr als alle die kostbaren Sachen. Vergelts Gott! Die Wäsche hängt bereits an der Leine, befestigt von den langentbehrten Klammern und das Haus funkelt nur so und kein Stäuberl zu sehen, seitdem heute Früh der herrliche Besen in Betrieb genommen wurde! Ich weiß jetzt gar nicht, ob wir Dir schon für die Kartoffeln gedankt haben. Du weißt das sicher nicht so, was das für uns heißt, so gute zu haben, wenn man immer nur ganz scheußlich süße erfrorene essen muß. Sie werden für den Sonntag aufgehoben, wo's bei

---

[301] Es handelt sich vermutlich um Hermann Leopoldi (Pseudonym für Ferdinand Kohn) (geb. am 15. August 1888 Wien – gest. am 28. Juni 1959 in Wien), der den Buchenwaldmarsch komponierte. Kurt von Schuschnigg schätzte seine Wienerlieder sehr. (Mitteilung von Rudolf Henz) Leopoldi wurde 1938 ins KZ verschleppt, konnte 1939 nach den USA emigrieren, wo er mit Wienerliedern, z.T. ins Englische übersetzt, auftrat und bis 1947 lebte.

uns immer etwas Besonderes gibt, d.h. ich bemühe mich aus Leibeskräften, daß es etwas Besonders gibt, damit auch wir merken, daß Sonntag ist!
Gestern war unsere Puppe ein Jahr alt! Es war ein wunderschöner Sonnentag, wie im Sommer, den wir voller Dankbarkeit genossen haben – hauptsächlich dankbar um das liebe, liebe kleine Wesen das unser ganzes Glück ist. Sie hat eine Gehschule bekommen und lauft wie ein Wiesel darin herum.
Mein Alter arbeitet wie ein Schwerarbeiter im Garten und probiert einen »Weg« herzustellen! Wir versinken nämlich im Morast, sobald es regnet!
Ich habe eine ganz große Enttäuschung erfahren müssen, wollte meinen Buben zu Ostern hier haben und nun kam ein Nein auf mein Gesuch, man fragt sich warum, wozu – mir tuts recht weh, hatte mich so darauf gefreut und kann meine Kinder doch ohnedies nur so selten sehen und von der Puppe kann ich auch nicht weg, sie ist schon ganz unglücklich(,) wenn ich nur (ein) paar Stunden nach Berlin fahre, sie hats halt gar nicht gern, wenn die »Mam-Mam« nicht immer da ist!
Nun aber wieder Schluß für heute und sehr viel liebes von uns Beiden(,) Deine
Vera

**Brief 71**
1. April (19)42

Lieber Artur!
Vielen Dank für Deinen ausführlichen Brief! Ich habe mich köstlich amüsiert über die Kinder-Histörchen. Das sind oft unbezahlbare Sager, die man sich wirklich merken sollte. Auch Marianne danke ich sehr für ihre Zeilen. Heute hoffe ich den 2. Brief Veras durch Euch zu erhalten. Alle anderen, direkt geschickten, sind bis auf weiteres verschollen. Wurden von hier

im Dienstweg nach der Albrechtstraße[302] geschickt! Die Auffassung, daß hier auch genug Kontroll-Organe wären, war also falsch. Es geht doch nichts über einen richtig wiehernden Amtsschimmel. Der ist leider noch nicht motorisiert. – Unlängst war ich erstmalig – des Alarms wegen – im Keller. Geht hier einfacher als bei Euch, d.h. der Weg ist wesentlich kürzer. War aber recht harmlos und auch mit wenig Krachen verbunden. Hoffentlich bleibt es so. – Immerhin – lt. Erzählung eines hiesigen »Vorgesetzten« erwischte es in der Nähe eine Konservenfabrik, Schule und etliche Häuser. Und zwar alles mit höchstens 2–3 Bomben.
Bin schon sehr gespannt auf das Einrücken der Meinen.[303] Ich fürchte ja nur, daß in Wien ein rechter Trubel und von Erholung erst recht keine Rede war. Mir ist es – das muß ich offen sagen – ausgezeichnet gegangen und ich habe die Ruhe *sehr* genossen. Auf die Dauer wäre es ja sicher monoton, aber für meinen Bedarf immer noch leicht auszuhalten. Wenn ich ein bißl kochen könnte – und die Martha nicht bräuchte, wäre mir noch wohler. Allerdings für Telefon etc. war sie ja unersetzbar. Mir graut nur vor all dem, was sie sicher nicht gemacht hat und hätte machen sollen! – Ja, hoffentlich geht alles gut weiter! Manchmal habe ich ausgesprochene Sorge. Aber man darf nicht ungerecht sein; das sage ich mir häufig selber! – Niedermayrs und Hambergers habe ich geschrieben. Vom Buben leider keine Nachricht. Er soll auf Erntedienst sein. Das ist ja auch so eine Sache, daß die Post zu mir im besten Fall 10 Tage braucht!
Alles Liebe den Kindern, Handkuß Marianne,
Dich grüßt herzlichst Dein
Kurt

---

302 Gemeint ist die Gestapo-Zentrale in Berlin-Kreuzberg, Prinz-Albrecht-Straße 8.
303 Vera befand sich mit der Tochter in Wien.

**Brief 72**
Gründonnerstag (= 2. April) 1942

Lieber Artur!
Das trifft sich ja nun gut, daß ich Euch vor Ostern noch gute Feiertage wünschen kann, Euch und den Kindern. Und vor allem, daß sich bei Dir nichts ändern möge und Du auch noch den übrigen Rest des Freiheitskampfes unter den derzeitigen Bedingungen überdauern können mögest! Hoffentlich sind die Kinder wieder wohl und können sich so ungetrübt auf den Osterhasen freuen, der ja heuer wohl kaum den Hendln Konkurrenz machen wird. Spätzchens ausgezeichnet geschriebener Brief hat mich besonders gefreut. Ich erwidere ihn unter einem und werde das Dokument gut aufheben. Auch Dir, l(ie)be Marianne, danke ich speziell für die gesondert beiliegenden Zeilen. Kann mir denken, daß die obligate Osterräumerei Dich entsprechend in Atem hielt. Wenigstens ein Vergnügen, daß der Zeiten Ungunst nicht zu beeinträchtigen vermochte!
Hinsichtlich meiner Mimikry in Geschmacksdingen hast Du meine Fortschritte doch einigermaßen überschätzt. Ich bin nämlich erst durch Deine Information draufgekommen, daß das was wir als Mehlspeise essen, eigentlich eine Suppe sein sollte. Nun, es ist auch als Zitter-Nicht gerade keine Delikatesse, aber in Ermangelung von etwas sonstigem Süßen willkommen. Von der Zitter-Nicht-Spezies gibt es allerdings einige Pülverchen, die für diesen Zweck bestimmt, mir recht gut schmecken. Das alles klingt verständlicher, in Anbetracht der Besonderheit meiner Futterlage in den vergangenen 3½ Jahren. Wenn es nicht schlechter wird, müssen wir – glaube ich – immer noch zufrieden sein. Aber – ich fürchte – es wird schlechter werden.
Deine Ravag-Erinnerungen fühle ich Dir gut nach. Auch, daß die obgleich manchmal beschwerliche Arbeit Dich freute. Du warst dabei doch in Deinem Element und hattest prima Erfolge. Ja, im Nachmachen (und nachträglichem Abstreiten des

Autorenrechtes) war man seit jeher groß. Der ganze Auf- und Umbruch der neuen Zeit ist ja genau genommen nichts anderes denn ein ganz formidables historisches Plagiat. – Man kann im allgemeinen derzeit über das Radioprogramm nicht gerade klagen. Man bemüht sich wirklich, so gut es geht, für alle Geschmäcker zu sorgen. Allerdings nicht immer sehr glücklich und vor allem recht wenig stilvoll. Was man sich hierzulande unter Komik vorstellt (Funkbrettl!), ist oft hahnebüchen. Mit ganz wenigen Ausnahmen. *Nur* ordinär – ist halt auch wieder zu wenig. Der gewisse Schmiß, der auch gewagtere Dinge verdaulich und bekömmlich macht, fehlt meist vollends. Ganz abgesehen davon, daß Eltern mit Kindern – um den Radioapparat gruppiert – nicht immer erfreut sein werden. – Das Betrüblichste aber ist, daß die Originalsendungen aus Wien fast durchwegs (wenn es nicht gerade der Moser[304] u. dgl. herausreißt) ganz unter aller Kritik sind. Sowohl was die Programmgestaltung, als auch was die Aufführung betrifft. Die Programme von »Dr. Lothar Riedinger« fürchte ich geradezu. Und die Max-Schönherr[305]-Unterhaltungssendungen sind grauenhaft. Der war doch einmal ganz gut? Aber jetzt spielt sein Orchester manchmal direkt falsch. Wien ist momentan bei weitem der mieseste Sender. Danach kommt München. Hingegen ist fast immer gut Leipzig, Stuttgart, Köln, auch Breslau, Hamburg u. dgl. Die Wiener Philharmoniker dudeln im Radio zumeist unter Wacek,[306] den ich im Kriege als Deutschmeister-Kapellmeister kannte. So uninteressant wie nur möglich. Recht gut natürlich die spärlichen Übertragungen aus der Berliner Philharmonie.

---

[304] Hans Moser.

[305] Prof. Dr. Max Schönherr (geb. am 23. November 1903 in Marburg/Maribor – gest. am 14. Dezember 1984 in Wien), 1931 Direktor des Maribor Wiener Rundfunkorchesters.

[306] Wilhelm Wacek (geb. am 28. Oktober 1864 in Sobeslau – gest. am 17. Dezember 1944 in Wien), Kapellmeister der Hoch- und Deutschmeister 1894–1918 als Nachfolger Carl Michael Ziehrers.

Es interessierte mich, was Du über die Exl-Bühne schriebst. Hätte nie gedacht, daß sich die Ilse[307] so herausmachen würde. In ihren Blütejahren war sie nicht sonderlich versprechend; übrigens vor langen Jahren (so um 32 herum) ein Privatschwarm meines Freundes Demetz,[308] den Du ja auch kennst. Schrecklich das Los des armen Schönherr![309] Den Tod Kienzls[310] habe ich gewußt. (V. B.!) Kannst Du Dich übrigens noch an die Saison der Exl als Kammerspiele im Innsbrucker »Grauen Bären« erinnern?
Bei uns ist alles in Ordnung. Das Kind gedeiht und ist niedlich, wie man hierzulande wohl sagt. Ich bastle jetzt ein bißl im zukünftigen Garten. Mit welchem Erfolg, wird sich erst zeigen. Wer sich mit dem Boden befaßt, versteht jedenfalls den Drang des friederizianischen Preußen nach dem Osten und überall hin, wo Humus wächst. Ich glaube zwar, wenn man unsere Tiroler »umsiedeln« würde, würde bald auch hier allerhand wachsen. Denn wenigstens gibt es da keine Steiner (sic!). Von Zeit zu Zeit ereignet sich immer wieder Amüsantes. Man kommt weitaus am besten dabei weg, wenn man alles von der heiteren Seite nimmt, die ja unstreitig reichlich vorhanden ist. Mir geht es ja ausgezeichnet dabei. Denn ich bin nicht mehr verwöhnt und weiß, daß es in diesem glücklichen Land[311] einem noch

---

307 Ilse Exl (geb. am 26. November 1907 in Innsbruck – gest. am 7. Juli 1956 in Innsbruck), Volksschauspielerin, leitete zusammen mit ihrer Mutter die Exl-Bühne.

308 Dr.med. Hans Demetz, ein Bundesbruder Kurt von Schuschniggs (A.V. Austria), war später Opernarzt in Wien.

309 Dr. Karl Schönherr (geb. am 24. Februar 1867 in Axams – gest. am 15. März 1943 in Wien), Arzt, Schriftsteller.

310 Wilhelm Kienzl (geb. am 17. Jänner 1857 in Waizenkirchen – gest. am 3. Oktober 1941 in Wien), Komponist, Opernkapellmeister, schrieb die Melodie zur Staatshymne der Ersten Republik, deren Text von Karl Renner stammte. Opern: »Der Evangelimann«, »Der Kuhreigen«. Artur (II) von Schuschnigg und seine Gattin Marianne waren häufig Gäste bei den berühmten Kienzlschen Schubertiaden. Kienzls erste Eintragung im Gästebuch Artur und Marianne von Schuschniggs datiert von Weihnachten 1937.

311 Gemeint ist das KZ.

ganz anders gehen kann. Daher bin ich restlos zufrieden und nehme an nichts wirklich Anstoß. Insbesonders auch nicht daran, daß buchstäblich die einzigen Menschen, die man zu Gesicht bekommt, SS-Leute und arme Teufel mit den verschieden farbigen Kreuzen am Rücken, stellenweise auch mit der B.V.-Bezeichnung (Berufs-Verbrecher!) sind. Gott, wer ist schon Berufsverbrecher, wenn es einmal wirklich darauf ankommt!
Aber schließlich ist das alles doch nur relativ. Aus der Freiheit dressiert, und hierher verpflanzt, würde alles wohl weniger luschtig (sic!) scheinen. Das füge ich nur an, um Dir die Zähne nicht lange zu machen. Du glaubst nicht, was für prima Nerven das hier eigentlich bräuchte! Manchmal scheint alles mit Elektrizität geladen zu sein und man kommt sich vor wie ein mühsam gedrosselter Explosionsmotor. Dabei ist das – wie gesagt – bei mir noch kein Kunststück. Für V(era) ist es weit weniger komisch und auf die Dauer so schlechterdings nicht zu machen, jedenfalls nicht zu verlangen.
Unser ebenso streng geheim gehaltener Nachbar ist übrigens der letzte Fraktionsvorsitzende der s(ozial)d(emokratischen) Partei in Berlin und ein berühmter ehemaliger Genfer, wie ich mit Hilfe meines »Großen Herder« festgestellt habe.[312] Zwei alte Leutchen, die sich wohl recht mopsen werden, zumal sie das Unglück schon zweimal erwischt hat. Das letzte Mal noch in Südfrankreich, als sie gerade schon die Pässe für die Wasserreise in den Händen hatten. Letztere Details stehen nicht im Konversationslexikon, die habe ich vielmehr von der Wache. Nun soll noch ein dritter »Siedler« kommen. Es ist schon ein Segen, endlich befreit zu sein! Auf etwas anderes haben wir ja alle miteinander wirklich nicht gewartet.
– Die »Göttinnen«[313] sind zum Vorschein gekommen. Du hast

---

[312] Rudolf Breitscheid (geb. am 2. November 1874 in Köln – gest. am 24. August 1944 im KZ Buchenwald), Politiker, kam von der Demokratischen Vereinigung zur USPD; 1918/19 preußischer Innenminister, 1920–1933 außenpolitischer Sprecher der SPD-Fraktion, 1933 emigriert, 1941 in Frankreich verhaftet.
[313] Siehe Brief 60.

also begründete Aussichten! Vorläufig tritt nur noch eine kleine Verzögerung ein, weil V(era) die letzte derselben noch nicht ganz gelesen hat. Das wird Dir wohl nichts mehr ausmachen.
Von Sepp M.[314] kam nun ein sehr nett gehaltenes Schreiben an Kurtl als Erwiderung auf die Kondolenz. Aus demselben ging hervor, daß auch Hilde[315] im Jänner gestorben ist. Wohl ein Glück für die Arme! Ich vermute übrigens fast, daß es Suizid gewesen sein dürfte, allerdings ist dies nur eine Vermutung. Ich weiß nicht, ob ich Dich bitten dürfte, einen Brief an Sepp aufgeben zu lassen? Ich habe vorsichtshalber um Genehmigung angesucht. Nachdem es ins Ausland geht, sind gewisse Formvorschriften einzuhalten, wie die offene Aufgabe mit Paßvorweisung bei der Post. Ich könnte auch die offizielle Genehmigung einholen, aber das dauert immer so lange und ist hinsichtlich der zeitlichen Durchführung recht unverläßlich. Ich möchte doch, daß jetzt die Verbindung nicht abreißt. Wegen Kurtl läge mir manches daran. Kannst Du nicht, oder hast Du Bedenken, dann schicke mir bitte den Brief wieder zurück.
A propos Kurtl: – Ich habe ihm sachte auf den Zahn gefühlt wegen seiner Korrespondenz mit Eurer kleinen Hausgenossin. Nicht weil ich etwas daran fände, als vielmehr weil es mir zu früh ist, daß er wenn auch harmlose Eskapaden anfängt, die ihm das Latein noch weniger schmackhaft machen könnten, als es leider ohnedies schon der Fall ist. Darauf erwidert er wörtlich: »Wenn Euch meine anderweitige Korrespondenz nicht recht ist, stelle ich sie natürlich ein. Ich habe nur aus Höflichkeitsgründen geschrieben«, »Hm! – « So weit der Lauser. Ich habe herzlich darüber gelacht. Im übrigen hatte er meistens Kohlenferien, mußte tagelang Schnee schaufeln, war mit der H. J. auf Skiausflug, macht köstliche Bemerkungen über den »Verein«, dem er laut Vorschrift bei sonst angedrohtem

---

[314] Sepp Masera, Bruder Herma von Schuschniggs.
[315] Hilde Masera (geb. am 1. November 1904 – gest. am 24. Jänner 1942), verehelichte Neuner, Schwester Herma von Schuschniggs.

Jugendarrest beitreten mußte – und scheint gottlob ganz wohl zu sein. In der Schule scheint es zu klappen bis auf Latein, das alte Sorgenkind. Wenn ich Bewegungsfreiheit hätte, würde ich ihn vermutlich auf Realia schulmäßig umstellen. Die Gefahr, daß er einmal humanistische Studien pflegen will, scheint mir gering. Und eigentlich ist Latein ohne Griechisch immer eine halbe Sache. Er wird wohl einmal aufs Praktische ausgehen wollen und müssen. Die Dr.-Tradition unseres Namens zu pflegen, wird Deinem Spatz zufallen, vorausgesetzt, daß es bis dort überhaupt diesen Titel noch gibt und man nicht an Stelle dessen so eine Art von geistigem Hauptfeldwebel werden muß. Lilly[316] schrieb unlängst. Sie ist operiert worden, was Du wohl wissen wirst.
Was ist eigentlich aus Dr. Henz[317] geworden? Schreyvogl[318] macht in Serienaufführungen. Muß sich sehr gebessert haben. – Was ich Dich schon lange fragen wollte, weißt Du, was mit dem famosen Sassmann[319] los ist? Ich kam auf ihn, weil er als Drehbuchautor eines politischen Tendenzfilms (!) zeichnete. Wenn irgend jemand, dann hätte ich den für einen Juden gehalten. Abgesehen davon, daß er der unbestrittene Intimus vom Friedell[320] war. Seine Begeisterung für Austriazismen hatte allerdings schon früher nachgelassen. Vermutlich hatte er einen Krach mit Röbbeling.[321]
Nun aber Schluß für heute. Du hast sicher auch den Eindruck, daß das Geschriebene für eine zweckmäßige gründliche Vernichtung geeignet ist! Weißt Du zufällig die Adresse von P.

---

316 Lilly von Töply.
317 Dr. Rudolf Henz (geb. am 10. Mai 1897 – gest. am 12. Februar 1987 in Wien), langjähriger leitender Mitarbeiter der RAVAG, später Programmdirektor des Österreichischen Rundfunks, Schriftsteller.
318 Prof. Dr. Friedrich Schreyvogl (geb. am 17. Juli 1899 in Wien-Mauer – gest. am 11. Jänner 1976 in Wien), Schriftsteller und Dramaturg.
319 Hanns Sassmann.
320 Egon Friedell (geb. am 21. Jänner 1878 in Wien – gest. am 16. März 1938 in Wien, Selbstmord), Kulturhistoriker, Schriftsteller und Schauspieler.
321 Hermann Röbbeling.

Gunz?[322] – Wäre für mich nur interessant, wenn er im Inland sich aufhält. Dann könnte ich ihm vielleicht eine kleine Freude machen.
Alles Liebe allen Deinen. Verbringt gute Ostern und lasse bald wieder etwas hören. Darauf freut sich mit herzlichsten Grüßen
Dein
Kurt

**Brief 73**
14. April 1942

Lieber Artur!
Die heutige Gelegenheit benützend möchte ich Dir zunächst für Deinen Osterbrief danken, der mir wie immer sehr willkommen war. Wir haben die Feiertage gut verbracht. Bei Euch wird es wohl auch sehr nett gewesen sein. Ostern mit Kindern ist immer eine schöne Sache. Allerdings gehört der heute etwas rare – weil kriegswichtige – Artikel Stimmung dazu und nach Möglichkeit etwas Freiland und Sonnenschein. Dadurch, daß es in letzter Minute doch noch Ostereier gab und außerdem erträgliches Wetter war, kam doch so etwas wie eine Illusion von Feiertagen auf. V(era) hatte es sehr nett gemacht und sich riesige Mühe gegeben, so daß wir einen veritablen Ostertisch mit Blumen hatten, was ich sehr genossen habe.
Mittlerweile ist der »Garten« schon im zweiten Stadium seines Werdens. Wenn alles ohne besondere Zwischenfälle weiterginge, dann könnten wir am Ende szt. doch mit Salataushilfen zur Verfügung stehen. Allerdings, was geht schon ohne Zwischenfälle und ob der Erdeersatz wirklich mittun wird, wenn es

[322] P. Paulus Maria Gunz OP (geb. am 5. August 1893 in Bludenz – gest. am 8. Februar 1968 in Friesach), Dr.theol., 1913 Matura am Kollegium Stella Matutina in Feldkirch, Eintritt in das Dominikanerkloster Graz, Lektor für Theologie und Philosophie an der Ordensschule in Graz, 1930–1949 in Rom, Seelsorger der Pfadfinderbewegung und katholischer Studentenverbindungen, Schulfreund von Kurt von Schuschnigg. Stella Matutina 105 (1968).

einmal darauf ankommt, das steht noch immer in Frage. Ich bemühe mich jedenfalls nach Kräften, nicht einmal so sehr aus Passion für Bodenverbundenheit, Blut und Erde, oder sonstiges rosenbergsches[323] Gewächse, als vielmehr aus Freude am Ding (nämlich der Arbeit) an sich und aus Wohlbehagen, im Freien sein zu können. – V(era) war sehr brav und hat aus Berlin viel Samen mitgebracht. – Jetzt fehlen uns noch die Saatkartoffel, dann werden wir allmählich und theoretisch – wenigstens in vegetabilibus – zu Selbstversorgern aufsteigen – und daher nächstes Jahr wohl nichts mehr zu kaufen kriegen! –
Ja, das wäre sehr nett, wenn Du über Bogovic[324] etwas hörtest. Der war immer ein anständiger und anhänglicher Mensch. Und hat vor allem auch nie Kapital aus der Bekanntschaft geschlagen, als es eventuell noch dafürstand. Natürlich erinnere ich mich an die Frau v(on)Gossleth.[325] Sie hatte anläßlich Mamas Tod auch geschrieben. – Das mit ihrem Sohn wundert mich zwar nicht. Wie auch sonst! Die Ultra haben bei uns ja häufig das Deutsch erst bei der Burschenschaft gelernt – in Ermangelung einer rechtschaffenen Muttersprache.
Von wegen Hermann Bahr: Vielen Dank, daß Du den Fall im Aug behalten willst. Nichts habe ich von ihm, oder so gut wie nichts; so daß keine Gefahr besteht. Am liebsten hätte ich natürlich das Tagebuch, aber auch die dramatischen Sachen. Den Taylor[326] werde ich lesen, bin froh, daß ein wenig Zeit dafür bleibt und die Rückgabe nicht eilt. Danke sehr!
V(era) erzählte mir, daß Ihr sie eingeladen habt, mit Euch gelegentlich Eure Freunde zu besuchen. Ich wäre sehr dankbar,

---

323 Alfred Rosenberg (geb. am 12. Jänner 1893 in Reval – gest. am 16. Oktober 1946 Nürnberg, hingerichtet), 1921 Hauptschriftleiter des Völkischen Beobachters, Ideologe der NSDAP, 1941 Reichsminister für die besetzten Ostgebiete.
324 Johann Bogovic.
325 Virginia von Gossleth, befreundete Dame und Hausgenossin in Cilli vor dem Ersten Weltkrieg.
326 Wahrscheinlich Bayard Taylor (geb. am 1. Jänner 1825 in Kenneth Square/Pennsylvania – gest. am 19. Dezember 1878 in Berlin), amerikanischer Schriftsteller (Übersetzer von Goethes »Faust«) und Diplomat; 1878 Gesandter in Berlin.

wenn Ihr sie weiter dazu animiertet. Ich glaube, sie bräuchte es dringend, ab und zu unter Menschen zu kommen. Es ist ja hier nicht leicht für sie, begreiflicher Weise!
Um aber auch von den spärlichen Annehmlichkeiten zu reden: wir haben noch immer alles gut beheizt, vom Häusl angefangen. Gerechter Weise muß zugegeben werden, daß das sehr viel wert ist.
Unlängst kam ich durch Zufall auf die Lektüre einer Serie von »B. Z.«[327] aus dem Jahr 39, die zur Jahreserinnerung eine Darstellung der Wiener Ereignisse vom 11. März 38 brachte, hauptsächlich soweit meine Person dabei eine Rolle spielte. Ganz im Magazinsstil, spannend mit Fortsetzungen. Aber doch auf Grund von anscheinend gut orientierten Quellen, mit manchem Wahrheitsgehalt. Amüsierte mich sehr, einmal die Darstellung von der anderen Seite zu hören, was mir abgesehen von den bloßen Schimpfereien ja bis heute versagt blieb. Recht interessant und die längste Zeit hindurch unglaublich zahm und anscheinend objektiv. Bis es zum springenden Punkt kam: Da mündet alles in eine Glorifizierung und Rechtfertigung von Glaise[328] und Seyß,[329] die alles selbst gemanagt hätten

---

[327] Alfred Gerigk, So geht es nicht, Herr Bundeskanzler! Die Tage, ehe Schuschnigg fiel, in: Berliner Illustrierte Zeitung, Nr. 9 (1939), 309ff; insgesamt erschienen in den Heften 9–16 acht Folgen.
[328] Dr. Edmund Glaise von Horstenau (geb. am 27. Februar 1882 in Braunau/Inn – gest. am 20./21. Juli 1946, Lager Langwasser/Nürnberg, Selbstmord), Bundesminister o. Portfeuille 11. Juli – 3. November 1936, Bundesminister für Innere Verwaltung 3. November 1936 – 16. Februar 1938, Bundesminister o. Portfeuille 16. Februar – 11. März 1938, Vizekanzler (Kabinett Seyß-Inquart) 12. März – 24. Mai 1938, seit 1925 Direktor des Kriegsarchives, 1934 Privatdozent, 1940 Honorarprofessor, nach Mai 1938 deutscher Staatsminister, am 9. November 1939 als General z.b.V. einberufen, 1941–1944 bev. General in Kroatien, 1943 SA-Gruppenführer, 1945 Leiter des deutschen Auswärtigen Amtes in Wien.
[329] Dr. Arthur Seyß-Inquart (geb. am 22. Juli 1892 in Stannern bei Iglau – gest. am 16. Oktober 1946, Nürnberg, hingerichtet), Rechtsanwalt, seit 17. Juni 1937 Staatsrat und Verbindungsmann zwischen Regierung und NS-Opposition, Innenminister 16. Februar – 11. März 1938, vollzog als Bundeskanzler den Anschluß, 1940–1945 Reichskommissar für die Niederlande.

(Mahlzeit! hinsichtlich der charakterlichen Seite, wenn dem wirklich so wäre!), von den Hiesigen keine Spur. Natürlich gänzlich unbeteiligt, keine Telefonate, keine Drohung, keine Versprechen, gar nichts ... Dafür aber alles, was ich angeblich stundenlang mit den beiden Helden »verhandelt« hätte, »wörtlich« zitiert! Zu komisch! Die beiden hatten scheinbar eine Ehrenrettung dringend nötig. Sie ist selbst nach dieser, offenbar auf sie selbst zurückgehenden Darstellung, dürftig genug ausgefallen. Selbst wenn alles so stimmte, wie es sorgfältig ausfrisiert ist, gibt es wohl nur ein Werturteil. Was mir eigentlich leid tut. – Ob alle, die um den wirklichen Sachverhalt wissen, ewig schweigen werden oder auch geschwiegen haben, und ob die vernünftige Öffentlichkeit halbwegs wahrheitsgemäß orientiert ist?? Das ist es, was mich begreiflicher Weise brennend interessieren würde. Jedenfalls begreife ich gut meine luftdichte Absperrung. Das muß doch ein ungutes Gefühl sein. Nämlich nicht einmal so sehr für mich. – Alles wissen und dabei frei herumlaufen, war vermutlich lange Zeit hindurch eher riskant. Darum muß man auch Guido Sch.[330] verstehen, der wohl vor einem aut-aut stand. Ich möchte ihm nicht mehr begegnen. Wie man in gleicher Lage (annähernd gleicher!) sich richtig benimmt, hat Adam[331] gezeigt. Weißt Du übrigens nichts von Hammerstein?[332] Ein besonders hochstehender,

---

330 Guido Schmidt.

331 Oberst Walter Adam (geb. am 6. Jänner 1886 in Klagenfurt – gest. am 26. Februar 1947 in Innsbruck), ab 1924 Redakteur und stellvertretender Chefredakteur der »Reichspost«, 1934 Bundeskommissär für Heimatdienst und Staatsrat, 1934–1936 Generalsekretär der Vaterländischen Front, 1936–1938 Leiter des Bundespressedienstes im Bundeskanzleramt, 1938–1945 KZ.

332 Hans Baptist Freiherr von Hammerstein-Equord (geb. am 5. Oktober 1881 auf Schloß Sitzenthal/Melk – gest. am 9. August 1947 in Pernlehen/Micheldorf), Schriftsteller, nach dem Ersten Weltkrieg im Verwaltungsdienst, 1923–1933 Bezirkshauptmann von Braunau, ab 1. Jänner 1934 Sicherheitsdirektor von Oberösterreich, vom 31. Juli 1934 bis 17. Oktober 1935 Staatssekretär für Angelegenheiten des Sicherheitswesens, danach Sektionschef im Bundeskanzleramt, Innenminister 14. Mai 1936 – 3. November 1936, seit 4. Dezember 1936 Bundeskommissär

wertvoller Mensch – auch als Dichter. Ich hörte, er kam mit einem blauen Auge davon, was ich ihm herzlich gönne. Ich glaube, Du kanntest ihn persönlich kaum; er hätte Dir sicher gefallen.

Da bin ich nun aber ins Schwätzen geraten. Ab und zu passiert es mir, daß ich ins Retrospektive gerate. Obzwar die Zeit längst über alles drüber ging, was damit und mit meinem bißchen persönlichen Erleben zusammenhing. Und wer dürfte heute schon sein persönliches Schicksal für wichtig nehmen! Es ist ja nichts anderes, als ein kleinwinziges Rädchen, das eben auch abschnurren mußte, damit die vorbestimmten Ereignisse und Entwicklungen in Schwung kommen konnten. – Daß es sich um solche handelt, scheint mir heute wohl sicher und alle Akteure sind schließlich nur Werkzeug! –

Daß ich das Buch von Schneider[333] bekomme, freut mich besonders. Wenn Du irgend eine passende Gelegenheit hast, danke bitte für mich! Es war mir wirklich eine große Freude! Sehr verbunden bin ich Dir auch, daß Du die Vermittlung nach Bozen[334] übernommen hast. Ich werde Dich in Hinkunft kaum mehr damit strapazieren müssen. Aber jetzt schien es mir – hauptsächlich um Kurtls willen – doch wichtig, die Verbindung aufzunehmen, abgesehen davon, daß ich auch selber nicht gerne den Zusammenhang ganz verliere.

Ich gäbe sehr viel darum, wenn ich mit Dir einmal sprechen könnte, denn schließlich ist Schreiben doch nur ein bescheidener Ersatz. Allerdings bin ich sehr froh, daß es nun wenigstens so weit ist. Mit dem weiteren wird es wohl noch seine Zeit haben. Wenngleich ich die Geheimtuerei ja eigentlich nicht ein-

---

für Kulturpropaganda im Bundesministerium für Unterricht, am 20. April 1938 in den dauernden Ruhestand versetzt, am 20. Juli 1944 verhaftet und erst von den Alliierten befreit. Anm. Artur (II) von Schuschnigg: »Hammerstein war unser erster Besuch in Berlin. Er starb an den Folgen einer Erkrankung im KZ Mauthausen bald nach dem Krieg. Seine Witwe war bis zu ihrem Tod unsere beste Freundin.«

333 Reinhold Schneider, Philipp der Zweite, Leipzig 1931.

334 Familie Masera, die Familie von Herma von Schuschnigg. Vgl. Anm. 2, 28, 82, 83, 190, 315.

sehen kann. Man sollte doch für das, was man für richtig und nötig hält, auch einstehen können.
Sollte später einmal ein neuerlicher Umzug von hier in Frage kommen, wird wohl der Rest meiner bescheidenen Habe auch noch den Weg alles Irdischen gehen. Sämtliche Möbel, Teppiche usw. bedürften einer dringenden und totalen Überholung. Es ist fast alles angeschlagen. Vom Schreibtisch bis zum letzten Sessel. Aber darüber kann ich mich nicht mehr aufregen. Lange genug habe ich es gründlich getan. Denn ich habe auch wie Du den Anhänglichkeitskomplex an alte, lieb gewordene Sachen! Nun, das gehört eben alles auch dazu zum Abbrennen.
Kurtl schrieb unlängst, daß sich in seiner Schule bereits der Jahrgang 25/26 freiwillig zum Militär melden konnte. Da wird also bald – etwa spätestens in einem Jahr – mit seiner freiwilligen Meldung zu rechnen sein. Er ist ja Jahrgang 1926! Gelernt wird scheinbar überhaupt nicht mehr. Ewige Ferien. So daß es sogar ihm schon auffällt. Dabei wird er im Mai erst (oder schon!) 16!
Wir genießen sehr Euren kleinen Kinder-Sportwagen und die Gehschule. Ein sehr praktisches Möbel. Kannst Du Dich übrigens an die unsere erinnern? Gottlob, daß die Kinder wieder wohlauf sind. V(era) muß mir immer viel erzählen, besonders von Spatzens treffenden Apercus. Du sollst so streng sein? Stimmt das? – Ich stelle mir vor, das wird wohl so eine Strenge sein, wie wir sie von Mama her gewöhnt sind. Ich habe es ja auch so gehabt. Furchtbar ernst, aber es ist nicht viel dauernder Ingrimm dahinter. Was das kleine Volk ja sehr bald heraußen hat. – Ich hatte mir lange Zeit hindurch Mamas typisches erstes Nein angewöhnt, das sich als momentaner Schutzwall zwecks Erzielung einer Überlegungsfrist ja wunderbar gebrauchen läßt. Kurtl nahm darum auch die erste Reaktion nie sonderlich tragisch. Zu wirklichen Hauen hat es nur einmal gereicht. Die hat er aber auch jetzt noch in Erinnerung. Ich erinnere mich übrigens, daß ich in den letzten Jahren, wenn ich von Mama etwas wollte, z.B. daß sie nach Wien kam, stereotyp zuerst nur schrieb, ich hätte mir für die negativen Ant-

worten 14 Tage vorgemerkt, dann wäre es aber höchste Zeit. Und es hat jedesmal funktioniert. Bei Papa war übrigens genau die gleiche Taktik von Nöten. Nur mußte man da vorsichtiger sein und durfte nicht daran erinnern, daß er schon einmal nein gesagt hatte. Papa gab allerdings in guten Stunden auch viel eher einem plötzlichen Entschluß Raum und konnte unternehmend sein. Beide konnten sich so von Herzen freuen. Und das ist eine unbezahlbare Eigenschaft, besonders vom Standpunkt der Kinder, die an den Eltern hängen. Ich möchte, daß es bei unseren Kindern auch so wird. Jammerschade, daß die Eltern nicht mehr da sind. Aber das Alt- und Älter-Werden ist unentrinnbares Los!
Alles Gute! Bussi den Kindern! Euch viel Herzliches.
Besonders Dir
Dein
Kurt

**Brief 74**
4. Mai (19)42

Lieber Onkel Hermann!
Die seltene Gelegenheit einer Berlinfahrt Veras möchte ich ausnützen, um Dir wieder ein paar liebe Grüße und Gedanken auf sicherem Weg zu übermitteln. Insbesonders auch im Gedenken an Deinen Geburtstag! Auch als am 7. April der Kalender (– so einen Luxusgegenstand besitzen wir nämlich auch –) Hermann zeigte, dachten wir herzlich Deiner. Mama hätte gesagt: – vergeßt mir nicht auf Onkel Hermanns Geburtstag. Und ich denke mir immer wieder bei den kleinen Begebenheiten des Zeitlaufs, was hätte wohl Mama jetzt gesagt … So möge Dir denn das neue Lebensjahr möglichst viel von dem bringen, was Du Dir für Dich und Deine Arbeit wünschst und vor allem auch manche frohe, entspannende Stunde schenken. Der Artikel tut ja heute ab und zu Not.
Vielen herzl(ichen) Dank noch für Deinen Osterbrief. Dem

unbekannten Spender der willkommenen Zigarettensendung sage ich auch noch besonderen Dank! – Wir frieren vorläufig noch nach Noten. Das heißt nicht in der Wohnung. Denn die ist nach wie vor sehr ordentlich geheizt. Den Vorteil haben wir ja. Aber draußen will es absolut nicht warm werden. Ewiger Nord-Ost-Wind, Himmel grau in grau, und dabei fast überhaupt nie Regen. Ich bin wegen dieser Wetter-Miseren nicht mehr so gleichgültig wie früher, weil ich sehr mit unserem Garten beschäftigt bin. – Lange sah es so aus, als könnten wir mangels Sämereien und Pflanzen etc., überhaupt nichts machen. Aber plötzlich änderte sich dies. Vera hamsterte in Berlin einiges an Samen zusammen, und dann schickte ein treuer Freund (mir persönlich gar nicht bekannter parochus aus der Wiener Gegend) ein umfangreiches Paket mit allen möglichen brauchbaren Dingen. Von Ribiselsträuchern, Sonnenblumen bis zu Bohnen, Erbsen und Karotten. Auch Vergißmeinnicht-Pflanzen und Erdbeeren waren dabei. Das meiste noch gut. Die Stecklinge treiben ganz schön und sogar das Vergißmeinnicht erholte sich prächtig. Besonders willkommen waren uns die Pflanzen zum Verkleiden der nicht sehr schönen vielen Mauern. Leider wird das heuer noch nicht viel Erfolg bringen, abgesehen davon, daß z.B. das Setzen von Bohnenstangen entlang der Mauern nicht gewünscht wird. Nun, trotzdem macht es uns aber große Freude, täglich die Fortschritte zu sehen und man freut sich über jeden neu herausgekommenen Keim. Spinat und vor allem Erbsen gedeihen anscheinend sehr gut. Gutmütig bei dem Klima! – Nun haben wir noch so viel Samenpakete (Salat, Karfiol etz.), daß wir gar nicht alles unterbringen können. Vor allem gehen wir natürlich auf Wintergemüse. Auch 25 kg Saatkartoffel haben wir bereits in der Erde. Bin neugierig, wie viel das an Ernte geben wird. Das ist für uns sehr wichtig. Denn wir sind für hiesige Begriffe unvorstellbar starke Kartoffelesser. Sogar das Kind schaut von den ihm zukommenden Genüssen nichts mehr an, wenn ein Kartoffel auch nur in der Nähe ist! Im übrigen wird die Kleine schon recht possierlich und sorgt dafür, daß immer Bewegung im Haus bleibt.

V(era) teilt freiwillig mein Los und geht eigentlich so gut wie gar nicht außerhalb unserer Gemarkung.
Kurt schreibt fleißig und gut. Großvater M(asera) ist anfangs März gestorben, wie wir auf Umwegen erfuhren. Mein Schwager[335] hat K(urt) sehr nett geschrieben und ihm mitgeteilt, daß Großvater K(urt) im Testament bedachte; (»seine Zukunft sicherzustellen beitrug«)(.) Ich bin natürlich sehr froh darum, weiß aber noch nichts genaueres. Der Grund der unterbrochenen Verbindung dürfte in meiner armen Schwägerin[336] gelegen sein, die aber gleichfalls in den letzten Monaten gestorben sei. Einer der Fälle, wo alle Beteiligten die Erlösung vernünftiger Weise als Glück betrachten müssen. – Im übrigen habe ich etliche Sorge, ob ich Kurt wohl im Sommer sehen kann. Jetzt ist wieder der Jugend-Ernteeinsatz, und K(urt). schrieb schon, daß ihnen entsprechende Eröffnungen gemacht wurden. Die Schule spielt scheinbar überhaupt keine Rolle. Ab 1. Juni werden die Buben schon beansprucht. Nachdem sie den halben Winter Kohlenferien hatten. Sogar ihm selbst fällt das Absonderliche daran schon auf. – Nun, es ist wohl am besten, sich nicht zu sehr den Kopf über die Zukunft zu zerbrechen. Die jungen Leute werden sich wohl einmal schwer tun mit dem Nachholen. Wenn er mir nur gesund bleibt, an Leib und Seele. Vorläufig fehlt scheinbar nichts. Aber es wird natürlich höchste Zeit sein, daß ich mich wieder ein bißl persönlich um ihn kümmern kann.
Sonst geht es uns gut, und wir tragen wie alle Menschen heutzutage unser Packel Sorgen. V(era) bangt natürlich auch um ihre Kinder und leidet unter der schwierigen Verbindung. – Ihre einzige Ansprache außerhalb der 4 Wände sind monatlich etwa 1-mal Arturs in Berlin auf 1–2 Stunden. Leider ist mir ein Treffen mit Artur versagt. Nach Gründen sich zu fragen, ist nicht sehr sinnvoll. – Seit Monaten höre ich von einem ausgeworfenen Unterhaltsbeitrag. Bislang ist es leider nur ein wenn

---

335 Sepp Masera.
336 Hilde Neuner, geb. Masera.

auch amtliches Gerücht. Schade, weil ja jeder Monat Verlust unwiederbringlich ist, mangels des sonst üblichen Nachzahlungsprinzips. Dagegen scheine ich mit der Zeit vielleicht doch meine kleinen Ersparnisse frei zu bekommen. Auch noch nicht. – Das soll aber kein Jammern bedeuten. Ich weiß zu gut, daß ich gemessen an vielen anderen dazu keinen berechtigten Anlaß hätte.
Was Du zum Radio schriebst, entspricht auch unserer Erfahrung. Seit etwa 2 Monaten haben wir auch wieder eines. Ab und zu ein bißl Musik zu hören, tut ganz gut. Sachen die man schon kennt, höre ich immer wieder gerne. Neues gibt(s) – glaube ich – im Radio doch nicht den richtigen Eindruck, abgesehen davon, daß ich zu Neuem überhaupt nicht die Courage, vielleicht auch nicht die Geduld, und jedenfalls nicht das Verständnis aufbringe. Im übrigen wäre ich totfroh, über jene »geringe« Musikalität zu verfügen, deren Du Dich bezichtigst! Ich stelle mir vor, daß es herrlich sein muß, sich nach Lust und Laune ans Klavier setzen zu können, um den Alltag abzureagieren. Überhaupt ist ja wohl die Hausmusik das schönste. Insoferne waren die Alten früher wohl besser dran. Ich hatte in den letzten Wiener Jahren ab und zu ein philharmonisches Quartett bei mir zu Gaste. Das bleiben immer schöne Erinnerungen. Allerdings waren die Zeiten etwas ungewöhnlich: – Beginn um Mitternacht und Dauer bis gegen 2 Uhr.
Hier leben wir sehr solide. Um 10 Uhr liegt alles im Bett. Der Vormittag gehört dann dem Garten, in dem ich wohl alle Fehler gemacht habe, die einem Anfänger so passieren, vom zu dichten Säen angefangen bis zur unrationellen Raumausnützung. Aber schließlich will alles erst gelernt sein. Seit über einem Monat blast hier ununterbrochener Nord-Ost, dabei bewölkt und kein Regen. Der Vorgesetzte hier geht darum über die gute Jahreszeit – wie ich höre – an den Wolfgangsee. Was ich verstehe.
Nun, lieber Onkel Hermann, nochmals alles Gute und schreibe gelegentlich bitte wieder. Wir haben immer große Freude darob. Hoffentlich bist Du wohlauf. Heuer am 20. 4. wäre Ma-

mas 70er fällig gewesen! Es wär' zu schön gewesen ... Daß Papa nun bald 78 würde, geht mir überhaupt nicht ein. Ebensowenig, daß ich allmählich auf den 50er zusteuere. Schade, denn es ist halt doch die Zeit, in der man noch gerne irgend etwas leisten würde.
Entrichte bitte gelegentlich unsere Grüße an Onkel Moriz. Es ist ungleich verteilt. Wie gerne würde ich ihm von meiner überflüssigen Zeit etwas abtreten. Allerdings für Patienten wäre ich nicht geeignet und für die dortigen schon gar nicht.
V(era) schwärmt immer noch von den schönen Sommertagen in Brixen i(n) T(irol). – Blieb auch in loser Verbindung mit den dortigen Hausleuten. Ich freue mich, daß sie es dort so gut getroffen hatte.
Nun alles Liebe und herzliche Grüße
Dein
(Kurt)

**Brief 74a**
(4. Mai 1942)

Lieber Onkel Hermann!
Auch von mir soll Dir dieser Brief recht, recht gute und liebe Wünsche zu Deinem Geburtstag bringen. Der liebe Gott möge Dich vor allem gesund uns erhalten. Wie gern würde ich wieder einmal mit Dir plauschen können, außer untereinander kommt man hier gar nicht zum (R)eden. Nicht daß ich eine begeisterte »Schwätzerin« wäre, das war ich nie, aber manchmal tuts halt gut, wenn man eine seelische und geistige Auffrischung von Außen hat, dann sieht man die täglichen Dinge auch wi(e)der in einem anderen Licht. Ich denke noch oft und gern an unsere, leider nur so kurze, Stunde in Brixen.
Unsere Puppe hat uns vorige Woche einen rechten Schrecken eingejagt, sie machte Anstalten die Masern zu bekommen! Gottlob ging es aber dann ganz schnell und glimpflich vorbei und wir wissen eigentlich bis heute nicht(,) was sie eigentlich

hatte. Das schreckt mich hier so, denn die ärztliche Hilfe ist, wenn sie kommt, sehr nett(,) hat aber keinen Tau von Kindern! Kennst Du das Buch von Richard Specht: Das Bildnis Beethovens?[337] Es ist ein selten schönes und gutes Buch. Ich bin überhaupt sehr froh(,) wieder meiner großen Leidenschaft, des (L)esens, frönen zu können, solang man zerrissen und voller Sorge ist, hat man nicht die richtige Ruhe und Einstellung zu einem Buch. Da kann ich jetzt wieder viel nachholen. Habe auch einige wunderbare englische Bücher aus meinen Kisten herausgekramt von früher, die ich zum Teil schon vergessen hatte und jetzt gerne wieder lese.
Nun sende ich Dir wieder viele, liebe Grüße und nochmals alle guten Wünsche. Deine
Vera

Vielen Dank auch für die Kartoffel – von denen mir Marianne welche abgegeben hat – sie sind schon sehr gut!

**Brief 75**
1. Juni 1942

Lieber Spatz!
Zum Geburtstag wünsche ich Dir alles Gute! Du bist ja jetzt schon ein großer, 7jähriger Mann! Bleibe gesund und mache den Eltern Freude und sei kein größerer Lauser, als unbedingt notwendig ist. Daß ziemlich einiges davon notwendig ist, sehe ich ein. Kannst Dich fallweise auf mich berufen.
Du siehst, wenn man Geduld hat, kommt alles, auch der Geburtstag.
Anbei 2 M(ark) zum eisernen Sparen. Außerdem ein paar Radieschen. Laß die Dicki und das Vreneli auch kosten. Mami und Papi lieber nicht, denn die roten Dinger sind nicht so besonders gut; Euch werden sie aber schon schmecken. Es war

[337] Richard Specht, Bildnis Beethovens, Hellerau-Berlin 1931.

sehr gutmütig von ihnen, daß sie überhaupt gewachsen sind, dafür haben sie eben einen etwas mürrischen holzigen Geschmack. Die Gegend ist nicht so schön und fruchtbar, daß Gemüse gedeihen kann. Blumen gibt es überhaupt fast nicht. Es ist zu wenig Erde da und dafür zu viel Lärm von den Menschen, so daß die Pflanzen keine Ruhe kriegen.
Was macht die Schule? Lustig?
Also ein festes Geburtstagsbussi und bleibe gesund! Dein Onkel
Kurt

Alles Liebe Papi und Mami und viele Grüße an Dicki u(nd) Vreneli.
Leider konnte ich die Radieschen nicht bringen, aber das nächste Mal komme ich hoffentlich zu Euch u(nd) wenns noch welche gibt bringe ich sie sicher mit. Ein liebes Geburtstagsbussi
von der Tante
Vera.

Nun kommt der Brief leider auch zu spät, darfst nicht böse sein!

**Brief 76**
8. Juni (19)42
(Postkarte)

Lieber Onkel Hermann!
Wir sind wirklich schon besorgt, weil wir so lang ohne Nachricht von Dir sind. Hast Du unseren letzten Brief mit den Geburtstagswünschen bekommen? Uns geht es weiter recht gut, der Garten gedeiht, wir essen bereits eigenen Spinat! Dolores wird immer größer, sie lauft jetzt schon fest im Garten herum und wir arbeiten und wirtschaften fest herum. Wir wissen immer noch nicht(,) was mit den Kindern in den Ferien sein wird,

man laßt sich viel Zeit mit dem »Bescheid«, wenns nur nicht ganz ins Wasser fallt! Kurtl war wieder einmal krank, aber nicht arg, nur so, daß er vom Erntedienst befreit wurde und nun die ganzen Ferien untergebracht werden muß, wo und wie ist noch unklar. Mir geht es gesundheitlich leider gar nicht gut, ich bin ewig so müde, daß ich mich nur mühsam durchs Leben schleppe.
Gehe heute wieder zum Arzt nach B(erlin,) der mir Injektionen macht, die aber und alle die anderen Mitteln vorläufig herzlich wenig nützen.
Bitte schreib bald, wenn es auch nur eine Karte ist, damit wir wissen, wie es Dir geht.
Alles Liebe von uns Beiden
Deine Vera

**Brief 77**
X (für Sachsenhausen) 29. Juni (19)42

Lieber Onkel Hermann!
Vielen Dank für Deinen Brief und die Karte, ersterer hat uns sehr interessiert und wird er gut aufgehoben, bis die Puppe soweit ist, von Familiengeschichte etwas zu verstehen. Artur habe ich gestern in Berlin davon erzählt und interessiert er sich auch für den Brief, so will ich ihn ihm das nächste Mal mitnehmen, obzwar er meint, ohnedies alles über Familiengeschichte zu wissen. Für Kurt war eine Auffrischung sehr gut!!
Denk Dir, Kurtl darf zu den Ferien herkommen, kommt daher am 12.7. für zirka drei Wochen. Meine Kinder wurden wieder abgeschlagen!! Unverständlich und für mich u(nd) sie ein großer unnötiger Kummer. Habe gestern von B(erlin) aus mit ihnen telefoniert und war es nicht leicht ihnen diese traurige Nachricht verständlich zu machen und wir hatten uns ja so darauf gefreut. Nun will ich aber Ende August, zum Schluß ihrer Ferien mit Dolores nach Wien fahren, wenn man bis dahin überhaupt noch reisen kann!!

Das Wetter hier ist einfach trostlos, immer nur kalt und Regen, es kann nichts wachsen, wenns überall so ist, müßte man wirklich um die Ernte besorgt sein. Noch dazu haben wir neuerdings Würmer im Gemüse, sie fangen auch bei den Kartoffeln an und Blattläuse in Blumen und sonstigem. Dabei steckt soviel Arbeit in dem Garten und jetzt geht uns alles kaputt!
Bitte sage Onkel Moriz, wie sehr leid uns seine Erkrankung tut und daß wir ihm baldigste, gute Besserung wünschen.
Mir geht es jetzt endlich sehr viel besser, die Müdigkeit hat fast ganz nachgelassen und ich fühle mich viel wohler, endlich scheint die Kur und alle die Vitamine – etc. Mittel einzuschlagen.
Die Schaukel freut mich ganz besonders, bitte sage es den lieben Spendern mit unserem herzlichsten Dank. Ich hatte mir schon fort den Kopf zerbrochen, wie ich der Puppe wenigstens eine provisorische herstellen könnte, es ist mir aber nichts gescheites eingefallen, da es am Nötigsten gefehlt hat. Du siehst es ist ein hochwillkommenes Geschenk und freuen wir uns schon(,) bis sie kommt.
Ich bin nur neugierig, wie ich Kurtl ernähren werde, das macht mir schon viel Kopfzerbrechen, denn es ist sehr knapp bei uns. Nun sind auch die Kartoffel gekürzt(,) wir bekommen nur mehr 2 Kilo pro Person in der Woche! Gemüse so gut wie keins! Die Puppe ißt ihre Ration Kartoffel schon allein auf, da ist sie die wahre Tochter ihres Vaters, beide sind beleidigt, wenn sie nicht Mittag und Abend eine große Portion bekommen, auch Brot vertilgt sie genau so viel und gern, wie der Papi. Ich koche jetzt sehr gern mit den Weltkriegsre(ze)pten von Kurts l(ie)b(er) Mutter, es fallt mir nur immer wieder auf, daß es damals Sachen gab, die man heute gar nicht hat z.B. Graupen, Hirse, Polenta etc.(,) wie viel leicher täte man sich, wenn man das hätte.
Wir freuen uns mit Dir, daß Dein Werk[338] nun zum Abschluß kommen soll und wünschen ihm und Dir einen guten Start ins Leben.

---

338 Bergbauernbuch, siehe Kurzbiographie Hermann Wopfners.

Nun senden wir Beide, wie immer Dir alles Liebe und herzliche Grüße Deine
Vera

Kurt lacht sich eben krank über meinen Satz(,) »daß ich Dir einen guten Start ins Leben wünsche!!« Es ist auch zu dumm ausgedrückt, kanns aber nicht mehr ändern, faß es bitte so auf, wie es gemeint ist!!

**Brief 77a**
29. Juni (19)42

Lieber Onkel Hermann!
Auch von mir besonderen noch Dank. Das Familiengeschichtliche hat mich sehr interessiert; eine gute Ergänzung, da Du mir s(einer)z(ei)t einmal nette Photokopien sandtest. Das waren aber glaube ich die Neuhauserschen Vorfahren. Wenn man sich so aussuchen könnte, würde ich unbesehen für den bäuerlichen Zweig der Wopfner optieren und uns dort wieder von vorne einreihen.[339] V(era) hätte auch nichts dagegen und für die Kinder wäre es sicher das Beste. – Nur in einem muß ich Dir widersprechen: – Ich habe einmal in einem Buch eines Eugenikers gelesen, daß gewöhnlich Eigenschaften etc. überspringen, so daß sehr häufig erst Enkel und Großeltern wieder übereinstimmen. Daher mußt Du wohl auch diese Regel für die Lebensdauer gelten lassen und dürftest aus dem erreichten Lebensalter von Großpapas Geschwistern keine Schlüsse ziehen. Ganz abgesehen von dem gewaltigen Neuhauserschen Plus, das Du selber erwähnst! – Übrigens ist der Großpapa Wopfner so ziemlich meine letzte gute, d.h. gut im Gedächtnis wahrnehmbare Erinnerung der ersten Kinderzeit. Ich sehe ihn noch ganz deutlich, wie auch das ganze von mir so überaus ge-

---

[339] Die Wopfners waren als Bauern durch viele Generationen ausgewiesen. Siehe Kurzbiographie Hermann Wopfners.

liebte Milieu von damals. Ich glaube z.B. jetzt noch das Gewölbe zu riechen, ein Aroma, das ich gar nicht beschreiben könnte, aber besonders schätzte. Dann sehe ich auch noch den Crucifixus an der Stiege vor mir. Wenn ich mich nicht täusche, war ein Lämpchen davor. Die Zimmer sind mir mächtig groß vorgekommen, hatten sehr schöne Böden und Vogelbauer standen drinnen. Es ist mir ja wohl auch immer besonders gut dort gegangen. – Deine Erwähnung von der Seltenheit des Bleibens von Familien über 200 Jahre in einer und derselben Stadt hat mich zuerst zu einem kleinen, unfundierten Zweifel verleitet. Aber wenn ich meinen Bekanntenkreis durchgehe, komme ich darauf, wie richtig das ist. Ein paar Innsbrucker Geschäftshäuser vielleicht, die die Regel durchbrechen. Aber die sog(nannten) echten Wiener sind beim besten Willen nicht zu entdecken, wenigstens unter meinen nicht wenigen Bekannten. Komisch: – der einzige, den man wirklich als »echten« bezeichnen kann, wenigstens nach mindestens 2 Generationen, war Seipel,[340] der Unwienerischste von allen.
Kann mir denken, daß Dir der Abschluß Deines Werkes manche Sorgen macht. Nicht wegen der Zeit, als wohl wegen der unvermeidlichen Scherereien. Aber ich hoffe, daß sich die Verleger bei wissenschaftlichen Werken doch leichter tun und die Abmachungen zuhalten können.
— Daß Kurt kommen darf, hat Dir V(era) schon geschrieben. Sie tut mir so leid ob der Enttäuschung, die sie erlebte. Hoffentlich kommt ihre geplante Besuchsreise nach Wien zu Stande. – Kurt überraschte mich schon mit mehreren für seine Verhältnisse sehr guten Noten aus Lateinschularbeiten. Nachdem ihm Mathematik keine ernsten Schwierigkeiten macht und er auch im Französischen gut ist, kann er wohl nur mehr an den beiden von ihm auch immer bevorzugten Haken:

---

340 Bundeskanzler Prälat Univ. Prof. Dr. Ignaz Seipel (geb. am 19. Juli 1876 in Wien – gest. am 2. August 1932 in Pernitz), chistlichsozialer Politiker, Oktober/November 1918 Sozialminister, 1921–1929 Obmann der Christlichsozialen Partei, 1922–1924, 1926–1929 Bundeskanzler, 1930 Außenminister.

Deutsch und Geschichte ernster hängen bleiben. Seine bezüglichen Ausreden zum Gegenstand wären ja ganz originell, wenn es eben nicht einen selber anginge. Aber im allgemeinen ist mir doch ein großer Stein vom Herzen (gefallen). Auch seinen Briefen nach entwickelt er sich sehr gut. Habe ich Dir geschrieben, daß er nach erreichter Großjährigkeit in den Genuß des großväterlichen Pflichtteils (nach Testament) kommen soll. Ist mir sehr recht so. Die Verwaltung durch meinen Bozner Schwager scheint mir sehr verläßlich und rebus sic stantibus das Beste.
Für den Fall einer geruhsamen Balkonstunde[341] zum Ausruhen empfehle ich sehr das Buch von Jacques Maritain »Die Zukunft der Christenheit« (Benziger 1938). Hat mir besonders gefallen. Hoffentlich denkst Du doch auch hie und da ans notwendige Rasten und fühlst Dich gesundheitlich wohl!
Viele herzliche Grüße Dein
Kurt

**Brief 78**
13. Juli 1942

Lieber Artur!
Ich möchte die Gelegenheit von Kurtls Blitzvisite benützen, um Dir ein paar herzliche Grüße in aller Eile zu senden. Vielen Dank für letzten Brief! Besonders auch – mit der bezüglichen Entschuldigung! – für die Kurtl unlängst nächtlicher Weile gewährte Unterkunft. Hatte natürlich keine Ahnung.
Der Originalität halber schließe ich Dir zur Einsicht Kurtls Zeugnis (»g. g. R.«[342]) bei. Da weiß man alles! Nicht wegen der Noten –, aber die Aufmachung finde ich köstlich.

---

[341] Der Plumeshof verfügt über einen großen gedeckten Balkon nach Süden im Stil des späten 19. Jahrhunderts, der im Sommer fast wie ein Wohnraum genutzt wird. (Foto 55)
[342] Gegen gelegentliche Rückgabe.

Marianne und Kindern wünsche ich herzlich guten Aufenthalt. Und hoffentlich gute Verpflegung!
Ich bin *sehr* besorgt um Vera. Fürchte einen kompletten Nervenklaps und habe keine Ahnung, wie das weiter auf die Dauer gehen wird. Die Arme tut mir furchtbar leid. Wenn nur die Wiener Reise klappen wird. Sie bräuchte dringendst totales Ausspannen und gründlichen Milieuwechsel. Es ist ja alles begreiflich, da vermutlich die letzten und vorletzten Jahre durchbrechen. Wenn ich ihr nur helfen könnte!
Mir selber ginge es sonst unwahrscheinlich gut und habe nichts zu klagen. Aber ohne Sorgen geht es halt nicht ab. Die jetzigen sind allerdings *sehr* drückend.
– Nun aber genug des Jammerns. Es wäre wohl ungerecht, wenn irgendwo heute des Lebens ungetrübte Freude daheim wäre. Das Kind ist ein Sonnenschein und Kurt hat sich erfreulich gemacht.
Alles Liebe, Handkuß, Bussis Marianne u(nd) Kindern.
Dein alter
Kurt

**Brief 79**
Samstag, 5. August (19)42

Liebe Marianne!
Vielen herzlichen Dank im voraus, daß Du morgen so lieb bist, den Meinen behilflich zu sein! Hoffentlich geht alles gut!
Sage bitte Vera gleich, daß ich glücklich bin, sie wieder hier zu wissen und mich *sehr* freue!
Habe mich sehr gut ausgeruht, fürchte leider, daß das in Wien nicht möglich war. Aber froh bin ich doch, daß die Ruhe wieder vorüber ist.
Heute brachte man mir aus Berlin sämtliche Briefe Veras, – mit einer Entschuldigung. Es sei ein Versehen gewesen, daß sie mir nicht hier ausgefolgt wurden(!)

Alles liebe Artur und den Kindern! Handkuß u(nd) herz-l(iche) Grüße Dein
Kurt

NB. Jetzt wird leider das Gewirks mit unserer Donna[343] beginnen, die es für richtig hielt, sich in der Zwischenzeit um ihren Urlaub zu kümmern. – Hoffentlich kommt sie mir heute zurück; die letzten Male ihrer Berliner Fahrt mußte ich immer bis gegen 11 h warten. –
Nun, ich habs. – Es steht nicht dafür, sich zu ärgern, hoffentlich ringt sich Vera auch zu diesem einfach möglichen Standpunkt durch!

**Brief 80**
16. August (19)42
(Postkarte)

Lieber Onkel Hermann!
Vielen Dank für Deinen lieben Brief. Es geht mir gottlob endlich besser. Fahre am 20. Abend mit Dolores nach Wien – wohne Hotel Sacher, bin wohl bis 4. September dort, dann finde ich vielleicht noch 8 Tage einen Ort, wo ich mich bißl erholen könnte. Weiß aber noch nicht wo. Kurtl fahrt am 20. nach München. – Recht liebe Grüße von uns allen Deine
Vera.

**Brief 81**
19. August (19)42

Lieber Artur!
Vielen, herzlichen Dank für Deinen Brief. Ich benütze die Gelegenheit, Dir wenigstens kurz zu antworten. So paradox es

---

343 Haushaltshilfe.

klingen mag, – momentan bin ich etwas zeitlich im Gedränge. Sobald sich aber wieder die Möglichkeit einstellt, kriegst Du wieder ein paar Zeilen, schon weil ich ja ohnedies eine eher stille Zeit vor mir habe. Vorläufig bin ich für V(era) sehr froh, daß die lange geplante Reise anscheinend zu Stande kommt. Sie hat es dringend nötig; sieht auch schon sehr angegriffen aus, wie Du ja vermutlich selbst konstatieren wirst.
Das war auch der Grund, warum Kurt unlängst nicht nach Berlin konnte. Vera mußte – nach dem Eingriff[344] natürlich besonders mitgenommen – so viel als möglich im Bett bleiben, was hier ohnedies eher ein Kunststück ist, und mir wird das Kindsen halt auch mit der Zeit zu viel. Zu alt! Nicht darauf geschult, und vielleicht auch weniger geeignet! So mußte Kurt eben einspringen. Hätte ihn Dir sonst gerne geschickt. Übrigens noch vielen und besonderen Dank für seine liebe Aufnahme. Er wird Euch unlängst ja kaum sehr gelegen gekommen sein, nachdem die Deinen am gleichen Tag eingetroffen waren.
Ich freute mich sehr, daß Ihr es so gut getroffen habt. Kann mir denken, wie wohl die Ruhe, Gegend und last not least das Futter taten! Marianne wird das gut brauchen können, denn ein Jahr lang Hausfrau spielen, mag heute kaum zu den Annehmlichkeiten des Lebens zählen. Ich danke Dir auch sehr für die Mitbringsel und Grüße. Kann mir die Lage dort ja beiläufig denken. Freue mich aber, daß es den Leuten anscheinend noch relativ passabel geht. Wie steht es mit den dortigen Kriegsverlusten? Sollten die Tiroler diesmal wieder so draufzahlen wie im letzten Krieg, wird sich die Landsmannschaft seligen Angedenkens mit ihrem »Tirol den Tirolern«[345] mit der Zeit

---

[344] Gynäkologische Operation; Vera von Schuschnigg starb Ende 1959 nach weiteren Operationen und einer mißglückten Strahlentherapie an einem Gebärmutterkrebs. (S. Kurzbiographie)

[345] »Tyrol den Tyrolern« war auch nach 1945 aktiv; es genügte schon eine Kärntnerische Großmutter, um den »hohen« Anforderungen für die Aufnahme nicht zu entsprechen. Freundliche Mitteilung von o. Univ.-Prof. Dr. h. c. Dr. Hermann Wiesflecker, Graz.

schwer tun. Aber das ist ja ohnedies nicht mehr aktuell. – Sehr gefreut und beruhigt hat mich, daß nach Deinem Bericht Stransky-Schneider[346] doch innerlich sich nicht gewandelt haben. Hatte schon fast den Eindruck. Sie werden halt verschreckt sein, was man gewiß begreifen muß. Kannst Du Dich erinnern, wie oft bei uns zu Haus vom Gesundheitszustand der beiden Stranskys besorgt die Rede ging! »Wer es wohl länger dermacht«. So geht der Herrgott oft seine eigenen, unvorhergesehenen Wege. Nicht daß man das Leben nicht herzlich gönnen würde. Nur neidisch wird man bisweilen. Daß es in Innsbruck im übrigen nicht komisch sei, hört man immer wieder. Auch das kann ich mir sehr gut denken. Wird beim nächsten Windwechsel nicht anders sein! Im Gegenteil! – Allerdings glaube ich nicht, daß ich den noch erlebe. So sehr ich nach wie vor fest davon überzeugt bin, daß die letzten Dinge schlimmer als die ersten sein werden, und daß ein sehr übles Ende – wenn auch sicher nicht heute oder morgen – unausbleiblich ist.
– Es ist aber besser, man denkt nicht daran.
Hier ist alles beim alten. Ich beschäftige mich intensiv mit Raupenspionage etc. – Die Umwelt wird nicht freundlicher. Momentan ist durch Lärm und Geruchseinwirkung seitens einer neu eröffneten Fabrik jenseits der Mauern in unmittelbarer Nähe alles dazu getan(,) um die Ruhe bei Tag und Nacht, aber auch die gute Luft radikal zu beseitigen. Wir müssen ab und zu unsere, ansonsten ganz gemütlichen Wachter (sic!) trösten, weil die einer nach dem anderen trübsinnig werden und behaupten es nicht aushalten zu können. Dabei ist einer von den Guten im Zivilberuf Dompteur im Zoo. Hat allerdings unvorsichtiger Weise dann zur Leibstandarte hinübergewechselt, was ihm scheinbar jetzt sehr leid tut. Höhere als einen Oberfeldwebel, was im hiesigen Sprachgebrauch Hauptscharführer heißt, sehen wir gottlob nicht. Hoffentlich bleibts so.

---

346 Elisabeth Stransky (geb. am 15. September 1881 in München – gest. am 14. April 1950 in Innsbruck), Oberstenwitwe, und Oberstleutnant Ernst Schneider waren Freunde aus Innsbruck.

Nun also alles Liebe für heute. Einen Handkuß an Marianne und Bussis den Kindern. Herzlich grüßt Dich Dein
Kurt

**Brief 82**
22. August (19)42
*!bitte vernichten!*[347]

Lieber Artur!
Da sich nun heute die Gelegenheit ergibt, folgt hiemit die bereits angekündigte Fortsetzung meines Berichtes von unlängst. Vor allem möchte ich Marianne und Dir herzlich danken, daß Ihr Euch anläßlich der Abreise der Meinen so lieb angenommen habt. Der Gedanke an sich war mir eine große Beruhigung. Hoffentlich stimmen die Nachrichten, die ich über gutes Gelingen erhielt. Bin schon neugierig, was heute für eine telefonische Kunde kommt. Die Reise mit dem kleinen Kind ist an sich kein Vergnügen, heutzutage schon gar nicht, und besonders leicht zu haben ist unsere Puppe – glaube ich – auch nicht. Nun hoffe ich, daß das ersehnte Wien seine Wirkung tut, und zwar nicht nur für den ersten Anfang. Daß Mariannes Reise es gleichfalls in sich hatte, kann ich mir lebhaft denken. – Trotzdem bin ich – ehrlich gesagt – mehr als froh, daß die lange geplante Wienfahrt endlich zu Stande kam. Ich verspreche mir viel davon. So komisch es klingt, fühle ich mich gleichfalls ehrlich gerastet und sehr wohl. Es wird gewiß nach ein paar Tagen fad werden, aber erstens bin ich auf Allein-Sein gut trainiert und zweitens genieße ich unbeschreiblich die Ruhe. Ich hatte Dir schon vor einiger Zeit meine Besorgnisse geschrieben. Wenngleich nun nach Dr. Rust[348] die organische Seite hoffentlich in Ordnung gebracht ist, bleibt

[347] Rot geschrieben (mit Hand).
[348] Dr. Rust, zu dessen Patientinnen auch Emmy Göring zählte, war mit Ada Tschechowa, der Tochter der Schauspielerin Olga Tschechowa, verheiratet. Artur (II) von Schuschnigg war mit ihm befreundet.

noch der Nervenfall übrig; die arme V(era) war in Wirklichkeit völlig zusammengebrochen und hatte alle Nervenreserven seit Monaten gänzlich aufgebraucht. Das Resultat war ein Zustand, der etwa jenem unseres Marburger Haushalts zu Großmamas Zeiten glich. Eine Aufregung jagte die andere, ständiger Krach mit dem Trampel[349] usw. – Letzteres ist gewiß schwer genießbar und außerdem zeitweise hysterisch, bodenlos schlampig und kann außerdem nicht viel. Aber ich denke mir immer: faute de mieux! Und wer weiß, was nachkommt. Wenn aber nichts nachkommt, sind wir überhaupt aufgeschmissen. Denn daß es ohne nicht geht, bedarf keiner Erwähnung. Die gute V(era) leidet natürlich selbst am meisten darunter. Und ich mit, denn wenn ich etwas hasse, dann ist es die häusliche Spannung. Dazu kommt, daß ich auch nicht jünger geworden bin und dank der Verhältnisse meine wenigen guten Eigenschaften ebenso wie meine geistige und physische Spannkraft ziemlich eingebüßt habe, während die schlechten Eigenschaften sich leider potenzierten. Kurz und gut, manchmal war ich nahe am sogenannten Verzweifeln. Praktisch bin ich überhaupt zu nichts mehr gekommen als zu etwas Raupenspionage im Garten, tatenlosem Herumsitzen und Rettung meiner Bohnen und spärlichen Blumen vor dem Zugriff der Puppe. Dem Kind kann man es schließlich auch nicht übel nehmen, denn wo läßt man sonst schon ein $1^{1}/_{2}$ jähriges Küken im Gemüsegarten spazieren laufen. Eine andere Möglichkeit haben wir aber größtenteils nicht, da ich nicht hinaus darf, V(era) wirklich physisch zum Gehen außer Stande war und das Mädel sonst genug zu tun gehabt hätte. Blieb also durch 5 Wochen Kurt. Nun muß ich sagen, daß der Bub[350] sich wirklich brav benommen hat. Ist mit dem Kinderwagen geschoben täglich durch Stunden, hat fast alle Einkäufe besorgt und war auch sonst viel auf der Tour. Sein einziger Spaß war nach dem Tisch 2 Stunden Fischen oder Baden. Also hatte er im Grunde

---

349 Haushaltshilfe.
350 Kurt (II) von Schuschnigg.

keine sehr vergnüglichen Ferien. Nun bin ich gewiß nicht blind gegen den Buben, so sehr er mir nach wie vor am Herzen liegt. Er ist ein Mords-Lauser, vergeßlich, leichtsinnig, schlampig, oft indolent, daß man die Freisen kriegen könnte, – alles wahr. Aber er hat gottlob doch seinen guten Kern. Und ist im Grund sehr viel leichter zu haben, als ich es unter diesen Umständen und in seinem Alter gewesen wäre. Dazu muß man ja wirklich nehmen, daß er durch Jahre fast allein herumgeschwommen ist und auch jetzt keine sehr pädagogische Erziehung genießt. Es geht ihm im Schülerheim materiell genommen sicher gut, sehr viel besser und bequemer als sonst in Internaten. Aber pädagogisch ist natürlich weder das Schülerheim noch auch die Schule einen Pfifferling wert. Er zehrt also fast nur von seinen Anlagen und ich bin todfroh, daß er als Ansprache die Niedermayrs hat. Trotzdem muß ich glücklich sein, wenn er mir nicht jetzt gelegentlich im gefährlichen Alter ausgleitet. Tut er es, könnte ich ihm nicht einmal allzu bös sein, so sehr es mich kränken würde. Mich betrachtet er – glaube ich – so als eine Art Nikolo, halb komisch, halb Respektperson, dünkt sich – echt Jugend – natürlich sehr viel gescheiter und praktischer, hält meine Auffassungen für leicht überholt, – das ist ja so weit alles in Ordnung, denn wo wäre das nicht so, – und im übrigen hängen wir gegenseitig sehr aneinander. Ich habe ihm bei seinem Kommen eine kleine Handbücherei bereitgestellt: – eine sehr reichhaltige Sammlung Kriegsbücher – allerdings vom letzten Krieg, aber sehr gute, dann einen Band Schönherr, Nestroy und Stifter; schließlich ein leicht geschriebenes kulturgeschichtliches Buch, um die obligaten Verzerrungen der Mode zu korrigieren. Zu letzterem Buch, bzw. zu seiner partiellen Lektüre mußte ich ihn mit leisem Zwang verhalten. Den Schönherr (Prosa) las er mit 50%igem Vergnügen. Der Stifter kam gleich in die Reserve honoris causa, – beim Nestroy zog er sich zuerst und wäre gern auf leichtere Ware übergegangen. Auf einmal packte ihn merkwürdiger Weise das Interesse. Am Schluß hatte er fast alle 12 Bände Nestroy gelesen, dazwischen einen Band Raimund[351], und war von dem Schmöker überhaupt nicht mehr wegzubringen. Dazwischen verpaßte er sich die »Ahnfrau«[352]. Am Schluß kam ich auf die – vielleicht nicht ganz so glückliche – Idee, ihm Goldoni[353] zu zeigen. Auch das schlug ein. Durch einen Seitenblick überzeugte ich mich, daß er intensiv in den »Skandal in Chioggia« vertieft war. Ich hoffe zu Gott, daß er sich in dem schönen Titel getäuscht hat, den er kundigen Blicks sich aussuchte. Zu meiner Schande muß ich gestehen, daß ich zu wenig im Bilde bin. – Was mich aber schmerzt, war die neuerliche Bestätigung meiner schon früher gefaßten Ahnung, daß V(era) den Buben nicht recht verträgt. Nicht daß es am Herzen fehlen würde, sie tut ihr Bestes und nimmt sich riesig zusammen, aber die Nerven lassen aus, – und so gibt es fast täglich Sturm im Wasserglas. Kurt merkt gottlob noch nichts, aber ich spüre es erheblich und es wurmt mich mächtig. Natürlich ist der Lauser selbst Schuld, weil er zu wenig aufpaßt. Aber der erste Artikel, den man bei allen Kindern auf Lager haben muß, ist Geduld. So kommt es, daß ich im Grund genommen froh bin, daß jetzt einmal Ruhe ist und die ewigen Aufregungen vorläufig vorüber sind. Trotzdem gehe ich auf Zehenspitzen und haue keine Türen. Das ist mir in Fleisch und Blut übergegangen. Bei uns wird nämlich überhaupt fast nur geflüstert. Denn faktisch hört man im Haus alles durch und die Puppe ist auf Lärm nicht geeicht. Leider.

Dabei weiß ich genau, daß die gute V(era) genau so darunter leidet und ihr Bestes tun will und auch hergibt. Ultra posse nemo tenetur. Und alles zusammen war entschieden zu viel von ihr verlangt. Sie hat es sich wohl leichter vorgestellt und vor allem sich viel zu viel zugetraut. Heute ist es nirgends leicht, und hier schon gar nicht.

Ich selbst leide ja unter dem Milieu weniger und auch die son-

---

351 Ferdinand Raimund (geb. am 1. Juni 1790 in Wien – gest. am 5. September 1836 in Pottenstein), Schauspieler und Dichter.

352 Stück von Franz Grillparzer.

353 Carlo Goldoni (geb. am 25. Februar 1707 in Venedig – gest. am 6. Februar 1793 in Paris), Dichter.

stigen Unannehmlichkeiten, als Lärm, Rauch, Gewehrgeknalle, nächtliche Ruhestörung jeder Art, SS-Leute und arme Teufel von Gefangenen als einzige menschliche Augenweide – etc.etc. macht mir nicht viel Eindruck, weil ich immerhin sehr viel Böseres hinter mir habe. Für V(era) genügt es aber natürlich reichlich und wenn ich sie so unglücklich sehe, ist natürlich auch meine sonst vorhandene Zufriedenheit brüchig.
Nun – ich wollte Dir das alles einmal schreiben, nimm es aber bitte nur zu Deiner ausschließlichen *persönlichen* Orientierung. Vielleicht ist es gut, wenn Du darüber im Bild bist. Sage bitte aber ja nichts, daß ich lamentiert habe. Es würde V(era) das Herz nur noch schwerer machen. Und schließlich hängen wir so an einander, daß alles gehen wird und wir uns immer wieder gegenseitig über Wasser halten. Wie gesagt, verspreche ich mir von dem Wiener Aufenthalt sehr viel. Der Milieuwechsel, die Kinder, Leute usw. werden das ihre dazu tun. Bin darum froh, daß V(era) im Sacher absteigt, daß ihr Bruder[354] kommt, sie einen Trubel haben wird und sich ein bißl ausschwätzen kann. Das gibt neue Kraft und wird sie die Komödie hier mit der »Frau Auster« wieder leichter ertragen lassen. Hätte gern gehabt, daß sie dann noch auf ein paar Tage auf

---

354 Jaromir Egon Graf Czernin von Chudenitz und Morzin (geb. am 30. Jänner 1908 in Prag – gest. am 1. Februar 1966 in München), Bruder Vera von Schuschniggs. Er lebte bis zu seiner Vertreibung auf Schloß Hohenelbe und in Prag. Nach dem Tode von Veras und Jaromirs Mutter (s. Anm. 3) – der Vater (s. Anm. 23) war schon 1928 gestorben – erbte Vera aus der legendären Czerninschen Kunstsammlung das vielleicht berühmteste Werk Jan Vermeers »Die Malkunst«, auch »Allegorie der Malerei« genannt. Die Nazis traten an Jaromir Czernin heran und versuchten, ihm das Bild für das geplante »Führermuseum« in Linz abzupressen. Teilweise durch Drohungen, teilweise durch eine für ihn respektable Summe, die jedoch auch damals dem Wert des Gemäldes nicht entsprach, »überredete« man den Bruder der Eigentümerin zum »Verkauf«, ohne daß Vera, die in Sachsenhausen war, befragt wurde. Nach dem Krieg versuchte Vera von Schuschnigg von Amerika aus, das Gemälde, das an die Republik Österreich gelangt war, zurückzubekommen. Die Klage wurde abgewiesen, die »Malkunst« blieb im Kunsthistorischen Museum und im Eigentum der Republik. S. Arthur K. Wheelock Jr. (Ed.), Vermeer. Das Gesamtwerk, Stuttgart 1985.

wirkliche Erholung geht und ganz ausspannt. Aber ich glaube, so lange hält sie es weg von hier wieder doch nicht aus. In der Beziehung ist sie ganz wie meine selige Herma: – Am liebsten würde sie mich ständig am Rockärmel halten, daß ich ihr nicht verloren gehe. Obzwar hier ja wenig Gefahr ist. Herma war wohl durch Jahre viel allein. Hatte es aber insoweit leichter, als sie mitten im normalen Leben stand. Was war doch die wöchentliche Rückkehr nach Innsbruck von Wien für uns immer wieder ein neues Fest gewesen! Bis 1932, das war doch meine beste Zeit. Beide Frauen haben sehr viel opfern müssen. Es ist etwas unbeschreiblich Rührendes um die anhängliche Liebe einer Frau. Man kann per Saldo nicht genug dafür danken, – wenn sie auch mitunter mühsam sein kann; aber so ist es ja mit allem wirklich Schönen und Großen auf der Welt!
– Etwas ganz anderes: – bitte telefoniert morgen, wenn V(era) anruft, den Inhalt des beiliegenden Zettels, damit verläßliche Nachricht von mir kommt, – und bittet um möglichst genauen Bericht über ihr Befinden und darüber, was die Puppe macht. Ob sie gut verpflegt ist und sich wohl fühlt. Ob sonst alles in Ordnung. Bin doch ein bißl beunruhigt. Die Puppe könnte das Hotel doch übel nehmen und den Straßenlärm, den sie nicht mehr gewohnt ist.
Handkuß an Marianne, Bussis den Kindern.
Vielleicht bereitest Du wieder eine Nachricht für mich vor und könnte ich Ende der Woche das Mädel wieder schicken.
Herzlichst Dein
Kurt

(handschriftlich): Hast Du den 2. Brief nach Bozen befördern können? Danke!

**Brief 82a**
Telephon

Befinden sehr gut. – geht alles in schönster Ordnung. – Seit Abreise von hier Wettersturz, viel Regen, kühl! – Brief seit Frei-

tag am Weg. Nichts Neues. Verpflegung sehr gut und zufriedenstellend. Viele innige Wünsche für Dich und Puppe. Bitte schreiben!
Danke für Nachricht über gute Ankunft.
Nicht zu viel wursteln; Erholen!
Bussi

**Brief 82b**
Antwort:
Sehr viel Liebes.
Feine Idee, nach hause. Weiß noch nicht.
Puppe sehr brav, vielleicht Semmering, 2 Briefe,
alle begeistert, sehr brav, schlafen gut, wie immer in der Stadt.
Gestern mit Buben telefoniert, sehr gut, Montag mit Erntedienst nach München, sehr gut aufgelegt. Jeden Tag Brief.

**Brief 83**
30. August (19)42

Lieber Onkel Hermann!
Vielen herzlichen Dank für die Kinderschaukel, die letzter Tage gut angekommen ist. Insbesonders auch für die viele Mühe, die Du Dir allein schon mit der Verpackung gemacht hast. Das wird ein großer Jubel werden, wenn das Kind einmal auf den Genuß draufgekommen sein wird! Jetzt kommt ja die Zeit des langsamen Aufwachens der Erkenntnis; ein bißchen mühsam noch, aber doch sehr schön!
Ebenso danke ich Dir für den letzten Brief, der uns sehr freute. Mittlerweile bin ich für 14 Tage auf »Urlaub«, das heißt allein, weil Vera mit dem Kind nach Wien gefahren ist, um ihre Mädeln zu sehen. Den Buben wird sie leider wieder nicht treffen, weil der zu Ernteeinsatz mußte, wie übrigens auch der meinige, von dem ich seit seiner Abreise von hier nichts mehr hörte. Er war über 1 Monat hier und hat sich sehr brav ver-

halten, ohne dabei der Umstände halber allzuviel von seinen Ferien zu haben. Wir hatten eine eher sorgenvolle Zeit. Als es mit Veras Gesundheit und Nerven gar nicht besser werden wollte, und auch alle Injektionen und Kuren nichts nützten, entschloß sich der Arzt zur operativen Entfernung der seit langem vernachlässigten Neubildungen. Gottlob ergab die Untersuchung, daß sie – wie er sagte – noch gutartiger Natur waren, so daß wir jetzt doch sehr mit Besserung rechnen. Es ist natürlich hier alles recht erschwert, weil allein die Fahrt nach Berlin schon mit ziemlichen Umständen verbunden ist. Reise von und nach Wien machte (bzw. wird machen!) der Schlafwagen erträglich.
Ich bin natürlich immer noch viel im Garten beschäftigt. Es ist alles zum ersten Mal bebauter ehemaliger Waldboden. So daß man mit allen Erfolgen zufrieden sein muß. Es schaut jetzt schon recht bewachsen und grün aus, was mir ja eigentlich die Hauptsache ist. Die ehemalige Sandwüste ist verschwunden. Teilweise ist auch recht guter Ernteertrag, so insbesonders in Erbsen, Bohnen, Gurken, Paradeisern, Möhren und erfreulicher Weise auch Blumen. Kein rechtes Glück hatte ich mit Salat und allen Kohlarten, mit Ausnahme der Kohlrabi. Im Frühling waren es Wurzelnager und jetzt sind es die Kohlweißlingsraupen, die trotz allen Absuchens die Pflanzen buchstäblich demolieren. Auch Ameisen dürften sich beteiligen. Aber wie gesagt, in summa bin ich recht zufrieden.
Der arme Onkel Moriz tut mir so leid! Ich möchte ihm gerne einmal ein paar Zeilen schreiben. Ist er noch mit »Bielitz« allein erreichbar, oder wie heißt seine Anschrift jetzt? Wie das nur kommen konnte. Da hätte die gute Mama wieder Kummer, wenn sie noch am Leben wäre. Es ist recht arg, wie einen manchmal etwas anfliegt, an das man vielleicht am wenigsten dachte. Bei O(nkel) Moriz war es doch immer eher die Sorge wegen seines Herzens, die Unruhe machte.
Arturs waren – wie ich fallweisen schriftlichen Nachrichten entnehme – in Pfunds sehr glücklich und gut aufgehoben. Er hat es jetzt scheint's auch dienstlich wieder besser. Ich hätte

es gern gehabt, wenn die Meinen auch ein bißl wohin zum Auffuttern gegangen wären. Sie waren nach Kitzbühel eingeladen. Aber die Reise ist an und für sich, und mit dem Kind schon gar, zu mühsam, so daß sich Umwege der Route nicht empfehlen.
Dir lieber Onkel Hermann wünsche ich von Herzen ein gutes Fortschreiten Deiner Arbeit. Nach Deiner Tageseinteilung zu schließen, gehst Du ja ordentlich ins Zeug. Jetzt kommt ja bald Aegidy, da war in Igls, und dann Maria Namen, da war in Mutters Patrozinium. Durfte einmal die Fahne tragen bei der Prozession. War natürlich zu schwer und ich habe pünktlich umgeschmissen. Leider nicht das letzte Mal in meinem Leben. Wenn Du einmal an einem schönen Abend nach Hl. Wasser schaust, denk bitte an mich. Mama hat es auch so gern gehabt.
Herzlichste Grüße Dein
Kurt

**Brief 84**
11. September (1942)
(Postkarte)

Lieber Onkel Hermann!
Tausend Dank für Deine eben erhaltene liebe Sendung – auch für Deine Karte nach Wien. – Ich bin seit Sonntag wieder hier – es war doch eine Erholung für mich, trotz der Mühe mit Dolores u(nd) hat mir die Wienerluft sehr gut getan! Nun genieße ich hier alles wieder mehr. Hoffentlich hat Dir die Kur gut getan? Recht herzliche Grüße von uns Beiden Deine
V(era).

Habe in Hietzing[355] auch Deiner gedacht.

---

[355] Familiengrab der Schuschniggs.

**Brief 85**
Dienstag, 13. Oktober 1942

Lieber Artur!
Veras Berlin-Fahrt möchte ich benützen, um Dir vor allem für Deinen letzten Brief zu danken, der mich höchlichst erfreute! Ich freue mich immer sehr, von Euch zu hören, zumal wenn die Nachrichten gut sind. Mittlerweile wird ja das momentan drohende Schicksal wieder gnädig vorübergegangen sein und bleibt es zu hoffen, daß man die erforderlichen 2 Millionen[356] auch ohne Dir (sic!) zusammenbringt. Wie viele werden es nächstes Jahr sein, und wie lange noch?? Jedenfalls ist mir jedes Los noch lieber, als dafür oder auch nur für einen Teil davon Mitverantwortung tragen zu müssen, sei es vor dem eigenen Gewissen, oder auch »nur« in den Augen der Nachwelt.
Nun aber gleich zum reklamierten Philipp II.[357] Leider bin ich trotz aller Bemühung noch immer im Rückstand. Die Sache ist nämlich die, daß ich nur einen geringen Teil der Bücher greifbar habe. Von wegen Platz, Aufstellen der Bücherei, bzw. Unmöglichkeit eines solchen, da ein Tischler dazu gehörte u. dgl. Der Rest ist nach wie vor in den Kisten im Keller. Obzwar mir nun anläßlich einer Kramerei im Winter besagter R(einhold) Schneider untergekommen ist mit den übrigen Büchern vom Hegner-Verlag, die alle gleich eingebunden sind, bin ich mittlerweile wieder außer Evidenz gekommen. Dies hauptsächlich deshalb, weil wir inzwischen eine veritable Überschwemmung im Keller hatten, mit mehreren cm hohem Bodenwasserstand. Dies war die Folge des Wolkenbruchs von unlängst. Um nun den Schaden wenigstens zu begrenzen, wurden alle Bücherkisten auf leeren Kisten hochgestellt, so daß man vorläufig überhaupt kaum dazu kommt. Sobald die Kellerreparatur

[356] Bezieht sich auf die Ankündigung der Rekrutierung zum Militärdienst.
[357] Reinhold Schneider, Philipp der Zweite, Leipzig 1931.

halbwegs verläßlich durchgeführt ist, kann man weiter nachschauen. Das wird aber wohl – wie alles hier – noch seine Zeit brauchen. Jedenfalls behalte ich die Sache im Auge und hoffe Dir bald das Buch schicken zu können. Daß Du Dich hinsichtlich Lektüre zu Reprisen entschlossen hast, wird Dich wahrscheinlich nicht reuen. Ich habe mit großem Genuß – der Not gehorchend – Sachen wieder gelesen, die sonst sicher nicht drangekommen wären. So hat alles seine guten Seiten.
Momentan habe ich, einigermaßen parallel geschaltet, Dostojewski,[358] Calderon[359] und die Conrad-Memoiren[360] in Arbeit. Wie Du siehst ein rechtes Durcheinander. Aber bekömmlich. Dostojewski ist nicht ganz so erschütternd, weil man ihn jetzt mehr denn je als russisch empfindet, und daraus eben alles versteht. Calderon klingt ob der etwas umständlichen Verse eher mühsam, und der Conrad ist meine alte Passion. Habe übrigens neuerdings daraus gelernt, daß die deutschen Heeresberichte ebenso wie die Propaganda damals offenbar genau dem heutigen Rezept entsprachen und auch sonst manches gleich blieb. Was bei Conrad, der ja alles eher als germanophob war, sehr überzeugend klingt. Außerdem steht darinnen u. a. zu lesen, daß unsere seinerzeitigen Heeresberichte von Glaise-Horstenau auch komponiert waren (der übrigens laut Zeitung unlängst S.A.-Obergruppenführer geworden ist!).
Im übrigen wird Euch ja Vera erzählen, was sich bei uns so laufend zu tun pflegt. Momentan ist unser Hauptinteresse auf den uns von der (Prinz) Albrechtstraße für die »allernächste Zeit« zugesagten Ersatz der Donna gerichtet. Leider heißt dies nach

[358] Fjodor Michajlowitsch Dostojewskij (geb. am 11. November 1821 in Moskau – gest. am 9. Februar 1881 in St. Petersburg), Dichter.
[359] Pedro Calderón de la Barca (geb. am 17. Jänner 1600 in Madrid – gest. am 25. Mai 1681 in Madrid), Dichter.
[360] Franz Graf Conrad von Hötzendorf (geb. am 11. November 1852 in Penzing bei Wien – gest. am 25. August 1925 in Bad Mergentheim), k.u.k. Feldmarschall, war mit kurzer Unterbrechung 1907–1917 Generalstabschef, danach Oberbefehlshaber der Tiroler Front, nach dem Mißerfolg der Offensive bei Asiago wurde er Juli 1918 verabschiedet. Franz Conrad von Hötzendorf, Aus meiner Dienstzeit, 1906–1918, Wien o. J.

meinen Erfahrungen auf gestapolnisch nichts genaues. Meine »allernächste Zeit« hat gerade 2 Jahre gedauert. Nun wäre aber der Wechsel wirklich dringend, wenngleich ich nicht so überzeugt bin, daß die Nachfolge sehr viel besser ist. Nun, schlechter kann sie jedenfalls kaum werden. Es wäre nur sehr eilig, denn auf die Dauer wird es für Vera nicht zum Dermachen sein. Sie geht zwar großartig ins Zeug und bewältigt alles sehr gut, was sehr viel heißen will. Denn hier heraußen ist es gerade für Nicht-Schwimmer nicht so besonders einfach. Aber gesundheitlich bleibt leider nach wie vor viel zu wünschen übrig und es wäre an der Zeit, daß irgend eine durchgreifende Kur zum Erfolg führt. Die bisherige Behandlung zeitigte nur sehr temporäre Erfolge. So ist es eben für uns beide ein ewiges Hangen und Bangen.

Mit Überraschung hörte ich, daß Spatz wieder mit den Ohren zu tun hat. Der Arme tut mir leid, denn das ist ja für gewöhnlich eine äußerst schmerzhafte Angelegenheit. Was ist eigentlich los? Wahrscheinlich eine einmalige Entzündung, die immer wiederkommt. – Wenn Du zufällig daran denkst, würde es mich interessieren, was der neue Erzbischof von Köln[361] für ein Mann ist. Las szt. den Namen in der Zeitung, was mir an sich schon auffiel. In meinen Annuaria pontificia[362], die bis 1937 reichen, kommt der Name nicht vor, das heißt, er war damals noch überhaupt nichts violettes, nicht einmal ein simpler Msgre. – Sollten neue Febronianer[363] gezüchtet werden? Das

---

[361] Josef Kardinal Frings (geb. am 6. Februar 1887 in Neuß – gest. am 17. Dezember 1978 in Köln) wurde 1942 Erzbischof von Köln, nachdem sein Vorgänger Karl Joseph Kardinal Schulte (geb. am 14. September 1871 in Haus Valbert/Kreis Meschede), der seit 1920 Erzbischof von Köln war, am 11. März 1941 bei einem Bombenangriff auf Köln ums Leben kam.

[362] Annuaria pontificia, Schematismus der Weltkirche.

[363] Febronianer: Kirchliche Reformbewegung des 18. Jahrhunderts; ausgehend vom Werk des Trierer Weihbischofes J. N. von Hontheim, der unter dem Pseudonym Iustinus Febronius publizierte, wird eine größere Autonomie für die deutschen Bischöfe gegenüber den Nuntien und den päpstlichen Sonderrechten nach dem Vorbild des Gallikanismus eingefordert.

ists was ich gerne wissen würde. – Nun Schluß für heute, sonst versagt die Postgelegenheit.
Alles Liebe daheim, besonders den Kindern. Handkuß an Marianne, Dich grüßt herzlichst Dein Kurt

**Brief 85a**
13. Oktober 1942

Liebes Spätzchen!
Ich höre, daß ich Dir einen Brief schuldig bin. Da habe ich Dir sicher auch noch gar nicht gesagt, daß ich mich sehr über den Deinen freute. Das kommt davon, wenn die Postkästchen so weit weg sind und das Gehen Schwierigkeiten macht. Als Sühnebetrag schicke ich Dir 1 M(ark). – Wie hat es Dir in Tirol gefallen? Und was macht die Schule? Sei brav, oder wenigstens nicht schlimmer, als unbedingt nötig ist. Das genügt dann!
Ein festes Bussi vom Onkel
Kurt

**Brief 86**
13. November (19)42

Lieber Artur!
Anbei der endlich gefundene R(einhold) Schneider.[364] Leider mit den deutlichen Spuren unserer Keller-Katastrophe; aber gottlob nur äußerlich. – Wie geht's? Hoffentlich alles in Ordnung! Bei uns auch; bin selig, daß es V(era) anscheinend jetzt doch langsam besser geht. Dr. Rust[365] sei gepriesen! Es ist sehr gemütlich bei uns und genießen wir es beide sehr. Hoffentlich bleibt es. Das Kind ist auch allerliebst und bester Dinge. Man-

---

364 Reinhold Schneider, Philipp der Zweite, Leipzig 1931.
365 Dr. Rust (Anm. 348), Arzt Vera von Schuschniggs.

ches trägt auch die neue »Hilfe«[366] dazu bei. So unglaublich primitiv sie auch ist und so mühsam die Verständigung, wirkt sie doch geradezu als Erlösung gegenüber der verflossenen Martha, die alles dazu getan hat, um meine alt eingewurzelte Sympathie für echt preußisches Wesen noch zu vertiefen. Ein bemerkenswertes Kapitel ist übrigens die vorgeschriebene Behandlung der »Ostarbeiterinnen«, die ja freiwillig angeworben wurden. Sie haben weder Urlaub, noch wirkliche Freizeit. Kino-, Gasthaus- und Kirchenbesuch verboten; Lohn 9–12 M(ark) im Monat usw. – Im Grunde wirklich arme Teufel!
Recht aufregend und empörend finde ich, daß der Oberstrolch Roosevelt den Rossini in Algier dementiert hat.[367] Der einzige Trost bleibt, daß nun wenigstens auch an der Côte d'azur die Marlene an der Laterne steht;[368] woselbst sie Gott erhalten möge ...
– Wenn Du eine Deiner literarischen Bekanntschaften gelegentlich um einen Hermann Bahr anschnorren könntest, wäre ich besonders verbunden. Besonders das »Tagebuch«[369] hätte ich gerne. Aber ich kann mir schon denken, daß derlei heute schwer aufzutreiben ist. Habe übrigens mit großem Interesse gelesen, was auf dem Weimarer Dichter-Treffen[370] up to date war! –
Was machen die Kinder? Und was erlebt Spatz in der Schule? Von Kurtl kam unlängst ein Brief mit Kommentierung von

---

[366] Haushaltshilfe.
[367] Anspielung auf die aktuelle Situation in Nordafrika unter Verwendung von Rossinis »Die Italienerin in Algier«.
[368] Soldatenlied, hier als Hinweis auf die Besetzung der bis dahin nicht besetzten Teile Frankreichs.
[369] Hermann Bahr, Tagebuch, (1909); Tagebuch (–1917), (1918); Tagebücher 2 (1919); Kritik der Gegenwart (1922); Liebe der Lebenden. Tagebücher 1921/23, 3 Bde (o.J.); Der Zauberstab. Tagebücher 1924 bis 1926 (1926); Tagebuch 1928 (1928); Tagebuch 1929 (1929). Vgl. Hermann Bahr, Tagebücher, Skizzenbücher, Notizhefte, Bd. 1, hg. v. Moritz Csáky, Wien-Köln-Weimar 1995.
[370] Die Reden liegen gesammelt im Band Dichter und Krieger (Weimarer Reden 1942, Hamburg 1943) vor. Kurt von Schuschnigg standen die Berichte im Völkischen Beobachter zur Verfügung.

Goebbels' Münchner Rede, daß mir Angst und Bang bei der Lektüre wurde. Er kann den Schnabl nicht halten, – (Kurt nämlich!).
Im Garten gibt es noch immer Wurstelei. Jetzt ist das Umgraben an der Reihe. Wenn alles gut geht, müßten nächstes Jahr schon sichtbarere Erfolge zu erzielen sein. Insbesonders freue ich mich über etliche Blumenzwiebeln, die wir bekommen haben. Das Stückchen Natur hilft doch sehr, das Leben zu erleichtern!
Bussis den Kindern, Handkuß Marianne, Dich grüßt herzlich wie immer Dein
Kurt

NB. Konntest Du im Sommer den zweiten Brief nach Bozen befördern?

**Brief 87**
17. November (19)42

Lieber Onkel Hermann!
Die morgige Postgelegenheit soll ausgenützt werden, um Dir für Deine letzten Nachrichten zu danken, die uns wie immer sehr erfreuten. Zum 20. Oktober und dann zu Allerseelen wurden mir wohl auch wieder liebe und vertraute Bilder in Gedanken lebendig. Man kann für so schöne und ungetrübte Erinnerung nur Gott dankbar sein; und Du hast Recht: erst nach dem großen Abschied wird manches an liebgewordenen und selbstverständlichen Bildern erst ganz klar und einprägsam!
Vera wollte schon lange schreiben, war aber immer wieder im Gedränge. Gottlob scheint es jetzt gesundheitlich wirklich wieder aufwärts zu gehen. Diese Frauensachen sind immer eine recht langwierige und aufreibende Angelegenheit und muß man froh sein, wenn ärztliche Hilfe Erleichterung bringen kann. Dazu kam, daß wir ein rechtes Gefrett mit der »Hilfe« hatten. Mit der uns zugeteilten ging es beim besten

Willen nicht mehr, außerdem wurde sie krank und Vera war durch etliche Zeit ganz allein. Dann wurde uns endlich eine neue geschickt. Der erste Eindruck war nicht beruhigend, denn das Mädel kam direkt aus dem Auffanglager und ist aus einem bäuerlichen Haushalt bei Smolensk. Abgesehen von aller für unsere Begriffe ganz unglaublichen Primitivität und dem völligen Fehlen fast jeder Bekleidungsausstattung, gibt es da natürlich Verständigungsschwierigkeiten. Vera kommt mit ihren Tschechisch-Kenntnissen einigermaßen zu Wege. Nachdem es an Sprachlehrbüchern dzt. nur Ukrainische Behelfe gibt, – was wieder etwas ganz anderes ist, – ist für mich die Zeichensprache das einzige Verständigungsmittel. Trotzdem aber läßt sich das Mädel nicht so schlecht an und bemüht sich sichtlich, – sehr zum Unterschied ihrer Berliner Vorgängerin. Manchmal denke ich mir, was wohl Großmama selig, oder auch noch Mama dazu gesagt haben würde! – Nun, diesen Kalamitäten bist Du hoffentlich halbwegs enthoben, dafür wirst Du wohl in andere Weise die Annehmlichkeiten der Zeit zu spüren bekommen; dem entrinnt wohl niemand zur Gänze. – Nebenbei bemerkt, vom reinen »Unternehmerstandpunkt« aus gesehen wären diese Ostarbeiterinnen ganz bequem, wenn man alle seine sozialen Vorstellungen über Bord wirft. Lohn ist vorgeschrieben: 12 M(ark) plus 4 M(ark) Finanzabgabe. Ausgang und Urlaub gibt es nicht, höchstens Sonntags 3 Stunden bis zur Dunkelheit; dabei aber Kino-, Gasthaus- und Kirchenverbot. Post sehr beschränkt usw. Was dem armen Wesen, das noch dazu an Heimweh leidet und sich das nicht ganz so vorgestellt hat, nicht leicht begreiflich zu machen ist. Jedenfalls sind wir aber froh, daß wir jemand haben. Auch Veras Plan, nach Weihnachten nach Wien zum Kinderbesuch zu fahren, wird sich so leichter verwirklichen lassen. Von Kurt habe ich gute Nachrichten. Um Weihnachten kann er hoffentlich kommen. Man muß jetzt immer Angst haben, daß unter irgend welchem Titel allzu lange Ferien ausbrechen. – Von Artur höre ich gelegentlich brieflich. Ich unterhalte mich immer köstlich über eine Menge reizender Kindergeschichten, die er aus sei-

nem Hausstand zu berichten weiß. Auch unsere Kleine entwickelt sich recht gut und wächst jetzt langsam ins richtige Alter hinein [20 Monate d(er)z(ei)t] – Es ist schon etwas Schönes und Reizvolles, so ein Kleines bei seinen ersten Entdeckungsfahrten ins Leben aus der Nähe zu begleiten. Den Vorteil hat meine Muße ja! – Sonst habe ich eher zu viel an dem Artikel. Jetzt, da das Garten-Umgraben auch vorüber ist, wird der Tag eher lange. Der Winter dauert halt hübsch lange! Bist Du mit Deinem projektierten Buchabschluß fertig geworden? Wenn ich mich recht erinnere, hattest Du ja den Herbst dafür ausersehen.
Ich habe jetzt aus meinen Buchbeständen eine recht interessante Arbeit über Wien 1809, Hormayr[371] und Caroline Pichler[372] ausgegraben, von André Robert,[373] ehemals Professor am Wiener französ(ischen) Institut und meinem damaligen Sprach-Instruktor. Das Buch ist 1934 in Paris erschienen. Ganz interessant, wie der übrigens viel auf Wiener Quellen sich stützende Autor von seinem Standpunkt aus das Geschehen sieht; erfreulich objektiv und sachlich.
– Im übrigen ist bei uns alles beim Alten. Wir genießen sehr, daß wir bis jetzt – unberufen – fast durchwegs ungestörte Nächte hatten und ringsum überhaupt nichts Ernsthaftes passiert. Das kann so bleiben. Im Übrigen sind wir schon ganz gut eingewöhnt. Die Futterfrage wird manchmal schwierig, so weit

---

[371] Joseph von Hormayr Freiherr zu Hortenburg (geb. am 20. Jänner 1781 in Innsbruck – gest. am 5. November 1848 in München) war ab 1808 Direktor des Staatsarchives in Wien und wurde als Mitarbeiter Erzherzog Johanns in der sogenannten »Alpenbundaffaire« verhaftet. Joseph von Hormayr, Das Heer von Innerösterreich unter den Befehlen des Erzherzog Johanns im Kriege von 1809, 2. Aufl., 1848.

[372] Caroline Pichler, geb. von Greiner (geb. am 7. September 1769 in Wien – gest. 9. Juli 1843 in Wien), führte in Wien den wohl bedeutendsten Salon ihrer Zeit und trat als Schriftstellerin hervor. Caroline Pichler, Denkwürdigkeiten aus meinem Leben, hg. v. Emil Karl Blüml, Wien 1914.

[373] André Robert, L'idée nationale Autrichienne et les guerres de Napoléon. L'apostolat du Baron de Hormayr et le salon de Caroline Pichler, Paris 1933 (= Bibliothèque d'histoire contemporaine).

es sich insbesonders um das Bedürfnis, ab und zu etwas Süßes zu sehen, dreht. Aber das ist anderswo auch nicht viel anders. Gottlob sind wir mit unserem Hauptnahrungsmittel – Kartoffeln – gut eingedeckt. 4 Zentner ernteten wir selber und 16 haben wir zur Einlagerung bekommen.
Vera frägt noch an, ob Du vielleicht noch eine Quelle für Putz-Hadern wüßtest, nach Art jener vorzüglichen, die Du uns im Winter verschafftest. Wenn ja – wäre sie dankbar. Dergleichen ist hier weit und breit nicht erhältlich. Wird wohl bei Euch auch schwer sein. – Nun alles Herzliche von uns allen, besonders von Deinem
Kurt.

Nachschrift: – Der Brief war eben geschrieben, als Deine Karte vom 9.d. ankam, die ich Dir unter einem bestätige, mit vielem Dank auch von Vera. Gleichzeitig schrieb Kurt, daß seine Weihnachtsferien vom 14. Dez(ember) bis 14. Jänner dauern. Zuerst wird er ein paar Tage nach Wien gehen und dann hoffe ich, ihn hier haben zu können. Es ist alles etwas kompliziert wegen der Verpflegsfrage. Er hat natürlich einen gehörigen Appetit. Aber ich freue mich schon sehr und außerdem wird es ihm nicht schaden, wenn er, wenn auch nur kurz leider, unter häuslichen Einfluß kommt. Erfreulicherweise scheint sich mein Bozner Schwager für ihn interessieren zu wollen. Er hat mir auf Umwegen sehr nett geschrieben.
Vera mußte ihre Novemberreise aufschieben wegen der Hausgehilfin. Wenn nichts dazwischen kommt, wird sie also nach den Feiertagen fahren. Ist schon wegen einer Kur sehr zu wünschen, die sie hier nicht absolvieren kann. Auch den Kindern in Wien wäre es begreiflicher Weise zu wünschen.
Hoffentlich macht Dir mein abgebrauchtes Farbband bei der Lektüre nicht allzu große Mühe. Man muß sparen wie mit allem. Denn zu kriegen ist weiterhin so gut wie gar nichts.
Nochmals herzliche Grüße Dein
Kurt

Lieber Onkel Hermann!
Ich komme gar nicht mehr zum Schreiben – die Gründe wird Dir Kurt wohl geschrieben haben – aber unsere Gedanken sind oft und oft bei Dir. Anbei ein Foto vom Kind u(nd) mir, damit Du uns nicht vergißt!!
Recht herzliche Grüße Deine
Vera

**Brief 88**
18. Dezember (19)42

Lieber Artur!
Die Postgelegenheit benütze ich, um meine herzlichsten Weihnachtswünsche für Euch alle zu vermitteln. Gleichzeitig danke ich Dir auch vielmals für den Geburtstagsbrief. Wir feierten mit Extra-Essen und wunderten uns mit nichten über die rein materielle Einstellung, deren – wenigstens ich – mich heute anläßlich des Festefeierns gar nicht geniere. Ich brauche nicht eigens zu sagen, daß ich mich über Spatzens besonders hübsch geschriebenen Brief herzlich freute. Kann mir so gut denken, wie die Kinder auf das Christkindl warten. Hoffentlich macht Euch der Brief mit dem Wunschzettel an den Himmel nicht allzuviel Kopfzerbrechen. Denn wie soll man schon den Kindern sagen, daß das Christkindl trotz aller magischen Künste sich auch den Zeitläufen fügen muß! Übrigens kann man ja gottlob auch mit wenig oft so große Freude machen! Und so zweifle ich nicht daran, daß es bei Euch wieder besonders nett sein wird – und friedensmäßig, wie es eben solche Tage, auch Nikolo etc., gespeist aus tausend lieben Erinnerungen, in sich tragen. Anderseits sind es allerdings Gelegenheiten, die daran erinnern, daß es eben doch Tage gibt, die unwiederbringlich dahin sind. – Hoffentlich hat Marianne sich wieder erholt. Die Fülle der Arbeit kann ich mir wohl denken; Hausfrau zu sein, ist heutzutage keine wünschenswerte Aufgabe, eher schon Schüler …
Eben erhielten wir die Weihnachtsbewilligung für Kurt. Ich

freue mich sehr auf ihn. Momentan läßt er es sich in Wien wohl sein. In der Schule scheint er mit seinem nun schon gewöhnten blauen Auge davonzukommen. Nur in Deutsch setzte es wieder einen Fünfer. Regt mich aber – unter uns gesagt – nicht sonderlich auf. Die aktuellen Aufsätze über Volksgemeinschaft etc. verhaut er nach Ansicht seines Professors immer. Das kann schließlich passieren. Und hinsichtlich Stil usw. bin ich aus seinen Briefen her informiert und finde seine Fortschritte durchaus »genügend«. – Ein privates Donnerwetter werde ich ihm natürlich trotzdem machen, ohne Illusion hinsichtlich allzu stark impressionierender Wirkung.
Vielen Dank für Deine Bemühung in Richtung des russischen Wörterbuchs. Wir – zumal ich – werden es gut brauchen können. Im Prinzip werden wir allerdings eher Russisch als unser Hausgeist Deutsch lernen. Vera parliert überhaupt nur panslavisch[374] mit ihr und zwar fließend, und ich gebe im allgemeinen das Reden, weil zu kompliziert, auf. Nach wie vor sei der Himmel gepriesen, daß nicht mehr die frühere – und überhaupt jemand da ist. Die Russin hat für mich den großen Vorteil, daß man ihr nicht wirklich bös sein kann, denn so viel primitive Stupidität wirkt absolut entwaffnend. Diese Menschen haben trotz allem einen durchaus guten, anständigen Kern; keine Spur von verworfen etc. Nur Manieren wird man ihnen wohl kaum beibringen können.
Zu unserer großen Überraschung erhielten wir durch einen unbekannten Spender via internationales Rotes Kreuz ein amerik(anisches) Rot-Kreuz-Paket aus New York. Erinnerte mich so an die 5 Dollar-Pakete anno 1919. Erinnerst Du Dich? Lauter gute Konserven, wenn auch nicht so viel wie damals. Spricht nicht gerade für Lebensmittelmangel drüben und verschifft wurde es laut Aufdruck auch ohne Gefährdung. Interessant die Anschrift: – au prisonnier de guerre, Chancellor K. Sch., Wien, Metropole, Austria, Germany. – Interessant auch, daß es mir zugestellt wurde, und sogar auf die Erhaltbestäti-

[374] Vera von Schuschnigg, in Prag aufgewachsen, sprach Tschechisch.

gung an das Rote Kreuz besonderes Gewicht gelegt wurde. – Meinem ohnedies stark lädierten Ruf wird diese amerikanische Beziehung ja sicher nicht gut tun, obzwar ich gänzlich unschuldig daran bin und alles eher als amerikanophil – zumal in kulturellen Dingen – dachte. – So werden wir hier ein ganz geruhsames Fest – hoffentlich – feiern und dabei daran denken, wie viele wohl noch folgen mögen? Es wäre so fein, wenn wir bei solcher Gelegenheit einmal alle zusammen sein könnten. Ob das noch jemals sein wird? – Vielleicht bei meinem 50. (wenn ich ihn erlebe)? Dein 40. wird nämlich leider, fürchte ich, zu früh sein!

Vielen Dank an P. Hoffmann, wenn Ihr Gelegenheit haben solltet, ihn zu sehen, für die Prolongierung der ausgeliehenen Bücher (Schnabel: Geschichte, 3 Bde.). Gehört zu den Werken, die man ungern zurückgibt. Es ist ein Jammer, daß man an Literatur sich so gar nichts mehr beschaffen kann. Hinsichtlich Lektüre bin ich zwar noch lange nicht in Verlegenheit. Lese auch die Zsolnay[375]-Romane der Reihe nach durch. A propos: weißt Du zufällig, warum die Grete Urbanitzky[376] verboten wurde? Die galt doch szt. als eine der Versicherungsautoren des Verlages? –

Nun nochmals alles Liebe von Haus zu Haus. Handkuß und viele herzliche Grüße an Marianne, Empfehlungen und viele Grüße Deinen Schwiegereltern. Dich umarmt herzlich Dein

Kurt

---

375 Zu den Autoren des Zsolnay-Verlages s. Murray G. Hall, Österreichische Verlagsgeschichte 1918–1938, Bd. 2, Wien-Köln-Graz 1985, 489.

376 Grete von Urbanitzky (geb. am 9. Juli 1893 in Linz – gest. am 4. November 1974 in Genf) solidarisierte sich mit dem gleichgeschalteten deutschen P.E.N.-Mitgliedern und wandte sich gegen liberale und jüdische Schriftsteller, die ab 1933 verboten wurden, obwohl zwei ihrer Werke auch auf den NS-Index kamen. 1941 wurde das Gesamtwerk verboten, während sie in die Schweiz emigrierte. Aber noch 1942/43 Anzeichen der Kollaborationsbereitschaft. Erst danach endgültige Distanzierung vom Nationalsozialismus. Vgl. Ursula Huber, Die Frau als »Künstlerin«, in: Zeitgeschichte 16 (1988/89) 387–395.

**Brief 88a**
18. Dezember (19)42

Lieber Spatz!
Für Dein ausgezeichnet geschriebenes Briefchen und die Geburtstagswünsche danke ich Dir, Dicki und Vreneli herzlichst. Ich habe mich sehr darüber gefreut.
Durch meine Beziehungen zum Nikolo habe ich erfahren, daß er mit Euch zufrieden war. Der Krampus hat vermerkt, daß Du nicht allzuviel versprochen hättest und will auf die Dicki aufpassen, ob sie auch alles einhält. Man könne Dir nicht recht an, hat er gemeint; Du machest einen ordentlichen, aufgeweckten Eindruck und er – der Krampus – wolle sich mit Dir nicht blamieren; aber er hat – glaube ich – doch den einen oder anderen düsteren Verdacht auf Dich und wenn Du nächstes Jahr – so 14 Tage vor Nikolo – recht aufpaßt, könnte es – meine ich – nicht schaden.
Viel früher steht es aber nicht dafür, wie ich Dir im Vertrauen noch sagen möchte! (Das brauchst Du aber den anderen nicht zu sagen, weil die nur aufpassen sollen; überhaupt ist das bei Mädeln kritischer!)
Wir tun uns da leichter, weißt Du?!
Jetzt wünsche ich Euch noch ein schönes, gesegnetes Christkindl und möglichste Erfüllung Eurer Wünsche!
Recht feste Bussis Euch Dreien vom Onkel
Kurt.

Die Sissy schickt Euch ein Bussi und kommt bald, Euch besuchen.

**Brief 89**
20. Dezember (19)42

Lieber Onkel Hermann!
Deine herzlichen Weihnachtswünsche und -Gedenken treffen sich mit unseren, wie immer ebensolchen Dank für die

100 M(ark), die uns hochwillkommen waren. Dies gilt natürlich insbesonders auch im Namen des Buben, der heuer infolge der Länge der Ferien und seiner befristeten Aufenthaltsbewilligung bei uns, die etwas umständliche Reise über Wien macht. Wir erwarten ihn am 23. –
Ich betrachte öfters das nette Innsbrucker Bild vom Hl. Abend 1934. Da seid Ihr alle so gemütlich beisammen, daß man fast die Stimmen hören möchte. Mama hatte es immer so gut verstanden(,) sich redlich abgemüht, sich so gut freuen können! Und so hatten wir wohl alle immer noch lange hernach das Gefühl, »daß es besonders fein gewesen war!« Und ich habe es heute noch …
Für 1943 wünsche ich Dir alles, was Du Dir davon erhoffst, vor allem Gesundheit und rüstigen Fortschritt Deiner Arbeit als höchste Freude, die das Leben bieten kann. Ich glaube nicht, daß es sehr viel anders werden wird – (das Jahr nämlich) –, wie sein Vorgänger. Wir werden indes zufrieden sein müssen. Und sehr viel weiter kann man ja kaum denken. Ich freue mich vorläufig auf den Frühling und meine Freiluftbetätigung – derzeit beschränkt sich meine Bewegung auf tägliches Luftschnappen mit dem Kind im eher trostlos aussehenden Garten.
Vera will nun nach Weihnachten die lang geplante Wienreise antreten. Sie ist gottlob gesundheitlich doch viel besser dran und verspreche ich mir für sie und das Kind viel von der Luftveränderung. Mir tut es auch ganz gut, wenn ich dann doch wieder ein bißl etwas von der Welt erfahre. Sonst sind wir aber alle wohlauf und auch aus Arturs Briefen ist gottlob nur Gutes zu erfahren. Wie geht es Onkel Moriz?
Nun nochmals alles Liebe und vielen herzlichen Dank. Besonders um die Weihnachtszeit ist Dir fest und herzlich verbunden im Gedenken an schöne, gemeinsame Stunden Dein
Kurt.

Herzliche Weihnachtsgrüße u(nd) alles Gute zum neuen Jahr auch von mir u(nd) der Puppe Deine
Vera.

**Brief 90**
4. Jänner 1943

Lieber Artur!
Mit größtem Bedauern höre ich, daß Ihr beide gesundheitlich mitgenommen seid, oder hoffentlich jetzt schon waret. Wohl eine infolge der besonderen Zeitumstände nicht genügend bedachte Verkühlung. Kann mir denken, daß derlei jetzt besonders lästig sein kann; zu schade, daß Euch ausgerechnet die Weihnachtszeit dadurch getrübt wurde! Nun, jedenfalls wünsche ich Euch von Herzen dafür ein um so gesunderes und glückliches 1943, das Euch alles bringen möge, was Ihr Euch wünscht und erwartet! Wenn das Jahr nicht sehr viel schlechter wird als sein Vorgänger, müssen wir – glaube ich – immer noch hoch zufrieden sein. Bei der Gelegenheit danke ich Dir besonders – auch in Puppes Namen – für die lieben Christkindl-Grüße. Das Weihnachtsliederbuch, das ich nicht besaß, ist wirklich allerliebst. Von den Gaben für Sissy haben wir eine Vorsichtsreserve für kommende Gelegenheiten angelegt. Vorläufig ist sie doch noch zu klein, um zu viel auf einmal zu genießen. Auch beim Baum reichte es noch nicht für mehr als zu einem höchst summarischen Interesse.
Vielen Dank auch noch für Deinen letzten Brief und seine Wünsche. Mittlerweile habt Ihr ja Vera vor der Abreise gesehen. Ich hörte durch Kurt, daß Sissy sehr scheu war und nicht von Mutters Rockfalten wegging. Es wird wohl eine Weile dauern, bis sie aus den hiesigen Lebensgewohnheiten herauskommt und sich an das Zusammensein mit Kindern gewöhnt, was ich ihr so sehr wünschen würde. Ich glaube, sie braucht immer ein paar Stunden Akklimatisation. Dann geht es aber meist sehr gut. Auch bei Kurts Ankunft ist am ersten Tag immer das größte Theater. Wirklich freundlich ist sie nur mit den SS-Leuten, was denen mehr Spaß als mir macht. Aber das ist eben hier der einzige und tägliche Umgang. Ich bin sehr froh, daß Veras Reise glücklich zu Stande kam und verspreche mir doch einiges davon. Über das Ärgste ist sie gesundheitlich nun

doch heraußen, nur mit den Nerven hapert es noch bisweilen, was man schließlich begreifen muß. Mit Kurt hatte es wie gewöhnlich seine gelinden Schwierigkeiten. Das Haus ist auch zu klein für solchen Belag, vorausgesetzt nämlich, daß man die bei uns eingeführte rigorose Hausordnung beibehält, die ihre verschiedentlichen Besonderheiten hat. Tut man dies aber, dann kriegt das Ganze wie bei aller allzu großen »Ordnung« einen leichten Stich ins ungemütliche, den ich nicht besonders schätze. – Hingegen ist die jetzige Einführung, daß Kurt bei mir haust, nach meinem Empfinden prima und ich bin ganz glücklich dabei. Er fühlt sich glaube ich auch ganz wohl, ist nach meinem Empfinden sehr brav und ausgezeichnet zu haben.

Mit der Russin geht es auch halbwegs. Die Menus sind nicht gerade abwechslungsreich, aber für das Wichtigste ist dank Veras unermüdlicher Vorsorge ganz gut auszukommen. Vera hat sich ja wirklich allerhand Mühe gegeben und aus dem Mädel das Optimum an Möglichkeit herausgeholt. Intelligenzprüfung wird ja keine verlangt werden können. Da würde es sicher hapern. Aber da kannst halt mit aller Abrichterei nichts machen. Irgendwo hat die Primitivität etwas Rührendes. Sie geht allerdings nicht so weit, daß sie sich nicht doch anläßlich irgend einer Einquartierung im total demolierten Vaterhaus irgend einen westfälischen Obergefreiten zugelegt hätte, mit dem sie in fleißiger (einseitiger) Korrespondenz steht. Die Adresse müssen wir schreiben. So sieht der unüberbrückbare Gegensatz der Weltanschauungen, der alten und neuen Völker etc., dann in der Praxis aus…

Mit Kurts Hilfe habe ich jetzt den Rest meiner Bücherstellagen aufgebaut, vieles ist leider unwiederbringlich zerstört, aber einiges läßt sich vor weiterem Ruin doch noch retten. Schließlich sind diese Schäden heutzutage immerhin vergleichsweise gesprochen ein kleineres Übel. Ärgerlich finde ich nur, daß wir zwar für die Übersiedlung Versicherung zahlen durften, infolge der »notwendigen Geheimhaltung« aber keine Ersatzansprüche stellen dürfen …

Deine Wiener Notizen haben mich natürlich sehr interessiert. Manches klingt fast ein bißchen ungereimt, so die überraschend erfolgreiche Karriere Henzens[377], dem ich sie übrigens herzlich gönne. A propos, daß der arme Manowarda[378] auch systemverfolgt war, schien mir neu. So stand es in den Nachrufen zu lesen. Seine Einstellung war nicht unbekannt, aber er selbst immer taktvoll. Wir hatten auch nachher mit ihm noch Verträge und nicht den Eindruck, daß er gerade ungern oder besorgt um sein Heil nach Wien kam. Allerdings war sein jüdischer Nachfolger (Nissen,[379] glaube ich) doch noch um einiges besser. Viel kritischer war der wirklich unersetzbare Verlust des Erich Zimmermann,[380] der damals viel offener Direktion Horst-Wessely marschierte. Übrigens weißt Du, daß im Sylvesterradioprogramm von ½12 – 12 »der letzte Satz aus der 9.« gegeben wurde? Vorher Fledermaus, Bajazzo und Heinz Gödicke[381] und nachher Clausewitz[382] ... sic! – Nun wünsche ich Euch nochmals alles Gute, auch den Kindern natürlich.
Spatzen sage bitte, daß ich seinen schönen Brief zur Kenntnis genommen habe. Den Eltern Empfehlungen. Dich grüßt herzlichst Dein
Kurt

---

377 Rudolf Henz konnte trotz seines Berufsverbotes als Rundfunkmann weiter in katholischen Verlagen publizieren; möglicherweise bezieht sich Kurt von Schuschnigg auf Henzens Roman »Der große Sturm«, der 1942 erschien und positives Echo fand. Vgl. Rudolf Henz, Fügung und Widerstand, Graz-Wien-Köln 1981, 228.
378 Josef von Manowarda (geb. am 3. Juli 1890 in Krakau – gest. am 23. Dezember 1942 in Berlin), Baß- und Heldenbariton, 1915–1918 Wiener Volksoper, 1919–1935 Wiener Staatsoper, 1932–1935 Prof. an der Wiener Musikakademie, seit 1922 Salzburger Festspiele.
379 Hans Hermann Nissen (geb. am 20. Mai 1896 in Zippnow bei Danzig – gest. am 29. März 1980 in München), Bariton.
380 Erich Zimmermann (geb. am 29. November 1892 in Meißen – gest. am 24. Februar 1968 in Berlin), Tenor; er galt als größter »Mime« (Das Rheingold) seiner Zeit.
381 Vgl. Brief 69.
382 Carl von Clausewitz (geb. am 1. Juni 1780 in Burg – gest. am 16. Jänner 1831 in Breslau), General, Hauptwerk »Vom Kriege«.

Hoffentlich kriege ich bald Nachricht aus Wien. Vorläufig weiß ich nur das Ankunftstelefon. Man kriegt doch immer gleich Sorge und ist geängstigt.

**Brief 91**
8. Jänner (19)43

Lieber Artur!
Auch auf diesem Weg noch nachträglich meinen herzlichen Glückwunsch zum 7.1. Auch Spatzens gedenke ich unter einem! Ihr werdet ohnedies – Umstände halber – das Feiern wohl auf Deinen nächsten freien Tag verschoben haben!? Vielen Dank auch für Deinen letzten Brief. Leider ist Kurtl's Ferienzeit nun auch wieder um. Wir hatten es ganz gemütlich. So arg, wie Du Dir unsere Russin vorstellst, ist sie ja auch wieder nicht. (Immerhin noch arg genug!) Aber zu essen hatten wir immer. Nicht gerade mit viel Abwechslung, aber ausreichend und nicht ganz ohne Verstand gekocht. Jedenfalls tut sie sichtlich ihr Möglichstes – und das beruhigt und versöhnt. Zwischendurch schlaft sie sich immer wieder aus, wie es halt in Rußland der Brauch ist, wo man allzuvielen Anstrengungen abhold ist. Der Bolschewismus dürfte ihr ziemlich Hekube sein, wenn sie auch zuweilen ganz verliebt ihre paar russischen Geldscheine betrachtet, um darauf Hammer und Sichel zu zeigen. –
Von Vera kommen glückliche Briefe. Gottlob funktioniert die Post diesmal sehr gut. Bin so froh, daß sie es gut getroffen hat. Wird scheinbar sehr hofiert und ist viel eingeladen. Wird ihr gut tun. – Auch Sissy geht es gut. – Dein Eindruck mit dem Verwöhnen stimmt natürlich. Aber da ist schwer dreinreden. Das wird sich mit der Zeit schon von selbst korrigieren! Vorläufig ist viel auf die besonderen Umstände zurückzuführen u(nd) die Reaktion der Nerven! Sie tut jedenfalls ihr bestes, nur darf man nicht immer alles wörtlich genau nehmen. – Ich freue mich schon sehr auf die Rückkehr von Mutter und Kind; allein ist es doch ein bißl gar öd. Sonst geht es mir aber sehr gut und

ich bin den ganzen Tag irgendwie beschäftigt (einschließlich Mittagsschläfchen!). Mit einem Wort: das typische Pensionistenleben; etwas vorzeitig, aber immerhin! – Deine Besorgnis wegen eventueller Sicherstellung wertvoller Bestände überrascht mich. Glaubte immer, daß es hier herum noch relativ am sichersten sei. Nun, wir werden ja sehen. Allzu freundlich klingen die Prognosen für 43 ja nicht, die man hört und liest.
Nun nochmals beste Wünsche und herzliche Grüße Dein
Kurt

NB. Bitte – wenn Du kannst – sage gelegentlich nach Landeck[383] meinen besonderen u(nd) herzl. Dank! Direkt zu schreiben, riskiere ich nicht.
Das Buch von Heck[384] habe ich mit Interesse gelesen; sehr gut!
Besonderen Dank noch für die liebe Aufnahme Kurts!

**Brief 92**
9. Jänner (19)43

Liebe Marianne!
Vielen herzl(ichen) Dank für Deine lieben Zeilen! Besonders auch für die Mehlspeise, die Du mir freundlicher Weise gewidmet hast! War eine erfreuliche Zubuße auf einem hier momentan weniger gepflegten Sektor der Genüsse!
Freute mich sehr, von Kurt zu hören, daß Eure Grippen wieder vorüber sind. Peinliche Zugabe – gerade zur Weihnachtszeit. – Möchte zu gern einmal einen Parkettsitz zu einer Eurer Marionetten-Vorstellungen nehmen. Das muß ja zu nett sein!

---

383 Die Landecker Widerstandsgruppe hatte kleine Geschenke geschickt (z. B. Kochtöpfe). Dieser Gruppe gehörte der Innsbrucker Priester Erwin Obertanner an (geb. 12. April 1910 in Innsbruck – gest. am 25. November 1958 in Hall).
384 Philipp Hecks Oeuvre zur mittelalterlichen Geschichte und Rechtsgeschichte läßt eine eindeutige Zuordnung angesichts des marginalen Hinweises nicht zu.

Kann mir die Mühe denken, aber auch die Freude am Gelingen – und das dankbare Publikum!
– Die arme Dicke muß also Brillen tragen! Hoffentlich gibt sich die Weitsichtigkeit und sieht sie später ohne Gläser. Denkt Ihr nicht an einen chirurgischen Eingriff später? – Es ist eine komische Sache. Bei uns sind eigentlich Onkel Hermann u(nd) ich die einzigen »schlechten Augen«. Allerdings wie es vor 3 Generationen aussah, weiß ich nicht. Da gibt es ja schon 8 Familienstämme, die man kennen müßte! –
Onkel Hermann und ich sind kaum beweiskräftig, weil wir wohl zum »degenerierten Intellektuellen-Typus« gehören, also angeblich selber schuld sind. – Artur ist da gut durchgerutscht, denn Intellektuelle ohne Augengläser stehen nach Goebbels immer noch höher im Kurswert. –
Verzeihe bitte den Bleistift, aber der Stylo streikt und die Maschine, bzw. deren Band, hat die Bleichsucht!
Alles Liebe, herzl(ichen) Gruß und Handkuß Dein
Kurt

**Brief 93**
10. Februar (19)43

Lieber Onkel Hermann!
Vielen Dank für Deinen Jännerbrief. Mittlerweile ist auch schon wieder einige Zeit vergangen. Die Meinen sind glücklich u(nd) sehr befriedigt aus Wien zurückgekommen, Kurt ist wieder in München und schreibt, daß seine Schule ab 15. d. auf 18 Wochenstunden reduziert wird und sein Geburtsjahrgang zur Kasernierung kommt – zu Ausbildungszwecken, und hier ist alles beim alten. Ich freue mich aufs Frühjahr, weil dann wieder das Garteln anfangt und damit eine gesunde Beschäftigung. Aber wenn auch manches fehlt, darf man nicht jammern. Schließlich trifft es andere Familien noch ärger – und das Paradies ist nun einmal offensichtlich noch nicht angebrochen. Mitten im Schreiben kam Dein Paket mit dem köstlichen In-

halt. Vera ist ganz begeistert und läßt vielmals danken. Besonders die gelben Kostbarkeiten haben es ihr angetan, aber auch die Normalhadern hätten Seltenheitswert und seien heute nicht mehr erhältlich.
Daß die Volkskunde und ihr Studium besonders befriedigt, leuchtet mir sehr ein. Ich kann mir auch gut vorstellen, wie viel Mühe hinter der Forschung im einzelnen steckt. Bis man da seine Quellen zum Reden bringt, das mag wohl einiges kosten. Ich erinnere mich noch gut, wie ich – allerdings im salzburgischen Bergland – Unterricht bekam, was das alles bedeuten kann, wenn ein Bäuerl die Pfeife im Mund verschiebt oder am Ende gar auch herausnimmt. Und doch, um wie viel gescheiter u(nd) logischer sind die meist als die durchschnittlichen Stadtleut! Wenn nur erst einmal das oft recht hemmende Mißtrauen überwunden ist. Ich hatte s(einer)z(ei)t einen guten Bekannten im Burgenland, der sich mit Volkskunde beruflich befaßte (Dr. Dechant).[385] Wenn es auch dort natürlich wieder eine ganz andere Welt war, gab es doch viel Interessantes, gerade wegen der verschiedenen übereinander gelagerten Kulturschichten. Das Fremde (Ungarische) hatte sich interessanter Weise fast nur in der Tracht durchgesetzt. Hast Du nicht auch das Empfinden, daß volkskundlich besonders auch im Vorarlbergischen vieles erhalten ist? Ich denke da hauptsächlich an den Bregenzer Wald und ans Montafon. Der

---

[385] Dr. Rudolf Dechant (geb. am 3. Februar 1892 in Wien – gest. am 12. März 1974 in Wien), 1927 Bundestaatlicher Volksbildungsreferent Burgenland, Errichtung von Volksbüchereien, Aufbau der Erwachsenenbildung, besonders für burgenländische Lehrer, Pflege des Volkstums, Publikationen von Volksliedsammlungen. 1933 geschäftsführender Vizepräsident des Werkes St. Martin, Presse- und Kulturreferent der Vaterländischen Front. 1938 vom Dienst suspendiert, 1945 Direktor des Bundesverlages in Wien. Vgl. Gerald Schlag, Burgenland: Geschichte, Kultur und Wirtschaft, Eisenstadt 1991. Zu St. Martin vgl. Dieter A. Binder, Volksbildung und Politik. Am Beispiel Josef Steinbergers und seines Werkes St. Martin, in: Maximilian Liebmann, Dieter A. Binder (Hg.), Hanns Sassmann zum 60. Geburtstag. Festgabe des Hauses Styria, Graz-Wien-Köln 1984, 39–56.

erstere liegt mir noch näher, wohl wegen des Jodok Fink,[386] der ein ganz besonderer Mensch war. Übrigens, ob wohl der alte Haueis[387] noch leben mag. Der konnte uns Jüngeren auch in vielem Beispiel sein. Ich habe seine schöne Stube in Zams in besonders guter Erinnerung, und das musterhafte Verhältnis zwischen Vater und Kindern. – Zu tun mache ich immer wieder ein bißchen, so daß ich nicht ganz ohne Beschäftigung bin. Es ist natürlich nur alles so quasi im luftleeren Raum. Lesen kann man ja nie genug. Und da habe ich noch einigen, wenn auch meist veralteten Vorrat. – Übrigens was mich unlängst beschäftigt hat: was ist nun wahr oder wahrer: – Die Geschichte wiederholt sich? – Oder – die Geschichte wiederholt sich niemals?? – Für beides gibt es ja Sprichwörter. Ich neige ja eher zur ersteren Meinung. Es würde mich aber interessieren, wie die Frage vom Fach aus beantwortet würde.
Tante Thilde schreibt ab und zu besonders nette und liebe Briefe. – Ich höre, daß sie doch recht gealtert sein soll. Die Gute hat es ja gewiß nicht leicht und macht sich vielleicht auch selber das Leben noch schwerer. Auch der arme Paul[388] soll nicht sehr zufrieden sein. Das kann ich mir ja alles gut denken. So ohne Wohnung und Familie ist es nicht angenehm. – Und was schreibt Onkel Moriz? Er wird wohl in der Arbeit untertauchen und die nötige Ausspann-Zeit und Erholung vermissen. – Die Bozner[389] kümmern sich scheinbar erfreulicher Weise recht nett um Kurt und bin ich froh, daß ich für alle Fälle für ihn dort einen Auslauf sehe. Denn hinsichtlich des Fort-

---

386 Jodok Fink (geb. am 19. Februar 1853 in Andelsbuch – gest. am 1. Juli 1929 in Andelsbuch), christlichsozialer Politiker.

387 Alois Haueis (geb. am 30. März 1860 in Zams – gest. am 26. Jänner 1951 in Zams), 1890–1895 Bürgermeister von Zams, 1897 Reichsratsabgeordneter (Katholische Volkspartei), 1907 Tiroler Landtag, 1911 wieder Bürgermeister, 1918 Landtag und 1919–1934 Nationalrat, 1920/21 Bundesminister für Land- und Forstwirtschaft. Ehrenbürger sämtlicher Gemeinden des Bezirkes Landeck, genannt »Vater Haueis«. Vgl. 50 Jahre Tiroler Bauernbund, Innsbruck 1954.

388 Paul von Kathrein.

389 Familie Masera.

gangs seines Studiums sehe ich unter den obwaltenden Verhältnissen trübe. – Ich selbst – wie auch Vera – habe doch oft ziemlich Heimweh. Bei mir – komisch genug bei dem vielen Herumziehen im Leben – lokalisiert es sich immer mehr in der Dreiheiligenstraße 9. Nicht so sehr wegen der Jahre des dort Wohnens, als wegen nachher. Die Abende bei den Eltern vor den Reisen nach Wien. Wie immer es werden möge, das kommt halt niemals wieder. Papa wäre jetzt 78 und Mama bald 71 geworden. – Dabei wünschte ich mir nicht mehr, für ständig dort zurückzukehren. Es ist zu viel, was dazwischen liegt. Und die verklärende Erinnerung ist ja vielleicht das Schönste. – Nun wünschen kann man sich ja ohnedies nichts, man muß es nur abwarten können, wie sich alles gestaltet. Nur, hier in der Nähe, oder auch bei Arturs in der Nähe, – das wäre uns beiden auf die Dauer nicht so besonders bekömmlich. Es ist halt doch alles so anders. Dem Kind geht es gottlob sehr gut.
Hoffentlich bist Du gesundheitlich zufrieden. Herzliche Grüße von uns allen Dein
Kurt

Hast Du das Bild [Foto 36] schon?

**Brief 94**
19. Februar (19)43

Lieber Artur!
Die seltene Gelegenheit benützend möchte ich Dir wieder einen schriftlichen Gruß senden; bedauerlich genug, daß es die einzige Verbindungsmöglichkeit ist in unseren humorlosen Zeiten. Mittlerweile hat sich ja scheinbar allerhand getan in der großen Welt und alles harrt mit mehr oder weniger großer Begeisterung der Dinge, die da kommen sollen. Ich wünsche Dir herzlich, daß bei Dir alles gut geht und es beim einen blauen Auge Deines bisherigen Kriegsdienstes bleibt. – Ich baue nach wie vor meine Kohlrüben, verlege mich heuer auch

auf Astern und Chrysanthemen und freue mich darüber, daß sie nicht kriegswichtig sind, wie mein ganzes weder luschtiges (sic!), noch vorschriftsmäßig kompliziertes, noch auch sehr geistreiches Dasein.
Nun auf 1–2 Jahre, mehr allerdings nicht mehr –, müssen wir immerhin noch gefaßt sein. Nächstes Jahr um die Zeit werden wir wohl vermutlich schon etwas klarer sehen. Die Optimisten, die schon ein Ende des Freiheitskampfes vor sich sehen, irren stark nach meiner unmaßgeblichen Meinung. Ebenso allerdings auch die begeisterten Verfechter der derzeit sehr in Mode stehenden »7-jährigen Krieg«-Parallelen. Aber wie immer es sei, ich finde den Unfug mit den steten Übertreibungen – im Guten wie im Bösen – störend. Das kommt davon, wenn man ohne Superlative nicht auskommt! Was mich auch noch (stört)[390] ist die Geschichte mit Kurtl. Nicht, daß ihm der Drill an sich nicht bekömmlich wäre; aber er scheint mir doch etwas früh und der Bub noch zu wenig innerlich gefestigt; ganz abgesehen von der schulischen Seite.
Ihm wird es ja letzten Endes gut passen. Wem nicht in dem Alter, wenn er von der Schulbank loskommt! Da macht er mir kein x für ein u vor – trotz seiner kritischen Glossen. Was später einmal mit den jungen Leuten werden soll?? Denn irgend etwas wird man ja doch können müssen, selbst, wenn alles so bleibt, wie es ist und sich nichts ändern würde.
– Spatzens Brief finde ich prima geschrieben, und auch in seinen Schlüssen ist er erfreulich logisch und schlüssig! Du wirst wohl viel Spaß mit den Kindern haben. Man kann nur wünschen, daß wenigstens dieser Generation wieder ein normales Leben beschieden ist. Die Geschichte mit dem Horaz und seinem »Dulce et decorum est pro patria mori« haben die alten Lateiner wohl auch nicht so wörtlich gemeint, wie die »neuen Griechen« sie für den täglichen Gebrauch ihrer Zeitgenossen verkünden! –
Also alles Gute Euch allen! Herzl(ichen) Gruß u(nd) Hand-

---

390 Der Brief ist an dieser Stelle angebrannt.

-0 (links) Ewald Vetter, Portrait Artur von ;chuschnigg, 7.1.1940. Der Expressionist 'etter schenkte die Kohlezeichnung, eine ;kizze für ein in der Familie erhalten geblie-enes Ölgemälde, Kurt von Schuschnigg. Die ;ohlezeichnung ging mit der übrigen Habe chuschniggs in Sachsenhausen bei Kriegs-nde verloren.

1 (rechts) Artur von Schuschnigg als Ober-efreiter der Luftwaffe, Dannenwalde 1941

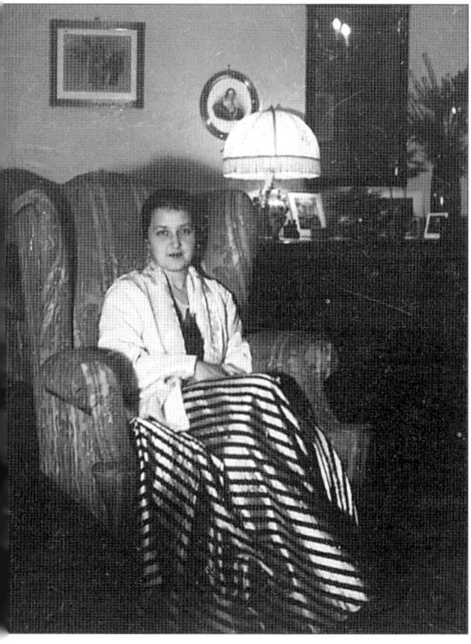

(links) Marianne von Schuschnigg nach einem Fest am Christtag 1940 in der Berliner ohnung. Das gestreifte Seidenkleid wurde bis in die 50er Jahre, mehrfach geändert, als endkleid verwendet. Die weiße Jacke war ein Geschenk Alma Mahlers.

(rechts) Besuch in Gräfelfing, Mai 1941: Vera, Artur, Kurt jun. bei Tante Lei(tner)

# Das KZ Sachsenhausen

44 KZ Sachsenhausen, 1941–1945: »Fotografieren bei Todesstrafe verboten« ...stand an de Mauern geschrieben. Kurt jun. hatte 1940 (bevor Hitler den USA den Krieg erklärt hatte) vc einem amerikanischen Journalisten eine »Argus«-Kamera zum Geschenk erhalten. Dam machte er eifrig Aufnahmen im KZ und gab sie seinem Onkel Artur, dem »Luftwaffenfoto grafen«, zum Entwickeln, der dies entsetzt ablehnte. Rückseitig handschriftlich: »Außer ansicht unser Haus«. Ganz rechts ein Wachturm. Haus mit Pfeil: Schuschnigg, links im Vo dergrund, außerhalb der Mauer, ein Wächterhaus. Links innen: Breitscheid, später d Familie des Kronprinzen Rupprecht von Bayern; drittes Haus links: Mafalda, Prinzessi von Hessen, Tochter des italienischen Königs Viktor Emanuel II (in Buchenwald umgekom men). Dieser einzig erhaltene Abzug, 60 x 38 mm, befindet sich im Holocaust-Museum Washington.

!5 Standfoto aus einer in Deutschland 1996 gesendeten Fernsehdokumentation über das KZ ;achsenhausen. Außenansicht mit Mauer, Wachturm und Kiefern. Die Aufnahme entspricht :iemlich genau der Ansicht von 1943. Die Häuser der »Ehren-Häftlinge« wurden nach 1945 'on den Sowjets geschleift, die das KZ ansonsten weiter verwendeten.

; In der Dokumentation, s. Abb. 45, wird die wahrscheinlich später errichtete Ziegelba-cke irrtümlich als »eines der Schuschnigg-Häuser« bezeichnet.

# Nach 1945

47 (rechts) Kurt von Schuschnigg, 1945 nach dem KZ-Aufenthalt

48 (links unten) »Im goldenen Käfig«, Kurt von Schuschnigg August 1945 in Capri

49 (links, ganz unten) Erstes Treffen der Brüder nach acht Jahren: Maltrasio, Como, Villa Passa/aqua, 1946. Vera, Marianne, Kurt, Sissy von Schuschnigg

50 (rechts unten) Vera und Kurt, August 1945 in Capri

1 Interview Portofino 1947

2 Dieses Bild ging um die Welt: »Schuschnigg, former Chancellor of Austria, and family
rive in America. Dr. Kurt von Schuschnigg, his wife, the former countess Vera Fugger von
abenhousen, and their six year old daughter, Cissy, sit on a New York City, USA, pier after
eir arrival September 6 aboard the liner ›Saturnia‹. The former Chancellor of Austria descri-
d himself as a ›refugee, a displaced person‹ and said he hoped to live a quiet life in the Uni-
d States.« (Foto Associated Press Ltd. London. 15.9.1947)

53 Innsbruck, Pembaurstraße 2, Wohnung der Familie Artur von Schuschniggs nach de
Krieg. Hier nach der Erstkommunionfeier von Anna und Artur (III). Hinten v.l.n.r.: Onk
Moriz – Dr. M. Wopfner, Tante Tilti – Mathilde Neuhauser, Onkel Hermann – Univ.Pr
DDr. H. Wopfner, vorne: Anna, Verena, Artur (III) von Schuschnigg

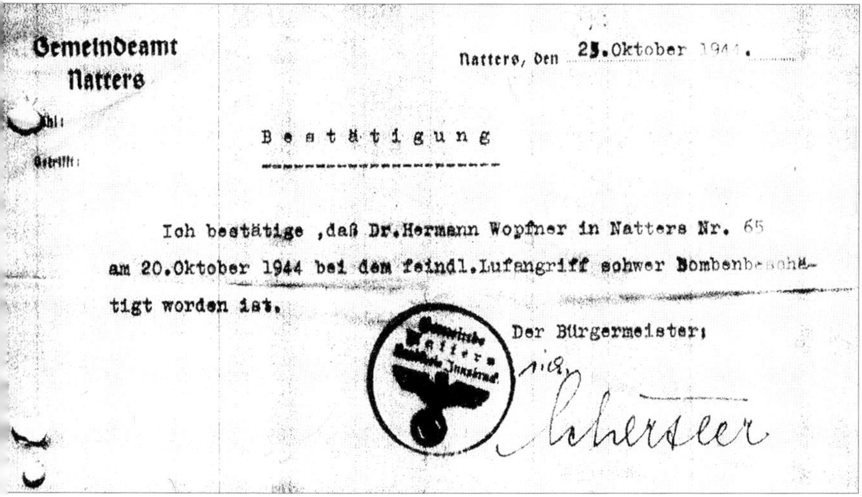

Gemeindeamt
Natters

Zahl:

Betreff:

Natters, den 25.Oktober 1944.

B e s t ä t i g u n g

Ich bestätige ,daß Dr.Hermann Wopfner in Natters Nr. 65 am 20.Oktober 1944 bei dem feindl.Lufangriff schwer Bombenbeschädigt worden ist.

Der Bürgermeister:

Schersler

4/1–4 Der Plumeshof bei Natters nach dem Bombenangriff vom 20.10.1944 sowie Bestätiung der Gemeinde Natters vom 25. Oktober 1944 über Bombenschäden (20. Oktober 1944) n Plumeshof

55 Der Plumeshof (Bergbauernhof, erw. 1305) nach 1945. Wohnsitz von Prof. Dr. Herman Wopfner, ab 1963 Familie Prof. Dr. Artur von Schuschnigg

kuß an Marianne, sie soll sich nicht zu viel aufregen über die hausfraulichen Widerwärtigkeiten des täglichen Lebens. – Leicht gesagt – ich weiß schon! Bussi den Kindern. Mit herzl(ichen) Grüßen wie immer Dein
Kurt

**Brief 94a**
19. Februar (19)43

Lieber Artur! (Spatz)
Ich danke Dir sehr für Deinen Brief und gratuliere zum Zeugnis. Die anliegenden 2 M(ark) dienen zur Auffüllung Deiner Zeugnis-Belohnung.
Ich schlage Dir vor, dem Opa einen Brief zu schreiben und ihm zu sagen, daß Du jetzt 8 M(ark) beisammen hast; vielleicht gibt er Dir einen guten Rat, wie Du noch 2 M(ark) erhalten könntest; dann wären es 10; und das schaut besser aus, weil sich durch 10 alles viel leichter teilen läßt, und auch die Zinsenberechnung geht leichter. Du könntest dem Opa auch schreiben, daß Du ihm die restlichen 2 M(ark) bis zum Sommer stundest, wenn er zu einer guten Verzinsung bereit ist. (Unter 10 Prozent leiht man Opas meistens nicht.)
Also mach's gut!
Viele Bussi Dein Onkel
Kurt

Grüße mir auch die Dicke und das Vreneli.

**Brief 95**
19. März (19)43

Lieber Artur!
Die Postgelegenheit benützend danke ich Dir zunächst vielmals für Deinen letzten Brief. Die arme Dicki tut mir so leid! Hoffentlich nützt es etwas und ist das Kind dann später doch

froh über die überstandene Plage. Es ist doch eine komische Sache um die Vererbung. Sie überspringt scheinbar immer eine Generation. Meinem Augenfehler folgen anscheinend normal sehende Kinder. Und Deine guten Augen korrigiert das Schicksal in der nächsten Auflage. Übrigens hatten ja auch beide Eltern gute Augen; also muß die Fehlerquelle wohl noch früher liegen. – Momentan leiden wir sehr unter dem Sandsturm. Eine wahrhaft grauenvolle Gegend! Etliche Stationen weiter soll es schon wieder viel besser sein, und die Landschaft eher entsprechend. Ich wurstle schon fest im Garten und freue mich über jede einzelne Pflanze, die so tut, als ob sie kommen wollte. In den Gemüsebeeten rührt sich allerdings noch nichts. Das sind dann bange Wochen: »Wird's oder wird's nichts!« – So macht man sich seine kleinen Sorgen, wenn einem die größeren schon amtlich abgenommen werden. Das heißt, etliche habe ich doch; vorläufig hauptsächlich wegen Kurtl. Wir kriegen sehr spärliche Nachricht; seit dem Münchner Luftangriff weiß ich noch nichts von ihm. Auch sonst bin ich mir nicht ganz klar, wie es weitergehen soll. Im Schülerheim wurde sein Platz gleich anderweitig besetzt und der Bub hängt wieder einmal in der Luft. Mir selbst paßt das ewige Pensionisten-Leben eigentlich auch nicht. (Was mir anläßlich meines 5 Jahre-Jubiläums wieder einfiel.) So gut es mir im allgemeinen geht und so groß – vergleichsweise gesprochen – der Fortschritt, wünsche ich die ganze K.Z.-Atmosphäre doch gelegentlich recht herzlich zum Teufel. Aber (be)vor sich diese letzte Instanz nicht endgiltig mit dem »geliebten 4er«[391] befaßt hat, habe ich wohl schwache Chancen.
– Dir wünsche ich herzlich, daß der totale Krieg gnädig an Dir vorüberziehe; nachdem es bis jetzt gegangen ist, wird es wohl hoffentlich so bleiben. Bei uns spürt man von der Verschärfung vorläufig gar nichts. Nur das Radio wird zusehends schlechter. Die normale Klangfarbe entspricht so ungefähr dem Salonor-

[391] Im Österreichischen wird umgangssprachlich aus »Führer« ein »Fiehrer«, der hier mathematisch dargestellt wird.

chester eines mittleren Kaffeehauses. Und das Programm ist mit wenigen Ausnahmen zum Schreien. Unlängst wurde in der Zeitung versehentlich für die Reichssender die Beethoven C-Messe angekündigt. Leider blieb die günstige Gelegenheit aus und den Goebbels[392] hat nicht – wie zu erhoffen war – der Schlag getroffen. Er hat sich offensichtlich derfangen und noch rechtzeitig für Ersatz gesorgt: – »Martha« vom alten Flotow![393] – Kannst auch nichts machen! – Daß Spatz schon in Konzerte geht, ist ja prima! Daß er für Beethoven Respekt aufbringt, ist, – ob nun der Enthusiasmus echt oder künstlich, – auf alle Fälle für sein Alter beachtlich! –
Nun leb wohl für heute. Handkuß u(nd) schöne Grüße an Marianne. Bussi den Kindern!
Herzlichst Dein
Kurt

**Brief 95a**
19. März (19)43

Liebe Nanni![394]
So heißt Du ja jetzt und ich freue mich mit Dir darüber! Warum ich Dir aber schreibe, ist die langweilige Geschichte mit Deinen Guckern,[395] von der mir Papa schrieb. Da brauchst Du wohl viel Geduld und das Pflaster wird Dir nicht passen.[396]
Du mußt Dir nur denken, es ist doch wieder manchmal ganz

---

392 Dr. Joseph Goebbels (geb. am 29. Oktober 1897 in Rheydt/Rheinland – gest. am 1. Mai 1945 in Berlin, Selbstmord), 1922 Beitritt NSDAP, 1926 Gauleiter Berlin, 1929 Reichspropagandaleiter NSDAP, 1933 Reichsminister für Volksaufklärung und Propaganda, 25. Juli 1944 Reichsbevollmächtigter für den totalen Kriegseinsatz.
393 Friedrich Freiherr von Flotow (geb. am 26. April 1812 auf dem Rittergut Teutendorf, Mecklenburg – gest. am 24. Jänner 1883 in Darmstadt), Komponist.
394 Brief an Anna von Schuschnigg, der Tochter Artur II von Schuschniggs.
395 Augen.
396 Wechselweises Verkleben der Augen zum Aktivieren der Sehleistung des jeweils freien Auges.

lustig, wenn man eine Zeitlang nur blinzeln darf und nirgends genau zusehen muß. Wenn Du nicht genau siehst, was die anderen wollen, mußt Du nur raten. Und zum *richtigen* Raten ist niemand verpflichtet. So hast Du jetzt auch einen Vorteil und kannst Dir manchmal Zeit lassen. Außerdem mußt Du Dir denken, wie schön es dann sein wird, wenn Du wieder beide Augen frei hast und dann besser sehen wirst wie früher! Dann wird Dich alles doppelt freuen! Der Frühling wartet heuer auch, bis Du ihn wieder mit beiden Augen voll genießen kannst. –

Ich höre, daß Ihr es oft sehr lustig habt. Wer ist nun eigentlich der Lebhafteste von Euch Dreien? Unlängst hat mir geträumt, daß Du immer vorn dabei bist, wenn etwas los ist, und daß Ihr alle drei zusammen einen ganz schönen Krach zusammenbringt. Stimmt's? Grüße mir Spatz und Vreneli; Dir ein herzliches Bussi vom Onkel

Kurt

**Brief 96**

1. April 1943

Lieber Artur!

Indem daß meine liebe Frau wieder eine Berliner Reise anzutreten sich auf- und emporschwingt, hoffe ich von Dir und Deiner ganzen Familie das gleiche. Es geht mir also gut, – worauf sich die fröhliche Annahme von früher bezieht, mit anschließender guter Hoffnung für die noch kommenden, lieblichen Zeiten. Sonst vermag ich von hier nicht viel Neues zu berichten. Wir blieben nach wie vor unbebombt und hören nur aus mehr oder größerer Nähe und Höhe das unvermeidliche Krachen, das wo ein Teil meiner Familie nicht so sehr gern hat. Ich hoffe herzlichst, daß in Eurer Nähe nicht die unvermeidlichen Kulturstätten und Krankenhäuser liegen, Arbeiterviertel seid Ihr ja auch nicht ausgesprochen, – so daß sich so Gott will für Euch das Ganze auf die Unbequemlichkeiten des

nächtlichen Kellerlogis beschränkt. Hier werden Schützengräben und Bunker ausgehoben. Für alle Fälle. Damit im Eventualfall die minder wertvollen Volks- und Zeitgenossen nicht einmal den Spieß umkehren, wofür ja das Ganze hier nicht in erster Linie gedacht ist. – Im übrigen brauchen wir hier nicht erst Bomben und Rettungsschäden. Was kaputt zu machen geht an den restlichen Wohnungsbeständen, besorgen nach Spediteur und Lagerhaus mit verläßlicher Präzision die Sissy und vor allem die Smolensker Perle. Das »Bum-Bum« spielt in unserem Sprachgebrauch eine beträchtliche Rolle. Einmal weil das Trampel[397] nicht viel sonstiges Deutsch kann und daher bei allen möglichen Gelegenheiten mit diesem akustisch-phonetischen Begriff operiert, dann weil auch die Sissy sich in ihren Sprechversuchen stark auf Bum-Bum eingestellt hat und nicht nur jeden Flieger, jedes aus der Ferne heulende Dampfschiff und jede sonstige Sirene, sondern auch gelegentliche Klapse mit dem Sammelbegriff Bum-Bum abtut. Auch wenn irgend eine Türe schlägt – was bei uns besonders verpönt ist –, oder eine Fensterjalousie vom Winde verweht wird, was nur an Ausnahmstagen nicht der Fall ist, – ruft das ganze Häusel unisono und vorwurfsvoll Bum-Bum und schüttelt die Köpfe. Nun, und dabei bleibt es eben, – auch im Garten. Denn natürlich wächst nichts und was wächst, überlegt es sich dann wieder. Da werden auch die unlängst gut angekommenen Töplyschen[398] Samen nicht mehr viel daran ändern. Abgesehen davon, daß es eine letzte Auslese gewesen sein dürfte.
Hie und da gibt es aber doch – für unsere Begriffe – etwas Luschtiges. Momentan hätten wir direkt ein Operettenlibretto für einen gut jüdischen Autor auf Lager: – unlängst kamen wir nämlich darauf, daß unser gestrenger, eng benachbarter Wachturm Korrespondenzversuche mit unserer Russin unternimmt. Da werden zarte Briefchen direkt auf meine Salatbeete herunterlanciert. Was bemerkenswert ist. Denn daß man schon so

[397] Haushaltshilfe.
[398] Lilly von Töply.

kurzsichtige Männer zur Elite des geliebten 4ers assentiert, klingt fast wie Feindpropaganda. Das Trampel muß man nämlich gesehen haben! – Dabei – und das ist das Komische – bilden sich die Jünglinge aus dem Teutoburger Wald ein, daß das »herzige Mädchen« deutsch lesen und schreiben kann, warten daher völlig unbegründet auf Antwort an den angegebenen und uns aus der Lektüre bekannten Verstecken. Jetzt trage ich mich mit dem Gedanken, ob ich nicht per procurationem eine duftige Antwort verfassen soll. Frägt sich nur, wie viel Jahre zusätzliches Zuchthaus nebst Ehrverlust ein solch frivoles Beginnen eintragen würde und ob es daher ernstlich dafürsteht. Pikant an der ganzen Geschichte ist außerdem, daß weder das Trampel, noch sonst wer vorläufig von unserer Mitwisserschaft orientiert ist. Wir sind also erst im 2. Akt! Vorläufig wird die Russin auffallend eitel, und balzt voller Seligkeit – zum Nachteil meines Kölnisch Wassers und verschiedentlicher Vera'-scher Parfüme. Sie hat es noch nicht ganz heraußen, wie sie außer auf rein Stieläuglein schmeißerischem Weg dem SSler beibringen soll, daß sie zwar hochbeglückt, aber infolge vis major nicht im Stande ist, zu antworten. Die droben müssen sich also wegen der stieren Schweigsamkeit langsam wundern. Ich weiß nun nicht, wie lange das gewisse Lichtlein braucht, bis es einem ausgewachsenen Totenkopf-SSler aufgeht. Jedenfalls werden wir den Knoten wohl entwirren, und dieser Art das happy end des dritten Akts provozieren. Wenn nämlich unser hiesiger Gottsöberster uns das nächste Mal besichtigt, werden wir ihm die »tolle Sache« wohl melden. Einmal weil es sonst ohnedies meist wenig zu reden gibt und dann weil es für alle Beteiligten gut ist: – für uns, weil wir ein gutes Werk tun und eine erschröckliche Verletzung der Wachepflichten verhindern; für die SS, weil ihre Ehre im Blut- und Rassenstandpunkt geschützt wird. Und für das Trampel, weil sie sicher zweckmäßiger Weise ohne Kind einmal nach Smolensk zurück will. – Fehlt also nur noch der Komponist im Waffenrock, der die passende Musik zu dem Text schreibt, dann hätte das Radio wieder eine sogenannte Lustige Stunde – und sicher nicht die

schlechteste – beieinander! Woran ich aber den Herzenswunsch schließen muß, daß Gott uns die Russin hier und die Obrigkeit bei Laune erhalten möge. Denn besser als nichts ist sie noch immer; und daran, daß die Gestapo draufkommt, daß es hier mit Dienstmädeln seine Schwierigkeiten hat, kann ich mich nullo modo interessiert erklären. Sonst haben wir – wie schon betont – nicht sehr viel Abwechslung. Es ist zum Staunen, daß und wie so ein Tag vergeht. Das kommt wohl daher, daß er immer schön im alten Geleise bleibt. In Stunden der Gewissenserforschung finde ich manchmal, daß ich umsonst seinerzeit die Kolloquien und Staatsprüfungen mir angetan habe. Ein Kursus beim Msgre. Wagner[399] seligen Angedenkens und seiner Adelheid,[400] die Aufnahme in die Gärtner-Riege des Gesellenvereins, hätte mir besser getan; und statt der Handelsakademie vielleicht ein paar Lektionen Moll[401] im Wiener Rudolfinerhaus.[402] So kommt man immer erst zu spät darauf, auf das, was man falsch gemacht hat …
Interessant und sehr erfreulich – vom Standpunkt der allgemeinen Bekömmlichkeit – ist Veras neu erwachte Passion zum Kochen. Es ist wirklich unglaublich, was sie für rapide Fortschritte gemacht hat. Sie ist fast den ganzen Tag mit dem Studium von Kochbuchfolianten beschäftigt und schaut in der weißen Küchenschürze aus wie eine chemische Assistentin. Es gelingt auch alles wunderbar. Uns hat hier die Not wahrhaftig beten gelehrt. Wenn es etwas besonders Gutes gibt – soweit es halt die bekannt reichliche amtliche Versorgung und allgemein glänzende Ernährungslage zuläßt, wird mir immer ganz an-

399 Msgr. Franz Wagner (geb. am 21. September 1869 in Schwaz – gest. am 18. Jänner 1944 in Oberau/Wildschönau), ab 1903 Kooperator, dann Sabotzkyscher Benefiziat bei St. Jakob in Innsbruck, bis zu seiner Pensionierung 1937 Diözesanpräses der katholischen Gesellenvereine, Superior der Schwestern von der Ewigen Anbetung.
400 Agnes, Haushälterin Msgr. Wagners.
401 Dr. Leopold Moll (geb. am 2. März 1877 in Ceská Lipa – gest. am 21. Februar 1933 in Wien), Arzt, führend auf dem Gebiet der Präventivmedizin für Säuglinge, seit 1910 in Wien, 1920 Hofrat und tit. a.o. Univ. Prof.
402 Krankenhaus in Wien.

dächtig besinnlich zu Mute und ich zitiere Faust 2. Teil, die Abschlußverse.[403]
Was allerdings alles zusammen noch nicht restlos mit der Gegend versöhnt, die Gott wahrhaftig in Augenblicken übelwollendster Laune geschaffen hat. Unerklärlich ist mir, wieso Dein Chef, der Reichsobermarschall,[404] sich ausgerechnet hier in der Nähe sein Lustschloß[405] gebaut hat; so sehenswert können doch die Hirschgeweihe gar nicht sein, wie hoch immer man deren Liebhaberwert auch veranschlagen mag.
Sonst sorgt außer Sissy höchstens noch die Zeitung [natürlich V(ölkischer) B(eobachter)] für fallweise Erheiterung. Hier bin ich sachkundig, weil infolge ausreichender Beweiltheit wohl einer der intensivsten großdeutschen Journaille-Konsumenten! Ich möchte Dir für trübe Stunden auch sehr diese wirklich gediegene Lektüre empfehlen. So traurig und pervers es klingt, wahre Stil-Perlen – einmalig gigantischer Echtheit – sind in den Todesanzeigen zu finden. Abgesehen von den »freudig stolz trauernden« P(artei)g(enossen) – Witwen und der »strahlenden Erfüllung des Soldatenlebens« findet sich gelegentlich auch manche friedliche Blüte: so vor einigen Tagen eine wackere Berliner Tante, Schwägerin und Großmutter, 57 Jahre alt, die nach mit größter Geduld ertragenem Leiden ihren »arbeitsreichen Lebenseinsatz für den 4er und die Familie« (sic!) beschloß.
Jetzt stell Dir nur vor, wie die Standarte Horst-Wessel schon ausschauen muß! Hoffentlich gibt es in Walhall noch abseitig gelegene, ruhige Austragstübchen; sonst könnte es einem wirklich angst und bange werden...
V(era) erzählte mir, daß Du einen Versuch zur Besuchserlaubnis unternehmen willst. Das wäre natürlich *prima,* wenn

---

[403] »Alles Vergängliche ist nur ein Gleichnis; das Unzugängliche, hier wirds Ereignis; das Unbeschreibliche, hier ist es getan; das Ewig-Weibliche zieht uns hinan.«
[404] Hermann Göring.
[405] Karinhall liegt in der Schorfheide, also nicht in der Nähe von Sachsenhausen.

es gelänge! Ich fürchte nur sehr, daß Du die Quarantäne-Vorschriften unterschätzt und die prophylaktische Methode solche Abnormitäten nicht zuläßt. So hat es sich der 4er wahrscheinlich nicht gedacht. Aber immerhin, wenn es gelänge, würde ich mich *baß* freuen!
Von Kurtl höre ich seit 1 Monat nichts; weiß aber via Wien, daß es ihm gut geht, was mich beruhigt. – Vermutlich sind seine Münchner Lage-Berichte von der Zensur ungnädig aufgenommen worden. Er hat es ja noch nicht gelernt, die Neuigkeiten zu derbremsen.
So! Das wäre also für heute alles.
Alles Liebe zu Hause u(nd) Bussis den Kindern!
Dich grüßt herzlichst Dein
Kurt

NB. Leg den Brief vielleicht besser nicht aus Versehen zu Deinen militärischen Akten; von wegen »weniger geeignet!«

**Brief 97**
2. April (19)43

Lieber Onkel Hermann!
Vor allerdings – leider – sehr langen Zeiten pflegte uns Mama zu dieser Zeit an die bevorstehende Gratulation zum 7. zu erinnern. – So möchte ich es denn auch jetzt wieder so halten und Dir sagen, daß wir am Hermannstag herzlich Deiner gedenken!
Hoffentlich bist Du wohlauf und hast halbwegs das alles, was Du Dir wünschst und brauchst, vor allem möglichst wenig Berührung mit dem Zeitgeschehen, denn solche bringt ja selten Erfreuliches.
Bei uns ist alles in Ordnung. Die bisherigen Bombennächte sind gut an unserer näheren Umgebung vorübergegangen. Wir hörten nur den Lärm. Weiter weg muß es allerdings mitunter recht übel gewesen sein, und man rechnet scheint's mit etlichen Reprisen. Solange der Alarm zu Beginn der Nachtstun-

den erfolgt, geht es noch an. So nach Mitternacht wird es schon eher peinlich. Auch Arturs blieben, soweit wir wissen, bislang gottlob verschont. Vera fährt ca. alle 14 Tage nach Berlin und bringt von dort die Neuigkeiten. – Daß Kurtl Luftwaffenhelfer ist, wirst Du wohl schon wissen. Vorläufig in München. Seit Neuestem haben sie doch wieder drei Stunden Schule im Tag, was ja immerhin besser wie nichts ist. Sehr glücklich bin ich über die ganze Sache natürlich nicht. Es ist wohl ein bißl gar früh für die Buben. Er wird ja im Mai erst (oder schon!) 17!
Was hörst Du von Onkel Moriz? Es ist so schade und ich empfinde es nachgerade im sechsten Jahr bitter, daß wir so ganz aus der Welt sind. Artur will um eine Besuchserlaubnis einkommen. Ich glaube aber kaum, daß das gelingen wird. Cui bono, frägt man sich – allerdings vergebens. Ich will aber gewiß nichts sagen, schon weil ich weiß, daß es ja auch noch ganz anders sein kann. Nun hat auch wieder die Gartenarbeit eingesetzt. Gottlob haben wir noch genug Samen bekommen. Das hat ja auch schon verschiedentliche Schwierigkeiten.
Du hast unlängst einmal über Krippen geschrieben. Ich erinnere mich gut an die besonders schöne bei einem Bauern in Thaur und andere in der dortigen Gegend. Eine der schönsten und ältesten sah ich einmal in der Villa eines Mailänder Industriellen am Comosee. Der hatte sie allerdings permanent aufgestellt. Wenn ich mich recht erinnere, war es 16. Jahrhundert. Selber besaß ich eine allerdings recht stilisiert geschnitzte vom Telfser Einberger,[406] der mittlerweile glaube ich auch schon gestorben ist. Und etliche andere zum Aufstellen. Wenn das Kind einmal größer ist, wird es seine Freude damit haben.
Unlängst bekamen wir einen Brief von Mena[407] und ab und zu auch von Tante Thilde. Leider scheint es dem armen Paul K.[408] gar nicht besonders zu gehen, beruflich nämlich. Es ist ja wohl ein sehr schweres Unterfangen, in dem Zeitpunkt und Alter,

---

406 Andreas Einberger (geb. am 30. Oktober 1878 in Hagan bei Kramsach – gest. am 28. April 1952 in Telfes), Maler und Bildhauer.
407 Mena von Trentini.
408 Paul von Kathrein.

ganz neu mit einer Advokatur anzufangen. Der Vorteil der Ausschaltung der jüdischen Konkurrenz ist wohl reichlich durch die Beschneidung der advokatorischen Kompetenzen ausgeglichen. Ich lese ja nur ab und zu darüber in der Zeitung, aber das genügt mir.
Nun muß ich aber schließen, damit der Brief noch rechtzeitig wegkommt. Vera will ihn direkt von Berlin aus befördern. Der andere Weg dauert gar so lange.
Ich soll Dir noch besonders auch Veras gute Wünsche ausrichten und hoffe, daß Du einen schönen Frühling genießen kannst. Bei der Gelegenheit auch schon ein liebes Gedenken zu Ostern.
Herzliche Grüße Dein
Kurt

**Brief 98**
Dr. Kurt Schuschnigg v.[409] Auster!
leider nicht Innsbruck, 16. April (19)43

Lieber Artur!
Zunächst vielen Dank für Deinen interessanten Brief. Hoffentlich hast Du wieder Nachtdienst gehabt und bist so zum Schreiben gekommen. Ich freue mich immer sehr! Mittlerweile hörte ich schon, daß Dein Besuchsgesuch prompt abgelehnt wurde. Ich hätte mich so gefreut! Aber offen gestanden, habe ich es nicht anders erwartet. Die Gründe sind ja bei Gott nicht einzusehen. Im System-Wöllersdorf[410] ging es in dieser

---

[409] Bedeutet hier »vulgo«, Kurt von Schuschnigg benützt ein altes Briefpapier aus Innsbruck, das er handschriftlich ergänzt.
[410] Vor 1938 war in Wöllersdorf, Niederösterreich, ein Anhaltelager für politische Gefangene. Die Nazis tauften 1938 Wöllersdorf in Trutzdorf um. In Wöllersdorf waren sowohl Linke als auch Nazis zwischen 1933 und 1938 interniert. Trotz der grundsätzlichen Ähnlichkeit mit einem deutschen KZ kann man Wöllersdorf nicht mit Sachsenhausen oder Dachau vergleichen; in Wöllersdorf wurde kein einziger Gefangener ermordet oder unmenschlicher Zwangsarbeit unterworfen.

und anderer Hinsicht sehr viel freizügiger zu. Gerade daß keine Familienjausen bewilligt waren. Aber da kann man halt nichts machen. Es gehört auch zum einmaligen und erstmaligen, nicht mehr dagewesen seit dem Bau der Pyramiden (oder sollte es der Turmbau von Babel gewesen sein? …) Schade ist es doch. Dabei bin ich überzeugt, daß Du nicht auf den ersten Anhieb irgend ein Staatsgeheimnis, etwa den »Wald von Sachsenhausen« mit verborgenen Gruben oder dgl. entdeckt hättest.

Also das Histörchen von Irmgard[411] ist ja recht niedlich. Selbst angenommen, daß die Phantasie verwandtschaftlicher Zuneigung einiges dazuerfunden hat, bleibt noch immer genug des Absonderlichen. Nun, ich meine immer, man soll jedem seine Seligkeitsfaçon überlassen; wenn also Irmgard für 4-er, Volk und Familie gefallen ist, warum nicht, – und Heil Ihr dazu. Daß sie gleich geheiratet dazu hat, steht allerdings meines Wissens nicht im Büchel. Da war sie voreilig oder hat ihren Rosenberg nicht genau genug gelesen. Eine deutsche Maid ist auch so stolz auf jeden bevölkerungspolitischen Beitrag, zumal wenn sie schon etwas angejahrt ist. – Aber abgesehen davon, hat mich die Sache doch ein bißl beeindruckt. Daß es dort so radikal zugeht – bei Mariechen[412] nämlich – habe ich doch nicht geahnt. Ich glaubte immer, das war alles nur Erichs[413] Einfluß. Aber sogar Kirchenaustritt?? Bleibt nur zu hoffen, daß Mariechen der Kirchensteuer entkommen wollte. In diesem Fall wird wohl auch der l(ie)b(e) Gott die Sache nicht zu tragisch nehmen und irgend ein Hintertürl für spätere Eventualitäten offen lassen. Oder ist das alles wirklich begründete Überzeugung? – Dann allerdings – allerhand Respekt vor soviel Logik und Konsequenz. Dafür habe ich immer einigen Sinn gehabt, und die Aufrichtigkeit gefällt mir.

Wie immer schön ist es nicht in der Familie …

---

[411] Irmgard von Gasteiger (geb. am 21. November 1905 – gest. am 26. Jänner 1991), verheiratete Keller, Cousine aus Innsbruck.

[412] Marie von Gasteiger.

[413] Erich von Gasteiger.

Hier gibt es nichts Neues. Im Garten blüht es jetzt zu meiner Freude doch ganz ordentlich, und ich kann nicht einmal guten Gewissens schimpfen, bin also noch immer kein richtig gehender Bauer. Kurt soll über Ostern kurz kommen. Bin neugierig. Im Haus geht es ab Freitag zu wie in einem Generalstabsquartier. Das Oberkommando runzelt die Stirne und ist in Berechnungen vertieft, für kaum etwas anderes zu haben. Und alles gilt der Sonntags-Offensive. Nämlich dem Kampf um eine möglichst vollkommene Mehlspeise mit allem Zubehör. Und – unberufen – es wird auch immer etwas geradezu phantastisch Gutes daraus, das an die besten Zeiten erinnert. Nicht zum glauben, was da für Fortschritte zu verzeichnen sind. Ich bin in der ganzen Aufmarschzeit der streng geheim gehaltenen Pläne mehr oder weniger überzählig, bis auf fallweise eingeholte Informationen über die richtige Umrechnung von Pfund in Deka und dgl. Aber es ist sehr bekömmlich und daher hüte ich mich, in der kritischen Zeit die bezüglichen Kreise zu stören.
Nun wünsche ich Euch allen, besonders den Kindern, recht gute Ostern! Hoffentlich kann die Feiertage über der Krieg ohne Deine unmittelbare dienstliche Mitwirkung geführt werden. Vielleicht bietest Du doch einmal Deinen ganzen Einfluß auf, daß balde Schluß gemacht wird. Ich finde nämlich, daß es langsam total Zeit dazu wäre.
Aber vorläufig bleibt das ja nur fromme Hoffnung. Auf 2 Jährchen müssen wir uns schon noch gefaßt machen. Und was dann?? Sicher ist ja leider nur, daß es nicht besonders gemütlich sein wird. Aber ich bin nicht objektiv genug, was ich freimütig bekenne. Daher sind auch meine Paraphrasen zur Lage jeweils cum grano salis zu nehmen.
Am 20. wäre Mama 71 geworden! Wir wollen ihrer gedenken, wie sie es gerne möchte, und wollen die alten bleiben, wie sie es gerne gehabt hat!
Handkuß Marianne, Empfehlungen den Eltern, Bussis den Kindern.
Dich grüßt herzlichst Dein
Kurt

**Brief 99**
1. Mai 1943

Lieber Artur!
Der bevorstehende Aufbruch der Meinen ins Abenteuer läßt mir kaum noch Muße für einen längeren Bericht. Jedenfalls möchte ich Dir aber, den kursorisch hoffentlich schon von Kurt ausgerichteten, herzlichen Dank für Euer Ostergedenken übermitteln. Speziell auch für das Buch, das so wenig den allein seligmachenden Geist von heute atmet, daß man baß über die Druckerlaubnis erstaunt ist. Hoffentlich habt Ihr die Feiertage gut verbracht. Wir taten das gleiche. War natürlich sehr froh, Kurt gesehen zu haben. Er hat scheint's einen vernünftigen Leutnant. Im übrigen ist das, was man mit den Burschen treibt, – nach seinem Bericht (Alkohol! Zigaretten*punkte* zwar nicht, dafür in der Kantine Zigaretten um 17 Pf. per Stück usw.) ebenso einmalig wie alles wieder in diesem wahrhaft bizarren Zwangsparadies. Angeblich kommt sein Jahrgang im August schon zum vollen Einrücken dran. – Dann kann der glorreichste Sieg der Geschichte ja nicht mehr so ferne sein. – Ja, wenn er nur schon da wäre! Allerdings – wie immer – wohl nur die ganz Naiven können sich vorstellen, daß dann alles so weitergeht wie früher, als ob nichts gewesen wäre. Die anderen, weniger Illusionsbegabten, werden gut dran tun, irgendwo unterzustehen; wenigstens bis wieder eine Art Vereinsgesetz existiert und die Biertische sich wiederum zusammenfinden. Dann erst, wenn die Weltverbesserung aus der Praxis in die ihr zukömmlichere Theorie übersiedelt, wird es wieder gemütlich werden. A propos: gemütlich: – so pervers es klingt, aber eigentlich sollten doch die Ostmärker – (oder Donaugauler, wie es jetzt, glaube ich, heißt) in die Bebombten-Zone einbezogen werden; sie haben es sich zum Gutteil redlich verdient, in alle Segnungen der gepriesenen und so ersehnten aurea aetas einbezogen zu werden! So sind sie im Stand, und beschweren sich noch über die Unbequemlichkeit des Zuzugs aus den betroffenen Zonen! Überhaupt jetzt, – wo

es keine Juden mehr gibt, auf die man schimpfen und denen man gelegentlich die Fenster einschlagen kann! – Hoffentlich sind hier auch weiterhin die Nächte ungestört! Der Jammer – zumal im Westen – muß wohl unbeschreiblich sein, man greift sich an den Kopf, ob man wirklich das 20. Jahrhundert schreibt und verstummt vor dem Übermaß an Barbarismus! – Allerdings war das schon lange in gruseligen Zukunftsromanen zu lesen; – daß es aus dem Wald so zurückkommt, wie man hineinschreit, hat man vergessen. Leider haben wir Gestrigen auch ein vollgerüttelt Maß an Schuld. Das Laissez aller ist nun einmal die Todsünde des Liberalismus! –
Unseren nobelsozialistischen Nachbarn[414] hat übrigens mittlerweile der Schlag getroffen. Zum Teil scheint's wirklich, zum Teil, weil es ihm offenbar auf die Dauer zu fad wird. –
– Spatzen lasse ich sehr für das Briefel danken. Es kriegt noch Antwort. Bussis den Kindern. Handkuß Marianne, Empfehl(un)g d(en) Eltern.
Dich grüßt herzlichst Dein
Kurt

**Brief 100**
6. Mai (19)43

Lieber Onkel Hermann!
Das Warten auf Gelegenheiten zur direkten Postaufgabe, die den Briefen doch manchen Umweg erspart, bringt oft Verzögerungen mit sich. So sind wir im Verzug mit Danken. Einmal für die 100 M(ark) und dann für Deinen letzten Brief. Der herzliche Dank sei hiemit nachgeholt für beides; mittlerweile ging auch wieder Ostern vorbei. Nach etlichem Hin und Her konnte ich schließlich doch Kurt sehen, der für drei Tage Urlaub bekommen hatte und die Bewilligung zum Besuch hier erhielt. Er schaut gut aus und hält sich scheinbar auch ordent-

[414] Rudolf Breitscheid.

lich. Offenbar werden sie ordentlich hergenommen, was ja nicht unbedingt schädlich ist. Die Schule läuft leider nur mehr pro forma mit. Drei Stunden täglich! – Angeblich soll sein Jahrgang im August schon regelrecht einrücken. Ende Mai wird er 17! Manches gefällt mir nicht; so daß man den jungen Leuten gelegentlich ein Übermaß des sonst (leider) so selten gewordenen Alkohols gibt, ihnen zwar wegen des Alters noch keine Tabakkarte gibt, dafür aber Zigaretten zu Extrapreisen in der Kantine verkauft u. ä. – Dafür scheint er einen sehr ordentlichen Chef – einen jungen Leutnant – zu haben, der ihnen gelegentlich Karten für Symphoniekonzerte zusteckt, auf Kirchenbesuch Wert legt, kurz offenbar am Platz ist. Und im übrigen muß halt der Schutzengel helfen.
– Um nochmals auf die »geschichtliche Frage« zurückzukommen: – was Du dazu schreibst, leuchtet mir ein; auch daß es schließlich doch immer wieder »anders kommt«. – Im Großen (und) Ganzen wird es aber doch stimmen, daß die jeweils herrschende Idee so lange überspitzt wird, bis sie ins Gegenteil umschlägt, um nach Ablauf einer neuerlichen Abnützungsperiode in veränderter Form wieder aufzuerstehen, zunächst als Erlösung begrüßt, um früher oder später von Neuem verdammt zu werden. Das mag wohl auch daher kommen, daß alles Menschliche seine guten und schlechten Seiten hat. Und alles kann man schließlich so oder anders sehen. Schließlich mündet aber doch alles jeweils wieder in irgend einer Übertreibung, die dann das Schlechte summiert und auf die Dauer unerträglich macht. Was nachher kommt, hat wieder andere Schattenseiten, aber es braucht seine Zeit, bis diese augenscheinlich überwiegen. So ähnlich kann man die Dinge wohl sehen; oder? Was das Heute betrifft, ist der unklare Blick für uns wohl schmerzlich; wie sich alles weiter entwickelt! Es fehlt wohl die Vorstellungsmöglichkeit. Gebe Gott, daß die gewagte Interpretation des Wortes total nicht – wie schon einmal – schließlich zu Enttäuschungen führt. Manchmal denke ich auch an die gewissen Zukunftsromane zurück, die in den letzten 20 Jahren große Mode waren. Daß alle diese technischen »Wunder« einmal bit-

tere Wirklichkeit würden, hatte man sich doch kaum eingestanden. Und vor allem nicht, daß es alle gleichermaßen treffen kann. Ich denke mir halt, der Herrgott wird schon wissen, warum und wohin. Wenngleich es sicher bizarr ist, ihn in die Streitigkeiten der Menschen hereinziehen zu wollen und sich auf ihn zu berufen, nachdem man sich vielleicht früher sehr wenig an ihn erinnert hat. Übrigens wohl auch ein Irrtum, der so alt ist, wie die Geschichte der Menschen …

So kommt man halt auf alle möglichen Gedanken; die bisher mehr als 5 Jahre Besonderheit der Lebensbedingungen wirken sich langsam aus. Dabei will ich aber gewiß nicht klagen. Schließlich kann es ja noch ganz anders sein.

Hier gibt mir der Garten jetzt wieder viel Abwechslung und gesunde Beschäftigung. Heuer geht es – unberufen – doch schon um einiges besser. Wir hatten große Freude an der Tulpen- und Hyazinthenblüte und sammeln uns halt so langsam einiges an Strauchwerk und Blumen zusammen. Vom sicheren Nutzeffekt aus verlegten wir uns hauptsächlich auf Kartoffeln, Erbsen und Bohnen. Die spielen bei uns eine große Rolle. Vera ist voll im Haushalt beschäftigt. Wenngleich man in der Versorgung im allgemeinen nicht klagen kann (es ist doch sehr viel besser offenbar, als in der analogen Lage vor 25 Jahren), fehlt es uns viel an Gemüse. Hier kommen wir wegen der Nähe der großen Stadt in die Hinterhand, die begreiflicherweise die Vorhand hat. Bei uns sollte eben der Eigenanbau aushelfen. Bei Frischgemüse – mit Ausnahme der früher erwähnten – hatte ich aber bisher wenig Erfolg. Erschwerend ist bei uns auch, daß uns so mancherlei Gebrauchsgeräte in der Küche fehlen. Das kommt daher, daß ich in meinem Haushalt zu lange »eingerichtet« lebte, und was an eigenem Hausrat aufgebraucht wurde, einfach automatisch nachgeliefert, dafür aber natürlich auch wieder dann abgeliefert wurde. So ergeben sich denn immer wieder heute schwer auffüllbare Lücken. So spürt es heute Vera, daß bei mir zu lange die Hausfrau gefehlt hat. Ich hatte zwar sehr brave Angestellte, aber an Voraussicht fehlte es natürlich. Sonst geht es aber recht gut bei uns. Vera

hat sich sehr gut eingelebt und versteht sich bereits vorzüglich auf die Kochkunst. Besonders anerkennenswert, da sie ja sonst allerhand, aber nicht kochen gelernt hatte. Die Kleine gedeiht gottlob sehr gut. Für sie ist es hier sicher besser als in der Stadt und sie genießt es. Was auch für uns manches leichter macht. Nun noch herzliche Grüße von uns allen. Wie geht es Dir gesundheitlich? Bitte Grüße an O(nkel) Moriz! Freute mich *sehr* über Zams.[415] Herzlichst Dein
Kurt.

Sehr viele liebe Grüße auch von mir – zum Schreiben komme ich gar nicht mehr vor lauter »Pflichten«! Das Kind muß auch (in einem) fort beaufsichtigt werden – da sie sonst die dümmsten Sachen anstellt. Sie spricht schon u(nd) ist unser ganzes Glück.
Herzlichst Deine
Vera

**Brief 101**
29. Mai (19)43

Lieber Artur!
Nur in aller Eile (so etwas gibt es nämlich bei mir auch!) ein paar Zeilen.
Was ist bei Euch los? Hoffentlich nichts Arges!
Entschuldige übrigens den Blei.[416] An Spatz habe ich nur der größeren Feierlichkeit halber mit Tinte geschrieben; bin aber sonst dieses Requisits sehr entwöhnt und fühle mich beengt

---

[415] Der Konvent des Stiftes Zams in Tirol betete für Kurt von Schuschnigg, was aus dem Briefwechsel Hermann Wopfners mit dem Prior von Zams hervorgeht. Bereits im April 1938 teilte die Priorin der Innsbrucker Karmeliterinnen Hermann Wopfner mit, daß diese für Kurt von Schuschnigg täglich in der Messe beteten. Sr. Emanuela Marizi an Hermann Wopfner am 15. April 1938, Archiv Wopfner.
[416] Bleistift

dabei. – Eine Bitte: – Könntest Du mir gelegentlich ein Duplikat des Ahnenforschungs-Ergebnisses überlassen? Komme natürlich gern für die etwaigen Spesen auf. – Ich glaube ja nicht, daß die Großmütteranalyse für mich einmal aktuell wird und bin noch immer optimistisch genug in der Hoffnung, diesen ganzen geronnenen Irrsinn zu überleben. (Nb.: wie viele von dem Gesindel könnten wohl froh sein, wenn sie so sichere Groß- und Urgroßmütter hätten wie wir zwei! Dabei fällt mir Görings gut jüdische Salzburger Aufzucht-Sippe ein).[417] Aber einmal ist es familiengeschichtlich interessant und wertvoll – und dann hat Kurtl plötzlich und befristet einen Ariernachweis verlangt. Bin nicht so sicher, ob sich der Lauser nicht zu irgend etwas gemeldet hat, um etwa der Schule noch mehr zu entwischen. Will ihm aber nicht Unrecht tun; Heldengelüste hat er in nüchterner Erkenntnis der Wirklichkeit gottlob keine. Und vielleicht braucht man bei der Flak jetzt rassisch solidere Grundlagen …

– Im Garten wachst alles – zumal das Unkraut; wir haben seit Wochen Wasser-Kalamität. Man kann die kaputte Pumpe schwer reparieren, – weil kein Draht zu bekommen sei …

– Von Tante Thilde hörte ich, daß die Geschichte mit Irmgard[418] eine halbwegs befreiende Wendung nahm. – Laß Dir gelegentlich von Vera ein paar gute Witze – made in Vienna – erzählen. Es steht dafür!

– Und schreibe wieder einmal. Kannst ruhig die kummervollen Nächte Deines Dienstes dazu verwenden. Vergeht die Zeit schneller. Was ich auch mir gelegentlich sehr herzlich wünsche!

Alles Liebe Dir und den Deinen Dein
Kurt

---

417 Hermann Göring brachte einen der Familie nahestehenden Deutschen jüdischer Abstammung im Lungau unter.

418 Vgl. Anm. 411.

**Brief 102**
4. Juni (19)43

Lieber Artur!
Deinem letzten Bericht – vielen Dank! – entnehme ich, daß Du doch noch ein bißchen auf Urlaub in der nächsten Zeit rechnest. Ich wünsche Dir sehr, daß Deine Kalküls in Erfüllung gehen. Darum – und weil unsere Postverbindung ja doch eher sporadisch – möchte ich Dir heute schon sagen, daß ich zum 21. Juni sehr an Dich denke und mit meinen guten Wünschen bei Dir sein will. Man sollte ein Familienfest wieder einmal zusammen feiern können! Allerdings kann ich mir überhaupt kaum denken, wie man heute Feste feiert, wenn man nicht zu den bevorrechteten Zeitgenießern gehört. An Stelle eines Geburtstagsgeschenks schicke ich Dir anbei einen Brief, der sich in einem meiner Bücher vorfand. Er ist mitten in der damals so kritischen Piaveschlacht Juni 1918 geschrieben (die Gelegenheit, bei der Papa die Goldene[419] bekam). Vielleicht freut er Dich ein wenig. Mir kommt er wie ein Gruß von drüben vor!
Daß die Deinen nach Tirol reisen, wird wohl große Freude – zumal bei den Kindern – auslösen. Hoffentlich trefft Ihr es wieder so gut, wie letztes Mal. Ich darf Dich wohl bitten, falls sich die Gelegenheit dazu bieten sollte, Grüße auszurichten, so eine Erinnerung sich fallweise einstellt. Ich bin sehr froh, daß die Meinen auch auf Ferien gehen können. Hoffentlich passiert bis dort mit der Bahn nichts. Eine dunkle Andeutung noch dunklerer Pläne war bereits aus der Zeitung zu entnehmen. Die Nervenauffrischung wird allenthalben gute Wirkung tun und ob man es Herbst und Winter nicht noch ganz brauchen kann, ist erst die große Frage. Ich habe doch stark den Eindruck, daß res ad triarios venit. Die Krisenzeit wird sehr

---

419 Artur (I) von Schuschnigg war Träger der »Goldenen Tapferkeitsmedaille«, einer bei höheren Offizieren sehr seltenen Auszeichnung, da man sie nur nach nachweislichem persönlichem Einsatz erhielt. (Foto 8)

bedenklich werden, darin stimme ich Dir voll bei. Es gibt heute zu viele, die sich ihr Ende nur im Rahmen einer allgemeinen Blutsäuferei vorstellen können. Ja, wenn die Tränen um die vernichteten Kulturwerte echt wären! – Mit Bedauern höre ich, daß Du mit der Obrigkeit vom Feldwebel aufwärts in gespannten Beziehungen lebst. Kann mir denken, daß dies nicht angenehm ist. Nun, vielleicht richtet es sich wieder. Es gibt ja immer wieder Veränderungen und Du kannst ja auch Glück haben und an erträglichere Potentaten kommen. Daß man wirklich von allen durch Einrücken Beglückten auch noch die Großmütter fordert, finde ich fast wie einen Witz. Daß mir immer noch manches unglaublich vorkommt, zeigt eben, daß ich schon geraume Zeit aus der Welt bin.
Die Geschichte vom Schönherr-Begräbnis[420] ist so gut, daß sie wirklich von ihm selbst erfunden sein könnte! Auch die trauernde Witwe mit den billigen Rezepten aus der Sommerfrische am Wörthersee (Hoffentlich verwechsle ich sie in der Erinnerung nicht mit jemand anderem.) kann ich mir gut vorstellen. Daß Deine Bohnen eingingen, finde ich traurig. Die vertragen offenbar das verfeinerte Großstadtklima nicht. Bei mir gedeihen sie unberufen in erheblichen Massen. Auch sonst bin ich mit dem Garten nicht unzufrieden. Es ist allerhand vorhanden. Allerdings will es mit den Kraut- und Kohlköpfen nicht recht vorwärts gehen. Aber das beeindruckt mich nicht allzu stark, weil es nicht unbedingt gegen die Intelligenz spricht. (Oder gilt das bekannte Sprüchlein vom dümmsten Bauern am Ende nur für die Kartoffeln!)
Hoffentlich sind die Kinder wieder aus dem ärgsten heraußen. Die Ohrengeschichten sind zwar nicht bedenklich, aber doch für den Betroffenen sehr schmerzlich. Nur die Geschichte mit der Ansteckung begreife ich nicht ganz. Ob nicht doch einiges der heutigen Anfälligkeiten auf die Besonderheiten der Kriegslage zurückgeht? Schließlich hat noch jeder Krieg gesundheitliche Bedrohungen mit sich gebracht. Warum soll dies

[420] Dr. Karl Schönherr.

ausgerechnet bei unserem Freiheitskampf anders sein! – Insbesonders ist zu staunen, daß nicht allein schon alle Zeitungsleser magenkrank werden! Ich erhole mich immer ein bißchen aus franz(ösischen) und sogar auch italienischen Blättern, die mir Vera aus Berlin mitbringt und auf die ich großen Wert lege. Ganz gewiß auch arme Teufel, aber klimatisch sind sie offenbar immer noch besser daran.
Nun wünsche ich Dir nochmals alles Gute und hoffentlich einen bekömmlichen Urlaub. Vielen, besonderen Dank noch für die Dokumente! Es kommt mir sehr gelegen, daß ich nun für alle Fälle gerüstet bin.
Alles Schöne und Handkuß daheim.
Dich grüßt herzlichst Dein
Kurt

**Brief 103**
3. Juli (19)43

Lieber Onkel Hermann!
Vor allem danke ich Dir sehr für das Geld, das Du uns wieder überwiesen hast und dann auch für Deinen letzten Brief. Es ist mir sehr recht, daß ich Dir ab und zu schreiben kann und Dir meine Briefe nicht lästig sind. Es tut mir gut, wenigstens auf diese Art ein bißl plauschen zu können. Und wegen des Antwortens wollen wir es immer so halten, daß keiner ein zeitliches Obligo empfindet. Jedes Gespräch ist ja immer am schönsten, wenn es nicht sein »muß«. Ich denke mir, daß es Dir so auch am liebsten sein wird. Du weißt ja, daß ich mich immer besonders freue, von Dir zu hören, möchte aber nicht, daß Du Dir von Deiner Zeit abzwackst. Bin sehr neugierig, wie das Gespräch mit Deinem Verleger ausgegangen ist! Bruckmann ist ja schließlich ein ganz großes Haus und wird wohl einiges durchsetzen können.
Momentan bin ich allein. Vielleicht triffst Du die Meinen einmal in Tirol. Vera sagte mir, sie wolle eine Innsbruck-Fahrt ver-

suchen. Ich für mein Teil bin ob des Alleinseins nicht einmal sehr unglücklich. Einmal freut es mich sehr für Mutter und Kind, daß sie ein bißl herauskommen. Vera hatte es schon dringendst nötig. Sie trägt hier an allem viel schwerer wie ich und ist bisweilen nervenmäßig recht mitgenommen. Und dann schätze ich die absolute Ruhe auch sehr, wenn sie nicht allzulange anhält und komme ganz gut mit mir allein aus. Für gewisse Beschäftigungen ist das lebhafte Kind, das mir im übrigen sofort schrecklich abgeht, sobald es nicht da ist, doch wenig förderlich, und überhaupt ist ein Minimum an »anderem«, an Abwechslung eben immer gut. Um so schöner ist es dann, wenn wir wieder alle beisammen sind. Für Frauen ist es ja heutzutage überhaupt und hier insbesonders keine Kleinigkeit. Vera hält sich ohnedies sehr tapfer und hat z.B. die edle Kochkunst in einem erstaunlichen Maß sich angeeignet. Für das Kind, das hier gottlob prächtig gedeiht, ist sie überhaupt vorbildlich, höchstens ein bißl zu mild, so daß der Dreikäsehoch uns alle (einschließlich der Wache) mühelos in den Sack steckt. Eine ziemliche Erschwernis ist unsere Russin. Obzwar durchaus gutartig und in ihrer Art anständig, ist sie von einer unvorstellbaren Stupidität, die in ihrer Besonderheit das Gute hat, daß sie einfach entwaffnet. Vera ist zu begreifen, wenn sie einen roten Kopf kriegt, wenn man gelegentlich von der »Ergründung der russischen Seele« liest. Das muß man gesehen haben, dann begreift man alles.
Der Garten macht nach wie vor viel Spaß. Besonders die Blumen geben dem Ganzen heuer viel versöhnlichere Aspekte. Ich freue mich über jede einzelne Pflanze, wenn auch natürlich keine Raritäten darunter sind. Was für nette Farbenspiele schenkt allein schon der primitive Mohn! Ich möchte eigentlich wissen, wie unsere Bauern das mit den Blumengärten machen. Da sieht man doch die schönsten Rosen und dgl. – Haben die wirklich Zeit für eine regelrechte Gartenpflege? – Ich kann mir denken, daß es bei Dir hübsch ist. Die alpinen Pflanzen stehen ja wohl außer Konkurrenz. Ab und zu schicken uns Freunde frisch gepflückte Alpenblumen, zuletzt kamen noch

von Artur welche aus Pfunds. Leider vertragen sie den Transport nicht und es bleibt nur eine kleine, eben noch duftende Ahnung.
Was Du vom Sprachen lernen sagst, ist sicher richtig. Ich habe mich diese Jahre durch auch ziemlich damit befaßt. Noch eine neue anzufangen, bringe ich nicht mehr recht fertig. Mein letztes war noch Spanisch; dabei bin ich stecken geblieben. Es gibt da die ausgezeichnete Mertens-Methode, nach der ich auch Englisch lernte, so daß ich immerhin heute alles leicht lesen und verstehen kann. Mit dem Sprechen ist das ja immer noch so eine Sache. Dazu gehört Übung. Nach meiner früheren Praxis habe ich mir mit Ausländern in der Konversation immer am leichtesten mit einer jeweils dritten Fremdsprache getan. Mit Italienern französisch und mit Franzosen nach Möglichkeit welsch zu reden, hat sich gut bewährt. Schwierig war es mit Engländern, die meist prinzipiell keine fremde Sprache kannten, wie ich mich mit Schrecken von London her erinnere.
Eben bekomme ich von den Meinen aus Wien glückliche Briefe. Bin neugierig wie es ihnen auf der Alm passen wird. Sie sind von der Witwe Petzold[421] eingeladen, bei Kitzbühel. Es soll besonders hübsch dort sein und wird Mutter und Kind sicher gut tun.
Nun wird es schon 8 Jahre, seit am 13. Juli Herma und am 20. August Mama hinüberging! Wie die Zeit vergeht, und was alles seither passierte! Kurt ist noch in München. Möchte ihn sein Schutzengel nicht aus den Augen lassen. Jetzt war er ein paar Wochen in Flecktyphus-Quarantäne, und vorübergehend (gottlob!) war von einer Versetzung nach Düsseldorf die Rede.
Nochmals herzlichen Dank und viele liebe Grüße Dein
K(urt)

---

421 Witwe des Dichters Alfons Petzold (geb. 24. September 1862 in Wien – gest. am 25. Jänner 1923 in Kitzbühel).

**Brief 104**
7. August 19(43)

Lieber Onkel Hermann!
Heute nur in Eile die Bestätigung Deines Briefes vom 23. v., für den ich Dir vielmals danke; ich habe ihn allerdings erst auf Umwegen und verspätet offen erhalten, weil Du nicht die Anschrift über das Schließfach wähltest, wie sonst. – Wir wurden gefragt, wieso Du in den Besitz der genauen Adresse kamst, die wir ja nicht mitteilen dürfen. Vollkommen den Tatsachen entsprechend teilten wir mit, daß wir niemanden gegenüber etwas sagten und daher auch den Grund nicht wissen, warum Du diesmal nicht über das Schließfach schreibst. Weil der Aufenthalt nicht bekannt werden soll, dürfen immer die Briefe *nur* via Schließfach an *Vera* adressiert werden. Die Ausnahme wurde Vera persönlich bewilligt im Falle ihrer Abwesenheit von hier. Dies zu Deiner Kenntnis! Die Angelegenheit ist – denke ich – geordnet und komm bitte auch in Deiner nächsten Nachricht nicht mehr darauf zurück. Ich hoffe nur und nehme sicher an, daß auch Du keine weiteren Unannehmlichkeiten mit der Sache hast.
Vera und Kind sind nach eher mühsamen Reisen glücklich zurückgekehrt. Ich soll Dir noch speziellen Dank ausrichten, daß Du Dir die Mühe genommen hast, sie zu besuchen. Du hast damit sehr große Freude ausgelöst. Vera will Dir demnächst auch selbst noch schreiben.
Momentan ist Kurt für 4 Tage auf Urlaub hier. Rückt dann wieder ein zu seiner Flak-Batterie in der Nähe von München. – Ich freue mich sehr für Dich, daß die Herausgabe Deines großen Werkes verlagsmäßig gut vorwärts kommt. Wird freilich sicher allseits sehr interessieren! Speziell jetzt, wo so wenig Lesenswertes erscheinen kann. – Nun nochmals vielen Dank und ebensolche herzliche Grüße von uns allen. Dein
Kurt.

**Brief 105**
28. August (19)43

Lieber Artur!
Ob und wann Dich dieser Brief erreicht – und wo – ist wohl noch sehr unsicher. Ich möchte Dir aber doch für Deine letzte Nachricht sehr danken und Dir sagen, daß ich oft an Euch denke. Es ist so schade, daß unsere Nachrichtengebung und Verbindung immer spärlicher wird; aber daran wird sich wohl vorderhand nicht sehr viel ändern lassen. Mittlerweile ist ja wieder allerhand passiert. Wo hast Du etwa Deine Familie installiert? – Ich hätte ja an Deiner Stelle mich schließlich doch für Pfunds[422] entschlossen. Die Lebensbedingungen dort sind günstig, pro momento was das wichtigste ist; an die Zukunft denken kann man ja doch kaum; und die Weltabgeschiedenheit ist heute nicht das schlimmste. Das Zueinander-Können ist ohnedies problematisch und wird es wohl immer mehr werden; von fahrplanmäßigen Friktionen wird man ja wohl mit der Zeit abstehen müssen. An die Bedrohung der dortigen Gegend kann ich nicht glauben; jedenfalls ist das noch ein sehr weiter Weg. Tante Mitzis Regionen[423] scheinen mir da eher noch kritisch, wenngleich immerhin auch noch relativ sicher. Daher kann kaum etwas anderes passieren als schlimmstenfalls eine Evakuierung. Die droht aber anderswo auch nicht minder. Vielleicht spielt bei meiner Überlegung auch stark der unausgesprochene Drang mit: überall, nur nicht hier – und je weiter weg, je besser! Dabei glaube ich nicht an eine akute Bedrohung von oben, wenigstens für unseren näheren Bereich. In Städten – wo immer – mag es eher ungemütlich sein. – Hoffentlich übertauchst Du persönlich die Zeit gut. Ich wünsche mir selber innigst das Gleiche; habe allerdings stark das

---

422 Pfunds bei Landeck, wo die Familie Artur (II) von Schuschnigg die Ferien verbrachte.
423 Schwanberg in der Weststeiermark, wo Artur (II) von Schuschnigg seine Familie von Herbst 1943 bis April 1945 unterbrachte.

Gefühl, daß die Chose für diesen angestrebten Zweck noch zu lange dauern wird. Wenngleich der Physis nichts Sonderliches abgeht, bin ich jetzt doch im übrigen eher am Rand der Reserven. Aber das ist weder interessant noch absonderlich. Der gute Wille besteht jedenfalls; die mühsam unterdrückten Randglossen häufen sich zu gedanklich abwegigen Bergen und am Ende steht die ebenso überflüssige wie kindliche Frage, ob wirklich alles zwangsläufig war und man selber nicht das eine oder andere versäumte. –
Wenn Du kannst, schreibe bitte wieder einmal, damit man weiß, wie es Euch geht und wo Ihr Eure diversen Zelte aufgeschlagen habt. Einmal noch sollte man biblisch werden können: hier laßt uns 3 Hütten bauen ...; aber da war ja auch ein Jud dabei, – daher verbotener Gedanke.
Alles Liebe und herzliche Grüße Dein
Kurt

**Brief 106**
22. September (19)43

Lieber Artur!
Jetzt bin ich sehr gespannt, ob die heutige Zusammenkunft gelingt und die abenteuerliche Reise zum »Dorfkrug« sich lohnte. Eigentlich könnte das Ganze aus einer Novelle – sagen wir von Fontane – sein; ohne Verkomplizierungen an sich einfachen Sachverhalts wäre diese Unterhaltungsgattung ja schwer möglich. Man muß sich ja nur das alles einmal in Ruhe überlegen: Also ein Kunstgeschichte-Graduierter der W(iene)r Ravag wird Custos in Berlin und daraufhin »planmäßig und ungestört« nach Langenfelde (oder wie das Nest heißt) »abgesetzt«; Familienanschluß wäre möglich,wenn nicht Frau und Kinder abgeschoben bleiben müßten, evakuiert darf offenbar nur in weitere Distanzen werden; eine Schwägerin – gleichfalls anschlußlüstern – ist auf höhere Weisung hin unbekannten Aufenthalts, aber mit Aufwendung etlicher Umwege

immerhin sichtbar; postalische Verbindung dauert – bei 2 Stunden Bummelzugdistanz – 14 Tage – und als kühner Sprung in den Leichtsinn kommt allenfalls ein gemeinsames Sonntagskino in Oranienburg in Frage … Das alles vor 10 Jahren erzählt, hätte reichlich verworren geklungen; hoffen wir zu Gott, daß dies in weiteren 10 Jahren wieder der Fall ist, vorausgesetzt, daß wir solch fernliegende Zeiten trotz »Vierer gebrochen durch Stalin = X« noch erleben. Für die Lösung dieser sehr problematischen Gleichung ist wohl noch kaum ein Professor geboren. In wüsten Halluzinationen träume ich dann, daß vielleicht Othmar Spanns[424] »Idealer Staat«[425] (mit Erikas akustischen Variationen[426]) daraus werden kann. Ich für mein Teil – Optimist wie immer – hoffe, daß sich dann eine wohltätige Seele findet, die dem einzigartigen Musso[427] zur Prachtausgabe Nietzsche vielleicht noch Grimms illustrierte »Aus 1000 und einer Nacht« dazu schenkt, dem Vierer aber eine Luxusausgabe des »Alten Testaments« (mit Kommentar von Innitzer[428]). Dann wären wir glücklich.

– Ich denke, Du wirst die Deinen doch noch in Prutz[429] unterbringen? Denke, das wäre weitaus das Sicherste. Ich ginge, wenn ich könnte, sofort hin. Es gefällt mir hier nicht mehr so »besonders«. –

Daß V(era) nicht begeistert ist, wird sie Dir wohl selber erzählen. – Habe jetzt ein paar prima Bücher gefunden: Theodor Hä(c)ker[430]; sehr zu empfehlen. –

---

424 Othmar Spann (geb. am 1. Oktober 1878 in Altmannsdorf bei Wien – gest. am 8. Juli 1950 in Neustift), Nationalökonom, Soziologe und Geschichtsphilosoph, Theoretiker des Faschismus.

425 Gemeint ist Spanns Buch, Der wahre Staat, Leipzig 1921.

426 Gemeint ist wohl das Soldatenlied »Erika«.

427 Benito Mussolini.

428 Theodor Kardinal Innitzer (geb. am 25. Dezember 1875 in Weipert – gest. am 9. Oktober 1955 in Wien), 1910 Univ. Prof. für neutestamentliche Exegese an der Universität Wien, 1929/30 Bundesminister für soziale Verwaltung, 1932 Erzbischof von Wien.

429 Recte: Pfunds.

430 Theodor Häcker (geb. am 4. Juni 1879 in Eberbach – gest. am 9. April 1945 in Ustersbach). Zur Bibliographie Häckers s. Theodor Häcker, Tag-

Nun bin ich gespannt, was der Winter bringt. Ich hoffe noch immer stark, daß es der unwiderruflich vorletzte sein wird. –
A propos: Du hättest nicht vielleicht eine überzählige Taschenuhr, die Du mir leihen könntest? Meine sind wieder glücklich alle kaputt, und weit und breit keine Reparaturmöglichkeit. Gibt es so etwas für die Krieger? –
Kurtl beim RAD[431] macht mir auch keinen Spaß. Ist allerdings noch nicht eingezogen. –
Alles Liebe und viele herzliche Grüße Dein
Kurt

Beim Überlesen merke ich, daß der Brief eher gleich zerrissen werden sollte. Es sind zu viel gefährliche Herztöne drinnen.[432]

**Brief 107**
14. Oktober (19)43

Lieber Onkel Hermann!
Gestern kam Deine Karte vom 8. d. – Vera meint, daß sich mittlerweile ihre letzte Karte gekreuzt haben dürfte. Zufällig erfuhren wir ein paar Tage früher durch eine Nachricht aus Sistrans, daß M. Borromea Kathrein[433] das Opfer eines Luftangriffs wurde. Wie blind doch das Verhängnis wütet, – anscheinend! – Der arme Paul tut mir furchtbar leid. Mama hätte es wohl auch stark beeindruckt, wenn sie es erlebt hätte. So haben wir eine Erinnerung mehr zu Allerseelen. Die Arme war

---

und Nachtbücher 1939–1945, Innsbruck 1989, 341–343. Da es sich bei den Büchern um Exemplare aus Kurt von Schuschniggs Bibliothek handelt, kann angenommen werden, daß es folgende Bände waren: Der Christ und die Geschichte, Leipzig 1935; Christentum und Kultur, München 1927; Vergil. Vater des Abendlandes, Leipzig 1931.

431 Reichsarbeitsdienst.

432 Mit rotem Stift geschrieben.

433 Mater Borromea von Kathrein, Ursulinenschwester.

auch immer besonders gut zu mir und den Meinen und wird es daher wohl ein frohes Wiedersehen gegeben haben. Bei allen, die mit den Ursulinen zu tun hatten, galt sie ja besonders viel. – Schrecklich der Gedanke des langen Verschüttetseins. Somit wäre ja eine rasche und schmerzlose Bombe nicht immer das Schlechteste. Nun hoffentlich wird einem später – d.h. drüben – manches angerechnet zum Ausgleich des zeitlichen Kontos! Diese vage Hoffnung hat sehr viel Tröstliches! – Daß bei Euch auch die Nächte gestört sind, erfahren wir hier nur aus gelegentlichen Korrespondenzen. Bei uns war es bis jetzt nicht schlimm; d.h. in der nächsten Umgebung. Die nächtlichen Kellerbesuche sind bisher nur nötig gewesen, weil eine unfreundlich laute Kanone in der Nähe das Kind aufweckt und ängstigt. Insofern ist es schon bedeutend besser als in der Großstadt. Aber auch nur insofern. – Vielen Dank für Deine Absicht uns Äpfel zukommen zu lassen! Natürlich wären wir *begeistert* über den sonst kaum noch bekannten Artikel! Nur würden wir Dich bitten, die Sendung per Post und nicht als Bahnexpreß-Gut aufzugeben, da wir sonst keine Zustellungsmöglichkeit haben. (Adresse: Schließfach!) Bahngut muß nämlich in einem Berliner Bahnhof abgeholt werden und dazu fehlt uns jede Möglichkeit. Der naheliegende Gedanke, daß unsere Russin das Paket dort abholen könnte, ist – so unglaublich es klingt – abstrus: begreiflich nur, wenn man dieses »einmalige« Möbel gesehen hat. Jedenfalls zu lieb von Dir, daß Du Dir die Mühe der Verpackung und des Versendens antun willst! – Kurt ist d(er)z(eit) für 3 Monate beim Arbeitsdienst in einem Lager im Westerwald; d.h. momentan wegen Asthma in einem Spital; regt mich nicht so besonders auf, weil ich hoffe, daß mehr mangelnde Ambition (die ich ihm nicht übel nehme) die wahre Ursache sein dürfte. Er hat das Abgangszeugnis der 7. Kl(asse) erhalten mit einer Bescheinigung, daß er nach einem 6 monatigen Kurs die Matura machen kann! (Dabei hat er die halbe 6. Klasse nur nebenbei – neben dem Flakdienst –, und von der 7. etwa 2 Monate auf die gleiche Weise absolviert! Wohin das führen soll? –) Nun hoffentlich kommt er mir heil durch und

bleibt gesund; das ist die Hauptsache! – Alles Liebe von Vera, herzlichst grüßt Dich Dein
Kurt.

Artur ist hier ganz in der Nähe in einem Barackenlager. Vielen Dank für liebe Karte u(nd) recht herzliche Grüße Deine
Vera.

**Brief 108**
28. Oktober (19)43

Lieber Artur!
Ich höre, daß für Samstag eine Möglichkeit besteht, Dir eine Antwort auf Deinen letzten Brief zukommen zu lassen. Darum will ich sie für alle Fälle präparieren. –
Das leider nur so »flüchtige« Wiedersehen von unlängst hat mich doch sehr gefreut.[434] Vor rund 200 Jahren hätte man die schönste Goldoni-Komödie darum herum machen können. Allerdings der freundliche Humor, den man diesem Italiener so gern nachrühmt, ist den mittlerweile zeitgemäß gewordenen grimmigeren Schattierungen gewichen. Es ist ja auch genau genommen zu komisch: – Du in *der* Verkleidung, ich dermaßen »in anderen Umständen«, – kurz, vor nicht zu langem, in unseren besseren Zeiten, hätte man uns im Fall solcher Prognosen für verrückt erklärt. Ich habe mir allerdings Pifchina[435] immer so ähnlich vorgestellt; darum habe ich jetzt auch bald mein begonnenes 7. Jahr auf dem Buckel. Früher hätte ich mit einem besseren Raubmörder bald in Konkurrenz treten können. –

---

[434] Die Brüder sahen sich ein einziges Mal während der Nazizeit, als Artur vom Tor des KZ Sachsenhausen winken konnte.
[435] Ausgehend vom terminus »Piefke« wird Deutschland im Österreichischen auch als Piefkonien bezeichnet; hier wird daraus das Wortspiel Pi(e)fchina, da Ch bei China im Österreichischen als K gesprochen wird.

Nun bin ich aber sehr neugierig, wie das Los der Deinen in Schwanberg sich gestaltet. Diese Erschwerung war allerdings nicht vorauszusehen. Wenn heuer nicht einmal Äpfel wachsen, ist es wirklich ein bißl viel verlangt. Die kurze Stunde, die ich selber einmal dort war, verschaffte mir eine angenehme Erinnerung, allerdings auch damals schon sehr, sehr still; und die gute Tante Mitzi wird zudem auch nicht jünger geworden sein. Es ist ein Jammer, daß die leidige Versorgungsfrage alles noch schwieriger macht. Es ist – glaube ich – die typische Zeit, wo alles zunächst einmal nach der Küche sich richtet. So ähnlich war es ja schon 1918–1920. Wir hatten das nur viel zu rasch und gründlich vergessen! Wenn ich mich erinnere, was das damals für eine Erleichterung war, wie wir wieder geregelten Tisch daheim hatten! – Und die guten festlichen Abende mit hausgebackenem Brot, die Mama zu arrangieren wußte. Aber lassen wir das. Sonst kommt man erst noch drauf, daß man eigentlich nicht jammern darf, weil man ja das Paradies schon einmal gehabt hat! Und zweimal begegnet es einem eben in dieser Welt nicht. Aber die Eltern seien bedankt! Gottlob, daß auch wir ihnen noch die eine oder andere Illusion – und damit manch frohe Stunde schaffen konnten.
Die Geschichte mit dem Religionsunterricht in Schwanberg ist wirklich arg und bezeichnend. Eigentlich müßte man den Fall beim Ordinariat in Graz anzeigen. Allerdings steht da wieder der Name hinderlich im Wege. Deine Pauschalwertung des österr(eichischen) Klerus hat leider manches für sich, wenngleich man an etlichen rühmlichen Bezirken nicht vorübersehen kann. In Tirol (Brixner Teil), Oberösterreich, zum Teil auch Wien waren die Verhältnisse sicher gut. Um so schlimmer in manchen übrigen Ländern, vor allem in Steiermark und Kärnten. Der Grund liegt sicher darin, daß es der Kirche bei uns zu gut gegangen ist. Die gleiche Erscheinung hast Du ja in fast allen rein katholischen Ländern. Sie war wohl auch der Hauptgrund der Reformation. In Frankreich z.B. ist der Klerus wohl auch erst seit der ausgesprochenen Kampfzeit wieder voll auf der Höhe. Aus ganz ähnlichen Gründen war auch der

reichsdeutsche Episkopat im allgemeinen dem unsrigen über, und wie der Chef so die anderen! Dabei muß ich an den guten Witz (Urheberrecht Stockinger)[436] von »Inserm Unnitzer«[437] denken, der ja persönlich hochachtenswert ist, aber mutatis mutandis doch eine Art Baldur v(on) Schirach[438] auf seinem Posten. Was wir allerdings hätten früher wissen müssen, denn schließlich hat man ihn in Wien und nicht in Rom gekannt. Und dazumal hatten wir viel mitzusprechen. Nun, hoffentlich wird dies alles einmal besser! – Ja, wann?? Die Zeit bis 45 werden wir auch noch überstehen. Wenngleich ich Dir sehr recht gebe, vorläufig sieht das *wie* noch sehr prekär aus. Und was dann sein wird, ist erst noch recht die Frage. Letzten Endes dürfte es doch auf irgend einen deus ex machina ankommen, der sich heute noch nicht berechnen läßt. Nach hiesiger Tendenz dürften wir mit einer Änderung wohl überhaupt nicht rechnen, von wegen »Alle Brücken abgebrochen haben«! –

Daß Du auf die Wiener bös bist, hat sicher gute Gründe. Aber schließlich, waren sie je anders? Und vor allem: wie viele wirkliche Wiener sind überhaupt um die Wege? Außer dem Franz Schier?[439] Wenn die Wiener Juden aus Brünn waren, dann die anderen Wortführer höchstens aus Iglau. Halt! Eine Ausnahme: der Schreyvogl. Der allerdings ist Marke bodenständig und typisch. Und ausgerechnet den habe ich irriger Weise immer für einen Juden gehalten. Das war wohl die Mimikry! Im übrigen geschieht ihnen mehr als recht, ... was auch schon ein bißl ein Trost ist. Ich glaube, daß man das Wienerische hierzulande unmöglich ernst nehmen kann, auch ohne die passiven

---

436 Friedrich Stockinger (geb. am 22. September 1894 in Wien – gest. am 20. August 1968 in Toronto), 1933–1936 Bundesminister für Handel und Verkehr; 1936–1938 Präsident der Verwaltungskommission der österreichischen Bundesbahnen, 1938 Emigration.

437 Gemeint ist Theodor Kardinal Innitzer.

438 Dies wird wohl auf Baldur von Schirachs Position als Gauleiter und Reichstatthalter von Wien gemünzt sein. Vgl. Anm. 215.

439 Franz Schier, Mitarbeiter Kurt von Schuschniggs.

Bemühungen aus dem Warenhaus Göbbels. Die Art, wie sie sich im Radio repräsentieren, wirkt auf die Dauer widerwärtig. Daß alles Wienerische sich *nur* im Heurigen-Gedudel erschöpft, ist ja auch übertrieben. Allein schon der Wiener Ansager – ich glaube, er heißt Wimmer – mit seiner ewig gleichbleibenden Schmalzigkeit wirkt so, daß man ihm jedesmal eine Distanzwatschen geben könnte. – Und trotzdem: Wien bleibt eben Wien. Auch da hast Du sicher Recht. Ob ich im Möglichkeitsfall wieder dort leben möchte, bleibt erst noch eine offene Frage. Im Zweifelsfall wäre ich für Pfunds oder so wo. (Meine Maschine hat – wie Du gemerkt haben wirst, das Laufende. Ich hatte sie hier in der Reparatur. Dort war man sinniger Weise offenbar der Meinung, daß das meiste, was ich zu schreiben hätte, besser husch-husch zu überfliegen wäre!). –
Sicher ist, um das obige Thema fortzusetzen, daß mich keine 4 Rösser mehr jemals nach Innsbruck bringen würden; trotz aller Anhänglichkeit an das Tirolische (gemäßigter Observanz) und einer unbedingt vorhandenen inneren Gebundenheit an Land und Leute in Tirol. Wenn sich halbwegs eine materielle Möglichkeit böte, würde ich wohl doch für die Auswanderung optieren. Aber wozu heute Luftschlösser bauen; ich fürchte, viel freie Wahl kommt ohnedies nie in Frage. Man sollte nur schon endlich halbwegs klarer sehen können. An fremde Idiome gewöhnt man sich hier ja ganz gut. Die fallweise in Erscheinung tretenden Genossen (aus dem strengeren Orden)[440] sind fast durchwegs dem Osten zugehörig, und sogar vom benachbarten Turm hört man meist slawisch oder äußerst gebrochenes Deutsch; das sind natürlich »Volksdeutsche«. Auch eine prima Erfindung!
Von M. Borromeas (Kathrein)[441] Schicksal hörten wir von zwei Seiten aus Innsbruck. Die Gute hatte sich ein solches

[440] Gemeint ist die SS-Wachmannschaft.
[441] Mater Borromea von Kathrein wurde Opfer eines Bombenangriffes. Vgl. Brief 107.

Ende auch kaum träumen lassen. Mancher der Unsrigen, die auch nicht mehr sind, werden sie drüben freudig aufgenommen haben. Speziell in meiner Verlobtenzeit spielte sie eine große Rolle; was immerhin schon mehr als 20 Jahre her ist! – Das alles klingt fast wie die weit entfernten, gedämpften Heroldtrompeten aus dem Fidelio! – Mittlerweile ist auch der einzige Bub von Pernters[442] gefallen. Arme Eltern! – Kurtl ist im Arbeitsdienst irgendwo im Westerwald und dürfte im Beginn des nächsten Jahres einrücken; dazu sind wir ja gut genug! Übrigens gibt es vorderhand auch kaum eine andere Lösung. – Hast Du übrigens jemals etwas gehört von den ehemaligen Tyrolia-Leuten?[443] Nur nebenbei; – und was etwa die Rheinländer machen, deren Du Dich vielleicht auch noch aus Deiner Austria-Zeit[444] entsinnen wirst?! Unglaublich, wie eine kleine Welt in alle Winde verstreut ist. Nichts, buchstäblich nichts ist mehr übrig – und der Rest geht auch noch in Fransen.

Nun muß ich aber Schluß machen; es kommt ohnedies nichts Gescheites, bzw. Erfreuliches mehr heraus!

Alles Gute für Dein Tagewerk und hoffentlich geht alles, was noch bevorsteht, doch noch gnädig vorüber!

Nur halbwegs rasch, – das wäre die Hauptsache!

Herzlichste Grüße Dein

Kurt

---

[442] Hans Pernter (geb. am 3. Oktober 1887 in Wien – gest. am 25. Juli 1951 in Bad Ischl), 1934–1936 Staatssekretär, 1936–1938 Unterrichtsminister, 1938–1941 KZ, dann im Widerstand aktiv tätig; nach dem Tod seines Sohnes in Rußland 1943 zieht er sich aus dem Widerstand zurück, wird jedoch 1944 erneut verhaftet.

[443] Verlagsanstalt des katholischen Preßvereins, die publizistisch eng mit dem »Ständestaat« verbunden war, wurde im März 1938 unter kommissarische Verwaltung gestellt und schließlich einer Nazifirma einverleibt. Die Mitarbeiter wurden zum Teil verhaftet und entlassen.

[444] Akademische Verbindung Austria-Innsbruck im Österreichischen Cartellverband. Artur (II) von Schuschnigg gehörte der Austria nur kurz an und schied noch als Fuchs (Probezeit) aus der Korporation aus.

**Brief 109**
2. November 1943 (fortgesetzt am 7. November)

Lieber Onkel Hermann!
Der letzte Brief an Dich war gerade auf dem Weg, als die 100 M(ark) kamen, für die ich Dir nun – etwas verspätet – wieder herzlich danke. Mir scheint fast, als ob die ohnedies schon große Distanz durch einen Umweg noch vergrößert wird, weil unsere jeweilige Verbindung so besonders lang dauert. Was die Unterstützung betrifft, für die ich Dir *sehr* dankbar bin, weil sie mir lange Zeit eine wirklich bedeutende Hilfe war, will ich Dir schon seit geraumem berichten, daß der Auflage-Zweck mittlerweile ja weggefallen ist und wir durch Vorsorge der für uns kompetenten staatlichen Stelle vorderhand außer Bedrängnis gesetzt sind. Und zwar so, daß wir angesichts der heutigen Einkaufs-Möglichkeiten keinerlei geldliche Sorgen haben. Für Kurt habe ich dzt. ja nichts auszulegen. Ich schreibe auch im Namen Veras, wenn ich Dir mit nochmaligem besonderen Dank für Deine verwandtschaftliche Hilfe die – endlich einmal erfreuliche – Nachricht geben kann, daß Du wenigstens in dieser materiellen Hinsicht ein Sorgenkind und eine Belastung weniger hast. Sollte einmal »Not« ausbrechen, dann werde ich anklopfen. Ich hoffe aber zuversichtlich, daß es dazu nicht kommen wird! Und bis dort – nicht wahr – Vergelt's Gott für alles! Und stoppe bitte die Anweisungen.
Ansonsten gibt es hier nichts Neues. Wir haben schon fast einen Monat ungestörte Nächte. Momentan laborieren wir an einer recht lästigen, aber anscheinend unbedenklichen Darmverstimmung mit allen möglichen Begleiterscheinungen. Das kommt vom »zu üppigen Leben«! – Was hörst Du von O(nkel) Moriz. Die Arbeit für ihn wird – fürchte ich – nicht weniger geworden sein! – Mittlerweile ist es der 7. Nov(ember) geworden und kam gestern Dein letzter Brief von Ende Oktober. Vielen Dank! Auch für die Äpfel, die Du abgesandt hast![445] Ja, an die

[445] Siehe nächsten Brief.

Großmama denke ich auch manchmal; die wäre wohl wie die meisten der früheren Generationen sprach- und fassungslos. Allerdings, wenn man noch ein bißl weiter zurückfragen wollte, käme man wohl zu Vorfahren, die die Dinge aus eigenem Erleben heraus nicht mehr gar so unglaublich fänden. Nur die Juristen, – auch wenn sie sehr alt wären –, fänden sich kaum zurecht! – Bei Deinen Prüfungserlebnissen erinnerte ich mich lebhaft an meine eigene 1. Staatsprüfung. Ob der gute Prof. Koban[446] sel. meine Kenntnisse aus röm(ischem) Recht damals wirklich so überraschend fand, oder nur so tat als ob, ist mir heute unklar! – Hoffentlich gelingt Dir alles mit Bruckmann.[447] Kann mir denken, wie sehr Dir daran liegen muß! – Übrigens: – wie ist eigentlich wohl die Bauernfremdheit zu erklären, trotzdem die »Gstudierten« doch zu gut 50% direkt aus bäuerlichen Kreisen stammten und gerade in der Agrarverwaltung ein großes Kontingent stellten? Der feudale Sektor war doch schon lange dort recht unbedeutend. Verzeih bitte die Klekse! Kriegsware.
Herzliche Grüße von Vera und besonders von mir Dein
Kurt.

Sehr viel Liebes auch von mir, Deine
Vera.

**Brief 110**
15. November (19)43

Lieber Onkel Hermann!
Der letzte Brief war kaum erst abgegangen, als das Äpfelkistel ankam, dessen glücklichen Erhalt ich Dir gleich anzeigen

---

446 Univ. Prof. Dr. Anton Koban (geb. am 18. Oktober 1875 in Wildon/Steiermark – gest. am 11. September 1919 bei einem Bergunfall), 1909 a.o. und 1912 o. Professor für Privatrecht an der Universität Innsbruck.
447 Verleger Hermann Wopfners.

möchte. Die überwiegende Mehrzahl der Äpfel (übrigens ausgezeichnete Sorten!) war tadellos erhalten. Nur etliche an den Rändern verpackte leicht angetepscht, aber auch noch sehr gut verwendbar. So eine Sendung ist immer eine große Freude in dem sonst mehr oder weniger nicht sehr freudvollen Dasein. Also nochmals vielen, besonderen Dank! – Das Kistl schickt Vera wunschgemäß zurück.
Sonst gibt es bei uns nichts Neues. Eigentlich die beste Nachricht, die man heutzutage geben kann. Gelegentliche unbedeutende Störungen beginnen jetzt immer schon Schlag $^1/_2$ 8 Uhr abends, so daß auch die Nächte ungestört sind. Einen großen Vorteil haben wir dadurch, daß wir keinerlei Heizungssorgen und – unberufen – immer ein warmes Haus haben. Mir wäre allerdings lieber kühler und dafür ein paar andere Kommoditäten mehr. So ist man eben nie zufrieden und sollte es eigentlich doch schon endlich gelernt haben, sich zu bescheiden. Das scheint aber das Schwerste auf dieser Welt zu sein.
Von Vera soll ich auch viele Grüße und herzlichen Dank ausrichten.
Sie bringt das Kistel heute zur Aufgabe.
Viele liebe Grüße wie immer Dein
Kurt

**Brief 111**
18. November (19)43.
(Postkarte)

Lieber Onkel Hermann!
Mit der Kiste habe ich Pech gehabt – hab sie extra weggeschafft, da ich sie hier doch nicht aufgeben darf – nun hat man sie, da »nicht vorschriftsmäßig beschrieben«, dort nicht aufgenommen, mußte sie wieder zurücknehmen u(nd) jetzt ist Sperre! Du bekommst sie aber sicher zurück. Die Äpfel waren wunderbar u(nd) sind wir Dir sehr dankbar dafür. Von T(ante)

Thilde kam ein langer Brief. Sie scheint ihren »Urlaub« recht genossen zu haben. Ende Dez(ember) hoffe ich mit Sissy wieder nach Wien zu fahren, um vorallem meinen Buben vor dem Einrücken zum Arbeitsdienst noch zu sehen. – Den gestrigen Angriff haben wir gut überstanden, trotzdem er ärger als sonst war. Hier ist alles grau in grau u(nd) kalt. Viel Schönes von uns Beiden Deine
Vera.

**Brief 112**
9. Dezember (19)43
(Postkarte)

Lieber Onkel Hermann!
Nachdem endlich wieder die Post funktioniert, kamen heute 2 Briefe von Dir vom 20. u(nd) 27. Nov(ember). Vielen Dank, – besonders daß Du an den Namenstag gedacht hast(,) rührt Kurt besonders. Uns geht es noch gut – aber es ist nicht mehr gemütlich – die armen Berliner haben viel zu leiden u(nd) viel verloren. Arturs Haus existiert nicht mehr! Das wirst Du wohl wissen. Er ist sehr gedrückt, der Ärmste.[448] Ob Kurtl zu Weihn(achten) herkommt, hängt davon ab, wie die Situation dann sein wird. Ich habe meine Wiener Fahrt vorläufig aufgegeben.
Viel Liebes von uns Beiden Deine
Vera.

[448] Das Haus, in dem Artur (II) von Schuschnigg in Berlin wohnte, Burggrafenstraße 14, lag zwischen Kurfürstendamm und Tiergarten. Anfang Dezember wurde das Haus völlig zerstört, Marianne von Schuschnigg und deren drei Kinder waren aber bereits in die Weststeiermark übersiedelt. (Foto 38)

**Brief 113**
7. Jänner (19)44

Lieber Artur!
Am heutigen Tag besonders herzlich Deiner gedenkend, kommen meine Namenstagswünsche leider verspätet. Nimm sie bitte wie sie gemeint sind! Ich brauche Dir nicht zu sagen, wie sehr ich mit Euch fühle. Möge Euch einmal ein besonders nettes, neues Heim in einer – so Gott will – freudevolleren und erträglicheren Zeit für all das schwere Erleben entschädigen! Es ist ja wohl sicher, daß es einmal so weit sein wird; nur auf das Erwarten-Können kommt es an.
Übrigens wollte Vera Dich fragen, ob Du das Buch »Der dunkle Vorhang«,[449] das sie Dir unlängst brachte, bei Dir hattest? Nachdem es von besonderem Erinnerungswert ist, läge ihr viel an sicherer Kunde. –
Ich bin ja schon neugierig, wann unsere restlichen Sachen den gleichen Weg gehen werden. Ob das Schicksal aus der Luft kommt oder von unten, ob jetzt oder zum Torschluß ist füglich weniger belangvoll! Einstweilen ist die Russin wacker am Demolieren, soweit dies möglich ist. Unlängst wollte sie übrigens ins Saarland fahren, weil laut Postnachricht ihre Schwester »dort *auch* bei Bauern arbeitet!« –
Von Vera soll ich Dir gleichfalls alle guten Wünsche vermelden. Sie rüstet eben zum Aufbruch nach Wien. Gottlob gehen die Züge jetzt um 1 Stunde früher von Berlin weg, so daß der eventuelle 8 h-Zauber[450] nicht mehr zu fürchten ist. Kurtl reist mit und soll bis April in München bleiben. Alles Liebe auch den Deinen. Die beiliegenden 20 M(ark) sind das verspätete Christkindl für die Kinder!
Herzliche Grüße wie immer Dein
Kurt

---

449 Möglicherweise handelt es sich um Alfred Döblins 1919 erschienen Band »Der schwarze Vorhang« oder um Friedrich Schreyvogels »Der zerrissene Vorhang« von 1920.
450 Luftangriffe.

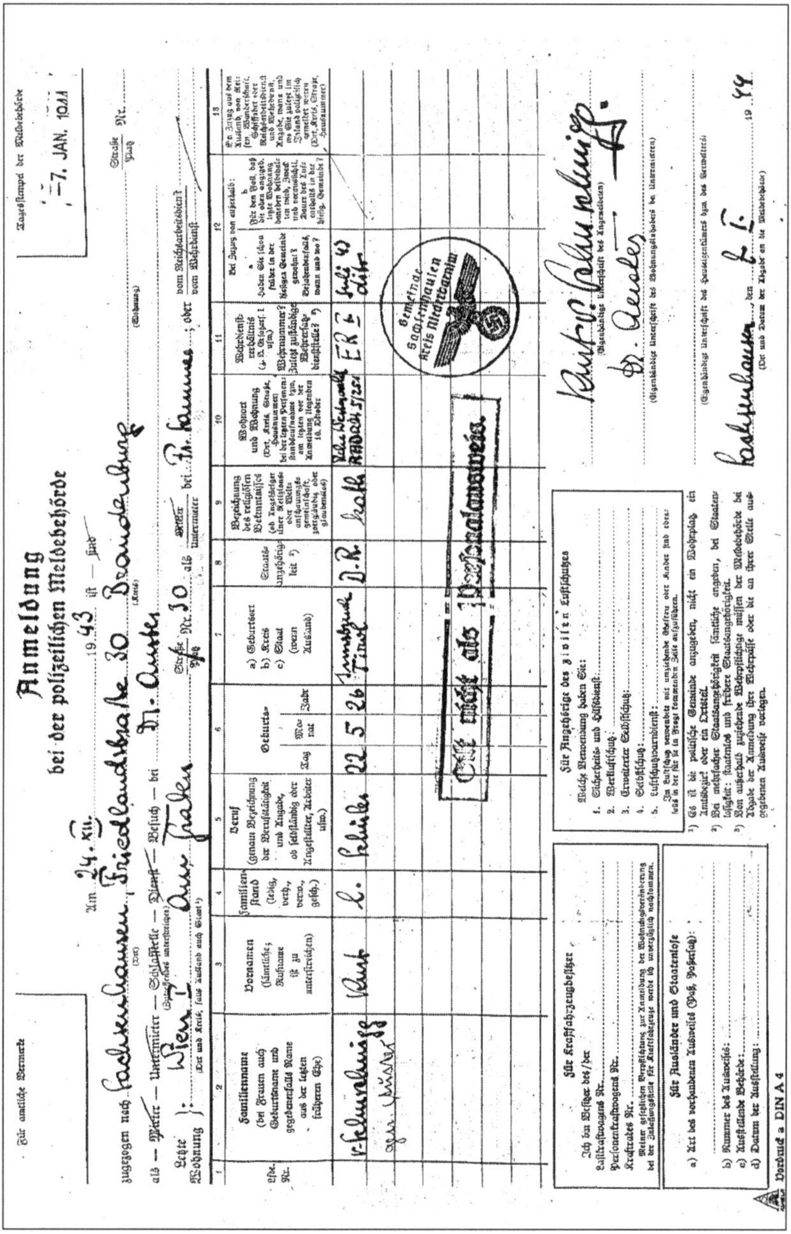


Meldezettel für einen Besuch Kurt (II) von Sch. Weihnachten 1943 im KZ Sachsenhausen

**Brief 114**
15. Februar (19)44.

Lieber Onkel Hermann!
Vielen Dank für Deinen letzten, lieben B(rie)f. Daß Sissy u(nd) ich 4 Wochen in Wien waren, wirst Du wohl gehört haben – ich habe es wie immer riesig genossen, trotzdem ich in ewiger Sorge um hier war – gottlob fand ich K(urt) wohl u(nd) alles in Ordnung. Seit ich hier bin(,) ist auch wieder Ruhe – aber wie lang? Zurück sind wir geflogen – trotz schlechtestem Wetter ging es ganz gut, nur Sissy hatte – scheints vom Papa geerbt – bei gewisser Höhe starke Ohrenschmerzen. In Wien sah ich auch Marianne, die mit Schwierigkeiten Möbel u(nd) Wohnung suchte.
Hoffentlich geht es Dir so weit gut.
Alles Liebe von uns allen Deine
Vera.

**Brief 115**
21. Februar (19)44.

Lieber Onkel Hermann!
Vielen Dank für Deinen letzten Brief. Ich war froh zu hören, daß Du von den bösen Innsbrucker Ereignissen wenigstens nicht persönlich betroffen warst.[451] An sich hatte mich natürlich das Geschehen sehr beeindruckt. Ja, das sind schlimme Dinge, und der Stolz auf den menschlichen Fortschritt eine äußerst problematische Sache! Hier ging für uns bisher alles gut aus und waren wir noch nicht in der unmittelbaren Gefahrenzone; etwas unheimlich ist es bisweilen schon und wie es

451 Als Bahn- und Verkehrsknotenpunkt war Innsbruck ein wichtiges Ziel der Bombenangriffe. Der Plumeshof, der in der Anflugschneise auf das Bahnhofsgelände lag, erhielt auf dem 10 ha großen Grundstück 45 Bombentreffer. Der Hof selbst, Wohnsitz Hermann Wopfners, blieb trotz diverser Schäden bewohnbar. (Foto 54/1–4)

noch kommen mag, kann man nie wissen. Immerhin müssen wir froh sein, nicht in der Stadt zu sein. Die Zwangsaufenthalte meiner ersten 4 Jahre wären weniger gemütlich. – Freilich, – man durfte nicht annehmen, daß es anders kommen würde! Für solchen Optimismus bestand wahrhaftig kein Anlaß. Während ich Dir schreibe, ist übrigens gerade wieder Alarm; gehört jetzt fast zum täglichen Mittagprogramm; aber tagsüber bislang hier ohne besonders ernste Note. Vera und Kind sind jetzt schon wieder seit 14 Tagen wohlbehalten aus Wien zurück. Über die Rückreise per Luft wird sie Dir ja wohl selbst berichtet haben. Die Bahnankunftsmöglichkeiten in B(erlin) waren damals zu ungewiß.
Ich freute mich sehr zu hören, daß Du meinen Buben gesehen hast. Hoffentlich kam er Dir nicht zu ungelegen und hat er sich ordentlich aufgeführt. Ich wußte von seinem Ausflug nach Innsbruck gar nichts. Kann mir denken, daß er sich für die Stätten seiner Kinderjahre interessierte. Ich täte es auch, wenngleich nicht ganz ohne inneres Bangen. Nun, vorläufig habe ich ja auch noch weit und breit keine Aussicht; leider!
Wenn ich Dich recht verstehe, rechnest Du jetzt doch mit einem Aufschub der Publikation Deines Werkes. Daß nach dem Krieg kein Interesse dafür wäre, glaube ich keinesfalls. Im Gegenteil! Die ersten 10 Jahre mindestens wird man (genau wie 1919) ausgehungert sein nach Büchern über Fachgebiete, die mit dem heute Aktuellen nichts zu tun haben. Ganz abgesehen davon, daß dann ja wieder die große berufliche Umschulung anhebt. – Die Bergbauernfragen werden wohl immer – auf absehbare Zeit wenigstens – in einem Interessensmittelpunkt bleiben, da ja eine wirkliche Lösung nach allen Seiten schließlich doch wieder an der Geldfrage scheitert. Gerade die Radikallösung der Zwangwirtschaftsprobleme, von der Du schreibst, daß sie manchem vorschwebt, ist ohne sehr viel Geld kaum zu denken und wäre dann erst recht keine Lösung! Wie verträgt sich die prinzipielle Beseitigung mit der oft gehörten sozialen Forderung der nebenberuflichen möglichsten Ansiedlung der Industrie- und Land (-Holz) Arbeiter?? Vielleicht

daß viele doch zu sehr geneigt sind, die Agrarfragen nur nach der markt- und erwerbswirtschaftlichen Seite hin zu betrachten. – Mir käme der entgegengesetzte Weg; nämlich die Stützung der kleinen Bergbauernbetriebe durch Sicherung von Heimindustrien richtiger und vor allem rechtlicher vor!? Durch genossenschaftliche Hilfe wäre (und war!) da ja manches zu machen. (Stubai, Ober-Inntal, Vorarlberg usw.) Oder? Aber ich komme ins Schwätzen; Du wirst Dir denken – der Blinde schreibt von der Farbe! Aber ich würde – glaub ich – ein guter Zuhörer sein; aus Interesse und Überzeugung. Viele und herzliche Grüße Dein
Kurt.

Viele herzliche Grüße lieber Onkel Hermann auch von mir. Komme heuer leider nicht nach Tirol – es ist mir alles zu unsicher – vielleicht einmal nach Wien. Habe viel Arbeit, fühle mich aber sehr wohl dabei.
Herzlichst Deine
Vera/Sissi 1944[452]

**Brief 116**
14. März (19)44

Lieber Onkel Hermann!
Ja, – die Post! Die braucht nun ihre gute Weile, aber bislang hat das Meiste doch irgendwann sein Ziel erreicht. Gestern kam Dein Brief vom 3. d. – Auch im Namen Veras vielen Dank. Mittlerweile wird mein letztes Schreiben wohl auch »schon« angekommen sein. – Entschuldige übrigens bitte den Blei; meine sonstigen Schreibgelegenheiten – Maschine und Füller – streiken und so etwas ist meistens irreparabel auf lange Sicht.

[452] Der Text steht auf der Rückseite eines Fotos (37), Unterschrift und Datierung auf der Bildvorderseite.

Vorsichtshalber möchte ich Dir – wenigstens als erstes Läuten und heute schon meine Gedanken zum 7. April schicken; mit allen guten Wünschen von uns beiden! Wie sehr man hier doch aus der Welt ist und wie unverläßlich die Verbindung mit der Außenwelt sein kann, erlebte unlängst Vera, als sie 4 Telegramme über Erkrankung, bzw. Operation und Tod ihrer jüngsten Schwester[453] in Prag glücklich nach dem Begräbnis und den dazu gehörigen Brief gar erst rund 4 Wochen nach dem Ereignis zugestellt erhielt! Eine recht überflüssige Erscheinung, die außerdem ein unbehagliches Gefühl gibt.
Von den Luftangriffen blieben wir bisher immer noch nicht direkt betroffen. Die Tagesattacken der letzten Woche waren allerdings zum Teil schon recht bedenklich und das Empfinden dabei nicht durchaus geheuer. Immerhin sind wir – glaube ich – relativ noch immer sehr gut daran und – soweit sich solches heute sagen läßt – im allgemeinen gesichert. Nun bleibt allerdings noch abzuwarten, was die bessere Jahreszeit bringen wird. Es kommen immer wieder traurige Botschaften. Wenn aus dem Bekanntenkreis wieder irgend ein junger Mann nach dem Osten muß, dauert es meistens kaum ein Vierteljahr, bis die Nachricht vom Tod kommt. Für viele eine große schwere Prüfung; geb Gott, daß sie einmal zu Ende geht!
Was Du vom Segen der Arbeit schreibst, kommt mir sehr aus dem Herzen. Die ist heute sicher mehr wie Gold wert! Ich suche sie mir immer wieder zu schaffen. Bin auch bis jetzt ganz gut durchgekommen damit, wobei allerdings die Systematik nicht immer auf ihre Rechnung kommt. Momentan lese ich den 5bändigen Pesch,[454] wobei allerdings in volkswirtschaftlichen Fragen die Auflage von 1924 nicht durchwegs entsprechen kann. Dann bastle ich viel in meiner voluminös gewordenen Niederschrift herum, die ich vor Jahren schon anfing; wohl ad usum Delphini, aber immerhin; dazwischen ein bißl

---

453 Maria del Rosario Gräfin Czernin (geb. am 22. Juli 1918 in Prag), verheiratet mit Otto Prexl.
454 Heinrich Pesch SJ, Lehrbuch der Nationalökonomie, Freiburg 1905–1926.

Auffrischnungsversuche in Sprachen. Mit der österr(eichischen) Vorweltkriegsentwicklung habe ich mich gerade in den letzten Monaten viel befaßt; an Hand von Jos(eph) Redlich,[455] – dem nicht sympathischen aber lesenswerten Sieghart,[456] Fried(rich) Hertz,[457] Herm(ann) Bahr-Tagebüchern[458] u(nd) a(nderen), dabei ist mir das von Dir erwähnte Brenneither-Buch[459] wiederholt in den Literaturnachweisen begegnet; auch Ernst Plener,[460] Molisch[461] u.v. andere fehlt mir leider. Alles dzt. unerreichbare Kostbarkeiten, nach denen mir die Zähne lang werden. – Wie oft habe ich beim Lesen bedauert, erst so spät zur Lektüre gekommen zu sein; man sieht doch manches anders! – Auch der Garten geht wieder an; und so versuche ich, mich möglichst bekömmlich durch die Zeit zu wursteln; um die mir ja schon recht leid tut! – Wenn Du O(nkel) Moriz schreibst, bitte viele Grüße! Von uns beiden alles Herzliche Dein
K(urt)

---

[455] Joseph Redlich, Das österreichische Staats- und Reichsproblem, 2 Bde, Leipzig 1920, 1926; Österreichs Regierung und Verwaltung im Weltkrieg, Wien 1925; Kaiser Franz Joseph von Österreich, Berlin 1928.
[456] Rudolf Sieghart, Die letzten Jahrzehnte einer Großmacht, Berlin 1932.
[457] Friedrich Otto Hertz, Die Produktionsgrundlagen der österreichischen Industrie, Wien 1918; Zahlungsbilanz und Lebensfähigkeit Österreichs, Wien 1925; Kapitalbedarf, Kapitalbildung und Volkseinkommen in Österreich, Wien, 1929.
[458] Vgl. Brief 115.
[459] Brenneither ist in diesem Kontext vorläufig nicht eruierbar.
[460] Ernst Freiherr von Plener, Erinnerungen, 3 Bde., Stuttgart 1911–1921; Reden 1873–1911, Stuttgart 1911.
[461] Paul Molisch, Geschichte der deutschnationalen Bewegung in Österreich von ihren Anfängen bis zum Zerfall der Monarchie, Jena 1926; Politische Geschichte der deutschen Hochschulen in Österreich von 1848 bis 1918, Wien–Leipzig 1939.

**Brief 117**
1. April (19)44

Lieber Artur!
Wann dieser Osterbrief, – wenn auch vorsichtshalber rechtzeitig begonnen, – sein Ziel erreicht, steht zwar dahin; jedenfalls ist er dazu bestimmt, Dir von vielen guten Gedanken und ebensolchen Wünschen zu berichten. Feiertage sind ja nur mehr Cäsuren des Alltagskalendariums und Gelegenheiten mancher schönen Erinnerung. Vielleicht gelingt Dir eine Absentierung zu den Deinen; in diesem Fall wirst Du jedes noch so gut gemeinten freundlichen Zuspruchs Dritter sicher gerne entraten. Veras Blitzvisiten werden, wenn Dein Aufenthalt sich ändert, wohl auch schwieriger werden; abgesehen davon, daß die amerikanischen Mittagsbesuche[462] auch für unsere nähere Gegend schon wenig freundliche Intentionen durchblicken lassen. Ich glaube zwar nach wie vor, daß – von dem klassischen Ziegelstein abgesehen, der einen ja heutzutage noch leichter wie sonst treffen kann, – hier noch am wenigsten Chancen für »eine krönende Erfüllung des Lebens« und für »Stolze-Trauer«-Fälle[463] gegeben sind. –
Daß Dir um Deine verlorenen Bücher leid tut, kann ich Dir sehr gut nachfühlen! Es gibt ja kaum ein Stück Besitztum, mit dem man so persönlich zusammenwachsen kann. Zum Glück handelt es sich in aller Regel doch um fungible Dinge, – um in der Juristensprache zu reden, und die Erinnerungsstücke wirst Du wohl hoffentlich in Sicherheit gebracht haben. Aber wie dem immer sei, – irgend etwas, was selbst eine Goethe-Ausgabe durch persönlichen Gebrauch und lieb gewordene Gewöhnung dazu gewonnen hat, ist freilich kaum ersetzbar. Auch in den geistigen Bezirken kommt viel darauf an, daß alte Bekannte einem in der gewohnten Atmosphäre begegnen; wie eben auch zum alltäglichen Kaffee – die alte Kaffeeschale, –

---

[462] Luftangriffe.
[463] Paraphrase auf Traueranzeigen von Nazis.

und zum Festtag die gewissen Mehlspeisteller gehören … Wir beide taugen nicht zum Kaufmann; manches entgeht uns vielleicht dadurch im Leben, aber manches Genießen-Können haben wir dafür vor den meisten anderen, nur-praktisch denkenden Menschen voraus. Großpapa W(opfner)[464] geschäftliches Unglück[465] ist mir jedenfalls heute völlig klar! Das hat doch gar nicht anders kommen können. Frage nicht, wie viel wohl auch persönliches Leid dahinter stand. – Hier hat es die gute Mama wohl besser getroffen, und wir wandeln glaube ich in Anlage, Temperament und Lebensgewohnheit getreulich in ihren Spuren; Du noch stärker als ich. Aber von meinem Konservativismus ist sicherlich ein gut Stück auf mütterlichem Boden gewachsen. Natürlich – und das ist reizvoll zu beobachten – gibt jeder noch ein Reichliches aus Eigenem dazu, so daß am Schluß doch wieder manche Abweichung ersichtlich wird. Aber sagen wir einmal, das spezifische Blutgewicht ist doch das gleiche und darum auch im Wesentlichen die Reaktion auf die äußeren Geschehnisse und das Erleben! –
Ich denke auch oft an die unglaublich anmutende Tatsache, daß wir heuer Mamas 72. und nächstes Jahr Papas 80. feiern könnten. Du hast sicher Recht, es ist im allseitigen Interesse besser so; nur glaube ich nicht, daß Mama mit 72 »alt« gewesen wäre; eigentlich ist es ja für Frauen kein gar so hohes Alter. Und manchmal beneide ich schon recht die Glücklichen, die ihre Eltern so lange haben können. Was ich mir nicht vorstellen kann und, was für Mama wohl unerträglich geworden wäre, ist der Fall, daß sie allein geblieben wäre … Papa hat am Alleinsein schwer genug getragen; aber einmal ist es für einen Mann wohl immer noch einfacher, und dann war Papa, wenn es darauf ankam, ein seltener Meister der Selbstbeherrschung und des Bescheidens. – Mittlerweile wird man unmerklich sel-

---

464 Kaiserlicher Rat Josef Wopfner (Anm. 1).
465 Josef Wopfners Geschäft in der Maria Theresienstraße in Innsbruck wurde nach seinem Tod insolvent; das Geschäftshaus und große Teile des Privatvermögens seiner Frau Amalia gingen dabei verloren.

ber älter und alt, und was noch kommt, ist so unbestimmt und unsicher wie nur je; im besten Fall ein Pensionistenleben, – vorausgesetzt daß die Pension dazu da ist! Aber ich bin heute so weit, daß ich damit ganz zufrieden wäre, allerdings unter gewissen Voraussetzungen, die, so Gott will, auch noch eintreffen werden.

Deiner Prognose auf weitere 2 Jahre wird man ja leider zustimmen müssen; vorläufig möchte ich es noch nicht für unmöglich halten, daß eine glückliche Fügung 1/2 Jahr davon abstreicht; aber prophezeien ist heute unrentabler als jemals.

Ich habe zuletzt die Alt-Wiener-Skizzen von Stifter gelesen; manches davon ist so einprägsam, als wäre es gestern geschrieben. Daneben beschäftige ich mich viel mit den Beständen aus meiner historisch-politischen Sammlung. Natürlich täte moderne Auffrischung not. Aber was ich so an gelegentlichen Neu-Erscheinungen zu Gesicht kriege, ist zumeist wenig überzeugend. Eine Reihe von Verlagen müßte man – m. E. – überhaupt einstampfen; vor allem natürlich im famosen »Zentral-Eher«.[466] Nun, das wird früher oder später wohl ohnehin passieren!

Die letzten Bilder von den Kindern finde ich besonders nett. Man sieht, wie »erwachsen« sie sind! – Jetzt bin ich sehr gespannt, was mit Kurt sein wird. Ich wäre schon sehr gerastet, wenn ich ihn endlich stabil untergebracht wüßte. Der gegenwärtige Zustand ist auf die Dauer wirklich unmöglich. Es ist ja ein Wunder, wenn er körperlich und seelisch heil durchkommt. Das alles macht mir natürlich viel Sorge. –

Nun alles Gute und hoffentlich höre ich bald wieder von Dir!

Viele herzliche Grüße Dein

Kurt

---

466 Parteiverlag der NSDAP.

**Brief 118**
27. April (1944)

Lieber Onkel Hermann!
Nun ist Ostern und der 7. 4. längst vorüber – und es blieb bei meinem vorsichtshalber auf lange Sicht vorausgeschickten Gedenken. Sogar das Briefschreiben wird ab und zu problematisch.
Vielen Dank für Deine ausführliche Nachricht vom 26. 3. – Mittlerweile kamen auch die heiß begrüßten und ebenso bedankten Hadern, wie Dir Vera wohl berichtet haben wird. – Am 20. habe ich viel an Mamas 72. gedacht; dabei kommen einem immer alle Wenn und Abers in den Sinn; eigentlich wäre es wohl gar kein Alter, und – uneigentlich hat sich Mama die heutigen Zeiten sicher nicht verdient und ist sicher glücklich im großen Frieden der Wissenden und Erlösten! – Wenn man es sich hätte so aussuchen können, wäre, wenigstens rückblickend betrachtet, die Zeit »als Großvater die Großmutter nahm« für unsere beiden Generationen wohl die relativ erfreulichste gewesen.
Aus der Luft hatten wir jetzt die letzten Wochen durch mehr Ruhe. Nur ein bedrohlich naher Tagesangriff gab zu denken. Im übrigen zehren an unserer Nervensubstanz die Anglo-Amerikaner weit weniger als unsere echt russische »Hausgehilfin«. Eine schlimme Sache, weil man ja im allgemeinen und wir im besonderen derart unerfreuliche Hausgenossen nicht los wird; und dazu bis zu einem gewissen Grad trotz allem schwer entbehren kann! – Wie soll das mit O(nkel) Moriz weitergehen? Wenn er es nur durchsteht, der Arme! Man ist ja doch keine Maschine! – leider – oder gottlob!
Kurt soll jetzt dann im Juni wirklich die Matura machen. Es wird dabei wohl so zugehen wie bei den von Dir geschilderten Prüfungen; ich hoffe es wenigstens. Kurt ist bis 1. Juli zurückgestellt und soll dann nach Stralsund kommen.
Mittlerweile ist es doch warm geworden und ich versuche es wieder mit dem Garten. Nach allgemeinem Urteil der Hiesi-

gen bräuchte der Boden jahrelang reichliche und hochwertige Zugaben. Nachdem die aber für uns nicht beschaffbar sind, bleiben die Resultate natürlich kärglich. Immerhin macht jede Blume mir Freude. Auf Kohlköpfe lasse ich mich nicht mehr ein; für Kohlrabi reicht es noch gerade. – Zum Lesen komme ich jetzt weniger. Der Pesch gibt noch für lange Beschäftigung. Man wird nur immer leicht unruhig bei der Fülle von Literaturangaben in all diesen Werken. Wenn ich damit fertig bin, – mit dem Pesch nämlich, – werde ich mich vielleicht in den Mommsen[467] stürzen. Aber das hat noch Zeit! Glaubst Du übrigens, daß (man) irgendwoher einen Homer oder Vergil (auf Deutsch nämlich!) bekommen könnte? Besonders ersteren hätte ich arg gerne, um in der Sprache der armen Münchner zu reden. Eigentlich müßte man solche fast kriegen, denn die Schmierer-Produktion[468] wird ja kaum eingestellt worden sein. Da rächt sich jetzt, daß ich meines Erinnerns vor grauen Zeiten den alten Voß[469] aus der elterlichen Bibliothek entführte! – Laut Zeitung kam übrigens mein 2jähriger Münchner Wohnsitz[470] zum Handkuß [Wittelsbacher P(alais)](.) Ob es baulich ein Kunstwerk war, möchte mir allerdings fast strittig scheinen! Nun alles Gute von uns allen! Vera läßt Dir auch für das Buch danken! Herzl(iche) Grüße Dein
Kurt

---

[467] Theodor Mommsen, Römische Geschichte, 1–3, 5 Bde., Leipzig 1854– 1885; Römisches Staatsrecht, 3 Bde., Leipzig 1871–1888; Römisches Strafrecht Leipzig 1899; Reden und Aufsätze Berlin 1905; Gesammelte Schriften, 8 Bde., Berlin 1905–1913.

[468] Die »Schmierer«, Übersetzungen der Klassiker, waren handliche Ausgaben, die den Schülern meist verboten waren.

[469] Johann Heinrich Voß, Odyssee (Übersetzung), 1781; Ilias, 1793; Übertragungen des Ovid, Horaz, Vergil, Hesiod und Aristophanes.

[470] Das Wittelsbacher-Palais in München war wie das Hotel Metropol in Wien Gestapositz und Gefängnis.

**Brief 119**
Pfingsten (= 28. Mai) (19)44

Lieber Artur!
Die bisherige Verbindung funktioniert leider nicht mehr. Deine letzten Avisos kamen alle erst post festum. Daher muß ich den »normalen« Weg versuchen, um Dir für Deine letzten Nachrichten zu danken, die mich sehr freuten!
Vor allem tut mir sehr leid, daß ich Dich unlängst mit dem Hut so schlecht bediente. Du mußt bitte entschuldigen! Aber das Augenmaß – ein Artikel in dem ich vielleicht nie allzu reichlich bevorratet war – ist mir in den 6 Jahren Abgeschiedenheit wohl abhanden gekommen. Manchmal, wenn ich überlege, wird mir schon recht eigen zu Mute; die Geschichte mit dem ζῷον πολιτικόν[471] hat eben doch etwas für sich. Und zum (wenngleich gemilderten) Karthäuser wird man eben berufen, aber nicht abkommandiert. Im übrigen habe ich den festen Willen und Vorsatz, die 7 mageren Jahre zu überstehen. – Wie Du weißt, sind wir jetzt ohne »Hilfe«. Vera macht ihre Sache aber sehr gut und ist auch – unberufen – gesundheitlich besser daran. Leicht ist es natürlich nicht für sie. – Bei allem anfänglichen inneren Widerstreben muß ich zugeben, daß es an sich so besser ist. Das Haus ist zu klein für Experimente – noch dazu mit absolut unerziehbaren Wesen. Die unvorstellbare östliche Stupidität, verbunden mit anderen schlechten Eigenschaften, machte ein weiteres Zusammenleben schlechterdings nicht zumutbar. Sogar meine an sich recht wenig häusliche Befähigung und Einsicht mußte das schließlich begreifen, – natürlich verbunden mit weiteren herzlichen Segenswünschen für unsere Hausverwaltung und Fürsorge. Es geht also gottlob recht gut trotzdem, und – wie ich mir sage – jetzt erst recht! Denn eigensinnig ist man ja geblieben und rechthaberisch auch, wie die Ereignisse immer deutlicher zeigen. Leider! Eben haben wir wieder Entwarnung; tägliche Intermezzi!

---

471 zoon politikon.

Aber bis jetzt für uns erträglich! Aber mühsam ist die Geschichte schon, alles in allem.
Gratuliere Dir zu Deinen Möbelerwerbungen; kann mir gut denken, wie froh Du darum bist; ich würde an Eurer Stelle sicher auch kaufen was nur möglich ist – ohne allzu viele Rücksichtnahme auf die Eventus. Ist sicher die relativ beste Geldanlage.
Nun wünsche ich Dir auch noch recht bald eine günstige Wohnung! Ob W.[472] das absolut sicherste ist bleibt nach meiner Meinung allerdings in Frage. Hoffentlich! –
Nun man wird ja bald klarer sehen; an sich wäre mutatis mutandis ein zweites 1683[473] ja leider nicht ganz ausgeschlossen; aber selbstverständlich sind das nur die düstersten Wahnvorstellungen, denen man nur nachgibt, wenn man zu viel Zeit und Gedankenleerlauf hat. Am Ende kommt doch meistens alles anders, als man es sich vorstellt; so müssen wir uns eben nolens volens überraschen lassen.

Fortsetzung 2. Juni

Spatzens Geburtstagsbrief wird auch verspätet einlangen; hoffentlich kommt er überhaupt an. –
Freue mich zu hören, daß es den Kindern gut geht. – Deine verschiedenen Personalia haben mich sehr interessiert; vor allem die Nachricht von der Kohlruß-Heirat.[474] Da sieht man, wie man mit der Zeit alt wird! Als ich das letzte Mal bei den Kohlruß-Eltern war, ging viel von den Kalksburger-Sorgen[475] des

---

472 Zu dieser Zeit hatte Artur (II) von Schuschnigg die Hoffnung, nach Wien zu übersiedeln.
473 Gemeint ist die zweite Türkenbelagerung Wiens.
474 Dr. Rudolf Kohlruß (geb. am 8. Februar 1915 – gest. 1994), Diplomat, Vorstandsvorsitzender der Elin Union, verheiratet mit Waltraud Joham. Archiv Kalksburg.
475 Gemeint sind hier Schulsorgen der Eltern, deren Sohn Rudolf im Jesuiteninternat Kalksburg die Schule besuchte.

Buben die Rede. Und die kleine Waltraud Joham[476] war Kurtls Spielgefährtin in Innsbruck.
Hast Du übrigens von der Menage Troll-Pantz[477] nichts gehört? Nachdem er sich rechtzeitig versichert hatte, wird es wohl – vorderhand – nicht weit fehlen. –
Ja, der gute Tono[478] wird es wohl kaum noch lange machen; das glaubte ich allerdings auch schon anno Tobak: schließlich überleben einen dann die ewigen Kranken; (die winterliche Lungenentzündung gehörte geradezu zum Kalender) – Bei der Frau v. Stransky[479] – im Vergleich zu unserer Mama – war es ja so ähnlich! Wer weiß heute schon, wer als nächster drankommt! –
Kurtl soll jetzt in ein HJ Wehrertüchtigungslager an der Ostsee und dann nach 3–4 Wochen einrücken in Stralsund. Ich bin ja nicht so überzeugt, daß es bei der Marine Ing.-Anwärterschule bleibt. Nun, wir werden ja sehen! –
Zu Deinem Geburtstag hoffe ich Dir wieder zu schreiben. Nur für den alleräußersten Notfall will ich heute schon herzlichst des Tages gedenken.
Viele herzliche Grüße wie immer Dein
Kurt

Von Vera soll ich auch alles Liebe ausrichten.

Danke für das Paket. Möchte Dich gern wiedersehen.
Alles Liebe
Vera

---

[476] Verehelichte Kohlruß.
[477] Wiener Freunde der Familie.
[478] Tono, nähere Daten unbekannt.
[479] Elisabeth v. Stransky, Freundin der Eltern Schuschniggs.

**Brief 120**
19. Juni (19)44

Lieber Artur!
Am 21. d. will ich besonders herzlich Deiner gedenken. Wenn dieser Geburtstagswunsch zu spät kommt, dann vor allem deshalb, weil ich Dich nach Deiner letzten Nachricht auf Urlaub hoffe; eine Zeit, der Du wohl ein möglichstes Ritardando wünschen wirst. Die aber auch – wie alles – vorübergehen muß, damit das Ende näher rücke! –
Wundere Dich nicht über das absonderliche Briefpapier. Es ist eine Christkindl-Reminiszenz so etwa um 1928, also tiefste Systemnacht. – Hoffe, bei Euch ist alles wohl und in Ordnung; dasselbe gottlob von hier zu vermelden. Kurtl soll mit 1. Juli nach Stralsund; höre auch nicht viel von ihm; unlängst brauchte ein Brief aus München 1 Monat! –
Im übrigen ist ja wohl jetzt die Zeit, wo in der ganzen Welt der Frosch ins Wasser springt. Ich beteilige mich in Gedanken lebhaft beim Quaken![480]
Nochmals alles Gute, den Deinen viel Liebes,
herzlichst Dein Kurt

**Brief 121**
11. Juli (19)44

Lieber Onkel Hermann!
Die längere Schreibpause trat uns gar nicht so recht ins Bewußtsein, ehe wir gestern Deine Zeilen von Ende letzten Monats erhielten. Der Grund mag der sein, daß hier eben omnis dies sine linea ist, der Posteinlauf mindestens 14 Tage beträgt und damit jedes Zeitaugenmaß abhanden kommt. So weit geht es uns gut: Der Tag ist in der Regel ausgefüllt mit der Obsorge

---

480 Anspielung auf die Invasion der Alliierten vom 6. Juni 1944 in der Normandie.

um des Lebens Notdurft und so ist eigentlich trotz relativen Nichtstuns alles ständig in Schwung. Vera ist besonders angehängt, da ja von der großen und kleinen Wäsche über Putzen, Kochen, Einkaufen usw. alles jetzt an ihr hängt. Mir bleibt außer einem bescheidenen Anteil an häuslichem Hilfsdienst das abwechselnde Kindsen tagsüber, das natürlich auch viel einfacher wäre, wenn das Kind Besuch im Garten haben dürfte. So aber ist der Garten auch für die Meinen Ersatz für alles, da auch der bescheidenste Spaziergang unmöglich ist. Trotzdem sind wir beide per saldo der Meinung, daß es rebus sic stantibus so noch am besten ist, weil die Zeit durch das ewige Gleichmaß des Tagesablaufes am raschesten vergeht und jeder dritte – zumal ein Russe – nur zusätzliche Nervenbelastung bedeutet. – Nachts sind wir oft – periodenweise fast täglich – gestört, aber die letzte Zeit mehr in Form einer milderen Sekkatur.
Kurt ist seit Ende Juni Matrose in der Marinekriegsschule Heiligenhafen über Lübeck! Höre auch nicht viel von ihm. Seine Briefe gehen durchschnittlich 1 Monat! (früher nämlich aus München!) Er schreibt, er wolle später »Auslandswissenschaften« studieren und denkt ans Auswandern. Was ich auch täte, wenn ich jünger wäre. – Dein knappes Gesundheitsbulletin klingt mir eher verdächtig! Hoffentlich hast Du doch nicht ernstlich zu klagen?! Ich denke, wir sollten und müssen jetzt den letzten Sprung noch überstehen, dann wird es ja sicher noch immer nicht normal, aber so Gott will doch normaler zugehen; schätzungsweise habe ich mir bei meiner szt. Inquierung auf 5 Jahre – um 1 Jahr geirrt; mehr glaube ich aber nicht recht. Vera will im September nach Wien; leider kommt sie sommers-über nicht weg. Das Reisen ist doch eine problematische Sache geworden! – Für die Odyssee wäre ich nach wie vor sehr dankbar! Alles Herzliche von uns allen Dein
Kurt.

**Brief 122**
13. August (19)44

Lieber Onkel Hermann!

Mein heutiger Brief gilt gleichzeitigem Dank für Deine letzte Nachricht und die gestern glücklich eingetroffenen beiden homerischen Bände! Ich hatte große Freude darüber und bin zugleich nicht wenig erschrocken. Mir schwebte eine Reclam-Ausgabe vor, – eben ein »Schmierer« – und nun kamen die stattlichen Bücher, von denen Du Dich gewiß nicht leicht trenntest. Ich will sie sorglich behandeln und bewahren, wenngleich bei der Päckchen-Sperre von unlängst ein Zurückschicken vorläufig unbestimmt erscheinen mag. So mußt Du halt wohl warten, bis eine hoffentlich glückliche Wendung die Bücher und mit ihnen uns vielleicht alle mobil macht. Ich lese mit größtem Genuß die »geflügelten Worte« und freue mich baß an der griechischen Wunderwelt. Manchmal wird mir ganz anders dabei; ist es nun wirklich die Freude am Schönen, oder unbewußt die Erinnerung an die eigene Jugend … jedenfalls genau das, was ich mir wünschte! – Daß die Wiltener Stiftskirche getroffen wurde, habe ich mit Bestürzung gehört. Ewig schade! Und wohl auf weite Sicht hin irreparabel. Es wäre Zeit, daß der Herrgott ein Einsehen hätte gegenüber allzuvieler Unzulänglichkeit auf Erden. Aber wer kann sich schon guten Gewissens auf ihn berufen? Wohl von uns Sterblichen niemand! – Hier ist seit Wochen relative Ruhe, wenn auch – wie überall fast – die Nächte gestört sind. – Kurtl stöhnt ein bißl unter den Ausbildungsbeschwerden. Er ist noch in Heiligenhafen an der Ostsee. Ich fürchte, daß die Ausbildung nicht mehr sehr lange dauern wird. Es war von 2–4 Monaten die Rede; dann scheint ihm marineinfanteristischer Einsatz zu blühen! – Was hörst Du von Onkel Moriz? – Vera hofft Anfangs September nach Wien zu kommen; sie hofft dort noch Leberpräparate für Dich zu bekommen. Der Mann unserer

langjährigen früheren Erzieherin[481] ist Apotheker[482] und hat auch einiges auf Lager.
Hoffentlich quält Dich die Anämie nicht zu sehr und kannst Du den Sommer halbwegs genießen! – Am 20. will ich wieder besonders zurückdenken an viel Schönes (mit alten Tagen) und Schweres; es ist mir immer noch, als wenn es gestern gewesen! Alles Liebe von uns allen, besonders herzl(iche) Grüße von Deinem
Kurt.

Alles Liebe Deine
Vera.

**Brief 123**
Donnerstag, 31. August (19)44

Lieber Artur!
Die Welt rollt rasch und in einem Monat kann allerhand passieren; darum möchte ich, nachdem Vera nach mannigfachen, glücklich überwundenen Fährlichkeiten heute za. 1 Monat mit dem Kind nach Wien fährt, die Gelegenheit zur Postmitgabe benutzen.
Ich soll Dir auch von V(era) alles Liebe sagen, sie war natürlich besonders die letzte Zeit durch besonders in Anspruch genommen; wir haben es beide sehr bedauert, daß aus dem letzten von Dir angeregten Treffen nichts geworden ist; hoffentlich hast Du V(era)s Nachricht noch rechtzeitig erhalten! –
Und was ist mit Dir los? Ich nehme an, daß Dein Kriegseinsatz für ausreichend erachtet wird und Du nicht weiter totalmobilisiert wurdest? Es ist ein ganzer Jammer, daß man trotz der relativ so geringen Entfernung so wenig voneinander weiß. – Von der Luft her hatten wir die letzten Wochen keine ernstliche Be-

481 Alice Lillie, geb. Ottenreiter.
482 Mag. Robert Lillie.

hinderung zu beklagen; ausgenommen die Sonnenhitze, die unverschämt brannte und die ohnedies nicht allzu animierte Stimmung noch lustloser machte. –
Kurtl schrieb mit großer Freude, daß er von Tante Marianne ein Pakel und auch von Dir Nachricht kriegte. Bitte sage M(arianne) auch meinerseits vielen herzlichen Dank! Der arme Bub stöhnt ein bißl über die Ausbildung und alles was damit zusammenhängt. Läßt sich ja denken! Aber er wird's schon derpacken; ein bißl Schliff schadet ihm im Prinzip nicht. Wenn er mir nur möglichst lang dort bleibt, wo er ist! –
Jetzt bin ich natürlich neugierig, ob die Reise der Meinen gut von Statten geht; so etwas ist ja heutzutage eine Affaire! Es ging gottlob noch auf die berühmte Kleiderkarte; und nachdem der Schlafwagenplatz im voraus gelöst werden mußte, rutschte V(era) gerade noch durch die Sperre durch! Sie braucht die Erholung dringend.
Sonst geht es uns in summa gut; hoffentlich hast auch Du von Marianne und Kindern gute Nachrichten! Lasse bitte – am besten via Vera – bald etwas von Dir hören!
Alles herzliche Dein
Kurt

**Brief 124**
18. September (19)44

Lieber Onkel Hermann!
Vielen Dank für Deinen letzten Brief; ja – wenn Deine Wünsche hinsichtlich der Rückgabemöglichkeiten der Odysee in Erfüllung gingen, wäre das schon sehr schön! Einstweilen will diese Chance wohl noch sehr mühsam erkämpft werden. Dein Pech mit der Wirtschafterin bedeutet für Dich wohl eine recht fühlbare Erschwerung! Hoffentlich hat sich eine halbwegs passable Lösung des Problems ergeben! Vera, die ihren Aufenthalt in Wien stark abgekürzt hat, läßt Dir sagen, daß sie ihr

Möglichstes hinsichtlich Beschaffung der Leberpräparate tut; sie hofft sehr, daß Dir welche zugehen werden, wenn schon nicht die Injektionen, die kaum mehr erhältlich seien, dann doch die angeblich auch sehr heilsamen Pillenpräparate. – Sie hat diesmal in Wien einiges mitgemacht und ist begreiflicher Weise sehr in Sorge um ihre Kinder, die verschiedener Gründe halber schwer evakuiert werden können. Außerdem laboriert ihr Bruder seit Wochen am nämlichen Übel wie ich, ohne daß ein woher und warum herauszubringen wäre.[483] Dazu kam der Luftangriff, der u. a. den 1. Bezirk schwer mitgenommen hat. Meine ehemalige Arbeitsstätte soll demoliert sein.[484] Schade um das Haus! Auch die angrenzende Löwelstraße ist schwer getroffen; anscheinend zum Glück nicht der Minoritenplatz.[485] Nach meinem Empfinden – etwas vom Schönsten in Wien. –
Vorgestern hatte V(era) in B(erlin) zu tun und kam entsetzt darüber zurück, wie es dort ausschaut. Wir haben hier jetzt mit Ausnahme der fast allnächtlichen Störung leidliche Ruhe. Kurtl erwartet unmittelbar bevorstehend seinen infanteristischen Einsatz. Ein Teil seiner Kameraden ist schon abgegangen. – So gibt es Sorgen genug. Wenn uns der Herrgott nur nicht vergessen hat, dann wird wohl alles so gehen, wie Er es eben bestimmt hat! Es ist wohl wieder einmal eine recht ungute Zeit, noch um etliches schlimmer, als man sich phantasieloser Weise ohnedies vorstellen konnte! – Am Ende wird Onkel Moriz auch noch wandern müssen! Gelegentlich bitte recht herzliche Grüße!
Und wie schaut es etwa in I(nnsbruck) aus?! Eigentlich ist das flache Land jetzt immer noch besser dran. Am Ende kommen viele noch drauf, daß es eigentlich ohne Kino doch besser ist! Ich baue inzwischen Winterspinat und pflanze Erdbeeren und

---

[483] Jaromir Graf Czernin befand sich in Haft. Vgl. Anm. 354.
[484] Bundeskanzleramt am Ballhausplatz.
[485] Neben der Minoritenkirche steht hier das Unterrichtsministerium (Palais Starhemberg) und das Haus-, Hof- und Staatsarchiv (Rückseite des Bundeskanzleramtes).

denke mir, wenn es anders werden sollte, werde ich es schon noch rechtzeitig merken. Hoffen wir es wenigstens.
Alles Herzliche von uns allen Dein
Kurt.

**Brief 125**
23. Oktober (19)44

Lieber Onkel Hermann!
Vielen Dank für Deinen Brief vom 8. d., der unlängst ankam und mich wie immer herzlich freute. – Tante Mathilde schrieb schon, daß sie so ein gutes Gefühl habe seit Deiner Einladung und Onkel Moriz wird auch für alle Fälle froh sein. Mit Deiner Ruhe ist es ja dann – so relativ dieser Begriff heute überhaupt sein mag – wohl in etwa dahin. Aber vermutlich wirst Du es doch nie bereuen, denn des allgemeinen Fluktuierens wird wohl auch nicht so bald ein Ende sein und da mag Vorbeugen – abgesehen von allem anderen – ganz gut sein. Übrigens ist die gute Tante Thilde – bei all ihrer manchmal gefürchteten Empfindlichkeit – von einer seltenen stillen Unaufdringlichkeit und herzensguter Diskretion, die ich an ihr wirklich bewundern konnte. Ich habe ihr aus den Jahren 27/31 sehr viel zu danken und freue mich für sie, daß sie im äußersten Fall geborgen ist. Nur glaube ich allerdings noch nicht, daß sie den richtigen Moment zur Loslösung von Wien erwischen wird. Entschlußkraft ist – wie übrigens auch bei der seligen Mama – nicht ihre allerstärkste Seite; bei mir auch nicht; nie gewesen. Die Wenn und Abers sind eben die Mitgift jeder allzu konservativen Denkungsart; bei der zu verbleiben, ich im übrigen fester denn jemals entschlossen bin. Zwar nur ein simples Rezept, aber jeder wie er kann; und mir schmeckt einmal der Cantus firmus besser als ein verpatzter Kontrapunkt.
Daß Deine Arbeit Dir willkommene Ablenkung bringt, kann ich mir gut denken; zumal sie ja – hoffentlich recht bald – wie-

der aktuell sein wird. Die unglückliche Munition eines ehemals distinguierten Ausländers über den »Krieg als Normalzustand unter den Menschen«[486] ist wohl eine allzu Εωομορφε[487] Vorstellung, die auf italienisch noch holpriger klingt als im Nietzsche – Deutsch. Was die heutigen kriegerischen Ausdrucksformen betrifft, sind sie wohl furchtbar. Aber dürfen wir eigentlich überrascht sein? Sie wurden ja nicht nur von den Fachleuten, sondern auch von genügend Romanciers überraschend treffend vorausgesagt. Wir wollten es nur nicht glauben. Ich erinnere mich noch gut an die erste große Luftschutztagesübung am Wiener Praterstern im Winter 34/35, mit allen Finessen naturalistischer Manöverregie; ich machte damals knurrend mit und hielt das ganze eigentlich für eine Gschaftlhuberei des Departementsvorstands,[488] der ist heute ein ziemlich bekannter Generaloberst, sein damaliger Chef[489] erschossen und ich längst ein Papierkorb uninteressant gewordener Erinnerungen. Nun gewisse Sachen muß man eben erst erleben, bevor man sie für möglich hält. – Es kommt wohl alles auf das seelische Gleichgewicht an, das zu halten nicht immer gleich einfach ist. –
Kurt ist seit 14 Tagen eingeschifft, irgendwo »weit weg«, wie er schrieb. Näheres weiß ich selbst noch nicht. Halte ihm bitte auch ein bißl Daumen, wenn Du auf Mutters gehst. Sonst sind

486 »Denn was die meisten Menschen Frieden nennen, das – meint er – sei ein leerer Name, in der Tat aber bestehe naturgemäß natürlich Krieg ohne förmliche Kriegserklärung aller Staaten gegen alle.« Platon, Sämtliche Dialoge, Bd. 7, Gesetze, Hamburg 1988, 3.

487 vermenschlichte.

488 Hier dürfte wahrscheinlich Generalmajor Alexander von Löhr (geb. am 20. Februar 1885 in Turnu/Severin – hingerichtet am 26. Februar 1947 in Belgrad), der Kommandant der österreichischen Fliegertruppe vom 1. Mai 1934 bis März 1938 gemeint sein, der in die deutsche Luftwaffe übernommen wurde und nach der Eroberung Belgrads am 4. Mai 1941 zum Generaloberst befördert wurde.

489 General Wilhelm Zehner (geb. 2. September 1883 in Biestritz/Biestrita – ermordet am 11. April 1938 in Wien) war ab 1934 Staatssekretär im Landesverteidigungsministerium.

wir wohlauf, wenigstens im Großen. Viel Herzliches von den Meinen, besonders von Deinem
Kurt.
Viele Grüße bitte gelegentlich an O(nkel) Moriz. Artur ist noch in der Nähe; ich höre selten von ihm. Weißt Du, was in Salzburg beim Angriff passiert ist?

Lieber Onkel Hermann,
Danke für Deinen guten M. bin so froh, daß es mit der Leber gelungen ist, vielleicht wird noch eine 2. Quelle funktionieren. Die Sorgen nehmen kein Ende – mein Bruder gottlob wieder frei. (Vgl. Anm. 483)– Dafür wieder die große Sorge um Kurtl.
Viel liebes D(eine)
Vera.

**Brief 126**
24. Oktober (19)44

Lieber Artur!
Gestern kam Dein Brief vom 20.d.; vielen Dank!
Damit Du nicht zu lange auf Antwort warten mußt, – Waschtag usw. – schreibe ich und hoffe dabei, daß wir bereits gratulieren können.[490] Einmal auf diesem Umweg zu Mariannes Geburtstag, dann überhaupt … Kann mir denken, daß Du sehr in Sorge bist. Hoffentlich kriegen wir bald gute Nachricht. So ein kleiner Erdenbürger gibt heute trotz allem einen sonst so seltenen Lichtblick. Auch wenn man selber kaum damit rechnen kann, ihm einmal eine »Es war einmal«-Geschichte erzählen zu können, die noch viel düsterer und blutgieriger klingen würde wie der schönste Grimm.
– Ja die arme Kamilla![491] Das Schicksal sucht sich wirklich oft

---

[490] Am 25. Oktober 1944 wurde Heinrich von Schuschnigg geboren.
[491] Kamilla Heidenreich wurde in Weiz Opfer eines Bombenangriffes.

die sonderbarsten Wege. Wenn ich könnte, würde ich gerne Pepi[492] schreiben. – Ich wäre übrigens an Deiner Stelle froh, wenn die Übersiedlung nach Pfunds gelänge.[493] Hoffentlich sind nicht allzu große Schwierigkeiten. Da unten ist es auf die Dauer doch eher riskant; allerdings, – weiß man?
Ein gut Stück Fatalismus ist von Nöten; und der selige Schönherr hatte trotz allem recht milde Vorstellungen von einer »schmiedeisernen Zeit«. Wir haben ja alle miteinander nicht recht geahnt, wie spät erst der Defregger[494] in Wirklichkeit aufhört!
Von Kurtl kam die letzte Nachricht kurz vor seinem Abgehen am 8. d. Er schrieb, daß er auf ein Schiff komme, das Horthy 1938 taufte, – also wohl »Prinz Eugen«, – und daß er »sehr weit weg« komme; näheres wissen wir noch nicht, weil man ihm einstweilen nicht schreiben kann. Er scheint eher froh zu sein, da infanteristischer Einsatz zu befürchten stand. Jedenfalls halte bitte Daumen!
Aus der Luft haben wir hier jetzt unberufen Ruhe. Dafür sonst die üblichen Erschwernisse des Lebens. Aber das ist ja gleich überall. So bleibt also nur die einzige große Hoffnung, daß der Krieg um Gottes willen nicht am Ende aufhören möge, was ja bis auf weiteres wirklich nicht zu befürchten steht. Alles herzliche wie immer Dein
K(urt)

Sehr viel Liebes Euch Beiden von mir. Wenn nur bei Mar(ianne) alles gut vorüber wäre! Adr.[495] schrieb, daß sie nach Wien kommt – stimmt aber wohl nicht? Ist auch kaum

---

492 Pepi Heidenreich.

493 Marianne von Schuschnigg floh mit den vier Kindern und dem Kindermädchen vor den nahenden sowjetischen Truppen im April 1945 von Schwanberg/Steiermark nach Pfunds/Tirol, wo Artur (II) seine Familie bei Kriegsende vorfand.

494 Franz von Defregger (geb. am 30. April 1835 in Ederhof – gest. am 2. Jänner 1921 in München), Maler, Novellist. Genrebilder aus der Geschichte und dem Leben der Tiroler Bauern.

495 Adrienne Kupka, Wiener Freundin der Familie.

sicherer als Graz. Jaromir[496] ist jetzt ganz in Graz. *Große* Sorge um Kurtl. Rudi[497] z. Glück im letzten Moment wieder zurückgestellt. Wie soll noch alles werden? Ich bin oft sehr mutlos.
Tausend Gutes und Liebes Deine
Vera

**Brief 127**
6. November (19)44

Lieber Artur!
Die Feldmäßigkeit des Bleistifts bittet um Nachsicht; bei dem Gerätemangel geht es schwer anders. Vielen Dank für Deine letzte Nachricht. Du wirst froh sein, daß in Schwanb(erg) alles gut überstanden ist. Ja, der Bub wird einmal Augen machen, wenn er die Sage des drum und dran seines Eintritts in die Welt einmal begreifen wird! Schade, schade, daß die Eltern ihn nicht mehr erlebten; das wäre wohl eine große Freude gewesen! Ich finde den gewählten Namen,[498] der mir übrigens auch sonst vertraut klingt, sehr begreiflich. Bin sehr für Pflege der in den Familien traditionell gewordenen Namen und für alles, was nicht an Walhall-Sezession mit Blechmusik erinnert. –
Aus dem Album entnehme ich übrigens die rasche Entwicklung Deiner Großen. Spatz guckt – zumal im en face-Bild – erstaunlich entwickelt in die Welt und auch die Nanni beherrscht offenbar ein beachtlich lebhaftes Mienenspiel.[499] Etliche Bilder sind wundernett; – übrigens auch die Landschaft viel ansprechender, als ich sie in einer allerdings etwas gehetzten Erinnerung trage. Verstehe gut, daß Marianne sich schwer zu einem Umzug entschließt. Aber, wenn im Erzgebirge sich et-

---

[496] Jaromir Graf Czernin, Bruder Veras.
[497] Rudolf Graf Fugger.
[498] Heinrich.
[499] Artur (III) undAnna von Schuschnigg.

was findet, wird der Magnetismus der Eltern vielleicht doch stärker sein.[500]
Man kann ja natürlich nichts vorher wissen und, wenn man so abseits gelegen ist wie wir, dann schon gar nicht. Es ist nur die Grenznähe, die doch etwas besinnlich stimmt. Und für die östliche Hälfte dessen, was einmal »bei uns daheim« war, sehe ich leider doch ziemlich düster. Besser, man denkt nicht viel darüber nach. – Vielen Dank auch für die Gunz-Briefe. Er ist so ein anhänglicher, wirklich lieber Mensch. Direkte Verbindung riskiere ich lieber nicht aus naheliegenden Gründen.[501] Jedenfalls hat mich sein Erinnern besonders gefreut. Mit seinem oft unheimlichen Gedächtnis kommt er mir vor, wie ein lebendiges, mit galvanisierter Scholastik rostsicher erhaltenes Periskop, das aus versunkenen Zeiten mutterwitzig und überraschend aktuell in die Ecken der Welt lugt, immer irgendwie up to date und doch unmodern, soweit es ums Akzidentelle geht; unpraktisch aber doch sehr besinnlich und wertecht. – Die sonderbaren Wege des Schicksals zeigt das Los der armen Kamilla;[502] dagegen verblaßt Olgas[503] Ungemach, das allerdings auch leicht tragisch werden kann, zumal ich ihr seelisches Gleichgewicht nicht allzu fest taxiere, – und schon gar die Töplyschen[504] Fenster! Aber irgend etwas ist doch überall. – Eben schreibt Kurtl auf Umwegen, daß ihm etliche Offiziere [Österr(eicher) mit Geschichte!] Unannehmlichkeiten zu machen in Begriff sind und gegen seine Einstellung protestieren (nämlich seine Einstellung als R.O.B.).[505] Der 1. Offizier deckt ihn aber. Bin neugierig, wie

---

500 Marianne von Schuschniggs Eltern befanden sich in Dresden. Vgl. Anm. 80.

501 S. Anm. 322.

502 Kamilla Heidenreich wurde Opfer eines Bombenangriffes auf Weiz, wohin sie vor den Bomben auf Graz geflohen war.

503 Olga Hekajllo kam im KZ ums Leben, was zu diesem Zeitpunkt noch nicht bekannt war.

504 Bombenschaden in der Wiener Wohnung der von Töplys.

505 R.O.B. = Reserveoffiziersbewerber.

es weitergeht. – Hoffentlich entwickeln sich die Bau-Histörchen Deiner Gegend zur allseitigen Zufriedenheit!
Alles Gute Dir u(nd) den Deinen,
herzlich Dein
Kurt

**Brief 128**
13. November (19)44

Lieber Onkel Hermann!
Unsere letzten Briefe haben sich scheinbar gekreuzt. Aus Deinem entnehme ich mit Schrecken, daß die Luftbedrohung Dir schon bedenklich nahe gerückt ist. Das klingt alles so abenteuerlich und unwahrscheinlich, daß man sich unwillkürlich manchmal über die Augen fährt, ob nicht am Ende alles nur ein wüster Traum ist. Aber leider! – Hoffentlich hast Du das Ärgste mit dem 20. Okt(ober) überstanden und suchen die unheimlichen Vögel die Bahn ein ander Mal nicht an unmöglicher Stelle.[506] Hier ist es aus der Luft nach wie vor relativ ruhig und hatten wir schon lange keine wesentliche Bedrohung. Vera berichtet nach ihren übrigens sehr seltenen Ausflügen in die Stadt(,) daß dort dem äußeren Anschein nach für den Zerstörungswillen kaum noch etwas zu tun bleibt. – Dafür hat es meine Cousine Kamilla[507] (Tochter von Papas +ältsten Bruder) bei einem Zufallbesuch in dem steirischen Nest Weiz, wohin sie aus Fliegerangst von Graz aus flüchtete, unlängst erschlagen. Meine Cousine Olga[508] (Lehrerin in Salzburg) ist seßhaft mit anscheinend ernsteren Schwierigkeiten wegen irgend einer kriegswirtschaftlichen Sache.[509] Und meiner Dritten[510] in Wien hat es unlängst Tür- und Fensterrahmen ausge-

---

506 Anspielung auf die Bombentreffer am Plumeshof (Foto 54) und Bestätigung des Bombenschadens.
507 Kamilla Heidenreich.
508 Siehe Anm. 503.
509 Vorwurf des Hamsterns.
510 Lilly von Töply.

hoben. Was etwa Tante Mathilde macht? Sie wird wohl auf dem Standpunkt stehen: wenn schon erbombt, dann lieber bequem in der eigenen Wohnung. – Ich möchte ja nur noch wissen, wie die, die einmal dafür zu sorgen haben werden, die akuten Wohnungssorgen lösen. Dagegen waren die früheren Mieter-Kalamitäten wohl eine Kindergartenangelegenheit. Eine recht stachlige allerdings, wie ich mich aus der Blütezeit meiner ersten advokatorischen Praxis entsinne.
Weißt Du übrigens was etwa aus Fiecht[511] geworden ist? Der letzte Abbas dort (Grauß)[512] war ein Freund und Schulkollege. – Hier ist es jetzt den novemberlichen Zeitläuften angemessen auch trüber und düsterer als sonst. Wir sind recht knapp dran in den meisten Belangen; nur das Heizen macht gottlob keine Sorge. – Von Kurt kommen ganz zufriedene Briefe, er macht scheints Maschinen-Dienst auf dem »Prinz Eugen« und kriegt einschließlich Zulagen 70 M(ark) im Monat, was ich reichlich finde. Er lobt die Verpflegung sehr und bekommt 14 Zigaretten täglich, leider auch Alkohol. Nur hat er scheinbar Schwierigkeiten, weil einzelne Vorgesetzte – Landsleute mit früherer Geschichte[513] – Anstoß an seinem Res(erve-)Offiziers-Aspirantentum nehmen! Nun, da kann man halt leider nichts machen. Seine Pflicht wird er schon tun und der Herrgott wird ihn hoffentlich schützen, das wäre die Hauptsache. –
Alles Herzliche von uns allen, besonders wie immer von Deinem
Kurt.

Viele Grüße an O(nkel) Moriz.

Alles Liebe u(nd) Gute Deine
Vera.

---

511 Kloster Fiecht bei Schwaz in Tirol.
512 Albert II. Grauß, 1936–1966 Abt des Stiftes St. Georgenberg-Fiecht.
513 Österreicher mit illegaler Nazivergangenheit.

**Brief 129**
15. Dezember (19)44

Lieber Artur!
Vielen Dank für Deine guten Wünsche![514] Angesichts unserer Postüblichkeiten verbinde ich damit jetzt schon herzliche Weihnachtserinnerung für Dich und die Deinen. Und bei der Erinnerung wollen wir es zweckmäßiger Weise belassen. Ich wünsche Dir sehr, daß Dein in eventu Absentierungsprojekt über die Feiertage Dir gelingt. Dann könntest Du wenigstens Deinen Jüngstgeborenen sehen. Was ich Dir für 1945 wünsche, weißt Du ohnedies. – Deine letzten Zukunftsperspektiven klingen nicht gerade freundlich, vielleicht geht der Kelch aber doch noch einmal an Dir vorüber. Faktisch hat ja jeder einzelne (und alle zusammen) keinen Grund mehr zum Lachen. Es ist schon ein Pech; der einzige, dem alles Spaß gemacht hätte – der olle Nietzsche – kann das nicht mehr erleben! Aber er täte sich ja auch schwer. Als Beobachtungsposten käme höchstens noch die Schweiz in Frage, und die soll bei Einreise von Genies auch schon vorsichtig geworden sein. –
Die Bombenangriffe bei uns daheim gehen uns allen sehr nahe. Von Tante Mathilde[515] kommen recht trüb gestimmte Berichte. Die Arme! – Von Schenker & Co[516] erhielt ich unlängst die freundliche Mitteilung, daß ich für das Lagergut »noch xRM zusätzlich Versicherungsprämie als restliche Lagerspesen zu zahlen habe. H. H.!«
Überschrift: Fliegerschaden. –
Nun, die Masse habe ich nach langjähriger und zäher, teurer Verteidigung ja schon Ende 1941 in die neue Stellung gerettet. Aber was blieb, tut mir leid; es waren die paar guten Bilder dabei (Tom Dreger, Familienbilder, Böttger, ein Egger-Lienz-

---

[514] Geburtstag 14. Dezember.
[515] Ihr Wohnort wurde zunehmend von der heranrückenden Front bedroht.
[516] Wiener Spedition, in deren Lager die Möbel Kurt von Schuschniggs untergebracht waren.

Kopf u. a., eine Original Einberger-Krippe, Miniaturen); nun Schwamm drüber – und stolze Trauer. –
Hoffentlich hast Du von den Deinen gute Nachricht. Ich fürchte sehr, gar lang wird ihres ungestörten Bleibens dort kaum mehr sein. –
Von Kurtl noch gute und halbwegs beruhigende Post; das letztere Epitheton gilt scheinbar bis zum Jahreswechsel. Anscheinend Neubewaffnung des Schinakels.
Alles Herzliche u(nd) viele liebe Weihnachtsgrüße wie immer
Dein
Kurt

(Vera will selber schreiben)

**Brief 130**
16. Dezember (19)44

Lieber Artur!
Herzlichen Dank für Deinen gestern erhaltenen lb. Geburtstagsbrief.
Ja – möchten die guten Wünsche in unser aller Interesse sich erfüllen. Zeit wäre es langsam! – Den Tag selbst haben wir hier mit allen Finessen bis an die Grenze des heute noch Möglichen gefeiert. Vera hatte sich eine Riesenmühe gegeben, die zum vollen Erfolg geführt hat. Speck mit Spiegelei zum Frühstück, – was sagst Du! Aber ziehe daraus keine falschen Schlüsse auf unseren sonstigen Lebensstil; ich weiß nur momentan nicht, wie man das zum Fremdwort gewordene »einmalig« bedeutscht, wenn man es wörtlich meint!
Meinen Weihnachtsbrief hast Du wohl mittlerweile erhalten. Armer! Ich fühle Dir alles nach; nicht zuletzt aus langem eigenem Erleben. Hoffentlich bleibt Dir wenigstens das »… 3, 4 – Stille Nacht« erspart, von dem Kurtl unlängst in schaudernder Vorahnung berichtete. Nachdem man ja leider – wie Du rich-

tig schreibst – auch nichts schenken – und wenn schon, dann nichts schicken kann – nimm diesen kleinen brieflichen Plausch als schäbigen Ersatz, der Dir vielleicht in der Monotonie einer Dienststunde die Gewähr des Aneinander-Denkens gibt.
Die Geldsendungen an Deine Kinder werden also wunschgemäß unterlassen. Ich verstehe Deine pädagogischen Motive durchaus und hoffe, daß ich dafür »später einmal« den Onkel spielen kann. Einstweilen freue ich mich mit Dir, daß es ihnen halbwegs gut geht; hoffentlich bleibts so. Winters über werden sie voraussichtlich ja noch Ruhe haben und dann geht eine eventuelle Reise ja doch wieder um etliches leichter. Allerdings ist heutzutage manches unberechenbar! Tante Mitzis Veränderung finde ich erstaunlich. Ich hatte sie immer für das personifizierte Phlegma von leicht vereinfachtem Habitus gehalten. Das muß doch das Alter machen. Wer weiß, wie man selber einmal mit diesem fertig wird, so es einem – wenig wahrscheinlicher Weise – beschieden sein sollte. Alte Leute haben es heute wohl noch schwerer als die Jungen; wobei es diese Kategorie allerdings im wahren Sinn des Wortes auch kaum mehr gibt, – weil schließlich jeder einzelne so viel Erleben auf dem Buckel trägt, daß es für einen 80er von früher reichlich langte. –
Der Jammer ob des Zerstörten geht mir auch oft nahe. Zumal das Meiste wohl unwiederbringlich dahin ist – und um das Wiederaufgebaute lohnt sich kaum besondere Neugier. Daß Wohnküchen und Badezimmer schöner sein werden wie früher, ist ja durchaus möglich; wäre auch ganz praktisch und angenehm; und als einzige barocke Erinnerung wird es ja mit der Zeit wohl wieder zu einer Neuauflage eines schön bebilderten Grimschitz[517] u(nd) vielleicht sogar zu einem Kaiserschmarren langen …
Ja, die Weltuntergangsstimmung liegt nahe; und vom Kultur-

[517] Bruno Grimschitz (Hg.), Deutsche Bildnisse von Runge bis Menzel, Wien 1941.

bruch ist seit Dezennien so lang gefaselt worden, daß er wohl wirklich einmal kommen mußte. – Daß ausgerechnet Amerika übrig bleibt, ist wohl tragisch! In der Antike gab es wenigstens Erben und die Ursachen waren zeitlich und personell auf breitere Flächen verteilt; diesmal werden sich künftige objektive Forscher mit der Begründung des Warum und Wieso nicht ganz leicht tun.

Ich lese jetzt wieder mit hohem Genuß »Das goldene Vlies«[518] (d.h. »wieder« ist leicht übertrieben; denn seit der letzten Lektüre sind mehr als 30 Jahre her – und das zählt daher kaum mehr!). An den starken Eindruck von damals erinnere ich mich zwar heute noch. Und jetzt freut mich noch zusätzlich, daß die anderen auch nicht mehr ins Burgtheater gehen können;[519] so gemein ist der Mensch! Auch sonst gehe ich jetzt viel privat ins Theater. So unlängst sogar in »Die Räuber«.[520] Phantastisch wie zeitgemäß da vieles klingt. Der Obergruppenführer Karl Moor[521] könnte direkt heute leitartikeln; d.h. er sollte, – dürfte es aber wohl schwerlich! – Ja, die Klassiker!

Das Radio unterstützt den Hunger nach literarischen Reprisen leider nur spärlich. – Den »Lincke-Abend[522]« unlängst haben wir auch gehört. Bin ganz Deiner Meinung. Köstlich fand ich ja auch seine verbindenden Worte: der Berliner, wie er im Buch steht! Prima Einfälle, – (mehr als einen, mindestens 2–3), die er mit unerschütterlicher Zähigkeit durch 80 Jahre festhält in eiserner Konsequenz u(nd) unverwüstlicher Schnoddrigkeit, und dabei trockenen Humors »den Kollegen« Joh(ann)

---

[518] Dramatisches Gedicht von Franz Grillparzer.

[519] Joseph Goebbels war seit dem 25. Juli 1944 »Reichsbevollmächtigter für den totalen Kriegseinsatz«. Er verfügte im August 1944 eine allgemeine Schließung der Theater. Vgl. Ralf G. Reuth, Goebbels. Eine Biographie, München 1990, 558.

[520] Stück von Friedrich Schiller.

[521] Person aus den »Räubern«.

[522] Paul Lincke.

Strauß, Millöcker[523] u(nd) Lehár« auf die Schultern klopft; die Geschichte mit den »Kollegen« hat mir besonders gut gefallen. Er kann was und kennt was, – besonders keinen Genierer!
Eigentlich wäre P(aul) Lincke in einem Wiener Fremdenverkehrsbetriebs-Heurigen sehr gut denkbar, vielleicht vom Kollegen Lehár, aber auch vom Schrammel dadurch unterschieden, daß man bei ihm erst nach Mitternacht zur wirklich vollkommenen Schmalzauswertung kommt, wofern man nicht nur auf der Isola bella glühwurmt.[524]
Was mich auf die Kostspieligkeit des Vergnügens und damit auf ganz etwas anderes bringt: –
Kennst Du eigentlich die wahren Motive von Gasteigers[525] demonstrativer Parade? Nur ideale Überzeugung, – noch Erichs[526] Vermächtnis, – oder ökonomischer Erwägung? Wahrscheinlich kombinierte Gelegenheitsmischung? Wer viel sündigt, dem wird viel vergeben werden! Auch wenn er auf Sohlen von Pasch und Graubart[527] gewandelt ist.
Das führt mich aber wirklich reichlich abseits von rein weihnachtlicher Erwägung. Weil ich aber schon bei Innsbrucker Halluzinationen bin: so eine Weihnachtsauslage von A. Hörtnagl[528] von ehedem – wäre nicht ohne! Ob der jetzt Kanonen statt Butter im Fenster hat? …
Wobei mir die Sauerkraut/Bohnen-Delikatess-Suppe vom Hl. Abend 1920 einfällt (und der guten Cazin Chock!)[529] Gar nicht lange später hatten wir doch alle eine Wiederholung dieser Zeiten für unmöglich gehalten!
Nein, daß vielen unserer Zeitgenossen recht geschieht, steht außer Frage! Nur bitter, daß wir dabei sind. (Recht geschieht

---

523 Karl Millöcker (geb. am 29. April 1842 in Wien – gest. am 31. Dezember 1899 in Baden), Operettenkomponist.
524 Paraphrase auf einen Schlager von Paul Lincke.
525 Siehe Brief 98.
526 Erich Gasteiger.
527 Exklusives Innsbrucker Schuhgeschäft, 1938 »arisiert«.
528 Bekanntes Innsbrucker Delikatessen-Geschäft.
529 Maria Cazin bekam angesichts einer etwas seltsamen Speise einen »Schock«. Vgl. Anm. 224.

natürlich nur insofern, daß wir uns das verweichlichende Wohlleben und die fette jüdische Küche wieder angewöhnten. Wo man hinschaut, immer wieder der verdammte Jud!).
Nun also, wollen wir halt weiter machen. Mit Volldampf und Zugsperre nach 1945; schade, daß man nicht weiß, was 2000 darüber etwa in den Schulbüchern stehen wird. Auch wer das Approbatur dann gibt, würde mich interessieren! –
Gelegentlich alles Liebe den Deinen! Vor allem Dir selbst herzlichst Dein
Kurt

Soeben kommen verspätete Novemberbriefe von Kurtl. War bei Sworbe dabei und sind nun Flaggschiff. – Geht ihm gut. – Wird – wie er zufrieden berichtet – nicht seekrank, trotz Windstärke 8. (Ich werde es, wenn ich nur daran denke!)

**Brief 131**
16. Dezember (19)44.

Lieber Onkel Hermann!
Der Weihnachtsbrief beginnt diesmal unsererseits mit einer etwas besorgten Frage: es wird fortwährend von Luftgefahr in Tirol berichtet und Du gabst schon länger keine Nachricht; vielleicht ist auch ein Brief unterwegs verunglückt. Nun, man kann nur hoffen und weiter bangen. So Gott will, ging alles halbwegs gut aus und bist Du so wohl, als es eben die Zeitumstände gestatten. Frohe Weihnachten lassen sich ja heuer schwerlich wünschen, aber gesegnete dafür um so besser, voll guter Erinnerungen und Dankbarkeit, daß uns diese bewahrt blieb; sie gibt wohl auch die Gewähr, daß es auf Erden wieder anders kommt, und darum auch die heute noch recht verhängte Zukunft mit Gleichmut begrüßt werden will. Die Mitte der 40er Jahre ist scheinbar in jedem Jahrhundert leicht kritisch. Man sollte wissen können, was man in 100 Jahren darüber denken wird.

Ob wohl das Haus Dreiheiligenstr(aße) 9 noch steht?[530] Wenn noch alles wäre wie früher, hätte ich keine ruhige Minute wegen der Bahn-Höfe. Und weißt Du vielleicht zufällig, ob am Innrain 37 und in der früheren Erzh(erzog) Eugenstraße (Saggen) etwas passiert ist?[531] Aus Wien kam mittlerweile die Nachricht, daß meine restlichen Möbel beim Schenker verbombt sind; darunter leider auch ein paar ganz gute Bilder u.s.w. Schade um die 7 Jahre lang gezahlte Lagergebühr!
Von Kurtl bislang gottlob gute Nachricht. Seine Fahrgelegenheit ist jetzt Flaggschiff; war Ende November von See aus bei Sworbe beteiligt und kreuzt jetzt scheinbar zwischen Kurland und Norwegen mit Ankerplatz bei Danzig. Wir sind soweit gesund; das Kind gedeiht, Vera ist sehr beansprucht und trägt alles tapfer; hat es ja auch recht schwer, die Arme! Wir bräuchten halt vor allem wenn schon nicht Spielgefährten, so doch eine ab und zu entlastende Tante für Sissy, die äußerst lebhaft ist und uns beide voll in Anspruch nimmt. Es ist alles so schwierig eingerichtet: Neben uns – exteris paribus – sind gleich 5 Kinder, noch dazu aus heimatlich benachbarten, wenn auch sozial höher gestellten Regionen; V(era) kennt die Eltern.[532] Allen Beteiligten wäre geholfen, wenn wenigstens die Kinder zueinander könnten. Quod non! Ganz gleich geht es mit Artur, der 1 Bahnstunde entfernt nach Art gewisser Kanoniker Präsenzdienst macht. Ich lese allabendlich entweder Homer

---

530 Die Dreiheiligenstraße 9, die Adresse Artur (I) von Schuschniggs in Innsbruck, liegt direkt neben dem Eisenbahn-Viadukt, einem wichtigen strategischen Ziel der Bombenflieger.

531 Frühere Adresse Kurt von Schuschniggs.

532 1944 wurde die Familie des Kronprinzen Rupprecht von Bayern (geb. am 18. Mai 1869 in München – gest. am 2. August 1955 in Leutstetten) verhaftet und ins Lager überführt, während sich Rupprecht in Ungarn aufhielt. (Vgl. Andreas Kraus, Geschichte Bayerns, München 1988, S. 732.) Seinem Sohn, Herzog Albrecht (1905–1996), war wegen seiner Weigerung, einer Gliederung der NSDAP beizutreten, der Studienplatz in München bereits in den dreißiger Jahren entzogen worden. Er wurde zusammen mit seiner Familie in Sippenhaft genommen. Freundlicher Hinweis von Professor Dr. Leopold Stock, Ottawa.

oder Grillparzer; unlängst sogar mit besonderem Interesse wegen ihres aktuellen Anwerts »Die Räuber«. Auch eine »Hamlet«-Reprise habe ich mir unlängst geleistet; und mich dabei gefreut, daß andere Leute auch nicht mehr ins Theater gehen können.[533] (So gemein wird man!) – Hoffentlich kommt bald gute Nachricht von Dir! Viele liebe Weihnachtsgedanken von uns allen! Herzliche Grüße Dein
Kurt

Ein recht liebes Weihnachtsgedenken auch von mir. Komme vor lauter Arbeit gar nicht zum Schreiben. Herzl(iche) Grüße
Deine
Vera.

**Brief 132**
2. Jänner 1945

Lieber Artur!
Zum Namenstag viele gute Gedanken! Normaler Weise möchte man ja bei solcher Gelegenheit einen kleinen Familienplausch inszenieren; das ist das Nette solcher Tage, daß die, die zusammengehören, aus ihrer Werkeleinteilung heraus sich ein paar gemeinsame Feierstunden organisieren. (Scheußliches Wort, aber hier stimmt's!)
Nun, daran ist ja ohnehin nicht zu denken, – und bei uns schon gar nicht; eher bliebe sogar dem Krummen (Hefaistos) die Spuke weg,[534] ehe hier Unberufene einen permesso für den hl. Stall sich ergattern. Zumal jetzt auch nobliches Fleckvieh (vgl. Anm. 532) in der Nähe ist. –
Und wie hast Du die Feiertage verbracht? Gute Nachricht von den Deinen? Die Kinder vor allem werden Dich wohl sehr

---

533 Goebbels verfügt im »totalen Krieg« die Sperre der Theater. Vgl. Brief 129.
534 Gemeint ist der Propagandaminister Goebbels.

vermißt haben! Im übrigen geht es ihnen wohl relativ noch am besten. Hoffentlich bleibt's so! – Von O(nkel) Hermann[535] haben wir schon lange keine Nachricht mehr. Bin darob etwas beunruhigt. Von I(nnsbruck) kann ja eigentlich nicht mehr sehr viel stehen, sollte man meinen. Aus Wien bekommen wir fallweise Nachrichten. Die Partien um die Bahnhöfe scheinen stark gelitten zu haben; insbesonders auch die Prinz Eugen-Straße. Und was ist etwa mit Olga[536] los?
Aus München höre ich auch gar nichts mehr; dort hätte mich das Schicksal etlicher Kultstätten recht interessiert. Nun, gottlob scheint ja das Florenzer Original unversehrt geblieben zu sein. –
Zur Jahreswende hat uns sehr beruhigt, de longo et lato vernommen zu haben, was zu tun und zu denken sei; gottlob; es wäre ja auch undenkbar gewesen, am Ende plötzlich der Mediokrität eines gewöhnlichen Daseins gegenüberzustehen; das gilt ja für uns alle. Im Übrigen ist es ein wahres Glück, daß wir Deutsche uns im Bedarfsfall auch über Nietzsche hinaus zu Kant zurückdenken können. Geistig ist für alle Möglichkeiten vorgesorgt. –
Sonst geht es uns gut. Vera ist stark beschäftigt: putzen, waschen, kochen usw. – Es ist schon allerhand, was eine Frau heute zu bewältigen hat. Wir haben den hl. Abend u(nd) Sylvester so gut als nur möglich verbracht; sogar ein Glühwein war zur Stelle. Sissy freute sich rückhaltlos über das Christkind; möge 1945 uns halbwegs gnädig sein.
Nochmals herzliche Wünsche, in die auch Dein Ältester inbegriffen sei, und viele liebe Grüße Dein
Kurt

Von Kurtl letzte Nachricht vom 17. v.; geht ihm gut; eher ein bißl gedrückt.
Tausend liebe gute Wünsche lieber Artur! War schon lange

---

535 Hermann Wopfner.
536 Siehe Anm. 97 u. 503.

nicht mehr in W(ann)see. Warte jetzt aber auf ein Paket das hinkommen soll. Vielleicht diesen Samstag. Hoffentlich ist in Schwanberg alles in Ordnung.
Sehr viel Liebes Deine
Vera.

**Brief 133**
15. Jänner (19)45

Lieber Onkel Hermann!
Gestern kam Dein Brief vom 12. 12. v., zwar stark ramponiert, aber noch gut lesbar. Ich war sehr froh darum, denn nachgerade hatten wir schon Sorge! Gott sei Dank – war – damals wenigstens – bei Dir noch halbwegs alles in Ordnung. Es ist so schad, daß die Postverbindung immer mehr ein aleatorisches Geschäft wird und nicht einmal der engste Kreis derer, die zusammengehören, so im laufenden übereinander sind.
Daß Deine Perniziöse Dich wieder plagt, ist wohl eine sehr ungute Zugabe zu allem sonstigen Ungemach. Du tust uns herzlich leid und fühlen wir Dir alles reichlich nach! Alle unsere guten Wünsche und Gedanken sind bei Dir, zumal wenn das Radio von Einflügen aus dem Süden berichtet. Möchten doch wir alle diese grausame Prüfungszeit endlich gut überstehen.
Manchmal denke ich, Mama käme um vor Angst um uns alle, wenn sie noch leben müßte. Papa hätte gestern seinen 80. gefeiert. –
Uns geht es so weit gut. Wir haben noch immer Fenster und Dach und gehören, was die Luft anlangt, mitsamt den ganzen B(erliner) Gegend wohl derzeit zu den glimpflichst behandelten. Im übrigen wird das Leben natürlich auch hier nicht leichter. Die ganze pseudonyme Komplikation unseres Daseins bleibt weiterhin streng vorgeschrieben, obwohl natürlich sämtliche Spatzen im Umkreis die Lösung des Geheimnisses

längst von den Dächern pfeifen.[537] Was übrigens Vera beim Einkaufen in den Geschäften zumeist nicht nachteilig empfindet, – im Gegenteil. Leider hat sie eine neue schwer drückende Sorge: ihr 17jähriger Sohn[538] ist zu den Fliegern eingerückt! – Kurtls Feldpost braucht leider meist auch sehr lange; ich vermute ihn momentan irgendwo in norwegischen Wassern. So bangen wir denn ständig um die Lieben.
Lektüre betreibe ich mehr zwischendurch. Immer noch Pesch, dann »Naturrecht« (Heinrich Rommen)[539] etc. etc. Die »Gesellschaftslehre« von Frodl[540] hab ich in Vorbereitung, dann ein bißl Gugliemo Ferrero[541] »Größe u(nd) Niedergang Roms«, ab und zu schöne Literatur; der Stoff geht gottlob noch nicht aus. Auch an meiner eigenen jahrelangen Niederschrift putze ich weiter herum; wird wohl leider mehr voluminös als wertvoll werden und daher nie einen Bruckmann[542] finden. Ich denke mir halt, vielleicht bleibt doch eine Schublade erhalten, in der es einmal jemand findet. – Alles Gute weiterhin! Hast Du mittlerweile meinen Weihnachtsbrief erhalten?
Viele liebe, herzliche Grüße von uns allen Dein
Kurt.

Herzl(iche) Grüße bitte auch an Onkel Moriz!

---

537 Anspielung auf das allgemeine Wissen um den Häftling »Dr. Auster«, recte Kurt von Schuschnigg. Vgl. Anm. 295.
538 Rudolf Graf Fugger.
539 Heinrich Rommen SJ, Naturrecht, Die ewige Wiederkehr des Naturrechts, Freiburg 1936.
540 Ferdinand Frodl, Gesellschaftslehre, Wien 1936.
541 Guglielmo Ferrero, Größe und Niedergang Roms, Stuttgart 1927.
542 Gemeint ist ein Verlag; Bruckmann war der Ansprechpartner Hermann Wopfners für Verlagsangelegenheiten.

**Brief 134**
Rom, 5. September (1945)[543]

Lieber Onkel Hermann!
Die glückliche Gelegenheit einer persönlichen Postverbindung möchte ich benutzen, um die so lange unterbrochene Correspondenz wieder aufzunehmen. Vor allem: wie geht es?! Hoffentlich leidest Du nicht zu arg unter den anscheinend so schweren und betrüblichen Verhältnissen! Hast Du zu essen? Am Ende Einquartierung? Tausend Fragen, die einem schon bei der Niederschrift fast weh tun, weil ja heutzutage so selten eine beruhigende Antwort kommt. Was ist etwa mit Tante Thilde? Und Onkel Moriz? Mena, Tita, Paul Kathrein? Arturs Familie?
Mein Bub ist derzeit in Bozen oder Umgebung; gestern bekam Vera gottlob die erste Nachricht von ihren Kindern – seit Februar! Kannst Dir denken, was das heißt. Die Mädeln sind gottlob wohlbehalten in Bayern; vom Buben, der kriegsgefangen sein dürfte, leider noch nichts. –
Kurt ist, wie Du ja wissen wirst, noch rechtzeitig in die Schweiz über Südtirol, was von Danzig aus auch nicht der nächste Weg war.
Wir sind in mühsamer und färnisreicher Reise – meist im Gefangenen-Auto – von einem Konzentrationslager ins andere gewandert, waren schließlich Mitte April sogar ein paar Stunden bei Innsbruck, dann über den Brenner nach Niederndorf und Pragser Wildsee, wo wir unvergeßlich schöne, wirklich ganz unbeschreibliche Tage verlebten. Allerdings hatten wir bis dort unsere gesamte Habe, bis auf das, was wir am Leib trugen, verloren.[544] Nach 14 Tagen ging es unter amerikanischer Eskorte über Verona nach Capri. Dort hatten wir eine kl(eine) Villa mit Bedienung, voller amerikanischer Verpflegung. –

---

543 Dieser Brief wurde auf einem Kopfpapier des amerikanischen Roten Kreuzes geschrieben.
544 Vera von Schuschnigg verlor ihren Schmuck, den sie in einem kleinen Lederbeutel am Körper trug.

Kurz es ging uns sehr gut – durch 3 Monate. Nur waren wir nicht frei, sondern an die Insel gebunden. Ich durfte 2x mit Offiziersbegleitung nach Rom.[545] Post erhielt ich zwar viel von New York, aber keine von daheim. Also isoliert.
Dann wurden wir plötzlich – innerhalb 48 Stunden – buchstäblich in Rom auf die Straße gestellt.[546] Nun sind wir also frei, aber das ist zunächst – ohne Hilfe – auch wieder mühsam. Vorläufig wohnen wir bei den Elisabethinerinnen. Vom Vatikan erhielt ich etwas Geld und Anziehsachen. Außerdem schreib ich Artikel und publiziere ein in der Gefangenschaft geschriebenes Buch, das erfreulicherweise vor Manuskript – Ablieferung bevorschußt wurde.[547] Also geht es.
Vera ist hier nicht sehr glücklich, wegen Hitze, Kind usw.; möchte in die Schweiz, da hängen nur einige »Wenns« dran; »wenn« wir die Einreise kriegen; und last not least »wenn« es für die Fränkli reicht. Das glaube ich aber eigentlich schon, wenn mein amerikanischer Vertragspartner[548] im Wort bleibt. Zu haben ist hier alles wie im vollsten Frieden, aber es kostet ungeheuerlich viel.
Die Art und Weise, wie mich die Wiener Sozialisten zu behandeln scheinen, macht mich natürlich nicht glücklich. Sie regt

---

[545] Das erste Mal traf Schuschnigg zwischen 31. Mai und 3. Juni 1945 in Rom ein. Vgl. Kurzbiographie. Schuschnigg besuchte am 1. Juni gemeinsam mit dem ehemaligen Wiener Bürgermeister Richard Schmitz das vatikanische Staatssekretariat und sprach dort mit Tardini und Montini. Ministro degli Affari Esteri, Roma 8. Juni 1945, Roma, ASMAE, Austria, Busta 60 (1945) 2, Rapporti politici.
[546] Am 11. September 1945 verständigte das italienische Innenministerium das italienische Außenministerium, daß Kurt Schuschnigg und Vera Czernin(!) aus Capri kommend in Rom eingetroffen waren und eine Wohnung genommen haben. Ministro dell' Interna, Roma 11. September 1945, Roma, ASMAE, Austria, Busta 60 (1945) 2, Rapporti politici.
[547] Deutsche Ausgabe: Kurt von Schuschnigg, Ein Requiem in Rot-Weiß-Rot, Zürich: Amstutz 1946. Der Vorschuß dürfte aber von der italienischen Ausgabe stammen (vgl. Anm. 548/555).
[548] 1946 erschien bei Alfred A. Knopf in New York die englische Ausgabe des Schuschnigg Buches »Dreimal Österreich« (Wien 1937) unter dem Titel My Austria. Bereits 1938 war die französische Ausgabe erschienen: Kurt von Schuschnigg, Autriche ma patrie, Paris: PLON 1938.

mich aber auch eigentlich nicht auf, weil sie zu unsachlich und dumm ist. Schade! Weil auf diese Weise das wenige restliche Glas wohl auch noch in Scherben geht. –
Von den Meinen soll ich viel Liebes sagen. Wenn ich nur wüßte, wie es Dir geht! Entschuldige den Blei, aber ich habe es noch zu keinem funktionierenden Stylo gebracht!
Herzliche Grüße Dein
Kurt!

Wenn Du antworten kannst, bitte an Adresse: Roma, Largo degli Alicorni 21

**Brief 135**
Rom, 6. September (19)45[549]

Lieber Artur!
Durch Zufall ergibt sich Postgelegenheit und höre ich, daß Du in Innsbruck Radio sendest. Wirst froh sein! Alles Beste für die Zukunft! Was ist mit den Deinen? Hoffentlich hast Du Nachricht, nun, da wenigstens die russische Zeit – hoffentlich gut – überstanden ist! Wenn Du kannst, entrichte bitte alles Liebe von uns. –
Wir sind also jetzt glücklich in Rom gelandet und endlich frei, was doch ein sehr schöner Status ist. In Capri[550] war es zwar wundervoll und wir haben bei unserem Überfluß amerikanischer Provenienz oft an Euch daheim gedacht. Aber wir waren sonderbarer Weise unter Militär-Polizei-Regime; man merkte nicht viel davon, weil man eben auf einer Insel war, stellenweise ergaben sich aber doch mühsame Situationen; manchmal gab es direkt Gestapo-Angst-Träume. – Das Ende war

549 Dieser Brief wurde auf einem Kopfpapier des amerikanischen Roten Kreuzes geschrieben.
550 Am 4. Mai 1945 wurde der Gefangenentransport von amerikanischen Truppen befreit. Die Amerikaner flogen die Befreiten aus Südtirol aus und überstellten sie via Neapel nach Capri (10. Mai 1945).

eher »komisch«. Binnen 48 Stunden mußten wir weg, und ich stand mit Frau und Kind – ohne nichts – nur mit schwerer Halsentzündung buchstäblich abends bei der Porta Pinciana[551] in Rom auf der Straße. Fast alle Hotels zwar halbleer, aber requiriert und daher für uns tabu, – denn wir waren frei!
Jetzt sind wir bei den Elisabethinerinnen nahe von Maria Maggiore untergebracht, ich in der Klinik, Vera und Kind im Vorderbau (einer Pension). Mitte des Monats kriegen wir als paying guests 3 Zimmer mit Bad in Trastevere,[552] – natürlich ausgerechnet bei einer Berlinerin, die noch dazu einen Sohn als Adjutanten bei Rommel hatte; aber durch gut jüdische Vermittlung, was den Fall etwas mildert. –
Zu kriegen ist hier absolut alles und in beliebiger Menge. Man müßte nur sehr viel Geld haben. Mit 100 000 Lire im Monat könnte man ein Friedens-Luxus-Leben führen. Natürlich haben wir nur einen kleinen Bruchteil davon, daher nix Friede, nix Luxus, – aber sehr heiß.
Übrigens darf ich nicht klagen. Komischer Weise zahlen die Amerikaner (International News Service) für Artikel von mir ganz gut[553] und auch das Buch ist vom italien(ischen) Verleger[554] bevorschußt, bevor er noch das Manuskript sah. Es wirwohl im Spätwinter ital(ienisch),[555] engl(isch)[556] und fran-

551 Römisches Stadttor zum Monte Pincio.
552 Viertel in Rom.
553 Schuschnigg schrieb aber auch für italienische Zeitungen. Vgl. Kurt Schuschnigg, Il problema austriaco, in: Il Quotidiano vom 6. September 1945, 1f. Eine Reihe von Berichten erschien in L'Epoca während des Oktobers und Novembers 1945.
554 Mondadori in Verona.
555 Un requiem in rosso-bianco-rosso, übersetzt von Hermann und Emma Kiesler, Verona: Mondadori 1947.
556 Kurt von Schuschnigg (Chancellor of Austria and Prisoner of Hitler), Austrian Requiem, Translated by Franz von Hildebrand, New York: Putnam 1946. Der Übersetzer Franz von Hildebrand war der Sohn Dietrich von Hildebrands (geb. am 12. Oktober 1889 in Florenz – gest. am 26. Januar 1977 in New Rochelle N.Y.), der 1933 Deutschland verließ und in Österreich die Zeitschrift »Der Christliche Ständestaat« gründete. Franz von Hildebrand (1912–1977) war in Marseille 1940/41 ein enger Mitarbeiter Varian Frys (1907–1967), der als Leiter des Emergency Res-

z(ösisch)[557] erscheinen. Ich erwarte mir allerdings keinen Goldregen; eher da u(nd) dort einen Seufzer. Wenn Du kannst, schreib bitte an »Roma, Largo degli Alicorni 21«.
Heute ab(end)ds rede ich zum ersten Mal seit 1938 im Radio! (Vatikan).[558]
Komisches Gefühl! Von Vera alles Gute!
Sei herzlichst gegrüßt von Deinem
Kurt

---

cue Committees die Flucht besonders gefährdeter Personen aus dem Einflußbereich der Nazis organisierte. So organisierte dieses Team auch die Flucht Rudolf Hilferdings und Rudolf Breitscheids, die jedoch im letzten Augenblick scheiterte, da das Vichy-Regime die beiden an die Gestapo auslieferte. Breitscheid war kurzfristig Nachbar Schuschniggs in Sachsenhausen. Dietrich von Hildebrand, Memoiren und Aufsätze gegen den Nationalsozialismus 1933–1938, Mainz 1994; Rudolf Ebneth, Die österreichische Wochenschrift »Der christliche Ständestaat«, Mainz 1976; Varian Fry, Auslieferung auf Verlangen. Die Rettung deutscher Emigranten in Marseille 1940/41, München 1986; Patrik von zur Mühlen, Fluchtweg Spanien-Portugal, Bonn 1992.

557 Kurt von Schuschnigg, Requiem. Les memoires du chancelier d'Autriche, Paris 1947. Weiters erschienen: Kurt von Schuschnigg, Requiem vcerveno-bílo-cervené, Praha 1947; Natt över Österrike, Stockholm 1947.

558 Dies geschah über Vermittlung Viktor von Froelichsthals, der zwischen 1934 und 1938 Sekretär des Bundeskanzlers war, 1938 emigrierte und schließlich in Rom ein »Ufficio Austriaco« in Kooperation mit dem italienischen Außenministerium führte. Zwischen 12. Mai und 3. Juni traf sich Schuschnigg während eines seiner kurzen Rom-Aufenthalte mit Froelichsthal, Egon Baron Berger-Waldenegg (geb. am 14. Februar 1880 in Wien – gest. am 12. September 1960 in Graz), dem Außenminister von 1934 bis 1936, und Bischof Alois Hudal (geb. am 31. Mai 1885 in Graz – gest. am 13. Mai 1963 in Rom), der mit Berger zusammen seit 1944 das Ufficio Austriaco führte. Bericht: Arrivé de l'ex-chancellier autrichien Schuschnigg à Rome et l'activité du Groupe Berger-Waldenegg, Dokumentationsarchiv des Österreichischen Widerstands, Wien, Nr. 1999. Diesem Bericht ist auch zu entnehmen, daß Franz Theodor Csokor (geb. am 6. September 1885 in Wien – gest. am 5. Jänner 1969 in Wien), der ab 1944 in Rom lebte, ebenfalls Kontakt mit Schuschnigg aufgenommen hatte. Vgl. Johann Rainer, Bischof Hudal und das Wiedererwachen Österreichs 1944 in Rom, in: Kirche in bewegter Zeit. Beiträge zur Geschichte der Kirche in der Zeit der Reformation und des 20. Jahrhunderts. FS f. Maximilian Liebmann, hg. v. Rudolf Zinnhobler, Dieter A. Binder, Graz 1994, 305–316.

**Brief 135a**
Vatikan, 21h45, 6. September 1945

Es spricht Altbundeskanzler Dr. Kurt von Schuschnigg über das Thema »Bekenntnis zu Big Four«. [559]
Liebe Zuhörer in aller Welt!
Wer zum ersten Male seit sehr langer Zeit wiederum vor einem Mikrofon steht, der mag wohl eine gewisse Beklemmung empfinden. Es ist etwas Großes, als einfacher, deutsch-sprechender Mensch in dieser Stunde und in dieser Zeit sich mit Brüdern und Schwestern gleichen Geistes in dieser Stunde vereinigt zu wissen, die der gleiche Glaube und der gleiche Wille verbindet. Wer solches erleben darf, wird dankbar sein für Gottes gnädige Fügung.
In nächster Nähe von der Stelle, wo ich spreche, erhebt sich die Peterskuppel als Symbol der Unsterblichkeit. Fast auf den Tag genau sind es 7 1/2 Jahre her, daß ich zum letzten Male in ein Mikrofon sprach, gleichfalls von historischer Stätte aus, die heute nicht mehr existiert. Damals sprach ich im letzten Augenblick, als der erste Stein einer ungeheuren Lawine ins Rollen kam, namens und im Auftrage meines bedrohten Vaterlandes, als Protest gegen ein Prinzip, das jeden Frieden mordet und das »Gewalt bricht Recht« heißt. Seither hat sich vieles geändert, und lange Jahre der Rechtlosigkeit haben bittere Leiden verursacht. Der Opfer ist kein Ende, und was alles zugrunde gegangen und verloren ist, tritt jetzt allmählich in Erscheinung. Das, was wir aus unseren Fehlern lernen könnten, ist aber so viel und so wertvoll, daß die Gewinn- und Verlust-Rechnung als ganzes und in Auswirkung auf fernere Zeiten betrachtet, trotz allem noch positiv abschließen kann.
Es kommt alles darauf an, daß die »Big Four«, die Großen

[559] Schuschniggs Radioansprachen zwischen Herbst 1945 und Frühjahr 1946 sind 1946 in der Schweiz publiziert worden. Kurt Schuschnigg, Wo werden wir morgen sein?, Sarnen 1946. Im gleichen Verlag (Thomas Morus) erschien: Kurt Schuschnigg, Österreich, eine historische Schau, Sarnen 1946.

Vier, von denen das Zusammenwirken und das Leben jedes Einzelnen in der Gesamtheit abhängen, daß diese Großen Vier unzertrennlich und harmonisch jede einzelne offene Frage entscheiden. Es ist hier nicht von Politik im engen, landläufigen Sinne die Rede, nicht von Grenzziehungen oder Entschädigungsansprüchen, nicht von einer neuen sozialen Ordnung, wohl aber von den Grundvoraussetzungen jedes wirklichen Wiederaufbaus, der die menschliche Gemeinschaft wieder herstellt, die Grundvoraussetzungen, die am Anbeginn der Ordnung jedes menschlichen Zusammenlebens stehen müssen. Diese Grundvoraussetzungen haben ihren Wohnsitz in jedem einzelnen Menschen. Es sind dies: Herz, Verstand, Gewissen und Gedächtnis.

Warum kam es denn immer wieder in bestimmten Abständen zu Katastrophen der Menschheit? Weil der Verstand das Gewissen erschlagen hat. Der politische Verstand, auf sich allein gestellt, wird früher oder später auf den Irrweg führen. Warum endeten die Katastrophen immer wieder so verzweifelt ähnlich, warum wurden die Mahnungen, sie rechtzeitig abzubrechen, so selten erhört? Weil die verstandesmäßige Politik Herzlosigkeit zur Folge hatte. Warum ist der Aufbau so mühsam und hart, warum bleiben Millionen geächtet, heimatlos, entwurzelt, die gar nichts anderes wollen als ihr eigenes Leben zu führen im Rahmen der Gemeinschaft, zu der sie gehören und aus der sie selbst gewachsen sind, der sie verschworen bleiben, weil ihre Sprache, ihre Erinnerung, ihre innere Stimme sie dazu zwingt? Wohl deshalb, weil das Gedächtnis der Menschen nicht weit reicht, weil wir immer wieder vergessen, was wir durch bittere Erfahrungen gelernt haben sollten, weil wir es immer wieder mit den gleichen Fehlern versuchen. Daraus wächst schließlich jedes neue menschliche Unglück, daß wir aus der Geschichte nichts lernen.

Oder läßt es sich vielleicht leugnen, daß fast alle Katastrophen der menschlichen Geschichte die gleichen oder ähnliche Quellen und Ausgangspunkte aufzuweisen haben?

Wenn aber in allen Dingen Herz und Gewissen, Verstand und

Gedächtnis in unauflösbarem, harmonischen Vierklang am Werke sind, dann ist jeder Optimismus berechtigt, und die Vergangenheit mag vergessen, ja mehr noch, sie soll gepriesen sein. Zur Stunde ist noch alles im Fluß und wenig oder nichts ist entschieden. Es wäre verfehlt, von den großen Mächten Wunder zu erwarten, die Schritt für Schritt die Fundamente des kommenden Friedens legen. Aber auch die besten Verträge sind für sich allein nur die Basis, deren dauernde Haltbarkeit davon abhängt, daß die Völker und Staaten, ja die einzelnen Menschen bereit sind, eine neue, bessere, friedliche und menschenwürdige Ordnung aufzubauen. Erst wenn nicht mehr die »Macht als Wille und Vorstellung« unser Denken beherrscht, erst dann ist der Weg in eine bessere Zukunft gesichert.

Dies ist alles nichts Neues, sondern nur das alte christliche Ideal. Wenn wir zurückschauen, erinnern wir uns an die häufige Gegenüberstellung hie Christ – hie Antichrist. Dadurch wurden jedoch oft die Probleme zu sehr vereinfacht. Aus einer gewissen Bequemlichkeit wurde zu oft der Begriff vom praktischen Christentum zitiert, weil sich damit jedes weitere Suchen nach einer Lösung erübrigte. Aber das praktische Christentum ist sehr viel schwieriger und es stellt sehr viel größere Anforderungen, als dies auf den ersten Blick scheinen mag. Das wird vielleicht erst der richtig ermessen, der von den Feuerschlünden des Hasses und Lügens hart genug an den Rand der Verzweiflung gedrängt erst dann entdeckt, wie schwer das für selbstverständlich gehaltene christliche Denken werden kann, wie schwierig die Befolgung der christlichen Gebote ist. Wirkliches Christentum ist nicht an Zeit und Gelegenheit gebunden. Es läßt sich nicht nationalisieren. Es ist der Glaube an die Möglichkeit und Notwendigkeit eines wirklichen und wirksamen Völkerrechtes, des Menschheits- und Menschlichkeitsgedankens, eben darum, weil Gott sein Schöpfungswerk nicht am 6. Tage mit dem Tier abschloß. So führt das christliche Denken zu den großen Vier, zu Herz und Gewissen, zu Verstand und Gedächtnis.

Wenn nun alle die Millionen Menschen, denen das Christentum über das rein formale Bekenntnis hinaus ein praktischer Begriff ist, sich klar werden über die ungeheure Dynamik, die in christlichen Gedanken wohnt, sich vor allem klar werden über die Fülle des Gemeinsamen, das über staatliche und soziale Grenzen hinweg in den gleichen Ideen und Zielen liegt, dann halten diese Millionen von Christen in aller Welt den Schlüssel der Zukunft in Händen.

**Brief 136**
Rom, 26. Sept(ember 19)45

Lieber Onkel Hermann!
Vielen Dank für den Brief, der mich als erstes Lebenszeichen von Dir seit langem besonders gefreut hat! Vera hat jetzt nach monatelangem Bangen auch Sicherheit über sämtliche Kinder. So sind wir nun – mit einem blauen Auge – davongekommen. Wir wohnen hier als Paying guests bei einer leider sehr gesprächigen aber sonst gutartigen Berlinerin, Kurt ist bei den Patres von S.V.D. (Steyler) untergebracht gegen das besonders entgegenkommende Monatspauschale von zusammen nur 3000 Lire. Gott sei Dank! – Sehr weit in die Zukunft schauen kann man ja nicht, aber das kann wohl niemand! – Gottlob, daß Du das Ärgste überstanden hast. Hoffentlich kommen bald Nachrichten von Onkel Moriz. – Rom wäre an sich ein idealer Aufenthalt, wenn … eben nicht zu viel wenn's dabei wären. Ich möchte gern weiter nach Norden. Aber für den Moment ist es besser, ich rühre mich nicht und schaue hier(,) ein bißl was zu verdienen. Bei nächster Gelegenheit mehr!
Herzliche Grüße auch von Vera u(nd) Kindern. Wie immer
Dein
Kurt.

# Abkürzungsverzeichnis

| | |
|---|---|
| AdR | Archiv der Republik, Wien |
| Anm. | Anmerkung |
| A.V. | Akademische Vereinigung |
| BAP | Bundesarchiv Potsdam |
| bev. | bevollmächtigt |
| CV | Cartellverband katholischer farbentragender Studentenverbindungen |
| DÖW | Dokumentationsarchiv des Österreichischen Widerstands, Wien |
| geb. | geboren |
| gest. | gestorben |
| Gestapo | Geheime Staatspolizei |
| HJ | Hitlerjugend |
| KV | Kartellverband katholischer nichtfarbentragender Studentenverbindungen |
| KZ | Konzentrationslager |
| Msgre | Monsignore |
| NB | Nota Bene |
| NSDAP | Nationalsozialistische Deutsche Arbeiterpartei |
| ÖStA | Österreiches Staatsarchiv, Wien |
| OP | Ordo Praedicatorum, Dominikaner |
| PS | Post Scriptum |
| RAD | Reichsarbeitsdienst |
| RAVAG | Radio-Verkehrs-Aktiengesellschaft |
| ROB | Reserveoffiziersbewerber |
| S. J. | Societas Jesu |
| SS | Schutzstaffel |
| S. V. D. | Societas Verbi Divini |
| szt. | seinerzeit |
| V. B. | Völkischer Beobachter |
| V. F. | Vaterländische Front |
| z. b. V. | zur besonderen Verwendung |

# Personenregister

Häufig vorkommende Personen (Familienmitglieder) sind nur bei der Erstnennung verzeichnet.